我们的华夏

春秋
五霸迭兴

朱良 —— 著

图书在版编目（CIP）数据

春秋：五霸迭兴 / 朱良著. -- 上海：上海文化出版社，2019.11（2023.10重印）

ISBN 978-7-5535-1787-2

Ⅰ.①春… Ⅱ.①朱… Ⅲ.①中国历史—春秋时代—通俗读物 Ⅳ.①K225.09

中国版本图书馆CIP数据核字(2019)第220238号

出 版 人	姜逸青
策　　划	后浪出版公司
编辑统筹	梅天明
责任编辑	任　战　葛秋菊
特约编辑	张　妍
版面设计	黄瑞霞
装帧制造	墨白空间·黄　海
书　　名	春秋：五霸迭兴
著　　者	朱　良
出　　版	上海世纪出版集团　上海文化出版社
地　　址	上海市号景路159弄A座3楼　201101
发　　行	后浪出版公司
印　　刷	北京天宇万达印刷有限公司
开　　本	655×1000　1/16
印　　张	30
版　　次	2019年11月第一版　2023年10月第四次印刷
书　　号	ISBN 978-7-5535-1787-2/K.202
定　　价	78.00元

后浪出版咨询(北京)有限责任公司　版权所有，侵权必究

投诉信箱：editor@hinabook.com　fawu@hinabook.com

未经许可，不得以任何方式复制或者抄袭本书部分或全部内容

本书若有印、装质量问题，请与本公司联系调换，电话 010-64072833

目 录

序章　周天子分封列国 ………………………………… 1

第一章　乱世的开端 …………………………………… 3
　　灭国血案 …………………………………………… 3
　　"二王并立" ………………………………………… 5
　　烽火戏诸侯 ………………………………………… 6

第二章　跑马圈地大赛 ………………………………… 9
　　平王东迁 …………………………………………… 9
　　早期的秦国 ………………………………………… 10
　　早期的晋国 ………………………………………… 11
　　早期的郑国 ………………………………………… 13
　　秦国：天道酬勤的典范 …………………………… 14
　　晋国：喜好内斗的大国 …………………………… 16
　　郑国：跑马圈地第一人 …………………………… 17

第三章　郑庄公小霸 …………………………………… 20
　　郑国的兄弟之争 …………………………………… 20
　　"多行不义必自毙" ………………………………… 22
　　掘地见母 …………………………………………… 22
　　《诗经》里的叔段 ………………………………… 23
　　冲击包围圈 ………………………………………… 24

卫国：打不死的千年小国 …………………………… 24
大义灭亲 …………………………………………… 26
宋国：小国也可以有大梦想 ……………………… 28
好心办坏事的制度 ………………………………… 30
第一轮宋郑冲突 …………………………………… 30
假命伐宋 …………………………………………… 32
"天子"的陨落 …………………………………… 33
第二轮宋郑冲突 …………………………………… 35

第四章　弑君狂潮 …………………………………… **38**

改变历史的弑君案 ………………………………… 38
鲁国：周朝文化的传承者 ………………………… 40
鲁国的弑君案 ……………………………………… 41
曲沃小宗的由来 …………………………………… 44
三代人的篡位战争 ………………………………… 46

第五章　周天子的陨落 ……………………………… **49**

射王中肩 …………………………………………… 49
齐大非偶 …………………………………………… 51
早期的齐国 ………………………………………… 53
春秋三小霸 ………………………………………… 55
早期的楚国 ………………………………………… 56
周与楚的百年恩怨 ………………………………… 58
"我是蛮夷" ……………………………………… 61

第六章　最坏的时代 ………………………………… **64**

宋国报仇 …………………………………………… 64
千古难题的答案 …………………………………… 66
郑国的可悲地位 …………………………………… 67
齐国的美女家族 …………………………………… 70
卫国王室的淫乱史 ………………………………… 70

齐国的乱伦丑闻 ………………………………………… 73
齐襄公的另一面 ………………………………………… 74
瓜代有期 ………………………………………………… 76
人民的期待 ……………………………………………… 78

第七章　明君贤臣　　　　　　　　　　　　　　　　80

天降斯人 ………………………………………………… 80
管鲍之交 ………………………………………………… 81
曹刿论战 ………………………………………………… 83
齐桓公早期的战争 ……………………………………… 86
北杏会盟 ………………………………………………… 87
曹沫劫盟 ………………………………………………… 90

第八章　春秋第一霸　　　　　　　　　　　　　　　93

称霸的开始 ……………………………………………… 93
楚王与桃花夫人 ………………………………………… 94
左右为难的郑国 ………………………………………… 97
王子颓之乱 ……………………………………………… 98
霸主的责任 ……………………………………………… 101
庆父不死，鲁难未已 …………………………………… 101
齐桓公伐戎 ……………………………………………… 105
好鹤亡国 ………………………………………………… 108
齐桓公的失误 …………………………………………… 111
唇亡齿寒 ………………………………………………… 112
召陵之盟 ………………………………………………… 115
九合诸侯，一匡天下 …………………………………… 118
齐国霸权衰落 …………………………………………… 120
齐桓公的昏庸晚年 ……………………………………… 122

第九章　公子流亡记　　　　　　　　　　　　　　125

骊姬乱政 ………………………………………………… 125

流亡公子	129
求贤若渴的秦穆公	132
百里奚，五羊皮	134
一手好牌被打烂的晋惠公	138
韩原之战	141
第二次流亡	143
第三次流亡	146
乱世温情	148
重耳复国	151
介子推不言禄	153

第十章　宋襄公伪霸　**159**

六公子争位	159
宋襄公的霸主梦	162
"以德服人"的霸主	167
泓水之战	169

第十一章　晋楚相争　**173**

王子带之乱	173
齐桓公之后的中原大乱斗	176
四大国对决	178
晋国的诡计	181
传奇家族若敖氏（一）	183
退避三舍	185

第十二章　秦晋决战　**188**

践土之盟	188
晋文公断案	190
烛之武退秦师	193
"退秦师"的是与非	197
晋文公立郑君	198

  哭秦师 ·· 200
  秦晋大决战 ·· 204

第十三章 秦晋楚三国演义 ································ **206**

  误释三帅 ·· 206
  了不起的晋襄公 ·· 208
  楚穆王杀父 ··· 211
  晋襄公接力称霸 ·· 213
  祭崤山 ·· 216
  称霸西戎 ·· 218
  楚国灭江 ·· 221
  秦人心碎的结局 ·· 224

第十四章 君权的衰落 ·· **228**

  六卿崛起 ·· 228
  六卿家族的故事 ·· 231
  赵家的发迹史 ··· 236
  夷之蒐 ·· 240
  赵盾背秦 ·· 242
  "夏日之日" ··· 246
  计赚士会 ·· 248
  卷土重来的楚国 ·· 252
  会收买人心的君王 ··· 255
  齐国的乱局 ··· 258
  身败名裂的痴情男人 ······································ 260
  鲁国的乱局 ··· 262
  晋灵公不君 ··· 264

第十五章 一飞冲天楚庄王 ··································· **269**

  内忧外患中的楚国 ··· 269
  "一鸣惊人"隐含的真相 ···································· 271

- 楚庄王早期的战争 ········· 273
- 传奇家族若敖氏（二） ········· 278
- 若敖氏的覆灭 ········· 279
- 邲之战前的晋国公卿 ········· 282
- 决战郑国 ········· 285
- 战前的三方较量 ········· 287
- 邲之战 ········· 290
- 何为霸主？ ········· 295

第十六章　晋国的至暗时代 ········· **299**
- 妖姬乱国 ········· 299
- 范武子治国 ········· 301
- 虎落平阳的霸主 ········· 303
- 登台笑客 ········· 307

第十七章　第二轮晋楚争霸 ········· **310**
- 《桑中》之喜 ········· 310
- 驱逐东门氏 ········· 312
- 鞌之战 ········· 313
- 新一代的晋国政坛 ········· 318
- 下宫之难 ········· 323
- 赵氏孤儿 ········· 326
- 楚国的麻烦 ········· 329
- 吴国：流落蛮荒的帝王世胄 ········· 331

第十八章　和平的向往 ········· **335**
- 华元弭兵 ········· 335
- 《绝秦书》 ········· 339
- 短命的弭兵 ········· 342
- "君子之战" ········· 345
- 灭"三郤" ········· 350

第十九章　天纵奇才晋悼公 ... **356**

意外来临的机会 ... 356
天纵奇才 ... 358
最后一轮中原争夺战 ... 361
英雄的传说 ... 364
晋国的顶峰 ... 367

第二十章　平凡时代 ... **370**

乱世纷扰 ... 370
平阴之战 ... 371
变态君王齐灵公 ... 374
栾范两家的矛盾 ... 376
栾氏的覆灭 ... 378
天网恢恢，连环仇杀案 ... 383
兄弟让位 ... 388
第二次弭兵 ... 391

第二十一章　狂风骤起 ... **394**

楚王好细腰 ... 394
暴君的结局 ... 398
荒淫的楚平王 ... 403
伍子胥的逃亡路 ... 405
士为知己者死 ... 408

第二十二章　不可思议的吴国 ... **413**

孙武演兵 ... 413
"疲楚"之战 ... 416
越国：古老的大禹后人 ... 417
吴国的战争准备 ... 419
灭楚！灭楚！ ... 423
仇恨的力量 ... 426

楚国人觉醒 ·· 429
　　王子朝之乱 ·· 432

第二十三章　圣人传说 ·· **436**
　　出关化胡 ·· 436
　　圣人降世 ·· 438
　　鲁国执政官 ·· 441
　　隳三都 ·· 444
　　周游列国 ·· 446
　　万世师表 ·· 450

第二十四章　中原争霸最终章 ·································· **455**
　　吴越恩仇记 ·· 455
　　越王的奴隶生涯 ······································ 457
　　驱逐范氏、中行氏 ···································· 459
　　卧薪尝胆 ·· 461
　　王图霸业梦一场 ······································ 463
　　三家分晋，战国来临 ·································· 468

序章　周天子分封列国

公元前一〇四八年，经过几代人的精心准备，周武王率领八百诸侯讨伐商纣，在孟津会盟，昭告天下，然后在牧野之战中一举击溃纣王的军队，消灭了立国六百年的殷商。

天下初定以后，武王犒赏联军，把王室成员、功臣、殷商贵族等各方势力分封为诸侯。天子赐给诸侯一块地盘，交给他们去管理。

诸侯在自己的土地上拥有一切军政大权，称为国君；同时他们要尊奉周天子，定期纳贡、朝觐，镇守边疆，当周王室遇到战乱的时候，诸侯需要发兵勤王。

在诸侯国内部，国君也会把城池、采邑分封给手下的卿大夫，卿大夫再把土地赐给士，层层分封下去。

于是，周天子坐镇王畿，为天下共主；诸侯国四方拱卫，并相互牵制，编织成一道细密的权利网，共同守卫着辽阔的华夏大地。

据说，武王、周公、成王三代统治者共分封了七十一个诸侯国。其中大部分是姬姓的王室成员，也包括了很多的功臣。

在后来的历史上，重要的诸侯国有以下几个：

鲁国：姬姓，周公旦之后。"至圣先师"孔子的祖国，掌管周礼，地位尊崇。

晋国：姬姓，武王的小儿子唐叔虞之后。春秋时期最强大的国家，长期占据霸主宝座。

秦国：嬴姓，颛顼后裔。西部边陲的小国，后来继承了西周王朝的关中地区，崛起为超级大国。

齐国：姜姓，姜太公吕尚之后。对整个春秋历史有重大影响的传统强国。

楚国：芈（mǐ）姓，颛顼后裔。被认为是南方蛮族，军事实力强大，长期威胁中原各国。

郑国：姬姓，周厉王的小儿子郑伯友之后。处在中原核心的位置，是各大国争夺的主要对象。

卫国：姬姓，武王之弟康叔之后。中原北方小国，立国九百多年，是寿命最长的诸侯国。

宋国：子姓，商纣王的兄长微子启的后裔。中原小国，继承商朝宗祀，也是各大国交锋之地。

陈国：妫（guī）姓，帝舜的后裔。中原小国，亡国之后，其后裔窃取了齐国的君位，建立了田氏齐国。

蔡国：姬姓，武王之弟叔度之后。中原最南端的小国，曾发起"管蔡之乱"挑战周公，后来长期做楚国附庸。

虢（guó）国：姬姓，文王之弟的后裔。西周时总共封了四个虢国，其中西虢国跟周王室关系密切。

吴国：姬姓，周太王长子太伯之后。东南方大国，春秋后期崛起，主导了春秋末期的政局。

越国：姒（sì）姓，大禹后裔。春秋末年崛起的东南强国，一直跟吴国争斗，最终灭吴。

申国：姜姓，周宣王的舅舅的封国。联合犬戎攻入镐（hào）京，灭亡西周。

分封制非常适合当时周朝的情况，在几十个诸侯国的拱卫下，周王室成功地弹压了国内外的各种反叛力量，在几百年的时间内，维持了国家的正常运转。

直到公元前七七一年，周幽王末期。

第一章　乱世的开端

灭国血案

西周末年，立国两百多年的周朝遇到了麻烦。

史书记载，周幽王是一个"无道"的昏君，他跟之前的桀纣等昏君一样，沉溺于酒色，宠幸奸臣，失去了诸侯和老百姓的支持，国家在他的治理下逐渐走向混乱。

由于史料的缺乏，我们很难了解当时的具体情况，也不知道周幽王具体是如何"昏庸"的。从现有的记载来看，他似乎也没干什么祸国殃民的事情，最大的可能是：他是一个没有才能的君王，不会协调各方势力。

作为一个统治者来说，很重要的一件事就是在各种政治势力中间掌握平衡，维持国家机器的平稳运行。

幽王显然没有做到这一点——他得罪了不该得罪的人。

祸乱从申国开始。

申国在周王室的南方，跟周王室是近亲，双方世代通婚，长期保持着友好关系。

周幽王的王后就是申国国君的女儿，具体名字不详，史书上称为申后。申后替幽王生下了一个儿子，名叫宜臼，被立为太子。但后来幽王宠信年轻貌美的褒姒，申后受到了冷落。

幽王想改立褒姒生的儿子伯服为太子，一场后宫夺嫡大战就这样展开了。

褒姒成了最后的赢家——公元前七七五年（周幽王八年），幽王下诏，废申后与宜臼，立褒姒为后，伯服为太子。

这是一记严重的昏招，废嫡立庶，取乱之道，尤其是当太子已经成年，并且拥有自己的支持者的时候。更严重的问题在于，幽王废掉太子的同时也废掉了王后，没有给他们留任何希望。

这说明幽王是个办事不考虑后果的人。真正懂权谋之术的人，整人都是一步步地来，先从你的支持者下手，等剥光了你的外围势力，再来给你致命一击。

幽王显然没有这样的政治智商，他一步到位，直接摊牌。

对于申后一党来说，幽王的这纸诏书，一下就断了他们所有的退路，这不啻于灭顶之灾。既然你先把事情做绝了，我何必再留情面？索性鱼死网破吧。

申后并不好欺负，她有申国娘家作为后台。申后母子二人想办法逃到申国，向娘家人说起自己的经历。

申国国君一下就跳起来了："我女儿跟你十多年，没犯过一点错，怎么就这样被撵回来了？而且把太子也给废掉，接下来是要灭亡我们家族吗？"这个国丈被愤怒和恐惧冲昏了头脑，一心要报仇。

申国国小力弱，没有足够的底气挑战天子，怎么办？申侯想来想去，只好用出这个狠招——向犬戎借兵。

当时的华夏大地上，周王朝只控制着中原与周边的一些地带。王朝四周是各种未开化的民族，他们的社会很落后，但战斗力却相当强悍，在数百年的时间里，常常给周王朝带来巨大的威胁。

其中最可怕的就是犬戎，他们是西北地区最早的游牧民族之一，从黄帝时代开始就是华夏民族的劲敌。

犬戎的活动范围离周王朝的核心地带很近，彪悍的骑兵队伍，来去如风，如同荒野上的狼群，令周王朝防不胜防。

在前期，周王朝强大的时候，也曾多次主动征讨犬戎，取得过不少胜利；但现在，国力已经明显衰落的周王朝，对抗他们的时候就很吃力了。

而且周王朝还有一个很不利的因素：他们的首都在关中平原，是国家的最西端，而诸侯国大多在东部，西部只有几个弱小的诸侯国。

这样，当面对犬戎入侵的时候，周王朝实际上没诸侯国可以作屏障，首都地区直接暴露在敌人的兵锋之下。

申侯很清楚周朝的这个软肋。

公元前七七一年，申国联合缯（zēng）国和犬戎的军队突袭周王朝，获得大胜，在很短的时间内就攻入镐京，诸侯来不及救援。申国犬戎联军在骊山上杀死幽王、伯服父子，掳走褒姒，掳掠丰镐二京，搬光了周朝的府库，大肆屠杀百姓。西周被灭国，天下震恐。

同时被杀的还有周幽王的叔叔——郑国国君郑桓公。

"二王并立"

根据现有的史料，我们无法了解太子宜臼在这场国变中起到了怎样的作用，只能说，他可能是无辜的吧，毕竟当时他还没有任何政治经验，可能一切都是他的外公申侯在主导——借戎兵，灭周国。然后，这个小伙子就被推到历史的前台来了。

戎兵大肆掳掠一番以后满载而归。另一边，在申国，由申侯主持，鲁、许等几个诸侯共同拥立宜臼继位，史称周平王。

平王坐上这个宝座其实是相当尴尬的，天下人都知道他母亲的家族引来侵略者杀死了他父王，灭亡了他的国家。虽然不能直接说他"弑父篡位"，但他的嫌疑是洗不掉的。

可以想象，诸侯们对于这个新登基的天子背地里肯定不太服气。

这时候，出现了一位传统史书上没有记载的神秘人物——周携王。

据说，西虢国的君主虢公翰不肯承认宜臼的地位，于是带领其余一些诸侯，在镐京附近拥立幽王的弟弟"余臣"为王，称为"周携王"。这一派基本代表了支持幽王的传统势力。

于是周朝出现了"二王并立"的局面。一个国家，却同时有两位天子，两派诸侯各自尊奉自己的天子。

一直到二十年以后的公元前七五〇年，支持平王的晋文侯起兵杀掉携王，才结束了这段独特的历史。

但对于这段历史，正史上只字不提，很显然被人刻意抹掉了。这是谁干的？令人浮想联翩。

后人根据《竹书纪年》的记载才知道了携王的事迹。可惜正本《竹书纪年》已经失传，现有的残本只留下只言片语，我们甚至连"携王"这个称号是怎么来的都不知道，也不能确定他是否真的是幽王的弟弟。

甚至连《竹书纪年》的记载都不一定完全可靠，因为考古发掘出的"清华简"记载的内容就不一样。

"清华简"上说，幽王被弑以后，诸侯最初拥立的是携王，根本就没有出现过"二王并立"的情况。但携王可能很不得人心，在登基九年以后诸侯们就不再朝觐他了。登基二十一年后晋文侯弑杀了携王，扶立平王登基，然后才迁都到洛邑，这才真正是东周的开始。

中间的这二十一年是一段消失的隐秘历史，其中的真相无法再考证。

不管怎么样，最后都是弑君的申国和平王一方获得了胜利。有力者胜，弑君者成为天子，并且最终得到了所有诸侯的承认。

既然天子弑父都可以得到大家原谅，诸侯杀几个人、夺一点权又算什么呢？所以后人开始争相模仿。

这就开了一个很恶劣的头，几百年的尊卑关系被打破，"礼崩乐坏"从这里开始。

后宫争宠、兄弟争位、引狼入室、弑君篡位……这样的剧情在随后的华夏大地上一遍又一遍地上演，贯穿着整个春秋战国五百年的历史。

五百年的乱世就这样拉开了帷幕……

烽火戏诸侯

平王虽然来路不太正，但他得到几个重要诸侯的支持，最终顺利干掉携王这个对手，成为周王室的正统继承人。

然而怎样证明他的合法性？这是个棘手的问题。

周朝的官方宣传机构只好拼命向大家说明，幽王是个多么昏庸的君主，申后母子又是怎样被逼无奈才借兵反抗。

这是借鉴了当初周武王（可能）抹黑纣王的手法。

但幽王毕竟是平王的父亲，很多话还是不能说得太过分，而伯服又是个小孩，也不好抹黑，所以最后只好把绝大多数污水都泼到褒姒头上去——反正让女人背锅本来就是传统。

于是在官方记录的史料里，褒姒成了跟妹喜、妲己并列的亡国妖女，是著名的"红颜祸水"之一，西周之亡，主要赖她。

另外，昏君身边必定有个心狠手辣的奸臣，幽王身边的奸臣叫虢石父，他无恶不作，专门挑拨君王，陷害忠良。（注意：携王正是被虢石父的儿子虢公翰拥立的。）

昏君、妖女、奸臣都齐了，好戏上演，最后正史上就记录了这样一个离奇的故事：

据说夏朝末年的时候，有一天，天上掉下两条龙，落到夏桀的宫廷里，口吐人言，说："我们是褒国的两位先王。"

当时龙涎流得满地都是。夏桀让巫师占卜，得到的结果是，需要把这些龙涎收集起来才吉利。所以他就让人把龙涎装到盒子里面，这样龙才飞走了。

后来这个盒子一直留传下来，直到西周时期都放在宫廷里面。

一直到周厉王末年，有宫人打开了这个盒子，里面的龙涎流出来，变成一只巨鼋（yuán），被一个年轻的宫女踩到。过了几年，这个宫女成年后就怀孕了，生下一个女孩。

宫女知道这个女孩是妖孽，就把她送到宫外让人丢掉。这时正好有一对卖弓箭的夫妇路过，捡走了这个小孩，在褒国的乡下把这个孩子养大。

又过了很多年，到周幽王的时候，褒国得罪了幽王，为了赎罪，褒国派人去民间遍访美女。使者在一个偏远的村庄里见到一位姿容绝代的女子，便花重金把这个女子买回来，献给幽王。

这女子就是褒姒，也就是当年的弃婴，这时候应该有六十多岁了——好吧，我们先忽略年龄问题，假装这褒姒还是个十几岁的妙龄女郎。

褒国的计谋很管用，幽王一见到褒姒就被她的美色迷得神魂颠倒，当即赦免了褒国的罪过。后来，如同大家预料的那样，当年纣王与妲己的故事再度上演——幽王从此荒废朝政，周朝国势日下。

褒姒有个毛病：从来不笑。从入宫以后幽王就没见她笑过，直到生了伯服以后依旧如此。

幽王想尽办法引褒姒笑，都没用，最后只好发布悬赏令：谁能逗娘娘笑，重金赏赐。

著名的奸臣虢石父登场了，他给幽王出了一个主意：大王在骊山不是有烽火台吗？只要您点燃烽火，诸侯以为有戎人入侵，就会赶过来救援。诸侯来了却发现没有敌人，那场面肯定很滑稽，一定能把娘娘逗笑的。

幽王竟然听了他这个馊主意，选了个良辰吉日，跟褒姒两个盛装打扮，坐到骊山上面，一面赏风景，一面让人点起烽火。

诸侯们看到烽火，果然赶紧调集大军来勤王——我们忽略诸侯国到都城的距离——诸侯们到了山下一看，什么敌人都没有，只有幽王一干人在山顶上觥筹交错地玩乐，这才明白自己被戏弄了。

褒姒看到这一幕，终于忍不住笑了起来，笑起来以后更加美艳绝伦。幽王觉得为了她这一笑，花再大的价钱都是划算的，当然也没忘记赏赐虢石父一大笔钱。

后来幽王又多次玩这一招引褒姒开心——我们再忽略文武百官的存在吧——诸侯被玩得多了，就再也不相信幽王的烽火了。

直到有一天，犬戎真的打了过来，幽王再点烽火，可是已经没有诸侯来救了，最终被犬戎攻破都城，身死国灭……

从这个故事我们看到，褒姒是一个纯粹的妖孽，根本不是人类，她生的小孩当然也没资格继承王位；另一方面，褒姒降临人间就是来灭亡西周的，西周之亡，纯属"天数"，除了怪幽王自己"无道"以外，赖不到别人头上。

所有的锅都让死者背了，活着的人们就可以放下包袱轻装前进——反正我们谁都没错，不必内疚，未来的生活才是最重要的。

忘掉曾经的那个旧时代吧，周天子君临天下的时代已经永远过去了，现在是一个全新的时代，各路诸侯即将陆续登场，属于他们的大戏即将开演！

第二章　跑马圈地大赛

平王东迁

幽王末年的这场国难使关中地区遭受到毁灭性的破坏，重建这些地区需要巨额的资金与很长的时间。再说，这次灾难也完全暴露出丰镐二京在地理位置上的严重缺陷——我们前面提过，这里离戎人太近，缺少诸侯国作屏障。

周王室确实被戎人吓怕了，所以平王继位以后第一件事就是迁都——尽量躲开戎人。

当初周公执政，为了更好地管理东方的领土，在东部洛水的位置新建了一座都城——洛邑，也就是后来的洛阳。所以西周其实一直都有两座都城：一名宗周，即镐京；一名成周，就是洛邑。

西周王室一直住在镐京，现在平王决定——也可能是众位诸侯要求的——把整个周王室都搬到洛邑去。

公元前七七〇年，幽王被弑后一年，周王朝开始迁都。

由于洛邑在东方，此后的周王朝就被称为东周。

这次迁都对于诸侯们来说，是一次传统势力的大洗牌，也是一次重大的机会——谁保护王室迁都，谁就能成为王室的再造者之一，从而获得巨大的政治利益。

但当时意识到这一点的人似乎不多，只有几个国君敏锐地抓住了这次机会，他们是：

秦襄公、晋文侯、郑武公、卫武公。

早期的秦国

秦国最早的历史能追溯到五帝时期。当时有个叫大费的人，因参与大禹治水有功，被舜帝赐姓为嬴，他便是嬴姓部落的祖先。

后来嬴姓部落加入商汤的阵营，讨伐夏桀，成为商朝的开国功臣之一。在整个商朝，嬴姓都是贵族，是一方重要的诸侯，为商王守卫边疆立下了汗马功劳。

商朝末年，嬴姓出了父子二人，名叫蜚廉（fěi lián）和恶来，都是朝廷里的武将，武艺高强。武王伐纣时，蜚廉、恶来父子作为纣王一方的大将参战——具体的战况已经湮没，我们只知道，他们最后投降了周朝。

周朝开国以后不久，管叔、蔡叔带着商朝遗民造反，史称"三监之乱"。周公派兵镇压，把这些造反的遗民，其中包括嬴姓部落，全部贬为奴隶，发配到遥远的边疆，蜚廉、恶来父子也在这次镇压中被杀。史书上记载："周公诛蜚廉、恶来，天下大悦。"

这背后可能是一部已经湮没的民族的血泪史。

从现有的史料推测，蜚廉、恶来在当时应该是殷商一方的名将，是三监之乱的主力之一，他们一直在寻找机会恢复故国，犹如三国时的姜维，是真正的忠臣义士。

因此周朝官方宣传机构拼命诋毁他们，把他们丑化成纣王手下两个小丑似的奸臣，后世的《封神演义》里面还有姜子牙斩蜚廉、恶来，以其魂魄封神的情节。

此后的一百多年里，嬴姓部落都在边远地区的荒原里为周王朝戍守边疆。

其中有一个族群驻扎在犬丘——这里是周朝的西部边陲，靠近西戎——因此他们一直是抗击西戎的主力。公元前八九〇年前后，周孝王时期，这个家族里面出了一个叫非子的年轻人，他有一项独特的才能——养马。

周朝政府为了抵御四方的蛮族，需要许多马匹，养马是后勤保障的一个重要部分，所以政府特别看重这方面的人才。

有人告诉孝王，犬丘的非子很善于养马，在当地名气不小，可以召来试试。孝王就找到非子，在汧（qiān）水和渭水之间给了他一片马场让他去管理。非子不负众望，过了几年，果然把那里的马匹养得又肥又壮，繁育出很多马匹。

其实他们的祖先大费当年就曾经为舜帝训练野兽，也是干得很出色。所以这大概算是一项祖传技能吧，也间接说明这个家族的人办事严谨、认真、勤恳——后来的历史也证明了这一点，在主要的诸侯国里面，只有秦国没有出过任何昏君、暴君。这一点十分可怕。

周孝王很高兴，而且后来非子又做出了更多贡献，名声更加响亮，孝王就说："当年你们祖先为舜帝驯兽，因此得到封地；现在你又为我养马，我也给你一块封地，就让你来继承嬴氏的宗祀吧。"就在王国西部给了他一块小小的封地，称为秦。非子从此以后被称为秦非子，也叫秦嬴。

秦国自此立国，非子就是第一代秦君。

但这时候秦国只是一座小小的城邑，地位低下，还不算是诸侯国。秦国要升级为诸侯，还得等一百年后的那一次重大机遇。

后来西戎反叛，进攻周王朝。犬丘那边的嬴氏家族全体为国捐躯，嬴氏家族只有秦非子这一支幸存了下来，继续为国戍守边疆。

这之后的整个西周时期，秦国都在跟西戎作战，为保卫国家做出了很大牺牲——从这一点来看，秦国对周朝的贡献超过绝大多数诸侯国——也因此得到不少封赏，在诸侯中的地位逐步提高。

公元前七七八年，秦襄公即位。七年以后，骊山之变发生，幽王被弑，秦人一直等待的机会来了！

早期的晋国

上古时期，中原有一个重要的部落——陶唐氏，他们是帝尧的后裔，在太原建立了唐国。这是中华大地上最早的国家之一，这个古唐国的历史现在已经无人知晓。

后来，商朝末年，陶唐氏的后人在古唐国的位置上重新建立了唐国，唐国之后成为周朝的封国之一。

公元前一〇三五年，周成王八年，唐国发生叛乱。朝廷派军队镇压唐人，把他们都迁到杜国，又从周朝的属地迁移民众去占领了唐地。

所以这以后的唐国已经不是原来的唐国了——人民已经被替换掉了。

两年以后，成王把自己的弟弟叔虞封为唐侯，让他去管理唐国，并且给出了"启以夏政，疆以戎索"的治国方略。

唐国所处的位置是夏朝故地，又是华夏与蛮族交界的位置，各种民族杂居，所以其治国方式跟周朝不同。

后来叔虞的儿子燮（xiè）父把国家迁到晋水之畔，因此改国名为晋国。

因为祖上是周王的弟弟，所以晋国跟周王室关系非常亲密，地位不同于一般诸侯国。

晋国在周王朝的北部，挨着戎狄等蛮族，是抗击蛮族的前沿阵地。历史上晋国多次派出军队参与周王朝对戎狄的战争，立下不少军功，这也使得晋国一直保持着强大的武力，成为中原诸侯里面军力最强盛的一支。这一点跟秦国类似。甚至到数百年后，晋国的继承者赵国，军事实力也非常强大，一度威震天下。

西周末年，晋国当政者是晋文侯，这是个狠角色。

文侯本名仇，父亲是晋穆侯。穆侯去世以后，本来应该让嫡长子公子仇继承王位，穆侯的弟弟殇叔却抢先一步，自立为王。公子仇趁乱逃出晋国。四年以后，公子仇带着自己的军队打回晋国，杀掉殇叔，夺回了政权。

从这时候起，兄弟争位、宫廷政变就成了晋国的一项"保留剧目"，在几百年中一直困扰着晋国，晋国也就一直是个很容易发生内乱的国家，直到最终亡于内乱。

晋国史就是一部对外争霸和对内夺权的杀戮史。

再回到晋文侯这边来，他跟秦襄公一样，抓住了平王东迁的机会，是这项超大型工程的主持者之一。我们稍后再继续说他的事。

早期的郑国

郑国这个国家在诸侯国里面地位特殊，简单来说就是：它是最后一个被分封的诸侯国，其君主也是跟后来的周天子血缘关系最近的诸侯。

在西周末年，郑国跟周王室实际算一家人。

西周的最后三个君主分别是：周厉王、周宣王、周幽王。

周厉王有两个儿子：王子静和王子友。

公元前八二八年，王子静继位成为周宣王。

公元前八〇六年，宣王把自己的弟弟友封到了"郑"这个地方（在关中平原附近，靠近周王室），郑国由此建立。友的爵位是伯爵，因此便称为郑伯，又叫郑桓公。

按照周朝的传统，被分封的诸侯同时也要兼任朝廷里的官员。所以郑桓公不仅是郑国的君王，也是周朝的高官，他大部分时间要在朝廷里面处理国政。

郑桓公并不完全是靠自己的血统走上高位的，他本身的才能也非常突出。早在被封为诸侯之前，他就曾带兵抗击猃狁（xiǎn yǔn）入侵，取得大胜；他被封为诸侯以后，又把郑国治理得井井有条——真是帝王之才。

后来宣王的儿子宫湦（shēng）继位，史称周幽王。郑桓公继续尽心竭力地辅佐这个侄儿。

当时天下局势已经风雨飘摇，看到幽王昏聩无能，郑桓公为了保全自己的国家和人民，做了一个很大胆的决定——迁国。

前面说过，西周的都城镐京一直受到犬戎的威胁。而郑国的土地就在镐京以东，离犬戎也不远，属于比较危险的地区。

桓公是政治嗅觉非常敏锐的人，他分析当时的局势，感到关中不是久留之地，就着手把郑国的人口和财富向东迁移。

迁到哪里去呢？桓公看中了洛邑附近的土地。洛邑在很远的东部，各个诸侯国中间，远离各种蛮族；洛邑本身又是国都之一，经济发达，其附近是建立新国家的好地方。

后来平王也把国家迁到洛邑，所以桓公这次迁国可以算平王东迁的预演。

桓公找到洛邑附近的东虢国和郐（kuài）国，送给这两个国家大量钱财，跟他们说，要向他们借一块地来安置郑国的人民。

他是君王的叔叔，两个小国当然没法拒绝，只好献出了十座城池给郑国，史称"桓公寄孥（nú）"。

公元前七七二年，郑国东迁到新取得的土地上，首府在虢郐之间的"京"城，这是郑国在东部最初的基地。

第二年，犬戎入侵，关中大乱，幽王在骊山被弑！

郑国民众刚好躲过这场劫难。多么惊险！

但不幸的是，桓公在这场变乱中与幽王一同被杀，成了无辜的牺牲品。

桓公的儿子掘突听说父亲被杀，披麻戴孝地带领郑国军队来到镐京，当着众位诸侯的面继位，是为郑武公。

郑国自此走上了一条富有戏剧性的称霸之路。

秦国：天道酬勤的典范

再说平王迁都的事。

公元前七七〇年，车马喧阗，旌旗蔽日，从镐京向东的道路被堵得水泄不通。在秦、晋、郑、卫四国诸侯的护卫下，周朝政府的全体成员开始了迁都的旅程。

洛邑本身就是王国的都城之一，营建得很完备，道路规整，宫室雄峻，再加上周围沃野千里都是富庶的地区，比起废墟中的丰镐二京，这里就是一个全新的浮华世界，霎时使人忘记了不久前那一场惨烈的变乱。

丰镐二京的府库已经被洗劫一空，没有什么需要携带的物资，一路上反倒轻松。周朝政府来到洛邑之后对原来的宫室略加修缮就安顿下来了，整个过程没有遇到太大的波折。

平王这时可能还是个十几岁的少年，没什么政治经验。他看到四国诸侯对自己鞍前马后地悉心照料，心里很感激，再想到一路上四位"叔叔"风餐露宿吃了那么多苦，却什么抱怨都没有，心里一热，就对身旁的秦襄公说："爱卿如此为国尽忠，实在让本王感激不已。本王知道你们家族世代守卫西部边疆，为国家出了很多力，却只有'大夫'之位，实在亏待你们了。现在本王特封你为诸侯，与齐晋等列。"

秦襄公赶紧跪谢。至此，秦国立国一百多年之后，终于升为诸侯国。

平王又说："岐丰之地，已经被西戎占据。只要你能赶走西戎，收复国土，本王就把这些土地赐给你，你们秦国以后就替本王守护这份祖宗基业怎么样？"

秦襄公大喜过望，连声称谢。

这是秦国得到的一份绝大家产。

当年周王室的祖先住在岐山附近，从那里发迹，向东扩张，逐渐掌握了天下，所以岐丰的土地是周王朝的祖宗基业所在。现在那里被戎狄侵占，平王不想着怎么去收回故土，却做个顺水人情把这个烫手的山芋扔给秦国——反正我也拿不回来，就送给你好了；你有本事把那边抢回来那就是你的，抢不回来也别怪我，反正人情已经给你了。

从这里就可以看出平王是个很平庸的国君，目光短浅，胸无大志。他随便一个决定就使周王室永久丢失了祖先的土地，丢失了西周时期的王国中心地带。

他以为洛邑处在天下中心，物阜民丰，以这里作立国之本也不错；西部那些土地都被人踏烂了，丢就丢了吧。

他却没想到，洛邑位于诸侯中央，是优势，也是一种很大的劣势，这使得周王室被诸侯国包围起来，没有了发展空间：周围诸侯都在跑马圈地，日渐挤压周王室的空间；再加上常常需要赏赐土地给有功劳的诸侯，更让土地一直缩水。后来周王室的土地竟缩成了一个小小的城郭，拥有天下九州的周王朝竟这样逐渐走向消亡了。

再有，洛邑周围都是一马平川，没有山川阻隔，完全没有防卫能力，只能让诸侯来保护，这根本就不是可以立百年基业的地方。事实上，从这以后都是各路诸侯在纵横天下，根本就没有周王室什么事了。

而秦襄公得到这样一份大礼，丝毫没有浪费，回去以后就开始厉兵秣马，展开对戎狄的战争。

秦人发扬他们祖先做事刻苦认真的优点，稳扎稳打，经过几代人的苦心经营，终于把戎狄彻底赶跑，把原来西周的土地尽数收入囊中。到后来，甚至把戎狄原本的土地都给占了，号称"辟地千里"。秦国就这样拥有了大片险峻的国土，更拥有了相对于山东［崤（xiáo）山以东］各国的体量优势和战略纵深，从此成长为一流大国。

回顾秦国的扩张史，可发现其属于典型的苦孩子熬出头。他们所处的位置本来是各诸侯国里面最差的，直接面对蛮族的威胁，数百年的秦国史，就是不断抗击蛮族侵略的历史。哪知道这样一种恶劣的生存环境，反而锻炼了秦人的意志，使他们始终保持忧患意识。当后来他们跟山东各国竞争的时候，这种刚毅的品质就变成为一种咄咄逼人的国家性格，压得山东各国喘不过气来。"生于忧患，死于安乐"，也许说的正是秦人的这种情况吧。

晋国：喜好内斗的大国

公元前七八一年，晋文侯杀死他的叔叔，夺回王位。

到平王迁都的时候，文侯三十五岁，正处在政治生涯的巅峰。

在辅佐平王迁都之后，晋国虽然没有像秦国那样取得大片土地，但也获得了巨大的政治利益。史书上说："及平王之末，……秦景、襄于是乎取周土，晋文侯于是乎定天子……"就是说，尽管秦国趁机取得了西周的土地，晋文侯的功绩却是"定天子"——可见在当时的人们心目中，平王的朝廷里位居首位的功臣可能是晋文侯。

晋文侯最大的功绩是在公元前七五〇年派兵打败并且杀死携王，结束了"二王并立"的尴尬局面，使平王真正坐稳了江山。

平王为了表彰文侯的功绩，赐给他一套弓箭、酒器等祭祀用品，在诸侯中间大肆宣扬他的功绩，就差直接吹捧他了。

不过，平王对于文侯的感情除了感激，更多的恐怕还是畏惧。从文侯果断杀叔、杀携王来看，他应该是一个特别强势的人物，很不好惹——只不过史书上没有点明这一点而已。我们可以肯定的是，平王能够坐稳江山，很大程度上依赖于文侯的支持。文侯才是真正的实权人物——要是他支持携王的话，获胜的一方恐怕就是携王了。

从晋文侯起，晋国基本确立了一等强国的地位。

但这时的文侯绝对料想不到，他的后人即将面临一场血腥的政治屠杀，有人的手段比他更狠……

郑国：跑马圈地第一人

平王这称号挺有意思，他的人就跟他的称号一样，能力平庸，只知道苟且偏安，毫无出色之处。

堂堂周天子沦落到要靠诸侯扶助才能坐稳王位的地步，这已经够丢脸了；祖宗基业也送人了，困守在洛邑这样一个人生地不熟的地方，在诸侯国的包围中间勉强维生；何况，诸侯们还在背地里传说他如何如何杀父弑君的小道消息：这样的周王当然得不到大家的尊重。

但天子毕竟是天子，大家背地里不敬重，表面上还是要尊崇他的：隔三岔五去朝廷里朝觐述职是免不了的，定期进贡一些珍宝玩器土特产之类的也是必须的。

但如果某个诸侯本身就是周王室家族的人，还是天子的长辈，又是朝廷里的实权人物，这样的人，恐怕就不太会把天子放在眼里了。

郑武公就是这样一个人。

前面提到过，幽王的叔叔被封在郑地，是为郑桓公。桓公在骊山殉国以后，他的儿子继位，就是郑武公。所以武公是幽王的堂弟、平王的叔叔。

武公登基以后，马上参与平王迁都的大工程，鞍前马后，出过不少力。周朝迁都以后，郑国的地位上升了很多。

而且郑国就在洛邑旁边，挨着周天子。

这时候，洛邑成了天下的中心，整个国家的政治、经济资源都面临大洗牌，涌现出许多千载难逢的机会。

另外，周王室既然已经不受人敬重，也就无法制约诸侯，诸侯国之间因此展开了一轮轰轰烈烈的跑马圈地运动。

武公看准了这次机会，毫不犹豫，果断"抢跑"。他抢先灭掉东虢国、邻国，以及周围的一堆小国，彻底占了这些国家的土地，并把侵占的土地跟之前桓公借来的土地合到一起，重新建立了郑国，将首都建在新郑。（东虢国以外还有一个西虢国，就是拥立携王的国家。）

东虢国、邻国都对郑国有大恩，但郑国却毫不手软，因为这是春秋——一个血腥杀戮的时代，不讲恩义，只讲利益。

诸侯国之间相互兼并的大幕由此拉开。

平王不敢发话。他自己就是靠这几个诸侯扶上位的，现在位置还没坐稳，自己又是个毛头小伙子，面对一群老谋深算的政治家，他敢说什么呢？再说郑国也确实需要土地，不让他吞并小国，难道让他来找自己要土地？

武公正是算准了平王的这种心理，所以不遗余力地扩张自己的地盘。几年之内，郑国就扩张成了中原最大的国家之一，而且占的都是王畿附近的黄金地带。从此郑国物阜民丰，经济领先于各国。

这一系列扩张行动中，最有名的是《韩非子》里面记载的攻占胡国的故事。

胡国跟郑国挨得很近，正因为这个原因，胡国对郑国也就防得特别严，在边境陈列着大量军队。郑武公确实在打胡国的主意，但他不能让胡国看出自己的想法，就处处向胡国示好，表达自己向往和平的愿望。

他先是把自己的女儿嫁给胡国国君；觉得这样还不够，又召开大会，故意在朝堂上问手下的大臣们："寡人想对外征伐，大家觉得打哪个国家比较合适？"

一个叫关其思的大臣站出来说："胡国离我们最近，微臣觉得可以先讨伐胡国。"

武公勃然大怒："大胆！胡国是我们的兄弟之国，怎么可以讨伐他？"于是叫人把关其思拖出去当场斩首。

消息很快传到胡国，胡国国君以为郑武公真的对自己这么有情有义，就放松了警惕。不久以后，郑国出兵突袭，一举兼并了胡国。

其实朝堂上那一幕，表演的痕迹很明显。这君臣二人很可能是串通好的，以让关其思牺牲性命的方式拿下一个国家。但不管怎么说，武公做事之果决狠辣，在当时各国的君主里面是排在前列的。

有这样霸道的一个君王，再赶上春秋初年各诸侯国刚刚崛起的大好时机，郑国成功地占得了先机,成为春秋初期扩张最迅速最成功的国家之一。(另外还有晋国和秦国,都抓住了这次机会大肆扩张。)

但这只是郑国崛起的序幕。接下来,一个比郑武公更加狠辣老练的人物登场了,把郑国真正带向了霸主之路。

第三章　郑庄公小霸

郑国的兄弟之争

郑庄公名寤（wù）生，是郑武公的儿子，在公元前七四三年即位。

当初武公娶南申国国君的女儿姜氏为妻，史书上称为武姜。武姜生了两个儿子，即寤生和段（又叫叔段）。

据说武姜生寤生的时候难产，受了很多苦，所以她一直不喜欢自己这个大儿子，只喜欢小儿子叔段。

武姜是极端认死理的女人，自从对两个儿子的好恶在她心里扎下根以后，她就陷入了一种无可救药的偏执状态：把大儿子当成仇人看待，不管什么事都要维护小儿子。

武公还在世的时候，她就一直碎碎念，让武公把王位传给叔段。但嫡长子继承制是不能随便废除的，武公最终还是把王位传给了寤生。

尽管武姜在换继承人的问题上失败了，但她还是尽最大努力给叔段谋求利益。于是她向寤生，也就是郑庄公，提出很多过分的要求。例如在庄公刚刚登基的时候，她就向庄公提出，把虎牢关附近的"制"这个地方封给叔段。

这里是郑国北部的重要军事关隘，怎么能分封出去呢？庄公当然不答应。

武姜又提出，那就把京邑封给叔段。京邑是郑国在东方最早的根据地，可以说是郑国的发家之地，也是当时郑国最大的城邑，甚至超过其首都新郑。把这个地方封出去，这怎么可能？可是庄公居然答应了。

叔段就这样意外得到一座超大型根据地，高高兴兴地上任去了。表面上看，庄公对叔段简直宠爱有加。

但有一个很微妙的细节：叔段离开首都以后，就跟母亲武姜分开了，此后两人之间的联络只能通过书信，而书信从宫里传到京邑需要过许多道关卡。

而且他也离开了郑国的政治中心，从此与朝臣隔绝开来！

但一般人并没有想到这些，都觉得庄公简直糊涂透顶。朝廷里的大臣们都炸开了锅，纷纷找到庄公，说这么重要的大城市怎么能封出去呢？庄公只是两手一摊，无可奈何地说："太后亲自要求的，我有什么办法？"大家只好摇头离开。

可是武姜的偏执远远不止于此，她念念不忘的还是让叔段继承王位。于是她跟叔段谋划，让他在京邑积极发展自己的势力，自己则在朝廷里做内应。母子俩暗中勾结，准备一旦时机成熟就起兵篡夺王位——太后要篡自己儿子的位。

但他们没想到，他们母子俩背地里的这些谋划，庄公全都了如指掌，甚至一些大臣也知道。至于庄公是通过什么途径掌握的这些情报，那就是国家机密了。

可是表面上，庄公没有任何动作，完全放纵叔段胡作非为。

叔段在京邑厉兵秣马，不停地扩张自己的势力，甚至又吞并了其他的一些城邑，俨然成了郑国的另一个君王——这样下去，郑国是要分裂了吗？

新郑的气氛渐渐紧张起来。满朝文武都知道了武姜母子要谋反的事，可是当他们去找庄公的时候，庄公还是一副无可奈何的样子。大臣们只能干着急，都觉得庄公实在过分宠爱自己的弟弟了。

最后，郑国最重要的大臣祭（zhài）足私下找到庄公，说了自己的担忧。庄公淡淡地说出了一句话："多行不义必自毙。"

这就是庄公真正的心态，之所以有意放纵叔段，就是要引得他谋反——不谋反，哪有理由除掉他？

"多行不义必自毙"

公元前七二二年，经过了充分准备的叔段在京邑起兵，准备攻打新郑。

新郑这边，武姜也准备好打开城门放叔段的兵马进城。

可是这一切早已在庄公的掌握之中。庄公抢先一步，发兵攻打京邑，京邑的百姓立即倒戈；叔段大败，只好逃到鄢城。庄公的兵马又追到鄢城，再次打败叔段；叔段只好逃到共城躲避。庄公又派兵追杀到共城；叔段走投无路，只好自杀身亡——因此后来他又被称为共叔段。

叔段兵败之前，让他的儿子公孙滑逃到卫国去借兵，公孙滑因此躲过了庄公的追杀。但这造成了后来的一系列国际纠纷……

这时大家才看出，叔段自以为准备充分，可庄公准备得比他充分得多。庄公对于局势的掌控能力，是叔段根本比不上的。他表面上一直放纵叔段，背地里却做好了全部准备，而且成功瞒过了叔段母子。

赶跑了叔段以后，庄公把武姜母子密谋篡位的事情公布于天下。事实俱在，证据确凿（可能是截获了叔段母子通信的内容），武姜声名扫地，无法继续在新郑待下去。庄公派人把她送到城颍去居住，并且撂下狠话："不及黄泉，无相见也。"——意思就是我们这辈子就别再见面了。

掘地见母

送走武姜以后，郑国内乱平息，庄公彻底掌握了大权。

但武姜毕竟是庄公的母亲，不久以后庄公就后悔了。一方面可能是他放不下母子的骨肉之情，另一方面恐怕也是顾及自己的名声，怕担上"不孝"的罪名。

不过话已经说出来了，现在要反悔终究抹不下面子，得有一个台阶。

大臣们都猜到了庄公的心思，纷纷配合表演。

在颍谷有一个小官员，叫颍考叔，他听说了庄公撵走母亲的事，就以进献贡品为由来见庄公。

庄公收下他的贡品，当面赐给他一些食物。

颖考叔把里面最好的一些肉挑出来,剩下的才自己吃。

庄公很奇怪,问他为什么这样。

颖考叔说:"我家里有老母亲,一直以来只吃过我做的饭菜,从来没有吃过大王赏赐的食物,所以我带回去给她老人家品尝。"

庄公叹了一口气,伤心地说:"你还有母亲可以奉养,我却没有。"

颖考叔故意问是怎么回事,庄公就把自己跟母亲和弟弟的那些事说了。

颖考叔一听,马上说,这好办。"不到黄泉不相见"是吧?大王您可以挖一条地道,一直挖到出泉水为止,到那里去跟您母亲相见,这就是"黄泉下相见",这样就不违背誓言了。

庄公一想,这个法子不错。于是他就派人到郊外挖了一条很深的隧道,一直挖到泉眼,然后在隧道里面搭建起一个木棚,先把武姜接到木棚里等着,庄公亲自下到隧道里拜见武姜。母子相见,尽弃前嫌,昭告天下。庄公重新奉迎武姜为国母,但武姜从此再也无法作乱了。

一场纷繁芜杂的家族斗争就这样结束了,大家都得到了能接受的结果。庄公宽厚仁德的美名也从此传遍天下,他既除掉了争权的弟弟,又赢得"孝子"的口碑,最后大权在握,家庭和睦,世人交口称赞。不得不说庄公的情商是非常惊人的。

《诗经》里的叔段

叔段在当时就已经名满天下。

《诗经·郑风》里面有《叔于田》和《大叔于田》两首诗,传说就是赞美叔段的,里面描写的"叔"是一位仁义又勇武的美男子,风华绝代,天下无人能比,是郑国的超级偶像。

《郑风·叔于田》这样描述:

叔于田,巷无居人。岂无居人?不如叔也,洵美且仁。
叔于狩,巷无饮酒。岂无饮酒?不如叔也,洵美且好。
叔适野,巷无服马。岂无服马?不如叔也,洵美且武。

"叔"据说就是叔段,"田"是打猎的意思,"叔于田"就是描述叔段出外打猎的事。"叔"只要饮酒,其他人那样也配叫饮酒?"叔"只要骑马出门,其他人那样也算骑马?"叔"一亮相,普天之下的人都被比下去了。多么鹤立鸡群的叔段!

那为什么史书上记载的叔段和武姜母子又是那样卑琐的形象呢?历史上的有些事,真的是很难说得清的。

再说叔段的儿子公孙滑,他逃过了庄公的追杀,逃到与郑国相邻的卫国。卫国拿到这张牌,就开始蠢蠢欲动了……

冲击包围圈

郑国的位置其实很尴尬。

当初"桓公寄孥"的时候,因为桓公是天子的叔叔,权势压人,找的都是最好的土地。这些土地就在洛邑南边,是王国东部的中心地带。这里交通便利,经济发达,使新建立的郑国迅速成长为一个繁荣的国家。

但地处中心位置是一个极其严重的缺陷——郑国被其他诸侯国围在中间,没有扩张空间,反而受到周围国家的挤压,跟邻国的冲突不可避免。

郑国东边是宋国,西边是王畿和晋国,南边后来与楚国接壤,北边是卫国,周围还夹杂着一堆小国家,被重重包围。

当时晋国正在内乱,暂时没精力对外扩张;楚国这只大鳄的触角还没有伸到郑国边上;真正会带来麻烦的就是宋卫两个国家。这两个国家体量跟郑国差不多,国力接近,也是被一堆诸侯国围在中间,急需发展空间,他们的扩张必定要跟郑国直接冲突!

卫国:打不死的千年小国

卫国是周武王的弟弟的封国,封在殷商故土上,国民很多都是商朝遗民,治国方略是"启以商政,疆以周索",根据周朝的特点改进了商朝的制度。

因为跟周王室是近亲,所以卫国积极辅佐周王。幽王犬戎之乱的时候,卫武公派兵救助，后来又扶助平王迁都，因此获得了公爵的封号，国家地位是很高的。

卫武公是一个强势人物，跟前面提到的晋文侯类似，他也是弑君上位的，他杀的是自己的亲哥哥卫共伯。这样的人，要么是极其凶残的暴君，要么就是开宗立派的一代明主。卫武公是后者。他才能卓著，能文能武，当政五十五年，把卫国带上了前所未有的高度。卫国国力强盛，眼看一代霸主呼之欲出。

但卫国的上升过程到这里便戛然而止。卫国以后就一路下行，逐渐沦落为一个无足轻重的小国，最后成了春秋时代最早被灭国的诸侯国，但很快又复国了。

最神奇的是，经过灭国大难之后，这个处在四战之地的蕞尔小国从此好像被大国们忘了，竟然顽强地通过了春秋战国的血腥考验，在风暴中坚强生活着，一直挺到秦朝末年才最终灭亡。算起来，卫国的生存时间比周朝还长，无意中创造了诸侯国生存时间最长的纪录。

先说卫国跟郑国掐架的事。

叔段被剿灭、公孙滑逃到卫国的时候，卫国的国君是卫武公的孙子卫桓公。他听公孙滑说起郑国内乱的事，喜出望外——终于有借口可以公开打击郑国了。于是他以替公孙滑讨公道的名义派兵攻打郑国。

公孙滑带路，卫国军队很快打下了郑国的廪（lǐn）延。郑庄公反击，纠集西虢国等多国军队连续两年攻打卫国，大获全胜，最后还与邾（zhū）国和鲁国会盟于翼。

这里有一个细节，郑庄公纠集的多国部队中，有一支是周王室的军队——周天子无力阻止诸侯之间的冲突，反而派兵加入战团，把自己降到跟诸侯一个档次，这是很掉价的行为。

最后可能是在武姜的请求下，郑庄公才放过公孙滑。公孙滑最终老死在卫国。

卫桓公这一轮吃了亏，当然不会罢休。不料正当他一心想着再找郑国报仇的时候，自己的后院却起火了。

大义灭亲

卫桓公有一个同父异母的弟弟州吁（xū）。州吁从小很受父亲卫庄公宠爱，后来被封为将军，手下有不少军队。他性格很招摇。大夫石碏（què）就对庄公说："州吁这样的人是不会安分守己的，最好防着一点，不要给他军权。"庄公不听，继续宠着他。

桓公登基以后可就不宠着这个弟弟了。他找个借口，说州吁"骄奢"，夺了州吁的军权，接下来准备进一步处理他。但桓公的保密工作做得不好，被州吁跑掉了，逃到了国外。

接下来的剧情跟当年晋文侯经历的类似。州吁潜伏在国外，到处拉关系，培植自己的势力，准备反攻。据说他跟叔段是同病相怜的好友。十四年之后，州吁带着自己手下的军队，借着外国敌对势力的帮助，偷偷潜伏回卫国，突袭杀死卫桓公，自己当上了卫国国君。

这是春秋初期诸侯国中特别有名的一起弑君案，带头作用很明显。从此以后，各种弑君篡位的事件源源不绝地出现。

这起弑君案也成为一个很有代表性的样本：兄弟争位，失败的一方逃亡国外，再借助国内外敌对势力支持，回国篡位。这样的案例在春秋历史上实在太多了。

要追究责任的话，首先是作为父亲的庄公没有把太子的势力培养起来，结果兄弟党的势力太大，强枝弱干，太子镇不住。其次是，桓公的能力跟他这个弟弟相比，显然要差一些。州吁很能沉得住气，在国外长期潜伏，最后一击必杀——这样的人当然是很不容易对付的。

州吁篡位成功，当上了国君，俨然一个翻版的晋文侯。但晋文侯本来就是君位继承人，他是被人篡位以后再夺回君位的，名义上是站得住的。州吁就不同了，他是极其恶劣的弑君篡位，名不正言不顺。

而且他的才能和眼光也比晋文侯差得远，所以还没坐稳君位就出事了。

州吁跟叔段惺惺相惜，也可以说是臭味相投。他登基以后第一件事就是去攻打郑国替叔段报仇。

州吁篡位成功的当年（公元前七一九年）夏天，他纠集起宋、陈、蔡三国一起攻打郑国。这次草率的军事行动并没有取得实质上的胜利，仅仅包围郑国都城的东门五天以后就撤退了。失败的原因可能是四国不心齐，尤其是陈蔡两个小国，只是打打酱油罢了。

四国联军不甘心失败，当年秋天带上鲁国军队再一次攻打郑国。这次的战果稍微好看一点，史书上记载是"取其禾而还"——抢了郑国的一些庄稼回去。

这时候距离州吁篡位不过半年而已。

州吁在刚刚篡位成功、位子没坐稳的时候就连续对外用兵，这是一个巨大的错误。这种大规模的军事行动一定要在国内局势稳定的时候才能进行，否则就会给政敌以空子钻。

结果，老百姓都怪州吁穷兵黩武，卫国国内开始人心不稳。

他看到这情形，也有些心虚，就想着怎么去弥补。

石碏有一个儿子，叫石厚。石厚是州吁的心腹大臣。有一天石厚问自己父亲："我们的君王怎么才能得到百姓拥护呢？"

石碏回答："国君要受百姓拥护，先要得到天子的支持。你们可以去朝觐周天子，争取名分。"

但州吁是弑兄上位的，是个非法君主，怎么能去朝觐天子呢？

石碏就给他出主意说：陈桓公当下不是天子跟前的红人吗？我们国家现在跟他关系很好，可以托他帮忙去打通跟天子的关系。

在石碏的反复撺掇下，州吁带着石厚去了陈国，商量朝觐周天子的事。

这本身是没问题的，但他们想不到的是，老谋深算的石碏暗地里托人带信给陈国，说："这两个人是弑君的恶棍。卫国是个小国，我又是个老头子了，实在没有能力除掉他们，还请陈君帮我们除害。"

卫桓公的母亲是从陈国嫁过去的（可能是陈桓公的亲属），而州吁跟卫桓公是同父异母的兄弟，州吁弑卫桓公，陈桓公内心肯定是反对的。

陈桓公收到石碏的信以后就暗做准备，派武士埋伏在州吁一行人下车的地方。州吁等人刚下车就被当场活捉，分开关押起来。陈桓公随后派人向卫国报告情况。

卫国国内，石碏收到卫桓公的回信，于是向满朝文武公布了州吁落网的消息。州吁实在不得人心，而且他已经被拿住了，所以没人再支持他。石碏一党很快控制了局势，马上派出大臣去陈国杀掉了州吁，一场篡位闹剧至此终结。

但怎么处理石厚是个麻烦事。

石厚毕竟是石碏的儿子，石碏现在是卫国实际的掌权者，所以有人揣摩着他的心意，替他儿子求情：弑君的主犯是州吁，现在州吁已经伏法了，别人可以免罪。

但石碏丝毫不为所动。实际上，石厚的罪行可能确实没那么严重，但如果就这样放过他，别人都会说石碏徇私舞弊，那么杀州吁这件事就难以服众。所以石碏必须立一面旗帜，以儆效尤。

最终，石碏排除一切干扰，派人到陈国杀掉石厚。从此石碏留下"大义灭亲"的美名，给后世树立了一个正面的榜样。

然后，卫国的大臣们把卫桓公的侄儿公子晋迎回国内，立为君主，是为卫宣公。

州吁说来也倒霉，费尽心机潜伏十四年终于上位，最后才当了不到一年的国君就被杀了，连自己的名号都没有，只在卫国王室的谱系上留下一个称号：卫前废公。一个"废"字，多么可悲！

可惜州吁的失败并没有让后来者们吸取教训。随着周天子权威的衰落，各国的野心家们都磨刀霍霍，跃跃欲试，开始掀起一波又一波的弑君浪潮。

下一个出事的国家，是宋国。

宋国：小国也可以有大梦想

宋国是纣王的哥哥微子的封国。

当年周武王打败殷商以后，纣王自焚而死。微子"持其祭器造于军门，肉袒面缚，左牵羊，右把茅，膝行而前以告"——让左边的人牵着一只羊，右边的人持着茅草，自己绑着双手，裸跪在地上，用膝盖行走到武王面前，献上祖宗的祭器，乞求武王原谅。

武王对这个"带路党"的热烈表演非常满意，不仅在官方舆论里面大肆宣扬"殷有三仁"（这话虽然是孔子说的，但源头应该是周朝的官宣）——微子就是三仁之一，是商朝为数不多的好人之——而且给了微子特别丰厚的赏赐。

最重要的赏赐就是把微子封到殷商故地，给他封了一个诸侯，并且给他封的是最高级别的"公爵"，跟周公、召公并列，比其他诸侯的爵位都高。这叫作"兴灭国，继绝世"，就是说，不让前朝贵族断绝香火。（另外还把夏朝后裔封到杞国。）

周朝政府给了宋国很多优待条件，比如可以单独奉祀殷商的祖先，可以继承商朝的礼法等，并且让他们以客礼事周。所以名义上他们家是周朝的客人，不是周朝的臣子。

商朝的礼法是几百年前的东西，跟当前的周礼差别很大，保留着很多上古时期质朴的民风民俗。在周人看来，这些礼法显得迂腐而不合时宜，也只有那群前朝遗老还抱着这些东西不放。

而且更尴尬的是，商人的礼法其实也并没有完整地保留下来。他们其实已经被迫接受了周人的各种思想观念，剩下的只有嘴硬了。

所以宋国在诸侯国里面是一个异类，是前朝遗留下来的活化石。大家都以看笑话的心态看着他们，像"守株待兔""揠苗助长"这些笑话，都是编派宋人的。

关键是宋人还没有自知之明，总以"贵族"自居，觉得自己高人一等，不屑于跟你们这些"俗人"为伍。反映到国家性格上就是：无视自己的实际国力，总以大国自居；明明是一个夹在诸侯国中间的受气包，偏偏总干一些天下霸主的事情——气得你总想扁他一顿。但这个国家又还特别硬，城池坚固，很不好打，不是一等强国还收拾不下他。

总结起来就是——又臭又硬。

这样一个国家，对于身边迅猛扩张的郑国当然很看不惯。郑国在他们眼里就是一个暴发户富二代，没文化，没内涵，仗着是周王的亲戚到处招摇。所以宋国总是忍不住要出来敲打一下他。

于是，宋国成了郑国扩张之路上最大的对手。

好心办坏事的制度

殷人有一个传统"兄终弟及",君王死后会把位置传给自己的弟弟,弟弟以后再传位给哥哥的儿子。有商一朝,好几次王位继承都是这样的方式。

公元前七二九年,宋宣公临终前,把他的弟弟叫到身边说:"父死子继,兄终弟及。按照我们的传统,我应该把王位传给你。"于是不顾大臣们的反对,把王位传给了弟弟公子和。公子和继位,是为宋穆公。

宣公的太子是与夷,穆公的太子是冯。

后来穆公病重,召集以孔父嘉为首的大臣们说:"我哥哥那么仁义,把位子传给我,我不能辜负他。所以现在我把王位还给哥哥的儿子与夷,不给我儿子。"

孔父嘉却表示反对,说太子很受人拥戴,为什么要废他。但是穆公坚持自己的主张,更进一步,为了防止自己的儿子冯将来争夺王位,他特地把冯驱逐到了郑国——这给宋郑关系埋下了一颗炸弹——然后把王位传给了与夷。与夷继位,是为宋殇公。

那是公元前七二〇年。

但这种"兄终弟及"的模式只是看起来和谐,实际上已经完全不符合时代的要求了。后来的无数历史证明,只要出现"兄终弟及"的传位方式,随后必然引起严重的君位争夺战。这种模式坑了无数个国家,宋国就是第一个牺牲品。

穆公把自己的儿子先发配走,确实是一个明智的招数,理论上能防止争位的情况发生。但计划赶不上变化,后来的事态发展完全超出了穆公的预料——这是后话,先说殇公的事。

第一轮宋郑冲突

宋殇公是个特别好战的国君。他上任伊始,马上开始用战争来树立自己的威信。

打谁合适呢?

对于殇公来说,上一代人的兄弟情义并不是他要考虑的事,反倒是公子冯的存在让他如有芒刺在背——目前国内还有很多人支持公子冯。这是他真正的威胁，必须把这个威胁除掉。

公子冯被驱逐到了郑国。本来郑国就是宋国的死对头，现在郑国又好酒好饭地养着公子冯，明显居心不良。这下宋国不打郑国都说不过去了。恰好这时候，卫国的州吁成功夺位，他想转移国内对他弑君的指责，也准备对外发动战争。两个新上任的国君一拍即合，马上联合到一起。

公元前七一九年，宋殇公纠集了陈蔡两个小弟，加上州吁的卫国，四国联军两次进攻郑国（第二次鲁国也参战了，五国联军打郑国）。但他们没能把郑国打倒，前面已经说过，最大的战绩是包围了郑国东门五天，又顺便割了郑国郊外的稻谷。

这只是个开始，中原战火从此被点燃，宋郑两大集团之间的一系列战争拉开了帷幕。

几个月后，卫国的石碏杀掉州吁，迎立宣公，但州吁点燃的这把战火却熄灭不了了。

第二年四月①，郑国侵入卫国。卫国联合南燕国军队反击。郑国派出祭足等大将，带领主力与南燕军队正面对决，同时派制地的军队偷袭南燕军后方。最后郑国在虎牢关打败了卫燕联军。

同时，郕（chéng）国那边又来插一脚，从另一面攻入卫国。卫国又掉头去打郕国。局势一时间乱成一锅粥。

同年九月，宋国侵占邾国的农田，邾国向郑国求援。郑庄公趁机报仇，纠集周王的军队攻打宋国。宋国大败。郑国攻入宋国外城，耀武扬威。

宋国向鲁国求援。当鲁君问起战况，宋国使者却不说实话，鲁君心里很不愉快，于是拒绝援助。宋鲁关系开始破裂。

势单力孤的宋国被郑国军队狂虐。最后郑国掳掠了大量战利品顺利班师，报了去年的仇。

郑国随后向陈国发出通牒，要求陈国归附。陈桓公（曾经帮助卫国杀州吁）说："有宋卫两国罩着我们，郑国敢把我们怎么样？"于是陈国没有答应。

---

① 文中涉及的具体月份均指旧历。下同。——编者注

来年五月，郑庄公出手教训陈国。陈国根本不是郑国的对手，被打得满地找牙，被迫跟郑国签订城下之盟。郑国再次掠夺了大量战利品班师回国。

至此，卫、宋、陈三兄弟被轮流打了一次。这显示出郑庄公霸道的性格——得罪过我的，我都要打回去。

几个月之后，宋国缓过气来，又去攻打郑国。这次宋国憋足了一口气，经过大半年时间终于打下了郑国的长葛。

中原地区连续的战争终于让国际社会看不下去了。这时候东方大国齐国出来调停，要求双方停战。

假命伐宋

齐国在遥远的山东半岛，远离小国扎堆的中原地区，因此齐国可以安安稳稳地发展自己的经济，一直以来都是很有实力的大国。

郑国和齐国早就是友好国家，多次在一起会盟。最近一次会盟是几年前，郑庄公和齐僖公在石门会盟。从地理位置上看，郑齐两国正好把宋国夹在中间，所以这也可算是最早的"远交近攻"。

所以宋郑冲突愈演愈烈的时候，只能由齐国站出来调停。

宋、郑、卫打了几年，都已经精疲力竭了。这时候有大国出来调解，他们正好有台阶可以下，谁都没法反对。

公元前七一五年秋天，在齐国的要求下，齐、宋、卫三国在瓦屋会盟，约定尽弃前嫌，停止战争。

但齐国的调停只起到短暂的效果。郑国心里是不服的，而且他们又是实力占优的一方，停战对他们好处不大——不趁这个时候把宋国打趴下，以后还有机会吗？所以在停战的第二年，郑国就又一次主动挑起战争。

不过，去年明明说好的大家不打了，这时候又要去打宋国，怎么好改口呢？于是郑庄公耍了一个心眼。

当时周天子名义上还是大家的顶头上司，各国都要定期向周天子进贡。这只是一个象征性的礼节，不一定真的要交出来多少金银财宝，所以各诸侯大体上是不会忘了这个事的。

但公元前七一四年，郑国却突然指责宋国不按时进贡，声称要替天子去讨伐宋国。这个来得有点猝不及防，有可能是郑国在宋国对周天子进贡的时间、礼品、礼节等各环节挑了一点错出来，以此为借口而已。

由于郑庄公是周朝上卿，理论上他可以代周天子讨伐不服从的诸侯。但这次讨伐可能并没有得到周天子的授权，而是郑庄公假借周天子的名义去打击自己的竞争对手，所以人们都说他是"假命伐宋"。

为什么这样猜测呢？这就要说到郑庄公跟周天子的尴尬关系了。

"天子"的陨落

众所周知，春秋初年，郑国跟周王室的关系是很亲密的，几十年里一直由郑国国君担任朝廷里的卿士——类似于后来的宰相，一人之下万人之上，可以说是周天子的左膀右臂。

但到了郑庄公这一辈就有点不一样了。庄公是一个很务实的君主，周朝卿士这个职位，在他看来主要是为了方便做一些别的诸侯做不了的事，而不是为了替周天子打工。所以他就不太肯真正出力，只挂个空名，没事去朝廷里转转而已。这样必然让周天子心里不舒服。

在平王当政的后期，郑国跟周王室就发生过许多龃龉。当初为了对付叔段，庄公连续很多年都在经营国内的事务，没去管朝廷里的事。平王很不开心，于是决定把庄公的权力交给西虢国的君主虢公忌父。

庄公一听说这个事，马上跑到朝廷里去质问平王："听说大王要撤了我的职位？什么原因？我哪里做得不好？"

平王看到庄公气势汹汹的样子，马上怂了，连连摇头说："哪有这事？郑伯不要听那些谣传。"

庄公不肯罢休，为了防止自己真的被夺权，竟要求平王跟自己互派人质：平王把王子狐送到郑国去当人质，郑国把公子忽送给周朝当人质。平王只好同意。当然，夺权的事也就不了了之了。

周天子跟郑庄公明明是君臣关系，竟然像敌对国家一样互派人质，这是严重僭越的行为：你一个大臣有什么资格要王子去你的手下当人质？但面对这样一个"不平等条约"，平王竟然答应了——可见他确实是一个很怂的君王，没有一点刚性。

这次事件被称为"周郑交质"，是春秋初期的一个标志性事件，说明周王室从此失去了诸侯的敬畏，无法再靠自己的权威驾驭诸侯们了。

不久以后，平王驾崩，周桓王继位。桓王年轻气盛，继位以后马上又提出要虢公忌父接替庄公的卿士职位。

这次庄公没去找他闹，而是直接派兵去周朝的土地上收割麦子和稻谷。这是明目张胆的抢劫，分明是在侵略周朝。但是桓王一点办法都没有，只有白受这个气。（不过第二年宋、卫、陈、蔡、鲁五国联军攻郑的时候又割了郑国的稻谷，替桓王报了仇。）

到这一步，郑庄公已经彻底跟周天子撕破脸了。而周天子没有任何办法反击，可以说声誉扫地。

从那以后，郑庄公跟周天子就一直处于"冷战"状态，互相都不给对方好脸色看。其间又发生了"祊（bēng）易许田"（庄公自作主张拿周王祭祀用的土地去跟别人交换）这样一件不愉快的事，总之就是庄公想怎么玩就怎么玩，眼里完全没天子。

郑国作为周天子的自家人，却带头打天子的脸，别人当然纷纷效仿。可以说，周天子威信的陨落，郑国有很大一部分责任。

不过，从另一个角度看，这也是郑庄公最终没能称霸的原因之一。后来的"春秋五霸"都少不了在表面上尊奉周天子，郑庄公却反过来，明明他有最好的"挟天子以令诸侯"的条件，却自毁长城，一面打亲戚的脸，一面丢了手上最好的一张牌。这种境界，比起"春秋五霸"差了很远很远。

再说"假命伐宋"这件事。这时候郑庄公跟周王已经相互冷落很久了，却忽然冒出个替周天子讨伐诸侯的怪事，大家一看都知道他又在抛开天子自行其是了。但没办法，毕竟是他们自家人的内部矛盾，天子自己不发话，大家也就不好拆穿呀。

公元前七一四年，郑国领头，多国联军"奉王命"浩浩荡荡地杀奔宋国。

消停了不到一年，第二轮宋郑冲突再起波澜。

第二轮宋郑冲突

这一次,郑国是做足了准备。你不是"公爵"吗?我一个伯爵打不得你,但现在我有天子的命令在手,能不能打你?

而且这两年郑国一直在施展外交手段拉拢齐鲁两国,郑、齐、鲁已经隐隐约约形成了一个联盟,国际形势跟两年前大不相同,郑国已经明显占优了。

之前卫国、陈国已经被打服了,宋国这回没有小弟帮忙了。在多国联军攻击下,宋国很快抵挡不住,只得服输。

上一次宋国向鲁国求援,却因为宋国使者不肯说实话,得罪了鲁国;这次宋国索性不求援了——这标志着宋鲁关系已经公开破裂。不久之后,郑鲁会盟,鲁国彻底倒向郑国一方。

本来宋、卫、陈、蔡结成了对郑国的包围圈,但郑国现在跟远方的齐、鲁结盟,形成对宋、卫的反包围,战略形势完全逆转。

另一边,北方的戎人又来侵略郑国。郑国百忙之中还腾出手来跟戎人打了一仗,又是大获全胜。

第二年,也就是公元前七一三年,郑国再次牵头,郑、齐、鲁三国联军再次进攻宋国。其中鲁隐公跟宋殇公还是表兄弟,但各国哪管那么多,该翻脸还是得翻脸。

这次战争获胜之后,郑国把打下的宋国城池都送给了鲁国,鲁国成为最大的赢家,当然这也是郑国挑拨离间的手段之一。因为这件事,鲁国在史书上把郑庄公大大地夸奖了一番。

宋殇公有孔父嘉辅佐,还是有些策略的。趁着多国部队在宋国大肆劫掠的时候,宋殇公派出宋卫联军从小道偷袭郑国,直逼郑国首都。

郑国赶紧班师救援。但郑国军队还没回到城内,宋卫联军就撤退了,借道戴国往回返了。

小小的戴国看到一大片军队开过来,吓得够呛,紧闭城门不让他们通过。宋卫联军大怒,掉头攻打戴国城池;两国还顺道通知蔡国一起来,于是三国围殴一个小国。

但是蔡国怪罪他们之前没有带自己一起偷袭郑国，不太高兴，出工不出力。

这时郑国大军追上来了，借口说要保护戴国从而得以进城。郑国进城以后马上翻脸拿下戴国城池，吞并了戴国，还把三国联军也给赶跑了，缴获大量财物。

宋卫两家打了半天，结果都在替郑国打工；而且戴国也是商朝后裔，跟宋国同宗同源，还让宋殇公背了个手足相残的名声。这下把宋殇公气得直跳。

事情没完。郑国乘胜追击，又一次打入宋国，又一次在宋国烧杀劫掠。这一次，宋国确实无力反抗了。

就这样郑庄公还觉得太闲。去年"奉王命"伐宋的时候郕国不是没来吗？一个小国敢不给我们郑国面子？所以郑国跟齐国联手又打入郕国，惩罚他们站错队的错误。郕国迅速投降。

下一个是许国。许国也是一个不肯"奉王命"伐宋的钉子户。郑、齐、鲁联手，瞬间把许国打翻在地。许庄公只好逃到卫国去。

一个叫息国的小国家还嫌不够乱，跳出来刷存在感。它竟然单独去进攻郑国，结果大败，被郑国给狠狠地教训了一顿。

郑、齐、鲁三国讨论怎么处置许国。鲁隐公说："人家都认罪了，就算了吧。"郑庄公拉不下面子，只好把许国一分为二，一半由郑国的将军公孙获管理，一半交给许庄公的弟弟去统治，号称恢复许国了。鲁国的史书因此又吹嘘"郑庄公于是乎有礼"，就是说郑庄公是一个知"礼"的贤君。

经过这一连串的"组合拳"，郑庄公的威名惊动天下，郑国来到了最辉煌的时代！

这几年，中原的国家们都没闲着，都在结成帮派互相打来打去。他们如同一群被拘束得太久了的熊孩子，有一天突然发现老师管不了他们了，那个欢腾呀，顿时炸开了锅，扭打成一团。而他们的"老师"周天子，这时只能远远地趴在桌子下面发抖，祈祷自己不要被误伤。

而各国国君像一群熊孩子一样，以打架为乐事，根本停不下来。持续不断的军事冲突的背后，不仅仅是国家利益在诱导，也有男人好斗的本能在推动，其中的很多场战役其实对国家没什么好处，根本没必要打的。

这些君王们打得欢天喜地，底下暗藏的却是老百姓家破人亡的血泪史。不过没人会去关注这些，甚至连史官都懒得记录。因为这些根本不是什么新鲜事，不仅过去发生过很多次，以后还会不断地发生——这是人类绕不开的宿命。

回到刚才的话题。尽管已经把宋国虐成这样了，郑庄公还是觉得不过瘾。公元前七一二年冬天，郑国联合虢国再次讨伐宋国，又一次把宋国打倒在地，然后踩着宋国跟齐、鲁等会盟。

到这时为止，郑国已经取得了压倒性的优势。宋国的军事力量接近崩溃，在多国部队一轮又一轮的拳打脚踢下摇摇欲坠。

一直死扛到底的宋国这时终于撑不住了。宋殇公登基才八年，已经打了十一场战争，而且宋国基本都输了，宋国国土被人蹂躏了一遍又一遍。国内民怨沸腾，终于引发了民意的大崩溃。

弑君！弑君！

新的一场弑君惨案来袭！而这一次，会直接影响以后两千多年的中国历史！

第四章　弑君狂潮

改变历史的弑君案

当时的宋国有两大公族：一支以孔父嘉为首，孔父嘉的职位是司马，掌管军权；一支以华督为首，华督被授命为太宰，掌管行政。两支公族共同执掌朝政，辅佐君王。

孔父嘉就是前面提到过的顾命大臣，他和华督都是宋国王室的旁支，所以归根结底，他们算是一家人。

孔父嘉掌管宋国的军事，宋殇公这些年的对外战争都是他在主持。宋国八年打了十一场战争，民众苦不堪言。殇公和孔父嘉这对君臣难免给人留下"战争狂"的印象。

这时宋国民众对于连年战乱的忍耐已经达到极限，包括华督在内的朝中大臣也对战争非常不满，但他们又不能直接反对君主，想来想去，只有拿孔父嘉开刀。

史书上记载，孔父嘉的妻子非常美貌。她有一次乘车外出，不小心被华督看见了。华督顿时被她的美色迷倒，就起了歹念，想要害死孔父嘉，把她弄到手。于是他就在国内传言："大王发动战争都是听信了孔父嘉的谗言，现在老百姓被害得这么苦，都怪孔父嘉。只有杀了孔父嘉才能拯救百姓！"宋国的民众本来就已经怨声载道，这下百姓的情绪彻底被煽动起来了。华督在众人的拥护之下杀死孔父嘉，抢走了他的妻子。

但这段记载的可信度并不高，华督杀孔父嘉的主要目的应该是为了阻止宋君再度发动战争，而不是为了什么美女。而且后来华督在宋庄公手下依然是首席大臣，说明当时的人们还是很认可他的，他不太可能干过强夺人妻这种让人诟病的事。

不过华督杀孔父嘉这件事倒是真的。孔父嘉被杀以后，殇公震怒，要拿华督问罪。华督索性一不做二不休，把殇公也干掉了——做成又一起弑君案。

但出人意料的是，这起弑君案并没有像州吁弑君那样招来太大的反对声——究其原因，可能是因为殇公确实太不得人心了。殇公被弑，郑国、齐国他们不用说，就差要给华督颁锦旗了，就连宋国国内也是人人拍手称快，自然没人去追究华督弑君的责任啦。

公子冯这时还在郑国，华督派人把他接回去，立为君王，是为宋庄公。华督又送给郑、齐、鲁、陈几个国家大量的贿赂。这几个国家更加高兴，都夸他会做人，更不提他弑君的事。宋庄公也就顺水推船，任华督为国相。

对于政客来说，会做人比会做事更加重要。

至此，中原各国延续十年的战争，以郑齐联盟完胜而告终。

我们别忘了被杀的还有孔父嘉。孔父嘉被杀，对于他们家族是一个重大打击，他们家族从此失去了在宋国的政治地位。

孔父嘉有一个儿子叫木金父，木金父以父亲的字为氏，称为孔氏。后来他们一直被华督的派系打压，为了避免政治迫害，只好全家逃奔到鲁国，继续在鲁国做官。

从孔父嘉算起，六代之后，这个家族出了一位彪炳千古的大人物，那就是被后世称为"至圣先师"的孔子。

宋国到这时基本平静下来，但弑君的浪潮还在蔓延，下一个受害者是鲁国。

鲁国：周朝文化的传承者

鲁国是周武王的弟弟周公的封国，是一个跟郑国、宋国差不多的中等大小的国家。

周公是周朝的圣人，具有极高的地位，周朝的礼乐制度就是周公当年制定的，鲁国也就顺理成章地成为周礼的保管者和执行者。可以说，周朝的文化就在鲁国。

在春秋初年，如果我们要去寻找一个最有周朝特色的地方的话，不应该去周王所在的洛邑，而应该去鲁国，那里才是真正的"周"。

"周礼"具体是什么呢？就是一套全社会共同遵守的生活规范。

西周初年，周公为了巩固周朝政府的统治地位，在前代（最早可以追溯到五帝时期）礼乐制度的基础上，按照周人的生活习惯，制定了符合周朝社会的礼乐制度。这套制度规定了社会每个阶层的人们的生活方式，从饮食起居到丧葬祭祀，每个人都应该按照这套规范来生活，否则就是越礼。周人自从有了礼乐，就跟周围的蛮族区分开了。这是中国社会的重大进步。

礼乐制度最大的作用是维护社会稳定，每一个人都要在制度规定的框架内做人做事，不能逾越，否则就是僭越，甚至算作以下犯上，会受到严厉打压。当整个社会都按照这套规范来行事以后，就相当于用绳子把社会的每个部分都捆得严严实实的，这样的社会是高度稳定的。

周朝夺天下的过程来得太快，仅仅两代人的时间，就从一个边缘部落迅速膨胀成当时世界最大的国家之一。由于统治了许多不同的民族，维护稳定就成了头等大事，所以周礼对于周朝具有特别重要的价值。

在整个西周时期，周礼都得到了比较好的执行。但到东周以后，因为王室权威的衰落，社会各阶层也就开始散漫起来，特别是大权在握的诸侯们，基本上想干啥就干啥，不把天子放在眼里，于是开始了"礼崩乐坏"的时代。

举个例子，在春秋初年，作为周礼的执行者的鲁国，其国君就带头违反周礼，在陵墓的落成典礼上让人表演了"六佾（yì）"的舞蹈——而诸侯本来只能用"四佾"，这就越礼了。

这人就是后来被弑的鲁隐公。

鲁国的弑君案

除了要延续子嗣，古代的帝王们为了自身的享受还会娶很多老婆。在当时的环境下，这也可以理解，毕竟人类的本性都是自私的，在没有监督的情况下，大多数人都不可能管住自己。

既然是为了享乐，看重的主要就是女方的姿色，管她是公主还是女奴，都无所谓。所以有很多帝王临幸了地位很低的女人，自然没法避免让这个女人生下王子。

那么问题就来了，这个地位很低的女人生下的可能是长子，正妻的儿子反而排在后面，以后王位让谁继承呢？总不能让一个宫女甚至女奴的儿子当君王吧？

为了解决这个问题，就发明了嫡庶制度。制度规定：嫡子优先，嫡长子是第一继承人，然后按他们的年龄排，没有嫡子才立庶子。所谓"有嫡立嫡，无嫡立长"。

这在大多数情况下都可以解决问题，但还有一种情况：万一两个女人的地位差不多，她们的儿子该怎么排？那就很容易出乱子了。

春秋初年的鲁国就出了这种情况。

当时鲁惠公的正妻没有生儿子。惠公另有两个夫人：声子和仲子。声子生了公子息，仲子生了公子允。公子息年纪更大，但公子允的母亲的地位更高，却又没高太多，所以公子息和公子允都不能算嫡长子。

惠公生前并没有把继承人的问题安排好，特别是没有及时地把仲子立为正妻，这就给后来的鲁国埋下了隐患。

公元前七二三年，鲁惠公薨，公子息继位，这就是鲁隐公。但这次继位很特殊，鲁国官方的说法是公子允是嫡子，应该由他继位，但他年纪太小，所以由公子息代他执政，或者说"摄政"，而公子允仍然当太子。

隐公一当权就是十一年。这十一年间，他完全拥有国君的身份，鲁国的各种决策全部出自他。所以他跟历史上其他的摄政王不一样，他只是名义上摄政，实际上却是君主。

到鲁隐公十一年，也就是公元前七一二年的时候，公子允已经是个二十来岁的成年人了，也有了自己的势力，但隐公仍然没有公开表现出要还政于他的意思。这时满朝文武都在背地里猜测隐公的真实想法——他到底准不准备把王位还给太子呢？一直这样拖着是什么意思？一些有心机的人开始蠢蠢欲动。

这时惠公的另一个儿子公子翚（huī）登场了。

公子翚是一个很强势的人物，在战场上是一员猛将，立过许多军功，而且一向嚣张跋扈。

当年宋、卫、陈、蔡围攻郑国的时候，就是公子翚无视隐公的反对，自己带兵加入了他们的队伍。后来鲁国帮着郑国打宋国，又是公子翚自作主张自己带兵去的。这样严重违反军令，他竟然没有受到任何惩罚，可想而知，隐公对他有多么纵容。所以隐公在他心里也就那么回事，没什么好怕的。

公子翚想着自己立了那么多军功，应该受表彰，就想要隐公封他为太宰。正好听到朝臣们都在私下议论归政的事，胆大包天的他竟然想出一条异想天开的上位之路。

他跑去跟隐公说："当初大臣们都认为您最有才能，所以才拥戴您当了国君。您当政这么多年了，一直受大家拥护，还有什么理由再把位子还给太子呢？依我说，干脆斩草除根，杀了太子，立您自己的儿子为太子。"

这个设想其实相当明智，可以说是忠言。

不料隐公却瞪大眼睛说："这是什么话？我当初不是说好的，因为子允年纪太小，我暂时代他执政。现在他已经长成大人了，我正在菟裘（tù qiú）那边营建养老的地方，以后去那里住，把君位还给子允。"

至于封太宰的事，隐公说："等子允登基了，去让他封你。"

这下把公子翚吓坏了，本来想投机取巧谋一个开国大佬的地位，结果把自己套进去了。现在话已经说出口，没法收回，以后这老头把君位给他弟弟，他弟弟一上台，第一个要清算的不就是我？这下惹来大祸了。

他毕竟是战场上出生入死活下来的人，做事果断狠辣，念头一转，马上去找公子允，说："听说那老头想赖着不退位，还要把您杀了，以绝后患。不如我们先下手，我替您去干掉他！事后封我一个太宰的位子怎么样？"

公子允跟他的哥哥不一样，立即同意了他的阴谋。

公子翚是掌握军权的人，很快就布置好杀人计划。不久以后，隐公在穷（wěi）氏家里祭祀神灵的时候，被公子翚派的刺客暗杀身亡。

公子翚随后扶助公子允登基，是为鲁桓公；然后把隐公被弑的责任推到穷氏头上，灭了穷氏一族。

这件弑君案，说到底，主要责任其实在隐公自己。

不仅公子翚，连后来的历史学家们都猜不透隐公的真实想法：他到底是脸厚心黑想一直占着君位不还呢，还是真的是个善良的人？

要是真的因为公子允年纪小，不放心让他掌权，完全可以效法周公，让公子允先登基，自己当个辅政大臣——这方面，周公是一个非常典型的正面例子。

其中的关键在于名分，首先得让公子允有君王的名分，隐公自己明确是大臣的身份，这样才能消除猜疑。但隐公却半推半就地当起了君王，把公子允打成太子。

如果隐公真的想当君王，那就该果断除掉公子允，而不是让公子允有机会长齐羽翼来夺权。在十一年的时间里，隐公应该有很多机会可以杀掉公子允，但他没有。即使公子翚主动来献计，这么好的机会，他都没抓住，反而把公子翚逼到了公子允那边去。

而且，他竟然想不到公子翚已经被逼上绝路了，没有做任何防备。一个手握军权的人说出要杀太子的话来，对这样的情况能不悚然于心吗？

最大的可能是，隐公本身是个散漫无大志的人，做事糊涂，他既没有夺权的志向，又有点舍不得君位。身为君王，却畏首畏尾拿不定主意，最终害死了自己。

不过，鲁国这种宫廷政变算起来只是小孩子过家家，不值一提。在同一时期，中原大地上的超级大国晋国内部，正在上演一场史诗级的弑君大戏，前后延续六十七年，弑杀五任君王，惊动国际社会，周天子亲自参战……

那就是春秋时代最大规模的夺权斗争——"曲沃代翼"。

曲沃小宗的由来

故事还要从西周末年说起。

周宣王时期，晋国当政者是晋穆侯。穆侯的正妻生了两个儿子，长子叫仇，次子叫成师。

关于两位世子的名字有这样的传说：据说当年穆侯跟着周王去讨伐戎人，结果惨败，回来以后正好妻子生了个儿子，穆侯就给这个儿子起名叫仇，以记住这次败仗。后来又一年，穆侯去讨伐戎人，大获全胜，回来以后又生下一个儿子，于是把这个儿子起名叫成师，就是战争获胜的意思。当时就有人说这两个公子的名字起反了，长子仇名字不吉利，次子的名字却大好，以后让长子当国君只怕镇不住次子。不过这都是传说而已。

后来穆侯的弟弟殇叔篡位，公子仇逃到国外；几年以后公子仇回来杀死殇叔，夺回了君位。

他就是前面讲过的晋文侯。

文侯是强势君王，当政四十年，把晋国打造成了威震天下的一流强国。

但文侯却犯了一个错误：没有管束好他的弟弟成师。明明有殇叔篡位的前车之鉴，不知道文侯为什么还会犯这样的错。

按照分封制的规定，文侯这一支是大宗，是家族权力的继承者；成师那一派是小宗，需要另立门户。按理说小宗的势力应该明确受限，但实际却没有。

所以到文侯过世的时候，成师的权势已经非常大了。

公元前七四五年，文侯的儿子即位，是为晋昭侯。

昭侯这个年轻小伙感觉自己根本约束不了那个强悍的叔叔，就做了一个严重错误的决定——把叔叔成师封到远离国都的曲沃，于是成师又被称为曲沃桓叔。

可能昭侯是一个性格软弱的人，认为既然制约不了这个叔叔，索性一脚踢开，把他派到遥远的封地去，眼不见为净；认为他远离了政治中心，谅他也翻不起什么波浪。却不料这一下就成了放虎归山。

晋国的首都在翼，但曲沃才是晋国的第一大城市，比翼更大——从这一点可以猜测，也许把成师封到曲沃并不是昭侯自己的想法，而是成师主动争来的——总之，这相当于送了一个牢固的后方基地给成师。

当时也有人明确反对这项决定，但昭侯仍然坚持自己的决定。

成师，现在叫曲沃桓叔，已经是一个接近六十岁的老人了。丰富的政治经验把他打造成了一只极难对付的老狐狸，大概跟当初他的哥哥类似，甚至还有过之而无不及。他从离开都城起，就制订了一系列严密的夺权计划。

而他确实也有过人的才能，尤其是善于笼络人心。史书记载，曲沃桓叔非常受老百姓拥护，从晋国各地去投奔他的人络绎不绝。

在桓叔的努力经营下，曲沃的人力和财力都迅速增长，成为一支可以和晋国中央政府抗衡的政治势力。

仅仅过了七年，桓叔就做好了夺权的准备。

《诗经·唐风》里面有一首《扬之水》，据说就是描写当时曲沃的军队准备开往翼城的情景：

扬之水，白石凿凿。素衣朱襮（bó），从子于沃。既见君子，云何不乐？

扬之水，白石皓皓。素衣朱绣，从子于鹄。既见君子，云何其忧？

扬之水，白石粼粼。我闻有命，不敢以告人。

"素衣朱襮，从子于沃"，是说穿着白衣红领的军服，在曲沃集结，听候桓叔的命令，整装待发。

"既见君子，云何不乐"，这是追随桓叔的人们对他的赞美。

"我闻有命，不敢以告人"，是说接到了开往翼城的命令，这是重大的军事机密，不能泄漏。

公元前七三九年，就在曲沃准备发动叛乱的时候，翼城骤然发生变乱，大臣潘父弑杀晋昭侯，请求桓叔进城执政。这次弑君极有可能是桓叔遥控的结果，但没有证据。

桓叔的军队还没来得及开入翼城，翼城内部拥护昭侯的势力就发起反击，出兵打败了桓叔，桓叔只好退回曲沃。政府军追杀到曲沃，但这时的曲沃已经固若金汤，政府军打不进去，双方只好收兵。

翼城那边的人们杀死潘父，立昭侯的儿子为君，是为晋孝侯。

这是"曲沃代翼"的第一次弑君。

为什么在晋国弑君如此容易？因为晋国是大国，而且地势易守难攻，号称"表里山河"，其他国家很难干涉他的内政。也正因为这个原因，春秋时期晋国发生的内乱远远多于其他国家。

从这时起，晋国事实上就已经分裂了，曲沃和翼两个政治中心从此开始长期的对决。

三代人的篡位战争

七年的苦心经营仍然没能成功。

这时候桓叔的年纪已经很大了，虽然有足够的雄心壮志，但已经无力继续争夺权力。他被自己的哥哥压制了大半辈子，到了终于可以翻身的时候，却差一步未能成功。

八年之后，桓叔在壮志未酬的遗憾中郁郁而终。

他的儿子公子鱓登基，称为曲沃庄伯。

开弓没有回头箭，曲沃小宗夺权的野心既然已经暴露，那就无法再跟翼城的中央政府和平共处了，双方必定要拼到你死我活为止。

庄伯依旧按照父亲制定的策略走，一面继续经营曲沃，一面准备对翼城的战争。

又过了七年，庄伯找准机会，率军又一次攻入翼城，杀了晋孝侯。眼看即将成功的时候，晋国政府又一次反击，联合荀国的军队打败了庄伯，把庄伯赶回曲沃，然后扶立晋鄂侯。

这是第二次弑君。

曲沃小宗仍然差了一步没能夺权成功。但政府军两次打败曲沃军队，却都只能把他们赶回曲沃，无法消灭他们，也无法解除他们的武装，说明曲沃的势力已经根深蒂固，无法剪除。

休整了几年之后,庄伯又一次发动进攻。这一次庄伯准备更加充分,他首先贿赂周王室,让周天子支持自己——周天子派出大夫尹氏和武氏帮助庄伯——然后又联合了郑国、邢国,共同攻打翼城。

这是最大规模的一次军事打击,中原各国、周朝政府都参战了。晋国中央军支持不住,彻底被击溃,鄂侯被赶出翼城,逃到随邑,不久以后死在了那里。

周天子自己带头破坏分封制,鼓励叛军以下犯上,所谓"周礼"已经完全被抛弃了(这件事不合情理,这一段历史记载可能有错,或者漏写了某些事件)。

庄伯听到鄂侯薨的消息,马上再次发兵攻打晋国中央政府,但不知什么原因,周天子却突然翻脸,反过来帮助晋国政府,派虢公带兵攻打曲沃(这也不合情理,可能史书有误)。庄伯只好放弃翼城,带兵去救援曲沃。

这是第三战,没有直接弑君,但逼死了鄂侯。这一次夺权又是功败垂成,但晋国中央政府基本被打残,已经无力抵抗曲沃军队的攻击了。

翼城那边随后扶立晋哀侯。

庄伯穷其一生继续桓叔的事业,可惜仍然没能成功,又把接力棒传给他儿子——曲沃武公。

公元前七一六年,曲沃武公继位,继续追求前面两代人没能完成的梦想。

晋哀侯八年,晋国政府侵占陉廷的土地。陉廷向曲沃求援,双方联合起来反击晋国中央政府。政府军又一次溃败,哀侯被俘虏,第二年被武公杀死。

这是第三次弑君。

这时候晋国中央政府已经很悲惨了,武公像杀敌国俘虏一样杀他们的国君,这个政府被消灭已经只是时间问题。

翼城那边随后扶立晋小子侯。

小子侯的命运同样悲惨,史书上记载他被武公"诱杀",具体细节不明,可能是在双方谈判过程中被杀的。这时候小子侯继位才三年。他们祖孙三代人当政的时间加起来还不到二十年,所以哀侯和小子侯被杀的时候应该都还年轻,尤其是小子侯,顶多只是个少年。

这是第四次弑君。

这时周天子又一次出兵干涉，派虢公讨伐曲沃武公，武公抵挡不住，只好退出翼城，又一次退回曲沃。但他并不是败给晋国政府，这时的晋国政府已经是砧板上的肉，所以他不需要担心，只要继续等待机会而已。

这次由周天子主持，立晋哀侯的弟弟为君，是为晋侯缗（mín）——这是公元前七〇四年。

大概周王室和国际社会给了曲沃很大的压力，这之后，曲沃势力消停了很久，没有再继续发动战争。当然，这只是在给周天子面子，而不是说他没那个能力。

但武公当然不会放弃祖上经营了这么久的事业，这时曲沃的力量已经完全压倒晋国政府，随时可以将其推翻。终于在公元前六七九年，曲沃武公再度发起战争，又一次把翼城的中央政府击溃，杀了晋侯缗。

这是第五次弑君。

这次没人来救晋国政府了。

武公吸取了前几次的教训，用从翼城抢来的财宝贿赂周天子——这时的天子是周釐（xī）王。釐王见钱眼开，不仅不帮助晋国政府，反而干脆把武公封为晋国国君。

有了周天子的官方认证，曲沃势力成功洗白。

从此，曲沃武公就变成了晋武公，曲沃小宗成为新一任的晋国政府，一个全新的晋国站上了历史舞台！

经过三代人，六十七年对抗，六次大规模战争，干掉五任君王，逼死一任君王以后，曲沃小宗取得了这场争位大战的最终胜利。

后来的历史证明：这个在长期内战中历练出来的新一任晋国政府确实是很有才能的。他们强悍而高效，善于把控局势，心理素质过硬，韧性十足。在他们的带领下，新生的晋国，或者说，被调包的晋国，迅速开疆拓土，国力大增，成长为无可争议的天下第一强国！

周天子退居幕后，春秋时代真正的主角正式登场！

第五章　周天子的陨落

射王中肩

再说周天子那边的情况。

在"曲沃代翼"的过程中，周天子的政府表现得很没品，让人瞧不起。但其实这时候他们早已经没脸了，打他们脸的，却不是曲沃势力，而是我们大家已经很熟悉的那个郑庄公。

我们把时间退回郑宋大战的时候。郑国用了十年时间，前后十几场战役，终于拖死了宋殇公，成功扶立宋庄公上位。至此，郑齐联盟取得完胜。

郑庄公是个特别能搞事的人，闲不住，三天两头找人掐架。搞定宋国以后，转头又跟周天子掐起来了。另一边，周桓王初生牛犊不怕虎，也不怎么买这个叔叔的账，所以这些年来，双方一直就龃龉不断。

公元前七〇七年，宋殇公被弑三年之后，桓王终于忍不住了。他觉得这个远房叔叔郑庄公简直欺人太甚，这么多年不管朝廷里的事，把自己这个堂堂的天子撂在一边；现在我连吃饭都困难了，还不能求别人，一找到别人，这个叔叔就杀上门来问罪："微臣哪里又做得不对，让大王不满意了？一定要撤我的职吗？"

这一回，桓王终于下定决心，不管这个叔叔怎么闹，都要给他点颜色看看。他传下御旨，撤掉郑庄公的卿士职位，把朝政交给别人去处理。

郑庄公得到消息的时候已经被撤职，所以没去闹，只是从此再也不去朝见天子。

桓王以为郑庄公怕了，决定一次性把他的气焰打下去。前几年宋殇公不是带着陈、蔡、卫这帮小弟围攻过郑国吗？现在宋国这个大哥倒了，小弟们不敢惹郑国。但没关系，桓王把他们召集起来，自己当他们的新老大。

于是在这一年秋天，桓王带上陈、蔡、卫三个小弟，由周公黑肩（朝廷重臣，被封在周国）、虢公林父（他曾多次帮助桓王攻打曲沃，经验丰富）两位老臣领军，浩浩荡荡地杀奔新郑，准备再一次群殴郑国。

这是东周以来第一次由周天子带兵出征，可以说声势十分浩大。

但桓王没有考虑到，陈、蔡、卫这几个小国都是被郑庄公打怕了的，根本没有斗志，中看不中用；也没想到郑庄公这些年一直在四面出击，打仗是家常便饭。他这个头一回上战场的黄口小儿，拿什么跟人打？所以这支队伍虽然来势汹汹，但在郑人眼里看来就是个笑话。

郑庄公一声冷笑：老夫教你怎么打仗。于是立即带兵接战。双方在繻（xū）葛扎下阵营。诸侯迎战天子，这还是头一回。

桓王没有料到郑庄公真敢来迎战，只好硬着头皮上。

桓王亲自坐镇中军，周公黑肩和虢公林父分别统领左右两军，跟郑国军队对峙，陈国军队被分在左军，蔡卫两国军队被分配到右军。

郑国这边，郑庄公坐镇中央，公子忽和祭足率领左右两军，分别攻打敌人的两翼。其中，公子忽是庄公的长子，祭足是庄公手下的首席大臣。

郑国部队摆出"鱼丽之阵"，"先偏后伍，伍承弥缝"。这是一种用步兵环绕战车的新型阵法，在战争技术上已经领先于王师。

公子元在战前曾经向郑庄公献计说，陈国国内正在动乱，人心不稳，这次出兵只是勉强应付，所以我们重点攻打陈国那一支，他们一旦失败，蔡卫两国也会心慌，然后周王的军队就跟着溃败了。郑庄公同意，所以郑国军队就按照这个策略执行。

后来的战况确实跟公子元的说法相符合。公子忽带领军队首先冲击对面的陈国军队，陈国军队一触即溃；祭足冲击蔡卫军队，两军也迅速溃败。只剩下周王的中军。中军看到左右两翼都败退了，人心浮动，也跟着败走，形成崩盘的态势。周公黑肩和虢公林父制止不住，多国联军就此崩溃。

只有桓王年轻气盛，亲自率领部下断后，掩护其他人撤退。这时郑国军队里面有个叫祝聃（dān）的将领追杀过来。桓王的战车跟其他人的不一样，在乱军中很容易辨认，祝聃一箭射过来，正中桓王的肩膀。

这下情况就很严重了，虽然有铠甲挡着，桓王伤得不重，但离弑杀天子已经只差一步。

郑国军队见好就收，及时收兵，没有再追赶王师。

如果当时祝聃射得稍微偏一点，可能就会在幽王之后再次出现诸侯弑杀天子的情况，郑庄公将无法收场，后面的历史也将被改写。

庄公也感到自己做得有些过分，当天晚上赶紧派人带着礼物去桓王的军营里慰问，表示愿意跟他们结束战斗。桓王也无可奈何，只好默默地班师回朝。

天子被伤的事情也只能不了了之。

这场战争其实双方都成了输家。这是一场根本没必要打的战争，从一开始就属于意气用事，双方都拼命出大牌，等着对方先让步，等到在战场上对决之时，才发现彼此都已经骑虎难下了。最后天子被诸侯射伤，威信扫地；庄公也背上了以下犯上的恶名，再也不能服天下人心。

从此以后，周天子再也没有威信可言，没人再畏惧他，即使后来齐桓公带头尊奉天子，也只是把他当成一张牌来打而已。周天子为天下共主的时代已经永远结束了。

齐大非偶

繻葛之战，庄公长子公子忽立下大功。

公子忽是庄公的儿子里面特别有才能的一个，当年"周郑交质"的时候他曾替郑国去周朝做过人质，后来返回国内，参与过许多次战争，立下了赫赫战功，是真正的大将之才。

当时郑国的国力如日中天，公子忽作为郑国的世子，当然也是国际上瞩目的明星。所以齐国国君齐僖公跟郑国提亲，想把女儿文姜许配给公子忽。

这本来是一桩门当户对的婚姻，但出人意料的是公子忽竟然不同意。他的理由是：婚姻要找般配的人，现在齐国是大国，我们配不上。再说了，各人要靠自己努力，靠着大国帮扶，那算什么？我是那种人吗？——所以后人常用"齐大非偶"来婉拒别人的提亲。

这理由很奇怪。齐国是当时最大的国家之一，可郑国也不小，而且大国和小国之间的联姻比比皆是，哪有以"你是大国"作为拒婚的理由的？而且真要讲究门当户对也应该按照爵位来评，周王室的土地就很小，难道他们也不配跟齐国联姻？

可能公子忽是一个性子特别直的人，满脑袋愣头青的想法。他一心想的是：我要当一个自立自强的人，大丈夫何患无妻，不能被人说吃软饭。所以他不肯跟比自己强大的国家联姻。

齐国也是一个靠近边疆的国家，北边面临戎人的威胁。公元前七〇六年，北戎侵略齐国，齐国向郑国求援，郑国派出公子忽带兵援助齐国。两个大国合力抗击北戎，大获全胜，俘虏了他们的两名主将。这是齐国多年以来对戎人获得的最大一场胜仗，随后多国部队在齐国汇合，庆祝胜利。

齐僖公看到公子忽如此勇武，更加喜欢，再一次提出嫁女的请求——这次是另一个女儿，而且是当面向公子忽提的。没想到公子忽又一次拒绝了。

这时公子忽还只是太子，位子并不稳固，兄弟争位自相残杀本来就是那个年代的家常便饭。如果有齐国这样一个强大的外援，他的地位就会彻底稳定下来，没人能撼动。但他却几次拒绝了如此珍贵的婚约，并且当面扫齐僖公的面子，破坏了郑齐联盟。

这说明他完全没有政治头脑，这样的人作为王位继承人，为以后郑国的动乱埋下了隐患。而庄公没有及时察觉这一点，也是严重失误。

这次多国部队集会还引发了鲁国跟郑国的矛盾，郑、齐、鲁联盟自此破裂，这对郑国的外交也是一次打击。

要说这齐僖公的女儿，也真是够冤枉。好端端的大国公主，金枝玉叶，天下名门公子争相追求的对象，就这样当着各国将领的面求婚被拒，闹得国际社会都知道了，这脸往哪搁？

齐僖公有两个很有名的女儿，分别是宣姜、文姜，都是姿容绝世的美女，其中的文姜就是第一次提亲被拒绝的那个。这两姐妹之所以出名不是因为她们是齐国公主，也不是因为公子忽拒婚，而是因为她们引发了当时国际上两桩著名的桃色新闻。

早期的齐国

周朝初年，武王手下有三大功臣：周公、召公、太公望（姜太公）。武王把三人分别封到了东方三国：鲁、燕、齐。齐国就是姜太公吕尚的封国。

文王最初在渭水河畔见到姜太公的时候，激动得涕泪交加，说："吾太公望子久矣。"——我们祖祖辈辈盼望您这样的贤者很多年了，所以称他为"太公望"。姜太公果然不负众望，辅佐文王治理西岐，归附者如过江之鲫，为夺天下做好了准备。

后来姜太公辅佐武王伐纣，立下了头功，被武王尊为"尚父"。对武王来说，姜太公既是老师，又是长辈，亦师亦父，是需要特别尊敬的人物。

成王的时候，爆发了"三监之乱"，姜太公帮助平乱。成王感激不已，给这位前辈老爷爷兼自己的外公（姜太公的女儿是武王的王后、成王的母亲）颁发了一项特权："东至海，西至河，南至穆陵，北至无棣，五侯九伯，实得征之。"就是说，您来替孤王监察天下九州，谁不听话您就去讨伐谁。相当于给了他尚方宝剑，代天子行权，上斩昏君，下斩谗臣。

所以才有《封神演义》里的打神鞭，专打八部正神，十分霸气。

相比起郑国那种野路子来说，齐国的监察者身份是由周天子亲自认证，名正言顺。

因此，齐国虽然是外姓之国，但地位不比姬姓的诸侯低，甚至可能更高，而且拥有对诸侯的杀伐大权，是真正位高权重的千乘之国。

由于这种尊贵的身份，齐国一直是个比较稳重的国家，不轻易出手，不轻易发话。不同于西边那一群上蹿下跳的"戏精"国家，或者秦楚那些"蛮夷"，又或者吴越那一窝"泥腿汉子"，齐国更像一个正襟危坐的老大哥，在国际事务中常起定海神针的作用。

但这一切都是往事了，现在是春秋，靠实力说话的时代，地位需要实力来保证。

齐国在诸侯里面一直拥有比较强的实力，这得感谢姜太公从一开始就制定了一套很科学的治国方略。

当初把姜太公他们三个功臣封到东方三国，是因为那里是离周王室最远的地方，属于东部边陲地区，北有北戎，南有九夷，多民族杂居，形势极其险恶，需要极亲密又极厉害的权势人物去镇守。

姜太公到齐地以后，果然遇到当地莱人的抵抗，经过一番激烈的较量才成功平叛。随后又镇压了许多反叛力量，使当地迅速安定下来。

鉴于多民族杂居的实际情况，姜太公没有强行要求当地人接受周礼，而是因势利导，"因其俗，简其礼"，在当地习俗的基础上，逐步推行符合齐国国情的礼法制度，渐渐地糅合了各个民族的习俗。

据说姜太公去治理齐国，仅仅过了五个月就返回镐京向周公述职。周公奇怪地问："这么快就治理好了？"姜太公回答："我按照当地的习俗，简化了礼法，所以他们很快就接受了。"同一时期，周公的儿子伯禽也被派去治理鲁国，三年以后才回镐京述职。周公问："怎么要这么久？"伯禽回答："我在当地移风易俗，使他们接受周礼，所以耽误了很久。"周公当即就说，以后鲁国只怕要一直被齐国压制了。

果然后来鲁国一直受齐国的打压。

莱人也实在运气不好，他们遇到的是中国历史上首屈一指的大战略家兼大军事家，阴谋诡计玩不过，打也打不过，实在是无力反抗，只能被逐渐同化。

姜太公又根据齐国的情况，大力发展制盐、捕鱼、冶炼、丝麻纺织等行业；当地人喜欢做生意，又大力扶植商业贸易。所以齐国崛起成为诸侯里面的经济强国。

以后的数百年，齐国作为东方的"压舱石"，震慑诸夷，抵挡了许多的叛乱，保卫了中原地区的繁荣稳定。

西周后期，齐胡公不得人心，被他的弟弟公子山带兵杀死，引发了持续四十多年的齐国内乱，一直到齐文公的时候才稳定下来。

西周末年，齐庄公继位，他当政时间达到六十四年，使齐国长期处于稳定状态，工商业平稳发展，国力渐渐恢复。齐国自此进入稳步上升的阶段。

公元前七三一年，齐僖公继位，他积极参与国际事务，逐渐开始了齐国的称霸之路。

春秋三小霸

前面说过，齐国这个国家像一个稳重的老大哥。这个国家的国运也跟他们的性格一样，不疾不徐，四平八稳，不会像一些国家那样爆发式增长，巅峰的位置不是特别高，衰落的时候也差不到哪去。

齐国的霸权是逐渐积攒起来的，从齐庄公开始，齐国就进入了一段长达一百多年的上升通道，国力一直在缓慢而平稳地爬升。

齐僖公是这场接力赛中的第二个君王。

齐国国土处在边远地区是一个巨大的优势，可以避开战火纷飞的是非之地，避免了郑国那种四面树敌的情况。而且齐国跟戎人接壤，有丰富的战斗经验，所以在跟中原各国作战的时候基本不吃亏。

当时中原地区正乱成一团，郑国跟宋国两个军事集团天天打来打去——齐国也卷了进去，大多数时候站到郑国一边。

公元前七二〇年左右，齐国先后跟郑、鲁结盟，齐国的加盟使得两大集团的力量对比迅速倒向郑国一边，最终三国联盟把中原那堆小国都收拾了一遍。

但随后联盟破裂。

公元前七〇六年，郑国公子忽帮助齐国打败戎人，齐僖公向子忽提亲被拒绝，齐国的态度开始转变。

公元前七〇二年开始，齐国联合宋、卫、郑等国家，几次攻打鲁国，然后又联合宋、卫、陈、蔡攻打郑国。郑国惨败，宋国复兴。

在所有这些战争中，齐国基本都属于获胜的一方。中原国家一通乱战，所有人都被轮流揍了一遍，最后回头一看，发现便宜都让齐国占去了。

所以说齐国是玩战略平衡的高手，在春秋乱局中翻云覆雨、左右逢源，把中原那些小国玩弄于股掌之间。

没办法,人家地理优势摆在那,天然就立于不败之地了,你能拿他怎么样呢?

但也得承认,齐僖公本身的政治谋略也是相当高的,看得准,站得对,他接力齐庄公,继续推高了齐国的国际地位,因此被后人评为"春秋三小霸"之一,跟郑庄公齐名。

"三小霸"的另外一个来自南方大鳄——荆蛮。

早期的楚国

在西周时期和春秋早期,中原诸侯国跟楚国的关系基本上是这样的——

中原诸侯:你不朝周天子!

楚国:我是蛮夷。

中原诸侯:你不讲周礼!

楚国:我是蛮夷。

中原诸侯:干吗打我?

楚国:我是蛮夷。

楚国就这样高举着"我是蛮夷"的牌子横冲直撞,中原各国对他们是既恨又怕,还有深深的鄙视……

其实要说楚国是蛮夷,还真有点冤枉他们了,他们可是黄帝之后,正统的华夏子孙,而且祖上非常有文化。

那他们是怎么一步步沦落到被人鄙视的地步的呢?

楚人的祖先出自五帝之一的颛顼,是祝融氏的后人,祝融氏是帝喾(kù)手下管理火种的官员,可谓根正苗红。

他们本来是中原最早的居民之一,定居在新郑附近,也就是后来郑国的位置。在夏朝末年,可能是被商朝的祖先驱赶,他们被迫离开中原,搬迁到南方的江汉地区,跟当地的土著杂居。

尽管被赶到了南方的"化外之地",楚人也一直没有忘记自己的祖先来自中原,因此对于中原有着深深的向往。他们一心要回中原争霸,这成为他们后来努力向北扩张的动力之一。

商朝末年，文王筹划夺取天下，四处寻访贤才。楚人部落的首领鬻（yù）熊听说以后，也去投靠文王。文王见到他，有点遗憾地说："唉，可惜先生年纪太大了，不能辅佐孤王啊。"当时鬻熊已经九十来岁了，他回答说："要是让微臣去打仗捕猎，的确年纪大了；可要是谈论经世济民之术，微臣还年轻得很哪！"

文王非常高兴，就让鬻熊谈论治国之道。鬻熊说出了许多道理，例如：

"治国之道，上忠于主，而中敬其士，而下爱其民。"

"兴国之道，君思善则行之，君闻善则行之，君知善则行之。位敬而常之，行信而长之，则兴国之道也。"

"故诸侯发政施令，政平于人者，谓之文政矣。诸侯接士而使吏，礼恭于人者，谓之文礼矣。诸侯听狱断刑，治人于人者，谓之文诛矣。"

在商朝末年说出这些话，可以说石破天惊——要知道那时候全国都找不出几个识字的人啊。

根据楚人的传言，文王从此拜鬻熊为老师，虚心听他的教诲。

鬻熊的理论后来被收录为《鬻子》二十二篇，里面除了治国方略，还包括很多哲学思想，以及关于社会、人性各方面的探讨。如果现存的《鬻子》是真本的话（现在流传下来的只有《鬻子》一篇，并且不能保证其真实性），里面的内容可以说非常惊人，因为它们出现在公元前一千多年，比春秋战国的诸子百家早六百多年，而里面的思想已经非常成熟了。

《鬻子》的内容跟老子的《道德经》有些类似，可能影响到了后来老子的思想，因此鬻熊也可以算道家创始人之一；另外，里面经世济民的内容又跟儒家类似，可能也启发了后来孔子的儒家思想。总之，《鬻子》可以说是开山立派的惊世之作，而鬻熊则是后来的诸子百家的祖师爷。

所以，说楚人是"蛮夷"真的没有根据。

但这些记载是楚人的一面之词，不一定可信。因为文王和武王都没有把鬻熊的家族封为诸侯，而仅仅让鬻熊当了"火师"——祭祀的时候扛火把。这说明，即使鬻熊真的发布了那些惊人的理论，也没有得到文王和武王的赏识。

现实情况是，楚人从一开始就受到周人轻视。

武王伐纣以后分封天下诸侯，直接漏掉了楚人。

一直到武王的儿子成王的时候，不知道怎么突然想起当年鬻熊也是文王的功臣之一，于是把他的重孙熊绎［按照现在的考古发现，楚国国君的姓氏是"酓（yǎn）"，但古书上都写成"熊"，为什么这样？这是一个谜案。］找来，封给他一个子爵——特别低的爵位；封在南方荆蛮的位置，穷乡僻壤，只有方圆五十里地，相当于一个县城的大小，等于是没人要的垃圾地段，甩给他们去看守。

尽管如此被人轻视，熊绎还是欢欢喜喜地领赏回去了。

熊绎就是楚国的开国君王，楚国从此立国。（楚国的名称应该是这时候才有的，前面一直称之为"楚人"，是为了叙述方便。）

但随后的事件结结实实地伤到了楚人的自尊，开启了楚国与中原几百年相爱相杀的历史……

周与楚的百年恩怨

楚国开国之初，非常艰苦。

那时候江汉平原还是人迹罕至的荒凉地带，只有少量野蛮的原始部族在那里生存，楚人的先祖们在那里艰难地改造自然。史书上说是"筚路蓝缕，以启山林"——穿着破衣烂衫，开山劈石、修路架桥。同时他们还要面对各种原始部落的进攻，要立稳脚跟非常不容易。

当时楚国艰苦到什么程度呢？据说熊绎受封以后，来到首都丹阳，建了一座大殿来庆祝国家建立，在落成典礼上，找不到祭祀用的牲畜，只好去附近的鄀（ruò）国偷了一头小牛过来凑数，又怕被牛的主人发现，就半夜偷偷把牛杀了来祭祀。所以后来楚人的习俗，祭祀都要在夜里进行。多么心酸的传统！

即使这样，封地也不是白给的，要定时去镐京向周天子朝贡，各种贡品一样不能少；打仗的时候得派兵去助阵；天子来巡狩，还得倾尽财力去接待。

就是在这样艰难的情况下，熊绎的部族还是在蛮荒之地扎下了根，逐渐成长起来。

但他们的努力根本得不到周人的认可。

那时候的人非常讲究出身和血统，如果你血统不够高贵，即使很努力地把事情做好，在别人眼里也还是贱民，不会受人尊敬。

成王分封诸侯以后不久，召集天下诸侯在岐阳会盟，相当于开大会。

熊绎也受到邀请，想到自己也是诸侯之一了，要跟其他诸侯一起朝见天子，非常开心。于是他精心准备了楚国的贡品，带着人马跋山涉水地去岐阳参加这次会议。

到了以后果然大开眼界，见识到了真正的荣华富贵、歌舞升平。

不久大会正式召开，诸侯们都陆续进去了，熊绎却发现没人来接待自己。

这时一个周朝的官员过来对熊绎说："客人要来了，你跟东夷国君一起，去把那边的菁草放好，还有桌上的牌子摆好，每个人的名字不要搞错了。做完后去那边守着火堆，别弄熄了。"

熊绎炸毛了，说："有没有搞错？我也是诸侯！"

那个官员说："没搞错，你就是楚子嘛。今天伯爵以上才能入席，你只能负责接待客人。"

熊绎肺都要气炸了，但又不能发作，只能乖乖地照他说的做。

后来还发生了一件事，齐、晋、鲁、卫、楚五国共同辅佐康王，康王却完全忽略了楚国，只赏赐了其余四国，就因为那四国出身高贵。

受了多次打击以后，楚人终于明白了：周天子眼里只有他们"姬"家的人和那些前朝贵族，我们这些出生卑贱的人，不管如何努力都摆脱不了被人歧视的地位。

楚人开始奋发图强，在穷山恶水之间努力建设自己的国家。

楚国被封到偏远地区本来是不受周天子重视的结果，但长远来看反而是好事。当时的南方是大片人烟稀少的辽阔平原，有广阔的发展空间，很容易就能取得大片土地。这一点跟秦、晋、齐类似，所以后来这四国都发展成了疆域辽阔的大国。

楚国利用中原带来的先进技术和治国理念，在几百年的时间里逐步降服了当地土著，国土面积极大地扩张，又取得了丰富的铜矿资源（那时候铁器还未出现，铜是最重要的战略资源），因此楚国经济也得到发展，逐渐崛起为一个强大的国家。

而且他们不受中原礼法约束，敢于创新，在管理国家方面依据自己的情况创造了许多新的制度，例如无视周朝的分封制，发明了"县"这种行政单位，使得国君对国家有更强的掌控能力。

他们也不讲究出身，任人唯贤，灵活机动，让许多有才能的人帮助国家发展。

这样，到了西周中期的时候，楚国已经发展得很强大了，开始跟周天子叫板，不服从周朝的管理，朝觐天子什么的都逐渐放松了下来。

反正你也瞧不起我，我何必尊重你。

到了周昭王的时候，周朝终于忍不了楚国对自己的漠视，而且又要跟楚国争夺铜矿资源，所以发动中原诸侯联军去讨伐楚国。

昭王三次攻楚，第一次获胜，后面两次都大败。

最后一次是在公元前九七七年，昭王率领西六师（常驻镐京的卫队）亲自出征，又被楚国打得丢盔卸甲。败军逃到汉水边，找船渡河，正好岸边靠着几艘大船，于是他们就全部跳上去。不料船开到江心，甲板忽然就破了，大水涌入，昭王和他的部下们就这样淹死在了汉水里面。

原来这是楚人的计谋，他们预先准备了几艘船在那边，船底的木板是用胶水粘上的，一遇到水就化了。楚人用这种方式害死了昭王。（这件事有争议，楚国的史书不承认。）

这是周天子第一次被诸侯弑杀。从此以后周朝就怕了楚人，再也不敢随便去讨伐他们了。

但楚国从此跟周朝结下大仇，被中原诸侯鄙视为冥顽不灵的南方蛮族。

而楚人对中原索性就更加蛮不讲理，反正跟你也没道理可讲，我该干啥就干啥！

过了一百多年，熊渠当政的时候，也不知周天子怎么得罪了他，他一赌气，直接把自己的三个儿子都给封王了，分别叫句亶（dǎn）王、鄂王、越章王。本来只有周天子才能称王，他的意思就是：你们家主子不是叫什么"王"嘛，我就是王他爹！

这简直无法无天！

不久以后周厉王上台——从谥号就可以知道这人很残暴。熊渠也知道周厉王不好惹，怕被重点打击，只好又取消了三个儿子的封号。

这次封王基本上是一次赌气式的闹剧，但却给了后世的楚国子孙很大的鼓励。熊渠的那句"我蛮夷也，不与中国之号谥"，从此成为楚人的精神标杆。

"我是蛮夷"

在随后的一百多年里，楚人完全展现出战斗民族的天性，残暴而好斗，寻找一切机会对外扩张。

他们一方面镇压和同化南方的土著民族，另一方面对周王朝在南方的封国进行持续地吞并。江淮地区本来有大量小型诸侯国，后来这些国家都纷纷被楚国消灭。楚国的势力范围也就一步步北扩，渐渐逼近中原，最后连郑国都感到惊恐了，跟老对手蔡国会盟，商量共同抵抗楚国侵略。

江淮地区仅剩的那些小国们开始团结起来，结成联盟共同对付楚国。

这里有两个小国值得一提。

一个是权国。楚国消灭权国以后，发明了"县"级行政单位，把权国改成权县。这是郡县制的起源，也是楚国对后人做的最大贡献。这件事当时不引人注目，但后来却深刻地改变了中国社会。后来秦国学习楚国的郡县制并且发扬光大，彻底取代了周朝的分封制，这种制度贯穿了之后两千多年的封建社会。

另一个是随国。这是楚国和中原之间最大的国家，楚国北扩路上最主要的对手，也是周围一圈小国们的老大哥。楚国一直在考虑怎么降服他。

公元前七〇七年，周天子被郑国将军射中肩膀，率领败军退回洛邑，郑国却没受惩罚。

这件事一传出来，天下哗然，一直在南方等待机会的楚国也被惊动了。

这时的楚国国君是熊通，当年他的哥哥楚厉王过世以后，他发动政变杀了自己的侄儿，抢到王位——楚国的权力之争在各国里面最野蛮、最血腥，弑君争位的事件数不胜数，杀自己的侄儿根本不算什么。

熊通这些年一直在考虑怎么吃掉东北边那一群小国，一听说周天子被郑国打脸，他马上想到：周天子这次颜面扫地，短期恢复不过来，中原各国也就无法团结起来，现在攻打那些小国，就不会受到中原联盟的干涉，这是最佳时机！

他跟手下的大臣伯比商量。伯比说："我们向东北边扩张遇到的主要问题就是那些国家太团结了。这群国家里面最大的是随国，我们先发兵打随国，逼他们跟我们签订盟约。随国一投降，其他国家就只能服从。"

于是楚国派出大军攻打随国。

随国赶紧请求和谈，派出大臣少师去楚营。少师是著名的主战派，但没什么头脑。

伯比又向熊通献计说："我们故意用老弱残兵给少师看，让随国以为我们很好对付，以为他们自己可以挡住我们，这样他们就会抛弃那些小国，他们的联盟就不攻自破了。"熊通照他说的做。

少师看到楚国军营内全是老弱残兵，果然以为楚国军力不行，回去以后就建议随侯主动袭击楚国。随侯听了主和派的话，没有上楚国的当。楚国僵持了一段时间也就退兵了。

但这次楚兵不战而退却让随侯以为少师是对的，认为楚国不过如此，于是开始狂妄自大起来。

过了两年，熊通召集江淮间的诸侯国会盟，只有随、黄两国没去。楚国又找到了开战的借口，大会一开完，马上再次发兵去打随国。

有了上次的经验，随侯这次决定不听主和派的，带领军队去跟楚军硬碰硬。一交战，才知道上当了。随军被打得七零八落、丢盔卸甲。随国只好向楚国投降。

熊通说："要请降也可以，但你们得答应我们一件事。"什么事呢？熊通说："你们去找周天子，就说我们楚国的爵位太低了，给我们封一个高的爵位。"

原来这才是熊通的真实目的。他想趁着周天子刚被人欺负过，没脾气，去讨个封号。有了周天子的封爵，以后再去收拾南方那些小国，还有谁敢不服?也许他也受到郑庄公的启发,"奉王命伐罪"这张牌不要太好打。

但是他自己地位太低,去见周天子只怕门都进不了,找随侯去帮忙说情比较好开口。

随侯不敢不听,竟然真的去找周桓王说这事。

桓王一听,气不打一处来:寤生那个老流氓欺负我也就罢了,你个穷山恶水的荆蛮也敢来趁火打劫。他想都不想,一口回绝了这个请求。

熊通听到随侯的回报,登时怒了:原来我们在你们眼里还是蛮夷!当年文王都把我们祖上称为老师,我们祖祖辈辈在南方替你们镇守边疆,立了多少功劳?你们给过我们什么鼓励?这么多年了,我们都成南方霸主了,还是个这么低的爵位!我呸!谁稀罕你的封号?

当年熊渠不是自己封过王吗?熊通就效仿这位祖爷爷的做法,干脆不要那什么爵位了,自己封自己为"武王"——你家开国祖宗叫"武王",现在我也叫"武王",跟你家祖宗一样大!

从这以后,楚国国君都称为"王",熊通就是楚武王。

天下从此有了两个王——一个周王、一个楚王。

周桓王因为自己的小气抠门吃了这个闷亏,但后悔已经晚了,中原诸侯都怕楚国,何况他一个"小小的"周王呢?难道还敢不服?

至于那个随国,后来又被楚国打过几次,被彻底降服,终于变成了楚国最忠实的小弟,"世服于楚,不通中国"——世世代代臣服于楚国,不再跟周朝来往。这之后,江淮地区的国家再也不能团结起来,只能被楚国挨个征服了。

天下局势也从此彻底糜烂,进入了一个最黑暗的时代。

第六章　最坏的时代

宋国报仇

公元前七〇一年，郑庄公病重，召唤大臣祭足，把公子忽托付给他，让他来辅佐。庄公病逝以后，公子忽登基，是为郑昭公。

祭足有拥立之功，地位很高，但公子忽的地位并不稳固。

庄公有四个儿子：公子忽、公子突、公子亹（wěi）、公子婴。这四兄弟威望差不多，地位也相差不大。祭足是公子忽这一派的。

庄公在世的时候并没有协调好他们的关系，特别是没有把公子忽的地位抬起来，所以庄公一离世，四兄弟都争着当国君。

其中又以公子突的威胁最大。他的母亲是宋国嫁过来的雍姞（jí），雍氏在宋国是世家大族，世代辅佐宋君。雍姞想给自己的儿子争王位，于是到宋国去求援，让他们想办法除掉郑昭公。

这时宋国国君是宋庄公，也就是当年逃到郑国后来被华督迎回去的公子冯。可惜宋庄公并没有念着郑国对他的再造之恩，而是想方设法要挑起郑国的内部矛盾，雍氏家族的请求正好合了他的心意，于是便一口答应下来。

但公子忽作为嫡长子继位，名正言顺。宋国不好下手，只能玩阴的。

要废掉公子忽，祭足是关键。宋国想办法把祭足诱骗了过去，也有可能是趁着祭足出使宋国的机会把他扣押了。刀架在祭足脖子上，逼他签订协议，让他答应拥立公子突为郑君。

祭足也是个墙头草，给谁打工不是打工？他马上投降，签了协议。

这时候公子突也在宋国，有可能在公子忽继位以后他就逃到宋国了。他也跟宋国签订了协议——以后当上郑国国君要给宋国丰厚的回报。

祭足带着跟宋国的密约回到郑国，逼郑昭公退位。昭公一听说祭足竟然站到公子突那一边，马上被吓坏了，一点都不敢抵抗就逃出新郑，到卫国避难去了——只当了四个月的国君。

由此可见昭公多么孤立，他实在没有笼络人心的才能。

公子突从宋国回去登基，是为郑厉公。

郑厉公刚即位，宋国那边就派人过来索要贿赂。要说这个贿赂也是当初他自己答应的，人家拥立他当国君，收点报酬也是应该的。但厉公却不这么想，他已经反悔了，想赖账。

宋庄公听说郑厉公要赖账，气得暴跳如雷，刚刚缓和的宋郑关系瞬间坠入冰窟，中原各国因此也分成两派——郑国派和宋国派，或者说公子突派和公子忽派。

当年郑昭公（公子忽）曾经带兵帮助齐国打败北戎，虽然他拒了齐国的婚约，但在齐僖公眼里，他还是个不错的小伙子。现在他被明目张胆地赶下台，齐僖公当然不高兴，所以齐国跟宋国结盟想打郑国。

卫国一直就是宋国的小弟，又收留了郑昭公，当然也站宋国一边。

当初郑昭公在齐国跟各国军队会盟的时候，因为排列次序问题跟鲁国结了仇，所以鲁国是支持郑厉公的。

纪国跟齐国是世仇，坚决跟齐国作对，所以果断站到郑厉公一边。

郑厉公继位的第二年，郑、鲁、纪联军和宋、齐、燕、卫联军就打了起来。最后郑国这一边获胜，郑厉公勉强保住王位。

春秋就是这样，任何小事都可能引发世界大战，看不顺眼就打——没有什么问题是打一架解决不了的。

宋国是个特别难缠的国家，一旦粘上就甩不掉。第二年宋国又组织起国际联军去报仇。这次是宋、卫、陈、蔡四个传统盟友，加上齐国。这次宋国是胜利的一方，五国联军把郑国一顿暴揍，直接杀到新郑，火烧新郑城门。

郑国军队坚守不出。联军在新郑郊外横冲直撞，最后把郑国太庙的椽子拆下来，拿回去给宋国老百姓修房子。这是赤裸裸地羞辱郑国，郑人却只能咽下这口气。

这时候离郑庄公过世不过三年而已，郑国已经沦落到这种地步，不仅没了实力，更丢了勇气，庄公几十年建立起来的霸业就这样灰飞烟灭了。

当初郑庄公收留公子冯，是想找机会干涉宋国内政，借"拥立之功"逐步掌控宋国，哪知道不仅没成功，他自己的儿子当政时反而被宋国干涉，真是苍天饶过谁。

千古难题的答案

郑厉公勉强保住了君位，但他也是个没头脑的君王，不想着赶紧壮大国力对付外敌，反而自己在内部闹腾起来。

在郑国国内，祭足有拥立之功，所以权势比以前更大，已经没人能制衡他了。

所谓功高不赏，在任何朝代都一样。祭足本来是昭公一党的，被胁迫以后才支持厉公，所以厉公对他一直防着几分。现在看他耀武扬威的样子，厉公心里不禁发怵，担心他将来再把昭公接回来代替自己。

这个担心本来是对的，可是现在郑国内忧外患，厉公的位置还没坐稳，这时候算计功臣绝对不合适。

可厉公没想到这些，他等不及了，现在就要设个计谋除掉祭足。这下却牵出人类历史上一个千古难题。

祭足有个女婿叫雍纠，可能也是宋国的雍氏家族的人，也就是厉公外公家那边的。雍纠现在是郑国的大臣，厉公就跟他商量杀祭足的办法。

两人商量好，雍纠邀请祭足去郊外聚餐，埋伏军队杀掉他。

计议停当，雍纠回到家里安排刺杀的事。祭足的女儿雍姬看到丈夫忙里忙外的，很奇怪，就上去盘问——那时候嫁出去的女儿真的就不属于娘家了，所以夫家也不必太防着她。雍纠禁不起她一直追问，只好照实说了："如此这般……这是国家大事，千万别泄漏消息，否则我就死定了！"

雍姬想了一夜，第二天偷偷回娘家去，找到她妈，私底下问："老公跟老爸哪个更亲？"她妈见她问得奇怪，知道有大事，就回答说："当然是老爸更亲一些。人一辈子只有一个爹，老公却是人人都可以当的。"

雍姬于是下定决心，她要站在父母这一边，就把雍纠的阴谋和盘托出。她妈听到这话，当场惊呆，赶紧去找祭足转告了这件事。

祭足便先下手为强，趁雍纠还没准备好，带兵杀死了雍纠。这个结果是可以预料的，雍姬虽然伤心，但应该并不后悔吧。

这个故事给后人提供了一个千古难题的标准答案——父母永远比爱人更重要！

厉公见到雍纠被杀，知道计谋泄漏，祭足肯定容不下自己了，只好逃到了郑国边境一个叫栎（yuè）城的小城镇。他毕竟没有干危害国家的事，祭足也就不管他，让他自己在那边待着。

祭足随后把昭公从卫国迎接回来。昭公重新登上王位，郑国又回到了昭公的时代。

但郑国的动乱还远远没有结束。

郑国的可悲地位

厉公被赶下台，震动国际社会，诸侯们又不干了。这次是鲁国那一派闹起来，几个国家组建起国际联军，冲过来又把郑国揍了一顿。其中跳得最欢的居然是宋国，他们生怕厉公撑不住，直接派一支军队去栎城护住他，让昭公没法去打他。

这就让人看不懂了，他宋庄公到底是站在哪一边呢？还是说谁弱就要帮谁，反正就是不让郑国安宁？

这边昭公自己也不争气。郑家几兄弟都有相同的毛病：心急，沉不住气，而且不会笼络人心。昭公复位以后没多久，又跟另一个大臣闹矛盾了。

这时候郑国又是内忧外患严重，跟前几年厉公刚登基的时候类似。

但昭公也跟厉公一样，不管这些，该要脾气就是要耍。

跟昭公有仇的大臣叫高渠弥。昭公还是太子的时候，曾经阻止父亲提拔高渠弥，两人因此结下了仇。

昭公即位以后，对高渠弥既不安抚又不防备，而是继续让他在原来的位置上做官，就这么糊里糊涂地过，由此种下了祸根。

高渠弥一直担心昭公会陷害他，索性就自己先下手。他趁昭公跟他一起在郊外打猎的时候，射杀了昭公。

然后高渠弥跟祭足自作主张，从国外迎接昭公的弟弟公子亹回国即位——这是郑庄公第三个当国君的儿子。

一起弑君案就这样风平浪静地过去了，可见昭公真的是孤家寡人一个，不知道他有没有后悔过当年拒掉齐国的婚约呢？

公子亹同样没有才能，他这个国君当得比两个哥哥更憋屈。

登基的第二年，齐国召开诸侯盟会，地点在卫国，公子亹也受到邀请去参加。

这时的齐国国君是齐襄公，他是个暴君。公子亹年轻的时候跟齐襄公发生过争斗，结下了仇——他们家几兄弟好像都有个厉害的仇家。祭足知道齐襄公是一种什么样的人，劝公子亹不要去。公子亹不听，坚持要去，说："去了又不一定有危险。不去的话，齐国来打我们怎么办？"

祭足这个老狐狸索性就装病不去。于是公子亹自己带着高渠弥，懵懵懂懂地就上路了。

可见公子亹就是他哥哥的翻版，对仇人既不和解又不防备，而且更加夸张，还带个弑君的大臣在身边——这心也太大了吧？

到了卫国，齐襄公果然发狠，要公子亹为以前的事情道歉。公子亹在人家的地盘上还不肯低头，坚决不道歉，把齐襄公惹火了。齐襄公指挥军士当场杀死公子亹，还不解气，又把高渠弥五马分尸。五马分尸也叫车裂，高渠弥很倒霉地成了历史上有记载的第一个被车裂的人。

郑国人听说了这件事，什么话都不敢说，只是默默地去陈国把公子婴接回来，让公子婴即位——这是郑庄公第四个当国君的儿子。

公子亹被杀的事就这么过去了。他当了半年国君，甚至连谥号都没有，所以到死都是公子某，而不是郑某公。只能说这人是蠢死的，还顺便把高渠弥拉去陪葬，替他的哥哥报了仇。

公子婴当政的时间比较长，有十二年之久，郑国的局势终于稳定下来。

十二年后，万年不倒翁祭足病逝，郑国又开始不稳定了。

郑厉公之前不是逃到栎城了吗？这些年他一直在那里等待复位的机会。可能因为有宋国的保护，公子婴也一直没敢去打他。

祭足病逝的消息传来，厉公马上决定大展拳脚，他想办法把郑国的大臣傅瑕骗来，威逼利诱，让他帮自己回国登基。

傅瑕回到新郑以后，果然杀了公子婴一家人，把厉公接回来。厉公重新登上王位。

至此，郑家四兄弟有三个被杀，只有厉公活到最后，成了最终的赢家。

从庄公死后到现在，前后二十一年，换了六任国君，郑国的局势才彻底稳定下来。但经过这一番折腾，郑国再也回不到以前的地位了。

郑国处在诸侯国的包围当中，形势本来就极端凶险，只有庄公凭借高超的政治手腕，短暂地把郑国带上了巅峰。一旦后续的国君没有他那样的才能，郑国地理位置上的劣势马上就会显现出来。

但庄公只满足于四面出击的快感，没有战略眼光。郑国没有趁庄公在位那几十年啃掉周围国家，打开向外扩张的通道，后来就再也没有机会了。

不久以后，南方的楚国扩张到了郑国家门口，北方大国晋国也从曲沃的动乱中恢复过来，东方的齐国、西方的秦国也时不时来打打酱油，郑国的日子就更难过了。夹在几个大国中间，臣服于哪个大国都会被别的大国当敌人，今天被这个打，明天被那个打，郑国成了著名的受气包。

而几个大国也发现，打郑国杀鸡给猴看，比直接跟别的大国硬碰硬更加划算，所以渐渐地乐此不疲，"吃饭喝酒打郑国"成为各大诸侯国主要的娱乐活动。当然同样衰的还有旁边的宋国。这一对欢喜冤家兼难兄难弟，为后来的国际社会提供了源源不绝的娱乐素材……

让我们先回到眼前。其实郑国动乱的这几年，国际社会的焦点并不在郑国，而是在东边的齐国，还记得杀害公子亹的那个齐襄公吗？他卷入了几桩著名的性丑闻。

齐国的美女家族

齐国王室是一个美女如云的家族，他们家族的女人，不仅容貌美丽，而且才华过人，在国际社会都非常有名气。例如著名的庄姜，《诗经》这样描写她：

手如柔荑（tí），肤如凝脂，领如蝤蛴（qiú qí），齿如瓠（hù）犀，螓（qín）首蛾眉。巧笑倩兮，美目盼兮。

这是中国文学史上描写美女的开山之作，是后世无数文人模仿的对象，在文学史上地位极高。

除了以美貌闻名以外，庄姜更是一位伟大的女诗人，《诗经》里有几首诗就是她的作品。

然而在春秋初年，这个家族却爆出几起震惊世人的性丑闻，其尺度之大，简直刷新人类道德的下限，给这个家族涂上了永远抹不去的污点。

性丑闻的主角是齐僖公的两个女儿：宣姜和文姜。她们都是当时天下有名的大美女。

卫国王室的淫乱史

宣姜是齐僖公的长女，卫宣公给自己的儿子公子伋（jí）求亲，把宣姜娶到了卫国。但为什么人们却把她称为"宣姜"呢？因为她后来嫁给了卫宣公。

前面讲到过石碏大义灭亲的事。石碏杀了州吁以后，从国外迎回公子晋。公子晋即位，是为卫宣公。

宣公是个荒淫的君王，很早以前他就跟父亲的小妾夷姜私通，生下了公子伋、公子黔牟、公子顽，还把公子伋立为太子。

太子伋长大后，宣公派人去齐国给他提亲，齐国决定把宣姜嫁给太子伋。使者回报说宣姜有绝世姿容，宣公就动了歪念头，叫人在淇河之上搭了一座高台，叫"新台"。宣姜一到卫国，就被送到新台，被宣公霸为己有。然后宣公另外找了一个女人给太子伋。

所以宣公既娶了他父亲的女人，又娶了他儿子的女人。

后来宣姜生下公子寿和公子朔。宣公宠爱宣姜，就抛弃了夷姜，夷姜自杀身亡。

宣公抢了自己儿子的老婆，心虚，对太子伋就越来越看不顺眼，渐渐地想废掉他。另一边，宣姜和公子朔这对母子也在积极活动，诋毁太子。

这一天，宣公终于出手。他找个借口派太子伋去出使齐国，让他们把白旄（一种军旗）插在船上出行。船到齐卫边界附近要上岸，改走陆路。宣公指使卫国的强盗，在卫国靠近齐国边界的地方等着，看到插白旄的船队就杀。

但宣姜生的公子寿却是个有情有义的人，他知道了父母的阴谋，私自去告诉太子伋，让他赶紧逃走。

太子伋同样有情义，他说："世界上有不顺从父亲的国家吗？既然是父亲要杀我，我怎么能躲开？"坚持要按宣公的要求出行。

公子寿只能说："那好吧，你要走就走，我为你送行。"

公子寿举办宴席为太子伋送行，在宴席上把太子伋灌醉，偷走他的白旄，自己带人扮成太子伋的队伍，开着他的船出发了。

边境上的强盗埋伏在河边，看到插白旄的船靠岸，一拥而上，把船上的人全杀了，公子寿也不幸殒命。

太子伋醒后急忙乘舟追上去，却看到了遍地的尸体，于是抚着公子寿的尸首大哭说："应该死的是我，我才是太子伋，你们把我也杀了吧！"强盗们又把太子伋也杀了，以他的人头回去复命。

出了这种意外，宣公也无可奈何，只好立公子朔为太子。宣姜和公子朔终于成功夺得了太子之位。

太子伋和公子寿是春秋时期典型的"义士"，代表了当时的人们最推崇的一种忠勇的精神，哪怕这种忠勇看起来很傻。他们死后，卫国人很难过，就写了《二子乘舟》来表达对他们的思念：

> 二子乘舟，泛泛其景。愿言思子，中心养养！
> 二子乘舟，泛泛其逝。愿言思子，不瑕有害！

在遥远的天际，兄弟二人乘着小舟，渐行渐远，带走了卫人无尽的思念……

可能是这次事件让宣公受了刺激，第二年他就病死了。公子朔继位，是为卫惠公。

惠公凭借这种方式上位，大家都不服，特别是公子伋和公子寿手下的原班人马。不久以后，他们发动政变，赶走了惠公，立夷姜的另一个儿子黔牟为君。

但惠公有齐国这个强大的后台，他的舅舅齐襄公本来就是残暴的人，哪能吃这个亏？黔牟登基八年之后，齐襄公号称"奉王命"，带领多国部队杀到卫国，把之前推翻惠公的那些人全杀了，帮助惠公夺回王位。黔牟只好逃到周王那里躲避追杀（有记载声称他是周王的女婿）。

惠公重新即位以后，齐襄公为了平息卫人的愤怒，用他的混账脑袋想出一个馊主意：让宣姜——现在的卫国太后——嫁给公子伋和黔牟的弟弟公子顽，也就是卫昭伯。

他的理由是这样的：当初本来是让宣姜嫁给公子伋的，结果被宣公那个老色鬼掳了去，现在公子伋已经不在了，让宣姜嫁给公子伋的弟弟也算是补偿当年的错误，这样可以安抚卫国的民心。

卫国人真是哭笑不得，宣姜跟卫昭伯更是坚决反对。但齐襄公不听这些，强迫他们成婚，最终促成了这桩离谱的婚姻。

所以宣公的女人又被自己的儿子给夺去了。

后来宣姜替卫昭伯生了许多儿女，包括以后的卫国国君。

所以卫国王室的耻辱从此再也抹不掉了。而宣姜自己，也永久落下了"乱伦""淫荡"的恶名。

其实真要算起来，说宣姜"淫乱"有点冤枉她了，毕竟她一直是被迫的，她自己也是这些乱伦事件的受害者。

但她的妹妹文姜就完全不一样，这个女人远远不止"淫乱"那么简单，简直是"乱"出天际——她跟自己的亲哥哥乱伦，还谋杀亲夫，最后奸夫淫妇双宿双飞，让世人侧目……

齐国的乱伦丑闻

齐僖公的长子叫诸儿，也就是我们前面说到的齐襄公。齐僖公另外还有两个女儿：宣姜和文姜。

当初公子忽两次拒婚，第一次拒的就是文姜。（第二次拒的可能是一个史书上没有记载的齐国公主。）

文姜跟她的姐姐一样，才貌双全，很早就名满天下，但比她的才貌更出名的，是她的特殊癖好。

也不知是天性淫荡，还是被公子忽拒婚以后受了打击，文姜竟然跟自己的亲哥哥诸儿产生了感情，而且据说两人的感情还特别深，深到海誓山盟的程度。

但当时外界并不知道这件事，所以文姜最后成功嫁出去了，嫁给了鲁桓公。

这个鲁桓公前面曾经登过场——他指使公子翚谋杀了自己的哥哥鲁隐公，夺了王位。

那时鲁国为了跟齐国搞好关系，世世代代都跟齐国联姻，所以鲁国君王娶齐国公主是自然而然的事。

文姜当然不愿嫁给别人，但又没有能力拒绝，只能很不情愿地去了鲁国。

这桩强配的婚姻表面上还是和谐的。几年以后，文姜生下了后来的鲁庄公。

鲁庄公后来又娶了齐国公主，又演出一段淫乱大戏——这个后面再说，先说文姜夫妇的事。

两人结婚没几年，鲁桓公陪着文姜回娘家省亲。不料到了齐国以后，文姜跟诸儿一见面，顿时干柴烈火，难舍难分，当着鲁桓公的面就眉来眼去，都不避嫌了，最后甚至睡到了一起。

这时的诸儿已经成了齐襄公。鲁桓公虽然怕齐国，但也没法忍了，对文姜大发雷霆，吵着要回鲁国。

文姜向齐襄公哭诉这件事。襄公是个残忍好杀的人，又欺负鲁国弱小，就动了杀机。他找来公子彭生，跟他密谋杀害鲁桓公的计划。

有一天，齐襄公邀请鲁桓公参加宴席，在席上把他灌醉，然后让彭生把桓公抱上车，送他回家。彭生的动作很粗野。车到了鲁国的馆舍，鲁国的随从们上去扶桓公的时候，发现他已经死了，据说是被折断了肋骨。

这下轰动了，齐襄公跟文姜的丑事也被曝光出来。虽然齐国坚持说是意外事故，但鲁国不干。鲁国人非常愤怒，又拿齐襄公没办法，只能强烈要求杀了彭生给桓公报仇。

最后，齐襄公杀了彭生顶罪，鲁国人拥立桓公的儿子继位，就是鲁庄公，这件国际纠纷就这样被遮盖过去。这是公元前六九四年的事。

齐国这边，文姜当然不敢回到鲁国，而且又为了方便跟齐襄公私通，她在齐鲁两国中间，据说是"不鲁不齐"的禚（zhuó）地长期住下来，一方面遥控鲁国国内政局，一方面又继续跟齐襄公通奸。

鲁庄公出于"孝道"的考虑，只能在禚地建造宫殿给文姜居住。齐襄公也在禚地附近建造行宫，随时去跟文姜私通。奸夫淫妇就这样幸福地生活着。

鲁国人心里特别愤恨，但无可奈何，还不能明说太后跟人通奸，只能在史书上反复讲述文姜跟齐襄公感情如何如何"好"，像"某年某月某日，夫人跟齐侯又见面了"这样的话，或者说"夫人又去齐国了""夫人又去莒（jǔ）国了"，暗示文姜一直在满世界撩汉。真是家门不幸。

而鲁庄公也是一个悲剧君王，顶着这样巨大的耻辱，还要装出笑脸侍奉杀父仇人齐襄公，甚至陪他打猎，鞍前马后地伺候。这就是弱国的悲哀。

齐襄公的另一面

世上没有绝对的好人或者恶人。

齐襄公留给后人最大的谈资就是兄妹乱伦的丑事。但抛开这件事来说，他其实是个比较有作为的君王，在他的治理之下，齐国进一步走向强大。

齐襄公最重要的成就是报了齐国的"九世之仇"。

这还得从西周中期说起。周夷王时期，纪国国君在夷王面前说齐哀公的坏话，也有可能是揭发了哀公的什么罪行。夷王大怒，把哀公扔到鼎里活活煮了。

这件事对于齐人的伤害特别大，他们一直记着要报仇，齐纪两国从此成为世仇。另外，纪国是齐国的东边邻国，而且国土不小，从地缘上来说，纪国本身也是齐国的对手。

从那以后，每一任齐君都把纪国作为主要敌人予以打击，在西周时期他们还有所顾忌，到东周以后就完全放开了，灭亡纪国的计划直接摆上了台面。

但纪国也是块硬骨头，他们本来就是山东半岛的传统大国，又一直跟鲁国勾搭在一起，结成心照不宣的联盟，一起顶住齐国的压力。所以齐国始终没能吞下纪国。

在齐僖公末年，纪、鲁、郑三国联军还曾经打败过齐、宋、卫、燕四国联军。纪国风头一时无两。

齐襄公采取了各个击破的策略：一方面跟宋国一起围堵郑国，郑国在内忧外患之下发生了持续的内乱；另一方面，对鲁国又拉又打——虽说齐鲁两国世代联姻，但鲁国只要敢替纪国说话，齐国的军队立马就会开到齐鲁边境上。

公元前六九四年，一年之内，齐襄公接连杀掉郑、鲁两国的国君，两国的政局都处于风雨飘摇之中，纪国从此只能独自面对齐国。

所以齐襄公杀公子亹和鲁桓公，表面上看是出于个人恩怨，实际上也有可能是有很深的战略考虑在内。

两国国君被杀之后，齐襄公迅速出手，占领了纪国的三座城邑。随后纪国分裂，纪侯的弟弟纪季投降齐国。

这时候鲁庄公联络郑国国君公子婴，想要最后保全纪国。但郑国已经被打怕了，不敢得罪齐国，救援纪国的计划流产。齐国很快攻破纪国首都，纪侯逃走；纪季统领纪国剩下的国土，变成了齐国的附庸国。

这是一套很高明的灭国方案，脉络清晰，稳扎稳打。齐国的"九世之仇"

由此得报，地缘环境也得到了很大的改善，从此在东部再无对手。

齐襄公的另一个成就是强势干预中原各国内政，包括对郑、卫两国内乱的干涉。他延续了齐僖公玩弄战略平衡的手段，在中原各国之间拉拢一派打击另一派，最终成功削弱了郑国，收服了鲁、卫。

中原各国纷争中，齐国总是牵头者和最后的赢家，这种操作方式已经隐隐有霸主的影子。

当然，齐襄公离真正的霸主还差得远，他的这些成就根本改变不了他荒淫残暴的形象。他的残暴不仅表现在国际关系中，对内他也是一个不仁不义的暴君。他的暴虐最终引来了杀身之祸……

瓜代有期

齐襄公手下有两个将领：连称和管至父。襄公派他们去东南边的葵丘驻军，防御鲁国，也可能顺便防御周王的军队。

葵丘是个环境艰苦的偏远地区，戍守的军队过一段时间就会换一批。两人出发的时候，襄公曾随口跟他们约定："及瓜而代。"就是说等明年瓜熟的时候就派人替换他们。

一年以后，襄公却没有任何动静。他们让人请示襄公，问：是否要派人来替换我们了？齐襄公一口否认：没有的事！你们继续在那守着。做君王的如此翻脸不认账，连称和管至父都大动肝火，暗地里谋划造反。

当年齐僖公有个侄儿叫公孙无知。公孙无知的父亲死得很早，所以僖公拿这个侄儿当亲儿子养，宠爱有加，日常用度、出行的排场都跟公子们差不多。

这当然会惹到襄公，他本来就是个自私狭隘的人，哪里看得惯这个堂弟风风光光的样子，所以两人一直有矛盾。襄公上台以后，马上降低了这个堂弟的俸禄标准，废除了他的特权，两人的结怨就更深了。

所以连称和管至父就暗中联络公孙无知，撺掇他去发动叛乱。

连称有个堂妹在襄公的后宫当妃子，但是不得宠。于是他们又找到这个堂妹，要她帮忙刺探襄公身边的情况。公孙无知甚至跟她说：造反成功以后，我立你当王后。

一切都准备停当，就等合适的时机了。

公元前六八六年的一天，襄公到郊外打猎，不小心从车上掉下来，摔伤了脚，回到宫里养伤。公孙无知他们的机会来了！

关于这次襄公受伤，史书上绘声绘色地描写了一出灵异故事——

据说襄公一群人在树林里遇到一头野猪，这头野猪长得有点诡异，襄公的随从们看到它都齐声惊叫起来："彭生！它是公子彭生！"当年襄公指使公子彭生杀了鲁桓公，然后又杀了彭生当替罪羊，大家都知道那是一起冤案，都说彭生成了冤鬼。

襄公一听到大家这样叫，心里就发毛了，一箭向野猪射过去。那野猪中箭以后竟然两脚站立起来，发出类似于人的哭声。所有人都被吓得魂飞魄散，夺路而逃。襄公慌乱中从车上跌下来，鞋子都掉了，脚也摔伤了。

这个故事说明大家都认为襄公真的做了太多亏心事，恶有恶报，报应总会来的。

回到宫里以后，襄公派一个叫费的下人回去找鞋子，结果怎么都找不到。于是他大发雷霆，把这个下人打了三百鞭子，打得皮开肉绽——如此残暴，不死没天理了。这个下人一瘸一拐地走出宫去——可能是又去找鞋子吧，正巧在门口遇到了带兵赶来的公孙无知和连称、管至父一干人。

公孙无知他们把这个下人抓住，问他宫里的情况。下人大叫说："我也恨那个昏君！"又把背上的伤给他们看，讲了自己无端被打的事，然后骗他们说："宫里现在戒备森严，你们不要随便进去，惊动他们就麻烦了。我先进去替你们打探情况。"公孙无知他们都相信了他的话，放他回去了。

下人进去以后马上通知军士准备战斗，又让人假扮襄公躺在床上，自己背着襄公躲起来。

外边的叛军们等了一会，发觉情况不对，随即发起进攻，冲进王宫，跟宫里的侍卫打起来。最后叛军这方获胜，保护襄公的人被杀得一个不剩。

叛军冲进襄公寝宫，一刀砍死了床上的"襄公"，一群人大呼小叫地庆祝胜利。

但公孙无知比别人多个心眼，他看到床上的"襄公"样子不太像，就叫大家再找找。正好一转头看到门下露出一只脚，伸手从门后揪出一人，正是襄公——这才真正杀掉襄公。

齐国终于也弑君了！

公孙无知登基，自立为君。

但他不是真正的公子，名不正言不顺，无法服众，所以几个月后就被一个叫雍廪的大臣刺杀了。

齐襄公为自己的言而无信付出了生命的代价，顺便创造了"及瓜而代""瓜代有期"这样的典故，告诉后人随口许诺而不兑现会有多严重的后果。

至此，春秋历史开始不到一百年，所有中等以上的诸侯国都出了弑君案件（齐襄公被弑前几年，秦国的秦出子也被弑）。天下纷扰，动乱不止。这个时代到底是哪里出了问题呢？

人民的期待

"春秋之中，弑君三十六，亡国五十二，诸侯奔走，不得保其社稷者，不可胜数。"

这是一个最糟糕的时代。上至周天子，下至平民百姓，每个人都活在朝不保夕的恐惧中，谁也不知道未来会怎样，意外随时可能出现，今天和平安宁的生活，明天就可能变成刀光剑影。

国君频繁被杀害，从齐、楚、秦、晋这样的大国，到郑、卫、鲁、宋这样中等的国家，都不能幸免。每次国君被杀，都是一场动乱的开始，随之而来的是一场又一场的大屠杀，权贵阶层被灭门的不计其数。而那些有名或者无名的小国，甚至没人去记录他们的弑君案，因为那根本不算什么大事。

各诸侯国之间战争不止，几十年从不间断。老百姓被驱使着上战场去做无谓的砍杀，伏尸百万，流血漂橹。而战争的原因，可能仅仅是一些可笑的理由。

更别提战乱带来的饥荒、瘟疫等灾害，其中埋藏了多少民众的血泪。

所有人都已经受够了，都希望终结这样的局面。社会制度无法改变就认了，但能不能至少有一个人出来维持秩序，让社会恢复正常的运转？

这个人应该是一个正直、强大、仁慈、聪慧，有责任心、有恒心、有毅力，能被天下人广泛接受的贤者。他应该公正严明、一丝不苟，能以大无畏的勇气站出来主持公道、赏善罚恶，最大限度地减少人民的痛苦。

幸运的是，这样一个人很及时地到来了！

第七章　明君贤臣

天降斯人

齐襄公有两个弟弟：公子纠和公子小白。襄公残忍好杀，王公贵族们害怕被迫害，纷纷逃亡，公子纠和公子小白很早以前就逃出了齐国。公子纠去了他的姥姥家，鲁国；公子小白逃到了莒国。两人都密切关注着齐国的国内局势，准备随时回去争位。

公子小白出逃之前跟高傒关系很好。现在高、国两大家族掌握着齐国的国政，公孙无知被弑的事情一出来，高、国两大家族马上暗地里通知公子小白，要他火速回国争位。

另一边，身在鲁国的公子纠也听说了齐国发生变乱，也是立即动身奔向国内。

十万火急！

两拨人马在两条道路上狂奔。这是一场生死攸关的比赛，谁先回到齐国，谁就有很大可能登上君位！

公子纠这边眼看赶不上了，就让手下的大臣管仲轻装上阵，抄小路去拦截公子小白。

管仲连夜飞驰，赶到公子小白的那条道路上，等到公子小白的车队过来，看准方位，迎面一箭射过去，正中公子小白腹部。公子小白大叫一声倒在车上。管仲以为他死了,不敢久留,赶紧逃回去复命。

但这一箭其实射到了公子小白的衣服带钩上面。公子小白反应极快,马上假装受伤倒下,成功骗过管仲。

公子纠一行人听说公子小白中箭,就放下心了,不紧不慢地走回齐国去。等到达齐国的时候,他们才发觉太迟了。公子小白几天前已经入城,跟高、国两大家族集结起军队,正在城墙上等着他们。公子纠知道获胜无望,只好黯然退回鲁国。

公元前六八五年,公子小白登基,是为齐桓公。齐国历史的顶峰正式到来!

管鲍之交

公子小白手下最重要的辅政大臣是鲍叔牙,公子纠手下的是管仲和召忽。这几人都是齐国顶尖的贤才。

齐桓公即位以后马上发兵攻打鲁国。两国在乾时这个地方交战,鲁军大败,被齐军包围,撤退的道路都被阻断了。鲁庄公换了一辆车,用原来的车子迷惑齐军,这才勉强逃脱。

齐桓公写信给鲁庄公说:"公子纠是我亲哥哥,我不忍心杀他,请你帮我杀掉他。召忽、管仲是我的仇人,我恨极了他们,特别是那个管仲,请把他们送过来,我要亲自把他们碎尸万段!如果不答应,我们就踏平鲁国!"

鲁庄公只好把公子纠杀了,又准备把召忽、管仲送回齐国去。

但这其实是鲍叔牙的计谋。

鲍叔牙跟管仲年轻的时候就是好友,彼此都很佩服对方的才干。

他们一起做生意,由于鲍叔牙家里比较富,而管仲家比较穷,所以管仲就让鲍叔牙多出一些本金。但是到了分利润的时候,管仲又多分一些给自己。有人就跟鲍叔牙说:"管仲这样占你便宜,不是太过分了吗?"鲍叔牙回答:"我知道他家里困难,要养家,让他多拿一些也是应该的。"

后来两人一起参军,管仲每次打仗都躲在最后面,撤退的时候却跑在最前面。大家都嘲笑他怯懦,只有鲍叔牙说:"我知道他家里有老母亲要养,他是为了尽孝才这样的。"

管仲去做官,当了几次官都被免职了。大家都说他是个无能之辈,只有鲍叔牙说:"我相信管仲的才能,他只是没有遇到合适的主人和时机而已。"

(这些都是管仲的自述,难免有夸张的成分。)

后来两人分别侍奉两个公子,站到了对立面,但他们的情谊并没有丝毫改变。(两人可能有私下约定,各自辅佐一个公子,哪方获胜了,就引荐另一方过去,这样可以避免两人同时站错队,被一网打尽。)

桓公即位以后,问鲍叔牙,什么样的贤才可以辅佐自己。

鲍叔牙说:"如果要振兴齐国,依靠我和高傒就够了;如果要称霸天下,非有管仲不可。"

桓公惊讶地问:"先生您的才能都不及管仲?"

鲍叔牙说:"我远远比不上他。管仲到哪国,哪国就可以称霸天下。"

桓公恨恨地说:"那个匹夫差点杀死我!"

鲍叔牙说:"各为其主而已,管仲并没有错。如果大王能任用他,他一定会尽心竭力地辅佐大王。"

鲍叔牙又向桓公分析当前形势:"鲁国也有人知道管仲的才干,他们一定会逼管仲辅佐鲁国。如果管仲答应了,鲁国以后就会强大起来威胁到齐国;如果管仲不答应,他们肯定马上把管仲杀了,以免他辅佐齐国。根据我对管仲的了解,他一定不会答应,他始终忠于齐国,所以大王您要赶紧去要人,迟了就来不及了。而且为了避免鲁国怀疑,您要装得很生气的样子,说您要亲自杀了管仲以泄心头之恨,否则鲁人必定不会把他交回来。"

于是桓公就给鲁庄公写了那封信。

管仲听说齐国要引渡他们回去,知道是鲍叔牙向桓公引荐了他们,他在监狱里跟召忽商量这件事。召忽却很平静地说:杀了我的主人又任用我,这样的屈辱我不接受。我放弃宰相之位追随公子纠而死,算是公子的"死臣";你帮助齐国称霸天下,算是公子的"生臣"。"死者成行,生者成名"——我成就气节,你成就功名。公子纠有我们两个大臣,也该瞑目于九泉之下了吧?

槛车装着管仲和召忽回到齐国,鲍叔牙在前方带着人马迎接。召忽一到齐国境内就自刎而死，只剩管仲跟鲍叔牙见面。

齐国的军士立即打开槛车放出管仲。管仲脱去囚服，换上冠带，入阊阖（chāng hé），穿青琐，踏丹墀（chí），拜伏在瑶台之下。

桓公降阶以迎，亲手扶起管仲，君臣一笑泯恩仇。

管仲献上一套详尽的治国方略，从扶植工商，到富国强军，应有尽有，为桓公指出了称霸之路。桓公大喜，当即拜管仲为相，仿照武王对姜太公的礼遇，称管仲为"仲父"。

从此以后，鲍叔牙一直心甘情愿地位居管仲之下，让管仲大力施展才干，而不在乎他的光芒掩盖了自己。他对管仲的爱才之心和知人之明为后人所津津乐道，管仲也感激地说："生我者父母，知我者鲍叔也。"

"管鲍之交"遂成千古佳话，代表了一种互尊、互让、为国家利益舍弃个人私利的伟大友谊。这样的情谊一直让后世文人念念不忘，杜甫就曾经写诗感叹："君不见管鲍贫时交，此道今人弃如土。"

曹刿论战

齐鲁两国的恩怨还没了结。

乾时之战，齐国打败鲁国，逼鲁国杀了公子纠以后才撤兵。

但事情还没完，齐国仍然盯着鲁国，随时准备再去打劫。

这时的齐国仍然延续齐襄公时代对外强硬出击的政策。第二年齐桓公不顾管仲的反对，又一次发兵去攻打鲁国。如果说乾时之战还有国内争位这个理由的话，这次的战争就是纯粹的侵略。也许桓公是想通过这一战来给自己立威，而鲁国是最近又最好欺负的对象。

齐襄公和齐桓公都是鲁庄公的舅舅，但两人对鲁国的态度却有明显差别。鲁庄公拼命地奉承齐襄公，又有文姜在中间斡旋，所以齐襄公后期基本把鲁国当成自己的小弟了。而齐桓公则不太吃这一套，该侵略就侵略，不留情。

鲁庄公去年在乾时被杀得狼狈逃窜，回来以后痛定思痛，仔细研究对付齐国的方法，对于齐国这次的入侵，他是做了充分准备的。

这本来是一次普通的侵略和反侵略战争，然而因为一个人的加入，却意外地成了中国历史上的一次著名战役……

鲁国有个叫曹刿（guì）的隐士，是周文王的后人。他听说齐国入侵的消息，就主动去求见鲁庄公。

他问庄公："大王准备怎么抵抗齐国的军队？"

庄公回答："衣服饮食，我不敢单独享受，都会跟周围的人分享。"

曹刿回道："小恩小惠只能遍及周围的人，老百姓仍然不会尽力帮您。"

庄公又说："寺庙里的祭品，我不敢有任何短缺，对神明一直保持诚心。"

曹刿回道："这点诚心根本不够，神明不会因此就保佑您。"

庄公又说："国家的大小事务，不管能不能办好，至少我全部尽力去办了。"

曹刿这才说："这才真正是国君该办的事。既然您有这样的态度，应该可以和齐国交手了。打齐国的时候请叫上我一起。"

于是庄公带着曹刿向前线进发。

公元前六八四年正月，齐鲁两国军队在长勺对决。

春秋早期的战争，大家都很讲究"礼仪"，战场上的规矩是"击鼓进军，鸣金收兵"。先找一大片空地，两军面对面列好阵势；然后双方击鼓，前、中、后三军，中军、侧翼分别前进；碰头后集体打一架，哪边先扛不住后退了，哪边就输了。

庄公看到阵势已经列好，就想下令击鼓；曹刿却说："等一等！"

齐国那边已经击鼓了，齐军如同潮水一样涌过来，鲁国这边却只是拿盾牌硬顶着。箭如飞蝗，齐军冲了一会冲不过来只好停下。

庄公看到有机可乘，又想击鼓；曹刿却还是不让。

齐国第二次击鼓前进，再次冲击鲁国的防线，还是没能冲破。

齐国只好第三次击鼓，再度冲过来；曹刿说："可以出击了！"于是庄公下令鲁军击鼓前进。

鲁国军队撤掉盾牌，发一声喊，一起涌出去。齐军没想到他们会突然杀过来，顿时抵挡不住，阵势开始散乱，有零星的士兵已经开始后撤。

庄公想发令追赶，曹刿又说："再等等。"他亲自下车去看了看，又上车登高望了片刻，才说："现在可以出击了。"

于是鲁军大肆冲击。齐军被杀得七零八落，大败而逃。

鲁国意外地打赢了这场战役。

这是历史上一场著名的以弱胜强的战役。

事后曹刿向庄公分析这场战役，说出了中国军事史上那段著名的理论："一鼓作气，再而衰，三而竭。"

这是战场上一种最基本也最常用的战术——积极防御，避其锋芒，等敌人耗尽了士气再出击。这种思想也可以用在一切战斗包括格斗、商战甚至职场竞争中。

至于为什么不马上追击敌人，曹刿的解释是：为了避免中埋伏，要先看清楚情况。看到敌人车辙乱了、军旗也倒了，这才确定敌人的确是败退了，才可以去追击。

这又涉及另一种常用战术——诈败诱敌和识别敌人的诈败。这种战术及其变种，在战争中有无穷无尽的应用。

他的这些理论在当时是很重大的发明。从此以后，各诸侯国在战争中就越来越重视军事理论的研究，各种各样先进的战法被研究出来，战争也就越来越变成了智力水平的较量。

不过我们也不该过于夸大战争技术的作用，在绝对的力量面前，任何技巧都是花架子。长勺之战鲁国能获胜的一个主要原因，恐怕是因为齐桓公刚刚结束了长期流亡生活回到国内，这时离他回国才大半年，手下的军队基本上是临时拼凑起来的，君臣之间、军官和士兵之间的配合都还很生疏，像鲍叔牙这些人恐怕都是第一次指挥军队，交学费也在情理之中。

另外，长勺是在鲁国境内，鲁国有地利优势，且鲁国又为这次战争做了充分准备，这也是他们获胜的原因。

长勺之战给刚刚上位的齐桓公当头泼了一瓢冷水。他的外甥告诉他，做一个大国国君不是想象的那么简单；接下来他需要更加的谨小慎微，步步为营，才能做好齐国这艘大船的掌舵人。

齐桓公早期的战争

齐桓公不甘心被自己的外甥打败，要找回这个场子，他听取鲍叔牙的建议，找到宋国帮忙。这时的宋国也刚刚被鲁国打败，齐桓公跟宋闵公执手相看泪眼，决定联合起来找鲁国报仇。

长勺之战刚刚过去半年，齐宋两国组成联军进攻鲁国，到乘丘跟鲁军相遇。

鲁国的公子偃对鲁庄公说："宋国军容不整，我们可以先攻击宋国。宋国一败退，齐国的军心也就散了。"

这是对付多国联军的最有效方法：先打弱的一方，弱的一方败了就会拖累自己的盟友，特别是联军的双方强弱差距明显的时候更是如此。之前周桓王带领几个小国攻打郑国的时候也是这样的情况。所以强弱联合的效果往往还不如强国单独出击。

鲁庄公不知道怎么想的，竟然不同意这样明智的提议。所以公子偃就自作主张，带领自己的军队偷偷溜出去，在鲁国大军还没开动的时候就出发了。他们在战马身上蒙上虎皮——当时的人们为了打赢战争也真是绞尽脑汁——直接冲向宋军阵营，宋军的战马被吓得惊叫起来。

鲁庄公这边听说公子偃已经出击了，也就带领大部队冲上去，宋军顿时兵败如山倒。齐军那边一看这阵势也就跟着撤退，一对难兄难弟又一次被鲁国打败。

鲁国在这场战争中最大的胜利是活捉了宋国的著名将领南宫长万，后来在宋国的请求下又把他放回去了。

关于这场战役，史书上还记载了两位勇士被冤杀的故事。

春秋时的战车通常载三个人：中间的一个人是车夫，负责赶马；左边的人手执弓箭负责远程攻击；右边的人手拿长矛负责近战，有时也拿钩去钩旁边的车。

乘丘之战的时候，鲁庄公和县贲父、卜国乘一辆战车，县贲父在中间驾车，卜国在右边护驾。在战况激烈的时候，庄公这辆车的马突然惊厥，掀翻了战车。庄公掉到地上被人救起来，惊出一身冷汗，就怪罪县贲父和卜国，说:"你们的力气不够啊,马都拉不住。"

两人都很惭愧地说:"以前我们驾车都没问题,今天怎么会这样,这是我们的责任。"由于没有照顾好君王属于严重失职,两人便自杀身亡。

后来战争结束,马夫给这辆车的马冲澡,发现马的大腿内侧插着一支箭,才知道马是因为受伤才惊厥,不能怪驾车的人。

庄公知道错怪了他们,很后悔,就作了诔文纪念两位勇士。

从这个故事能看出当时鲁国的军法的确是很严明的,鲁庄公算一个比较靠谱的君王,这也是鲁国能打败齐国的原因之一。

另外一边,齐桓公两次都没能打败鲁国,无可奈何,只能罢战。

这一年齐桓公派人去向周王汇报国政,相当于走一个流程,声明自己即位了,同时向王室求婚。王室同意了他的求婚,把王姬下嫁给齐国,并且让鲁国当证婚人。桓公正好找这个台阶下,就跟鲁国言归于好了。

初登政坛的齐桓公,在遭遇了几次挫折之后,终于渐渐地成熟起来,正式拉开了称霸天下的序幕。

北杏会盟

管仲当政以后,齐国经济和军事实力迅速发展,领先于各国。齐桓公就有了当诸侯首领的想法。

要当诸侯的首领,就得把诸侯们都召集起来,开个会,推个盟主——能不能召集到诸侯,能不能让他们推举自己为盟主,这是是否称霸的主要标志。

以前国家之间会盟,往往名义上都是平等的关系,相当于大家结成一个军事集团,共同去对抗敌人,例如当年齐、鲁、郑结盟去打宋国就是这样。

现在齐桓公的目的不一样,他是要当首领,要让大家推举他为盟主。这种情况在以前从来没有发生过,以什么借口召开这样一次盟会就是个问题。

这时候恰好宋国国内发生变乱,齐国的借口来了。

南宫长万是宋闵公手下的勇士,传说他力大无比,有万夫不当之勇。前一年在乘丘之战中,他被鲁国的神射手射中,被活捉,然后又被放了回来。

这件事成了他最大的耻辱。

有一次南宫长万跟着宋闵公去郊外打猎，两人因为猎物归属问题争执起来。闵公火冒三丈，骂他："你不过是鲁国的战俘嘛，牛什么牛？"这句话严重刺伤了南宫长万的自尊心，暗中便有了弑君的念头。

这次争吵以后闵公不当一回事，没有防备，大概他觉得自己只是随口说说，别人怎么会当真。没想到南宫长万却在暗地里仔细谋划，第二年就在蒙泽设计杀害了闵公。

朝中大臣听说国君被弑，一片哗然。仇牧和太宰华督带领军队攻打南宫长万，在城内激烈战斗。最后南宫长万一方获胜，仇牧和华督都被杀了。

南宫长万把公子游扶为傀儡君王，其他公子闻风而逃，都跑到城外去避难。宋国出现了剧烈动荡。

但是南宫长万这样暴力夺权实在太缺乏正当理由了，不能服众，宋国的各路政治势力纷纷起来反抗。

几位公子分别逃到了萧邑和亳（bó）邑。其中，公子御说是宋闵公的弟弟，最有威望，他逃到了亳邑。南宫长万随后就派兵去围攻亳邑，但两个月都没打下来。

这时朝中大臣跟宋国的公族势力联合，又向曹国借兵，跟公子们的军队合力来救援亳邑。他们打败了南宫长万的军队，一直打回都城，杀了公子游，立公子御说为君。是为宋桓公。

公子御说成了这次政变的最大赢家。他是个比较有作为的君王，他儿子更是赫赫有名，后面我们会提到。

南宫长万逃到陈国，宋国向陈国发出通缉令，要求引渡南宫长万。但南宫长万太英勇了，陈国不敢直接抓他，就送给他几名美女，让美女在宴席上把他灌醉，然后用犀牛皮把他裹得严严实实的，装在车上送回宋国。

南宫长万在半路上醒过来了，拼命挣扎。他个子又高，手长腿长，很快手脚都从绳索里面挣脱了出来。车夫吓得赶紧赶路，眼看他要逃出来的时候终于到达目的地。宋人抓住他，把他剁成肉酱。宋国的动乱终于平息了。

管他宋国怎么闹，反正有了故事可以讲，机会难得，齐桓公就说："我们大家来开会谈谈宋国的事吧。"于是召集诸侯到齐国的北杏歃血为盟。

这是齐桓公第一次会盟诸侯。他召集的国家很有意思，分别是：宋、陈、蔡、邾。宋国是当事国，是大家要"救助"的国家，其他三个都是中原地区的小国。

其他大国没有参加，这好理解，来了就不好推举盟主了；郑、卫、鲁、燕四个中等的国家也没来，而且来的小国数量也少。这说明齐国这时的影响力还不够。总体看起来，这次盟会是比较寒酸的。

但是好歹盟会开起来了，这是齐国朝称霸迈出的重要一步。

这次会盟还有一个重要特点——所有与会国都没有带军队去，只带文官，就是所谓的"衣裳之会"。这是一种和平的会议，表达出桓公希望以和平方式称霸的愿望。后来桓公召集的盟会大多数都是这样的形式，后人称赞他"九合诸侯，不以兵车"。在兵荒马乱的春秋乱世，这是一种非常难得的高姿态。

公元前六八一年春天，旌帜林立，钟鼓齐鸣，经过一套烦琐的仪式以后，五国国君登上了匆忙搭好的高台。由齐桓公带领，献上三牲，焚香祷告，告慰天地神明、周朝先帝，然后依次歃血，对天盟誓。其余四国共同推举齐国为盟主，齐桓公推辞几番以后终于登上了盟主之位。台下百官朝贺，声震寰宇，气势之盛，在春秋以来还是第一次。

齐桓公达到了自己的第一个目标——会盟诸侯。

然而随后就发生了一件很尴尬的事：宋国"背盟"了。

宋国怎么"背盟"的，史书上没说。但我们知道，宋国一直是个高不成低不就的国家，明明是个普通的诸侯国，却总以为自己是天下的中心——"我祖上比你阔"，这是宋人面对其他国家的常见心态。

所以这次会盟，宋国被迫当马仔去捧齐国，心里肯定是不乐意的。况且齐桓公口口声声要替宋国平定内乱，可是人家的内乱去年就已经平定了，你今年来会盟算什么？

所以宋国难免面和心不合的，不太情愿捧场。

齐桓公当然不答应。人人都这样不配合，他这个盟主还怎么当？所以不配合的国家肯定要被修理一番。不过眼前还轮不到宋国，宋国的事先搁过一边。桓公目前最着急做的是——死磕鲁国。

曹沫劫盟

北杏会盟这一年，齐国跟鲁国又掐起来了。具体是什么情况，史书上欲说还休。由于流传下来的史书都是鲁国人写的，难免隐藏一些不好意思告诉后人的事。但我们根据之前之后的情况基本可以断定：这一年鲁国被齐国打了，而且被迫割地。

鲁国旁边有一个叫遂国的小国家，是鲁国的小弟。

按理说这个国家不会惹到齐国。可是北杏会盟过后，齐国马上说遂国不参与盟会，屁大点国家还又臭又硬。于是齐国就发兵把他们消灭了。

这么小的国家参不参与盟会有什么关系？至于发动战争吗？可史书上随后又很突兀地记了一件事：齐国跟鲁国在柯地会盟。好端端的会什么盟？春秋时期的会盟一般有两种情况：要打仗了，或者仗打完了。

这中间应该省略了一段鲁国被修理的经历，推测起来可能是这样：

齐国召集诸侯会盟其实很希望鲁国能参加。因为齐鲁是亲戚又是邻居，鲁国又是个比较大的国家，如果鲁国能捧场，北杏会盟的场面看起来就会热闹很多。但鲁国偏偏不捧场。齐国又不好直说，就找个借口打他的小弟遂国，鲁国一定会发兵去救，于是就演变成了齐鲁之间的战争。

这时候齐国已经经历了管仲的军事改革，军力比之前提升了很多，鲁国当然打不赢。所以鲁国吃了大亏，只好割地赔款；遂国也被齐国吞并了。齐国报了这之前两次被鲁国打败的仇，赚够面子也就收手了，于是双方在柯地签订停战协定。

这次签约出了一个意外状况，把齐桓公吓出一身冷汗。

鲁国有个叫曹沫的将军，以勇武闻名，但他的战绩并不好，甚至可以说很丢人——据说他三次参与对齐国的战争，三次都输了。（古代"三"往往表示很多次，不是确数。而且这里说的有可能是一场战争里的三次战役。）最近一次就是救援遂国的战争，他又输给了齐国，直接导致鲁国被迫割地赔款。

但鲁庄公并没有怪罪他，仍然任用他为将。

曹沫感到很惭愧，他必须拼死一搏来挽回自己的过失。所以他跟鲁庄公定了一个极端冒险的计划——在盟会上劫持齐桓公！

这有非常高的风险，弄得不好就会变成当面火拼，只怕鲁庄公都自身难保。所以鲁庄公敢这样做，说明他真是一个很有勇气的国君。

这样的事情以前还没发生过，而且齐国以为鲁国已经被打怕了，双方又是亲戚，也没想到他们真敢孤注一掷，所以齐国防备得不严密，让曹沫有机会把兵器带上了盟坛。

在盟坛上，当鲁庄公和齐桓公准备签署协议的时候，曹沫一手搂住桓公，从身上掏出一把匕首抵在了桓公脖子上。

台下轰然而动，两国军士纷纷拔刀相向。局面顿时剑拔弩张，连管仲他们都禁止不住了。

台上齐国的僚属齐声大喝，却没人敢随便动手。

齐桓公问："你要怎样？"

曹沫冷冷地说："齐国这些年欺压我们鲁国还不够吗？现在鲁国都城的城墙倒塌都会压到齐国的土地，这样还要割我们的地，大王要把我们赶到哪里去？希望大王归还我们的领土！"

齐桓公只得点头："先把刀放下，我答应你。"

所谓君无戏言，曹沫听后松开匕首，哐当一下扔到地上，略一施礼，然后头也不回地大步走下了盟坛。周围阒然无声，人人目瞪口呆，都不知该说什么。

鲁庄公赶紧上来赔罪。齐桓公脸上红一阵白一阵，缓了好一会才回过神来，一摆手转身走了。盟会不欢而散。

齐桓公这次吃了大亏，又羞又恼，回去以后马上要翻悔，恨恨地说，要杀了曹沫那个匹夫以泄心头之恨。管仲却劝谏："大王不可翻悔！大王在天下人面前亲口承诺的事，随后就翻悔，这样言而无信，怎么取信于诸侯呢？要称霸，必须先取信于诸侯。"桓公只好勉强答应他，下令按照之前的承诺归还鲁国的土地。

诸侯们都以为齐鲁会有一场大战，却听到了齐国归还鲁国土地的消息，一时都没反应过来。后来齐鲁一直相安无事，曹沫也活得好好的，大家才相信了眼前的事实。

再结合这几年的事，诸侯们渐渐认识到，齐桓公可能跟以前的君王都不同。

他不像以前那些大国君王一样，总是以蛮力压人。他是一个你可以跟他讲道理的人，不管你讲的道理他听不听，至少你有机会跟他讲，而不必担心人身安全——这一点太难得了。

他也不怎么记仇，之前对管仲的处理方式就说明了这一点。这次对曹沫也是。如果遇上的是齐襄公，曹沫死十次都不够，但齐桓公轻易地就放过了他。这样的人，你跟他相处的时候心里是踏实的。

他召集大家赴会，却带头把兵车都开得远远的，以至于闹出被劫盟的事。但正是这样的做法才让大家绷紧的神经都缓和了下来，恍惚中，好像已经走出了春秋乱世。

按照所有这些标准来看，他不就是大家一直盼望的"仁君"吗？难道我们已经静悄悄地进入了一个新的时代？所有人都盼望的那个领袖人物已经来了？

在率兽食人的时代，突然出现一只不吃人的老虎，大家仿佛瞬间都找到了安全感。

这个时代，安全感太稀缺了。

诸侯们的态度渐渐地改变，开始试探性地接近齐国，寻求跟齐国结盟以获得保护——齐国在人们心中的地位逐渐不一样了。

第八章　春秋第一霸

称霸的开始

齐桓公当上了诸侯盟主，不服管的肯定要打。北杏会盟的第二年，齐国带领陈、曹两国军队去讨伐宋国，追究去年宋国背叛盟约的责任。

这次出兵，齐国做了充分准备。齐桓公首先派人带着厚礼去见周天子，向周天子述说宋国不肯合作的事——

"去年我们不是按照王上您的命令开了一个会议吗？大家都很愉快。只有御说那个小子，不知天高地厚，跟大家对着干，这分明是在打大王您的脸！我们这就去替您教训他！"

周天子当然没法反对，只能颁下御旨，"命令"齐桓公替自己去讨伐宋国。有了这张大旗，发动战争就名正言顺了。

三国联军到宋国附近驻扎，没多久周天子就派了手下的单伯来助阵，顺便当调停人。周天子对宋桓公隔空喊话，要他服从齐桓公的命令。

宋桓公刚刚登基不久，国内不稳定，又看到对方这样声势浩大的样子，把天子的令牌都请下来了，不服不行，而且大家都清楚齐桓公不过是要争个面子而已。所以宋桓公很快就服软了，向周王的军队投降，开门把三国国君都接进来，大家讲和，重新订立盟约。

齐桓公基本没费什么力气就迫使宋国服软，争回了面子，不得不说他的分寸把握得相当好。这也成为后来齐桓公对诸侯用兵的标准模式，不用血腥厮杀，而是以武力威慑的方式让对手屈服，算是"不战而屈人之兵"吧。

而且齐桓公要争的也不是什么土地人口之类，这些齐国都不缺，他要的不过是个面子而已：只要你承认我的盟主地位，给我面子，我们就相安无事。

各国之间你死我活的争斗不见了，春秋历史进入了一段相对文明的时期。

当然这期间齐国也吞并了一些小国家，但都是小规模的战争，影响不大。

这一年的冬天，齐桓公又拉上单伯，跟宋、卫、郑三国在鄄（juàn）地会盟。这次把上次缺席的卫、郑两个中等国家也拉过来了，又让宋国补了一个盟约，宋国彻底屈服，而且还有周王的人在旁边当见证人。这次的盟会可以说大获成功，齐桓公的影响力进一步扩大了。

紧接着，第二年，公元前六七九年的春天，齐国拉上宋、陈、卫、郑四国再一次在鄄地会盟，进一步巩固了自己的盟主地位。按照史书上的说法，这算是齐桓公真正称霸的开始，是一次标志性的会盟。

但有个问题——蔡国去哪了？为什么这几次都没来？

因为蔡国正被楚国按在地上狠揍！

南方大鳄来挑战齐桓公了！

楚王与桃花夫人

楚国这一轮北侵，起因是为了一位绝色美女。

息妫，又称为息夫人，本是陈国公主，后来嫁给了息国国君。她还有个姐姐，嫁的是蔡国的蔡哀侯。

据说息夫人风华绝代，是世间罕有的美人，她出生时漫山桃花盛开，她的容颜如同桃李般娇艳，世人因此又称她为"桃花夫人"。

蔡国在陈国和息国中间，息夫人出嫁的时候要路过蔡国。

蔡哀侯早就听说了息夫人的美貌，有意要见见，就说："我的小姨子来了。"派人去路上把息夫人接来，假模假样地招待她。

这老色鬼一见到息夫人就起了淫心，开始疯疯癫癫的，说一些不三不四的话。

息夫人内心很愤怒，但还是很礼貌地告辞了，离开了蔡国。

这件事传到息侯的耳朵里，他大动肝火，但息国国小力弱，根本没办法去招惹蔡国。息侯又实在憋不住这口气，想来想去，竟想出一个离奇的方案——

他派人去联络楚国，说："求你们来打我们国家吧。我们是受蔡国保护的，我们被打了，蔡国肯定会来救援，你们就可以顺势打下蔡国了。"

还记得那个"称王"的楚武王吗？现在是他的儿子楚文王当政。楚文王也是特别有作为的君王，他继续祖上的事业，逐渐蚕食周边的小国，把国土一步步地向中原推进，现在已经推到了息国边上，再过去就是中原最南边的蔡国了。蔡国可以说是楚国染指中原争夺霸权的第一站，意义重大。

所以楚文王听到有人求他去打自己，顺便还打包送个蔡国这种大好事，毫不犹豫地就派出了军队。

公元前六八四年秋天，楚国攻打息国。

蔡国马上听到了这个消息——息国是他们面向楚国的缓冲带，不能不救——就赶忙派兵去救援，这下就上圈套了。

楚国假装很愤怒地说："你个臭小子还敢跟我打？不知天高地厚！"于是放过息国，直接跟蔡国当面对打。蔡国抵挡不住，很快投降，连蔡哀侯都被楚国活捉了去，沦为阶下囚；息国也成了楚国的附庸。

到这时候蔡哀侯才明白自己上当了，心里恨极了息侯，想要挑拨楚王去对付息侯。他知道楚国历代君王都好色，就对楚王大肆渲染息夫人的美貌："大王您这样的英雄，只有息夫人那样的美女才配得上。"

这是个很恶毒的伎俩，楚文王听到以后果然心动，男人征伐四方不就是为了财富和美女嘛，他也打起了息夫人的主意。

他假意说去息国视察，带着大队人马来到息国。息侯刚刚报仇成功，正为自己如此"聪明"的计谋而洋洋自得，听说楚王到达，连忙盛情款待。

楚文王要求看看息夫人。息侯没办法，只好让息夫人出来。楚王一看，息夫人媚眼如丝，果然有国色。他也跟蔡哀侯一样，瞬间就被迷得神魂颠倒。

他可不是蔡哀侯那种夯货，他要的人是肯定要弄到手的。

楚文王请息侯赴宴，暗中埋伏军士，在宴席上直接活捉了息侯，然后把他捆了叫人送回楚国去，给他一套士兵的服装，发配他去守卫城门。

息国就这样被灭了。古人所谓的美人能倾国在息夫人身上成为了现实。

息夫人被掳到楚国。楚文王软语相求，要立她为正妻。

息夫人起初想自杀，但有个下人劝她：夫人如果自尽了，文王肯定拿息侯出气，息侯会很惨，息国的百姓也会遭殃。息夫人想到这些，只好牺牲自己，答应了文王的请求，从此成为楚国夫人。

楚文王可能也是真心喜欢息夫人，一直给她特别高的待遇。息夫人接连给文王生了两个儿子，有一个后来还继承了王位。

但她始终不开心，寡言少语，几年都不跟文王说话。文王再三问她原因，她才说："我一个女人嫁给两个丈夫，又不能自尽以守节，还有什么话好说呢？"

文王只能叹息而已。

对此，后人吟诵道：

> 莫以今时宠，
> 难忘旧日恩。
> 看花满眼泪，
> 不共楚王言。

又有：

> 息亡身入楚王家，
> 回看春风一面花。
> 感旧不言常掩泪，
> 只应翻恨有容华。

仗势欺人、强夺人妻，这样的事情在人类历史上数不胜数，息夫人只是其中一个。她无法反抗命运，只能以沉默的方式表达不满。

后世的人们很同情息夫人和那些跟她一样遭遇的女子，无数文人在诗句里反复吟咏息夫人的传说，民间也纷纷传诵息夫人的故事，"桃花夫人"成了中国的一个文化符号，留下不少著名景点，至今湖北还有"桃花夫人庙"供后人凭吊。

从这一点来说，息夫人算是很幸运的吧。

左右为难的郑国

楚文王见息夫人不开心，想到这一切都是蔡哀侯挑拨离间的结果，就说"夫人，我替你报仇"——当然也为了北侵中原。于是楚国又一次发兵攻打蔡国，又一次把蔡哀侯抓过来。蔡哀侯被关在楚国，一直到死为止。这一回蔡国彻底臣服，成了楚国的属国。中原南大门已经向楚国敞开了。

几乎相同的时候，齐桓公召开鄄地会盟，正式确认了霸主地位。齐、楚两个霸主即将碰头！

楚国北上的脚步还在继续，郑国是下一个受害者。

公元前六七八年，楚国突然向郑国宣战，理由是说两年前郑厉公从栎城杀回新郑，夺回了王位，但没向楚国禀告这件事。这纯属无理取闹，郑国的顶头上司是周天子，要汇报也是向天子汇报，跟你这个八竿子打不着的南蛮有什么相干？

但楚国不管这么多——我现在已经称王了，跟周王并列，你不能眼里只有周王没有我。

于是这一年秋天，楚国发兵教训郑国。荆蛮终于闯入了中原的核心地带！

这时候的郑国有点惨。

去年郑国不是参与了齐桓公的鄄地会盟嘛，盟会结束以后，齐桓公带着一帮小弟去打郳（ní）国。刚刚重新登基的郑厉公初生牛犊不怕虎，趁着这个机会又去侵略宋国。这是公开跟国际联盟作对，国际秩序不容挑战，所以国际联盟回过头来就把郑国收拾了一顿。联军前脚刚走，楚国后脚就到了：

"你小子登基敢不跟我说?"又把郑国教训了一顿。

正手一耳光反手一耳光,真是爹不疼娘不爱。

楚国打了郑国以后可能很快就撤退了,这是一次小规模的战役,是楚国对于中原联盟的一次试探。

郑国只好去找国际联盟哭诉,国际联盟象征性地安慰了他们一番。随后又在幽地举行了一次会盟,有齐、鲁、宋、陈、卫、郑、许、滑、滕九国参加,这是声势最大、与会国最多的一次会盟,也是中原国家集体阅兵以向楚国"亮肌肉"。

但这样的安慰当然是不够的,对于郑国来说,楚国已经是一个家门口的威胁,他们必须在齐、楚两大强国之间保持平衡,不能得罪任何一方——但这样做实际上又同时得罪了双方,真是左右为难。

结果就是齐桓公、楚文王都在破口大骂"臭小子不听我的"。齐桓公还扣压了郑国的大臣以示警告。

郑国成了国际社会的孤儿。

好在郑厉公毕竟是经历过大风浪的人,在挫折中锻炼出了敏锐的判断力,随后他就找到一次绝佳的机会,成功让郑国翻盘,重新赢得了国际社会的尊重。

王子颓之乱

公元前六七五年,很久没有新闻的周王室突然大乱,惊动天下。

当时的周天子是周惠王,他还有个叔叔,叫颓,史称王子颓。

王子颓从小就很受父亲周庄王宠爱,给他找了蒍(wěi)国国君当老师。他跟其他被宠坏的王子一样,对于自己没能继承王位耿耿于怀。

他的哥哥当国王的时候他还不敢怎么样,等他的侄儿惠王继位以后,他仗着自己是天子的叔叔,就开始蠢蠢欲动起来。

当时以蒍国国君、边伯为首的五个大夫都跟王子颓关系不错,这自然引起了惠王的猜忌。惠王上台后不久就开始给这帮人"穿小鞋",他夺了几个大夫的田产,又占着蒍国的菜园用来养牲畜,还把边伯的房子圈到自己的宫苑里去。

周惠王的这一系列小动作惹恼了五大夫，他们跟另一个大家族苏氏的势力联合起来，一起拥立王子颓，发起宫廷政变。双方在都城内展开激战，叛军被打败了，逃出了王畿，但周王的军队也伤亡惨重，没能追上去消灭他们。

苏氏的人保护着王子颓逃到卫国。

这时候有个人趁乱来捅了周王室一刀。这个人就是当初阴谋害死两个亲哥哥的卫惠公。

当年卫惠公在齐国的支持下杀回国内，赶走了卫君黔牟，黔牟逃到周庄王那里躲避，卫惠公因此一直都记着这笔仇。这时候他终于找到机会，虽然已经是周庄王的孙子在位了，他也要找周王室报仇——总之就是，你越乱我越开心。

所以卫国跟南燕国勾结起来，共同支持王子颓。这个南燕国是惯犯了，一直以来就在想尽办法给周王室捣乱，当年王子克作乱也是受他们的支持。

两国联军保护着王子颓转身打回周王畿，把王子颓扶上王位；惠王反而被赶出去了。

这样的事情如果早五十年发生那将是惊天动地的。但现在周王早已没有了当年的地位，所以国际社会的反应不是太激烈，几个大国都没有站出来勤王。

齐桓公作为中原盟主，又一直受周王支持，这时候竟然没什么反应，周王也没去向他求助，这明显不合常理，也许史书上漏记了一些事，或者齐桓公跟周王有矛盾。（卫惠公是齐桓公的侄儿，可能也是齐桓公不帮周惠王的原因之一。）总之，为这件事情，后人都责怪齐桓公，认为他没有尽到盟主的职责，很不地道。

这时却是被国际社会孤立得很惨的郑国勇敢站出来，向周惠王伸出了援手。

郑厉公首先尝试让双方讲和，结果卫燕两国不听。郑厉公就直接把南燕国国君抓起来，然后把周惠王接到栎城——当年郑厉公被祭足赶走以后居住的那个地方——去居住。也许郑厉公在周惠王身上看到了自己当年的影子，同病相怜，对惠王非常同情。

不管郑厉公是出于什么考虑，这样雪中送炭的侠义之举都是值得称赞的。郑庄公的四个儿子的确只有他最出色。

有郑国的保护，王子颓一党没法继续追杀周惠王了。同年秋天，郑厉公护着惠王回到洛邑，搬走王室的各种生活用品，准备让惠王在栎城常住下去。这时双方可能讲和了，所以王子颓也没阻止。

王子颓一党占据王畿，自以为天下已经平定了，于是开始纵情声色。他们在洛邑召开庆功大会，犒赏五大夫。会上歌舞升平，糜烂至极，简直让人看不下去。

郑厉公就找到西虢公说："王子颓这种货色像成大事的人吗？我们不如共同扶助惠王回去即位。"西虢公也觉得他说得有道理，于是两国开始合作。

想当年，郑伯和虢公分别是周王朝的左右卿士，共同辅佐周天子；现在他们的后代终于再次联合起来，帮助天子平叛。

公元前六七三年，郑虢两国联军打进洛邑，打击王子颓乱党。联军获胜，斩杀王子颓和五位大夫，重新把惠王扶上了王位。周王朝再次平定。

郑虢两国在洛邑举行仪式庆祝周王复位，庆典严格按照周朝的礼仪举行，山呼万岁，四夷宾服。一时之间，仿佛又回到了天下诸侯共朝天子的那个遥远的时代。

郑国经历了二十多年的四王子争位之后，终于通过这种方式重生，再次闪耀光芒！可惜这已经是他们最后的辉煌了。

同时，这也是西虢国灭亡前最后的余晖。这个一直以来最忠于周王朝的老牌诸侯国，即将走到生命的尽头。

惠王重回王位以后大肆封赏郑虢两国，把仅剩的为数不多的领土都赠送给了他们。这种自杀式的封赏背后是否有这样一种想法：反正这些领土我也守不住了，与其被人抢走，不如送给你们两个最可爱的小伙伴吧。

曾作为天下共主的周王朝退缩到了一片小小的城邑之内，生活条件还不如诸侯。一个时代谢幕了。

而郑厉公，在完成了这样一次惊人的壮举以后不久就过世了。这个不算贤明的君王，历尽波折，在人生的最后阶段猛然爆发，在史书上留下了精彩的一笔。

另一边，作为这次叛乱幕后黑手的卫国，马上会有人来收拾……

霸主的责任

卫惠公帮助叛军推翻周王，这是公然以下犯上，引起了诸侯们的不满。但他的后台老板是齐国，齐国不发话，大家就不好说什么。

几年以后，卫惠公病故，他儿子卫懿公继位。齐桓公随后就发兵攻打卫国，数落几年前他们推翻周王的罪行。

为什么齐桓公一定要等到卫惠公死了以后才去打卫国？这个我们只能猜测：也许是宣姜在中间劝和，齐桓公要给这个亲姐姐留面子。

总之，卫懿公继位以后齐桓公马上就不客气了。桓公直接攻入卫国，大肆敲诈一笔，满载而归，并撂下一句话："周王，我替你报仇了。"从而拿了一个拱卫王室的美名。

卫惠公犯罪关他儿子什么事？你不捉拿正犯，只找他儿子出气。这件事情上可以说齐桓公展现了明显的小人心态，投机取巧，吃相很难看。

但卫国真正的麻烦才刚刚开始，这个后面再说。

先说霸主的事。

齐桓公作为中原盟主，其中一个主要责任就是维持各诸侯国内部的稳定，防范出现弑君篡位这样的事。应该说，抛开他夹带私货的那部分，齐桓公整体上做得还是不错的，他当霸主这些年，阴谋家们都不太敢活动了，各诸侯国的内乱明显少了很多。

但他却没防到离他最近的鲁国。鲁国在平静了两代之后，内乱再度爆发。这一次内乱的元凶想都想不到，是齐桓公家族的又一个"妖艳贱货"——哀姜。

庆父不死，鲁难未已

鲁国国君世代娶齐国公主，这是他们无可奈何的一项国策。即使在文姜那样耸人听闻的性丑闻爆发以后,鲁国人也只能暗暗地哀叹"家门不幸",但跟齐国的联姻还是不能断绝。

所以鲁庄公娶的又是齐国公主。这个公主是齐襄公的女儿、齐桓公的侄女哀姜,她也是鲁庄公的表姐妹。

公元前六七二年,那个以淫乱闻名天下的文姜终于病死了。在她生命的最后那几年她一直没闲着,在各个国家之间跑来跑去,具体干什么不用说也知道。她是太后,谁也拦不住。鲁国人只能恨恨地在史书上一次又一次地奋笔疾书"夫人又跑某某地方去了"——简直欲哭无泪啊。

文姜死后,鲁国人终于松了一口气,想着那段丢人现眼的历史终于结束了。哪知道第二年就传来消息:鲁庄公跟齐国公主哀姜订婚,即将迎娶回国。

这时鲁人的内心肯定是崩溃的。

其实在这之前,庄公早已有了自己的女人;这时候他人届中年,娶哀姜不过是政治联姻而已。

庄公喜欢的那个女人叫孟任。

庄公年轻的时候,有一次筑了一座高台,这座高台挨着党氏的庄园,庄公在台上无意中看到了党氏家的女儿孟任。豆蔻年华的少女,笑靥如花,庄公一下子就爱上她了,把她娶回了宫中。他们曾有过一段十分恩爱的时光:孟任与庄公割破手臂盟誓,为庄公生了公子般;庄公亲口许诺以后会立她为夫人。

但热恋中的情人说过的誓言都是靠不住的。庄公是一国之君,必须考虑国家利益,他与齐国的政治联姻不可避免。

孟任不愿放弃幻想,她一直痴心地等着,终于有一天,等来了庄公娶哀姜的消息。齐国公主被立为鲁国夫人,曾经的海誓山盟最终烟消云散,孟任也在失望中郁郁而终。

也许男人永远忘不了自己年轻时心动过的第一个女人,庄公临终前想起孟任,觉得自己这一生最对不起的就是她,很希望做出一点补偿,于是就想让公子般继承君位。

哀姜嫁给庄公以后一直没生孩子,只好领养了自己的陪嫁侍女的儿子公子启。公子般算庶子，所以立公子般为君是不合规定的；但公子启也不算真正的嫡子——这个就挺为难。按照传统，这种情况下也可以让君王的兄弟继位。

庄公家有四兄弟，按年龄排分别是：庆父、庄公、叔牙、季友。庄公是嫡长子，庆父是庶长子。所以公子般、公子启和庆父都成了潜在的君位候选人。

宫廷斗争是残酷的，哀姜也身不由己。她知道公子般不会原谅自己，一旦公子般继位，她的下场就会很惨。她必须寻求支持，于是找到了庆父。

哀姜拉拢了庆父和叔牙。坊间传说她跟庆父有奸情，是一对奸夫淫妇。历史上很多女政客都会找一个强势的男人当情夫，这并不一定代表她喜欢那个男人，只是为了找一个靠山和盟友而已。所以即使哀姜真的跟庆父有奸情，也是出于政治利益的考虑而做的牺牲。

另一边，季友却支持公子般。

庄公在弥留之际分别召见几个弟弟，问他们对继承人的意见。叔牙说："我觉得哥哥庆父挺好，可以把王位传给他。"庄公没说什么。

后来庄公问季友。季友说："我以死保荐公子般。"庄公有意无意地说："可是叔牙说庆父更好呀。"季友出来以后立即假传君命，让叔牙到针巫氏那里待命，然后让针巫氏毒死了叔牙。庆父失去了一个重要的支持者，力量天平开始向季友那边倾斜。

不久以后，庄公病逝，季友扶持公子般登上君位。公子般为了躲避庆父的威胁，暂时住在他母亲娘家党氏那里。

庆父很不服气，觉得自己被季友给阴了。所以两个月后他就串通公子般的马夫，在党氏家里刺杀了公子般。季友听到消息以后赶忙逃到陈国避难。

但庆父在鲁国不受欢迎，他直接即位的话还是挺心虚的，加上哀姜在中间活动，所以就暂时立公子启为君。是为鲁闵公。

鲁国的动乱引起了国际社会的关注。齐桓公让仲孙湫去鲁国吊唁公子般，顺便调查鲁国的情况。仲孙湫回来以后向桓公汇报说："不去庆父，鲁难未已。"——只要庆父还在，鲁国的麻烦就还没结束。

齐桓公考虑直接出兵灭了庆父一党，但仲孙湫劝他说："师出无名，这样不合适。只要再等等，鲁国会自己乱的。"

其实按理说让庆父当国君也不是不可以，为什么鲁国人这么抵触呢？背后可能有这样一种心理：文姜和齐襄公这对狗男女带给鲁人的伤害太深了。这两人弑杀鲁桓公，却没有受到任何惩罚；文姜甚至以国母身份善终。鲁人心里的怨念无法消除，现在看到哀姜就想起文姜；哀姜跟庆父又是奸夫淫妇合谋弑君的剧情，看起来就是文姜和齐襄公的翻版。鲁人难免"恨乌及屋"，把当年留下的仇恨都转移到他们身上。所以庆父这个锅背得稍微有点冤。

庆父等了两年，发现始终没人支持他，最后只好出下下策——暴力弑君。他还是利用鲁闵公跟下人的矛盾，买通下人刺杀了闵公。

至于哀姜，可能她认为庆父上台以后也会扶立她，闵公又不是她亲生的，本来就是道具而已，所以放任庆父弑君。

庆父三年两次弑君，鲁人彻底不能忍了。我们治不了齐襄公还治不了你吗？人们发起暴动反对庆父。庆父在鲁国被严重孤立，只好逃到莒国去了。

这时候在国外的季友带着庄公的另一个儿子公子申回到了鲁国，并扶立他登基。是为鲁僖公。

僖公登基为什么如此顺利呢？这背后可能有齐桓公在暗中支持，但史书上并没写这一点。如果真的是齐桓公选择了僖公，这可能是他的一个错误。因为僖公是一个极其精明的君王，几乎算无遗策，他以超高的政治天赋，在后来的国际冲突中左右逢源，为鲁国赢得了许多利益。

僖公即位后的第一件事就是贿赂莒国，让莒国把庆父送回来。庆父自知罪孽深重，在回鲁国的路上自杀了。持续三年的鲁国内乱终于平息了。

庆父虽然身败名裂，但他的后人却相当杰出，甚至出了一位彪炳千古的圣贤级人物孟子。另外，庆父、叔牙、季友他们三兄弟的后人最终成为三个大家族，史称"三桓"。三大家族后来窃取了鲁国国政，成为鲁国事实上的统治者。

再说哀姜，庆父逃亡以后她也无法在鲁国立足了，只好逃到邾国去。她没有去找庆父，说明他们的政治联盟其实很不稳固。

这时的哀姜已经穷途末路，变成了一个无儿无女流浪在外的老寡妇，但齐桓公却不肯放过他。齐桓公跟齐襄公那个老淫棍不一样，他是天下霸主、诸侯领袖，是要脸面的，对于家族里面出的这种丧德败行的人物他是绝对不能容忍的。

所以齐桓公向邾国发函，要求他们引渡哀姜回齐国；然后让人在半路上就把哀姜杀了，把尸首打包送给鲁国。

对于齐桓公的这种做法，鲁国人是不太认可的，他们觉得哀姜稍微有点可怜，所以用国母的礼仪安葬了她。

哀姜的父亲齐襄公跟齐桓公是政敌，齐襄公死得早，然后是齐桓公掌权，所以哀姜当公主的时候可能就没受过多少关爱；嫁给鲁庄公以后，庄公心心念念的都是他的初恋情人。哀姜无儿无女，没人可以依靠，只能拼命地攀上庆父这艘大船，不料大船这么快就沉没了，也顺道淹没了哀姜，只留下"淫妇"的名声被记在史书上。

她是一个可恨又可悲的女人。一个"哀"字作为她的谥号，说明了人们对她的同情。

齐桓公伐戎

鲁国国内闹得沸沸扬扬，但诸侯们的目光其实不在这里。这几年真正惊动各诸侯国的大事件是——北方蛮族大规模入侵中原，真正的大战来临！

春秋时期，周人并没有完全占据华夏大地，各诸侯国实际上是由一座座城邑组成的，城邑之外的荒地上是各种野人，周天下之外更有各种蛮族虎视眈眈。所以周人的土地其实处在蛮夷的包围当中，好似一大片蛮荒地带中的一个个闪光点，即所谓：

南夷与北狄交，中国不绝若线。

而周人的发展方式就是不断地向外拓荒、殖民，占领新的根据地，不停地消灭或者归化蛮夷。

这是我们祖先艰难的开拓史，但这必定会跟蛮夷发生冲突。

如果是杂在诸侯国之间的原始部落还好，周朝疆域以外的蛮夷就难对付了。他们往往已经有了比较完整的组织，有一定的冶炼技术，武器也比较先进，战斗力在周人之上，而且他们擅长骑兵作战，来去如风，叫人防不胜防。

所以在春秋时期,这些蛮族给周人带来了很大的苦难。《诗经》里面有一首《采薇》就写了人民遭受猃狁侵略,士兵连年征战的痛苦:

> 采薇采薇,薇亦作止。
> 曰归曰归,岁亦莫止。
> 靡室靡家,猃狁之故。
> 不遑启居,猃狁之故。
> 采薇采薇,薇亦柔止。
> 曰归曰归,心亦忧止。
> 忧心烈烈,载饥载渴。
> 我戍未定,靡使归聘。
> 采薇采薇,薇亦刚止。
> 曰归曰归,岁亦阳止。
> 王事靡盬(gǔ),不遑启处。
> 忧心孔疚,我行不来。
> 彼尔维何?维常之华。
> 彼路斯何?君子之车。
> 戎车既驾,四牡业业。
> 岂敢定居?一月三捷。
> 驾彼四牡,四牡骙(kuí)骙。
> 君子所依,小人所腓(féi)。
> 四牡翼翼,象弭鱼服。
> 岂不日戒,猃狁孔棘。
> 昔我往矣,杨柳依依。
> 今我来思,雨雪霏霏。
> 行道迟迟,载渴载饥。
> 我心伤悲,莫知我哀!

蛮族里面，以北方的戎人和狄人最为强悍，他们是匈奴的前身。戎狄南下进攻周朝，首当其冲的就是晋国。但晋国实力太强，又连续出现英明的君王，打得戎狄抱头鼠窜。戎狄只能向东寻找薄弱环节。东部的卫国、邢国和燕国（这是北燕国，不是跟周王作对的南燕国）顿时感受到极大的压力。

公元前六六三年，山戎大举侵犯北燕国领土。燕国势危，向诸侯们紧急求援。第一大国晋国态度暧昧。齐桓公是盟主，义不容辞，所以带上众多小弟们就冲过去救燕国了。

这是齐桓公称霸以来中原国际联盟最大的一次军事行动。这次不仅打退了敌人的侵略，还直接打进了山戎的贼窝，是一次漂亮的反击战。

联军一直打到燕山山脉，顺便消灭了山戎的两个盟友——孤竹国和令支国，并把他们的土地并入了燕国。燕国的地缘条件得到极大的改善。

这只是一连串军事行动的第一波。后来齐桓公还多次讨伐山戎，对山戎造成重创，基本上解除了其对中原的威胁。

在这一系列战役中，盟主的重要作用充分显露出来。中原诸侯们需要这样一个强大的核心，把他们拧成一股绳，共同抗击外敌。

燕国国君感激不已，他在齐国军队撤走的时候一路相送，一直送到齐国境内。齐桓公就说："按照礼仪，诸侯相送不能出国境。你已经到了这里，那么这里就应该属于燕国了。"所以就把燕国国君走过的地方全部送给了燕国。

这个举动在国际上赢来满堂彩，诸侯们纷纷夸赞齐桓公是仁义的君王，从此更加的拥护这个盟主了。

平心而论，就算是作秀，一个强国国君能做到这个样子也是很值得称赞了——老虎不吃人已经是奇迹，更何况把嘴里的食物送给人，这件事必须给齐桓公点赞。

戎人的威胁刚刚过去，在另一个方向，一次更大的危机正在来临——狄人也对中原发起了大规模进攻，中原北部的卫国首当其冲。卫国就没有燕国那样的实力和运气了，他们遭遇的是一场惨烈的灭国之灾。

好鹤亡国

卫国最大的问题是自己的国君太不争气。卫懿公是一个著名的昏君。

卫国人特别喜欢公子伋,当初公子伋兄弟二人被杀是卫国人心里永远的痛。所以他们都怪罪卫惠公靠暗算公子伋而上位,一直很厌恶惠公,也把这种厌恶情绪带到了惠公的儿子懿公身上。

结果懿公不居安思危,反而整日寻欢作乐,荒淫无比。

他有一种独特的爱好——爱鹤。

他把对鹤的喜爱做到了极致:他在宫中到处养鹤,且整天在鹤群中游玩,不理朝政;他出行要用精美的轩车载鹤同行,对鹤的待遇甚至超过了很多朝廷官员。在他的带动下,卫国上上下下都以养鹤为乐,充斥着醉生梦死的气息。

懿公当政几年以后,卫国朝政荒废,军备松弛。这让旁边的狄人看到了机会。

公元前六六〇年冬天,赤狄发动大军进攻卫国。懿公紧急调动军队,军官们却说:"那些鹤才是真正的高官,让鹤去抵抗敌人吧,找我们做什么?"

懿公没办法,只能自己御驾亲征。他给两个亲信大臣石祁子和宁庄子一人一件信物,要他们帮助防守都城,然后自己率领军队冲上了前线。

卫国的军队在荧泽跟赤狄展开大战,战况极其惨烈。

春秋时的战争可以分为两种:

一种是诸侯间的战争。这种战争相对比较文明,只要对方认输就好——就像两个人当街打架,一方把另一方按在地上饱揍,问"服不服",被打的那个说声"服了",这架就打完了。

所以这种战争一年打几回都扛得住,甚至越打越欢乐,根本停不下来。

另一种就是蛮族入侵。这是真正生死存亡的大战,以消灭敌人的种族为目的,所以这种战争往往伴随着大规模的劫掠甚至屠城。这才是恐怖的大屠杀,一旦战败,就是灭国之祸。

这场大祸就这样降临到了卫国头上。

卫国只是个小国,敌不过凶悍的赤狄。荧泽之战,卫国大败,全军尽没,惨不忍睹。

后方的人起初还不知道战场的情况，只知道前线的士兵一个都没有回来。有一个叫弘演的大臣，刚刚出使外国回来，听说卫懿公在前线败了，就单枪匹马赶到战场去查看情况。

弘演看到的是地狱般的景象，残肢断臂堆满了山野。他在尸山血海中苦苦寻找，很久之后，终于找到一面残破的旗帜，那是卫懿公车上的帅旗；又在旗帜边仔细搜索，却怎么也找不到懿公的尸体，只找到一些零碎的内脏——里面只有肝脏还勉强完整。

原来懿公被狄人吃掉了，尸骨无存。

懿公以这样惨烈的方式殉国，成为正史上记载的唯一被吃掉的国君。

弘演捧着懿公的肝脏，郑重其事地汇报出使外国的情况，汇报完以后伏地大哭，对身边的人说："大王没有棺材，我就以自己的身体作他的棺材吧。"于是他剖开自己的肚子，掏出内脏，把懿公的肝脏放进去，然后倒地身亡。

卫国人听说这件事之后都很感动，以国君之礼安葬了弘演和懿公的遗体。

这场战争中有一件幸运的事：

卫国的史官华龙滑和礼孔被狄人抓住了，关在囚车里，带着他们杀向卫国首都朝歌（也是以前商朝的首都）。两人知道蛮夷没文化，就骗他们说："我们是史官，负责祭祀。我们不先回去的话，是打不下来卫国的。"于是狄人就放他们两个先回去。两人到了朝歌以后马上通知城内的人："前线已经败了，赶紧撤退！"城内的居民便连夜撤走了。两个人的机智和勇敢救了很多人的性命。

狄人一路追杀卫人，在卫国的土地上烧杀劫掠，无所不为。卫国彻底被毁，成了一片焦土；民众被杀得尸横遍野，只有很少的人逃了出来。

国际社会展开紧急援救。宋桓公带人在河边接应逃亡的难民，让人带他们连夜渡河，总算救下了一小部分卫人。

国不能一日无君，立新君是头等大事。虽然卫人仍然想念公子伋，但是公子伋跟卫君黔牟都没有幸存的儿子，只有公子伋的另一个同母弟卫昭伯娶了宣姜，生过几个儿子。逃亡中的卫国大臣们就拥立卫昭伯的儿子为君，是为卫戴公。

当时的情况极为凄凉，跟在戴公身边的只有七百多人，再加上共地、滕地的民众，也才几千人，这就是卫国剩下的人口。戴公带着民众到曹邑，在野外造草庐居住，艰难度日。

可能是生活太艰苦了，戴公也没活多久。卫昭伯和宣姜还有一个儿子叫公子毁，以前逃到了齐国，卫人把他迎回来立为新君，是为卫文公。

卫戴公和卫文公还有一个姐姐嫁到了许国，被称为许穆夫人。（另一个姐姐嫁给了宋桓公，所以宋桓公也很积极地援助他们。）许穆夫人是中国最早的女诗人，她亲眼看到祖国被毁，山河破碎、生灵涂炭的惨状让她悲伤不已，于是写下了《载驰》纪念这场国难。

> 载驰载驱，归唁卫侯。
> 驱马悠悠，言至于漕。
> 大夫跋涉，我心则忧。
> 既不我嘉，不能旋反。
> 视尔不臧，我思不远。
> 既不我嘉，不能旋济？
> 视尔不臧，我思不闷（bì）。
> 陟彼阿丘，言采其蝱（méng）。
> 女子善怀，亦各有行。
> 许人尤之，众稚且狂。
> 我行其野，芃芃其麦。
> 控于大邦，谁因谁极？
> 大夫君子，无我有尤。
> 百尔所思，不如我所之。

当时许穆夫人听说卫国发生变故，急忙赶往曹邑去慰劳卫国民众，不料半路上她的丈夫许穆公派人追上来，命令她马上调转马头回许国。她不同意，双方在路上你追我赶地争起来。

许穆夫人心情极度郁闷，于是写下了这首诗。

在诗中许穆夫人以悲凉的笔调倾诉亡国之痛，抱怨许国的人们阻止她去探望卫国难民，最后说，她要亲自去向大国求援——"你们这些人说一百遍一千遍，都不如我亲自走一遭"。

她求援的国家可能就是齐国。

齐桓公的失误

卫国的惨剧震惊各诸侯国，诸侯们迅速团结起来对抗外敌。齐桓公带领多国联军去讨伐狄人，暂时打退了狄人的入侵；又派军队到曹邑保护卫国军民，并且赠送各种生活物资给他们。卫国人靠着这些援助才终于挺了过来。

齐桓公听说弘演的事迹以后很悲伤，说："卫君虽然无道，但有弘演这样忠义的臣子，不能就这样看着他们国家灭亡。"于是就在楚丘分了一块地给卫人居住，重新建立了卫国。

齐桓公的原话是："卫之亡也，以为无道也。"这话有点耐人寻味。齐桓公认为卫国灭亡是因为卫懿公"无道"，但"有道"的君王就能挡得住狄人的入侵吗？恐怕未必。不然齐桓公为什么要千里迢迢去救援燕国，甚至一直打到戎人的老巢？燕国有没有"道"呢？

再说，位居中原腹地的卫国为什么没有得到及时的救援，以至于酿成惨祸？为什么等卫国被彻底攻占以后中原各国才姗姗来迟？

所以有一种说法认为齐桓公是在"养乱为功"——他故意袖手旁观，看着卫国被灭，等卫国灭亡以后再出来救助卫国，这样既消灭了对手，又获得了锄强扶弱的美名。联系到卫懿公刚上台就被齐桓公讨伐的事，这种说法也有点像那么回事。

好在新登基的卫文公是一位尽职尽责的君王。他亲历了亡国之痛，彻底反思前代国君的失误，实行"轻徭薄赋，与民休息"的政策；还亲自下田，穿着粗布衣服跟老百姓一起劳作，同甘共苦。通过这些方式，重新聚集起了卫国的民心，卫国渐渐地恢复过来。

不过狄人的目标远远不止卫国，几乎同一时期，东北边的邢国也遭难了。邢国是中原最北边的封国，东连燕齐，南接晋卫，正好卡在戎狄侵略中原的口子上,牢牢扼住了戎狄的进军路线。所以刑国一直以来就是中原诸侯国的北方屏障,史称"邢侯搏戎",但他们受到的压力也特别大。

依游牧民族的习性,他们没有确切的进攻目标,基本上是打一枪换一个地方。所以他们常常在邢国、卫国的北边界上纵横来去,发现哪里可以占到便宜,就进攻哪里。

这一次他们大概发现卫国在卫懿公的统治下国政混乱,出现了薄弱环节,所以先对卫国发起了大规模进攻。

卫国一倒,邢国跟着遭殃,又是一次灭国之祸。

邢国公从战火中突围,逃到齐国,面见齐桓公,长跪不起。齐桓公当即发兵去救援邢国,但已经太晚了。狄人洗劫了邢国的城池,然后带着战利品逃走,只留下一片废墟。

齐桓公认为经常这样救来救去也不是办法,就把邢国剩下的人都迁到夷仪,让他们避开狄人的威胁。邢人因此非常感激。

另一边,狄人在国际联盟的连续打击下也只好退走。中原北部的边患暂时得到解除。

齐桓公接连救援和帮助了几个小国,打退戎狄的入侵,保卫了中原不受侵犯,因此桓公更加受到中原诸侯们的拥护,其霸主的形象更加光芒万丈。

但也可以看到这个事实:齐国在这一系列扶危济困中除了获得形象的提升以外,并没有得到实质的好处。

表面风光之下隐含着齐桓公的一个失误——他太注重"仁义"的形象了,很少侵占别人的领土,除了几个极小的国家以外,他几乎没吞并过别的国家。这样固然可以赢得诸侯的尊重,但在跑马圈地的春秋时代,谁占的土地少谁就吃亏。在齐桓公的时代,齐国没有大肆扩张,到后来就再也没有机会了。所以齐国终于没能成为超级大国,霸权也无法长期保持。

对比隔壁臭不要脸的晋献公,差距就更加明显了。

唇亡齿寒

曲沃小宗历经三代人六十七年,弑杀五位国君,在曲沃武公这一代,终于夺下了晋国的君位。那是公元前六七八年，齐桓公召开九国会盟的那一年。

这之后晋国就开启了暴走模式，疯狂向外扩张。

当齐桓公一遍又一遍地召集诸侯会盟的时候，远方的晋国却很低调，从来不参与他们的这些聚会，只是闷声发大财，在众人的视线之外默默地跑马圈地。这样，齐桓公挣够了面子，便宜却都让晋国占了。

公元前六七七年，晋武公过世，他儿子晋献公登基。

献公继承了他老爹的执政方式，继续用曲沃一族冷酷嗜血的方式处理国内外事务。

首先就是在国内展开大屠杀。

曲沃以小宗的身份武装夺权，推翻了合法的大宗政府。他们害怕后人依样画葫芦，所以就对晋国王室的旁支展开了彻底的灭绝行动。

之前晋武公打败翼城的晋国政府的时候，已经把原来的晋国王室全部杀了个干净；现在的晋国王室都是曲沃小宗的后人，跟献公是近亲。

但这些人献公也不放过。

在登基八年之后，献公感到位子已经稳固，就突然发难，对曲沃小宗的众多亲属们挥舞起屠刀，很快就把他们也清理干净了。至此，晋国王室只剩下献公自己的直系亲属，"曲沃代翼"的大规模动乱再也不可能重演了。

晋国王室已经成为一个没有亲戚的家族，这就留下了巨大的权力真空。一个国家总得有一些贵族豪强来扶助君王，所以献公只能培养异姓贵族——也就是所谓的公卿贵族——来填补这个空缺。于是公卿贵族的势力越来越大，到后来甚至左右朝政，他们相互之间的攻讦也变得越来越激烈。此是后话。

再说那些被屠杀的"公子"们。他们基本无力反抗，只能尽量逃走，很多就逃到了旁边的西虢国。

西虢国就是前面多次提到的，对周王室特别忠诚的那个老牌诸侯国。虢国公世代都是周朝的卿士，跟周王室的关系非常密切，每一次王室有难，他们都带头冲在前面。

虢国跟晋国是老冤家。当年"二王并立"的时候虢公翰支持携王，晋文侯支持平王；后来晋文侯打到虢国去，杀了携王，才结束了"二王并立"的局面。曲沃小宗袭击晋国政府的时候，周天子多次派出虢公林父去支援晋国政府，他们一度把曲沃小宗打回了曲沃老家。所以晋国——现在是由曲沃小宗掌权的政府——一直记着这个仇。

这次虢国又收留晋国的逃亡公子们，甚至出兵帮助他们来打晋国，正是旧恨添新仇。献公暴跳如雷，想跟虢国来一场大战。大夫士蒍劝他："现在时机不成熟，我们等虢国发生内乱的时候再去打。"

就这样一直等了九年，虢国内部终于发生动乱。晋献公认为消灭虢国的时机到了。

但虢国和晋国中间隔着一个虞国。虢国和虞国唇齿相依，他们结成同盟抗击大国，要一次性把他们都打下来的话代价太高。大夫荀息就向献公建议：赠送厚礼给虞国公，让他借道给晋国去打虢国；等虢国打下来以后再打虞国。

晋国有两样国宝：屈地的名马和垂棘的宝玉。荀息建议用这两样礼物去贿赂虞国公。献公起初还舍不得，荀息劝他说："这些东西就当暂存在虞国那里，等打下虞国以后还不是要还给您啦？"献公才同意了。

虞国公是个见钱眼开的货色，收到财宝以后就想答应晋国。手下的人臣宫之奇劝谏说："虞国和虢国就像牙齿和嘴唇的关系，相互依靠，唇亡而齿寒。虢国一旦被消灭，虞国也就难以保住了。"

对于如此浅显的一个道理，虞国公竟然不相信，他坚持认为晋国跟虞国是同姓宗亲，不会威胁到虞国。所以他同意了借道的请求，甚至出兵跟晋国组成联军，共同攻打虢国。宫之奇只好带着全族人逃亡到国外。

公元前六五八年和公元前六五五年，晋国两次穿过虞国国土去攻打虢国。虢国失去了虞国的支持，同时还面临戎人的威胁，根本无法抵抗强大的晋军，所以很快就被消灭了。最后一任虢公逃到了周王那里去躲避，周王朝最重要的伙伴就这样消失在了历史长河里。

晋军在班师的路上经过虞国，他们趁虞国没有防备，顺手又把虞国给灭了：虞国统治阶层被一锅端，虞国公和大臣百里奚都做了晋军的俘虏，良马和美玉也回到了晋献公的手上。这就是"假途灭虢"之计，其中的虞国公成了见利忘义的典型人物，永远被后人嘲笑。

晋献公靠着翻脸不认人的做法，轻松地拔掉了两颗眼中钉。这一仗是他一生中的代表作，也清楚地展现了他的个人作风：只讲利益，不讲道义。这种作风在春秋时期很吃得开，献公也靠着这种高明而龌龊的手腕连续吞并了周围许多国家，史称"并国十七，服国三十八"。这个数量是恐怖的，甚至超过了同时期的楚国吞并的国家的数量。晋国在他手上国土迅猛扩张，终于膨胀成为超级大国。

到这时为止，春秋初期的跑马圈地运动基本结束——能吞并的小国都被吞并了，剩下的要么是大国，要么就是大国的小弟们，各国的疆域逐渐稳定下来。在这场一百多年的圈地大赛中，两个心狠手辣的大国——晋国和楚国——成了最大赢家。他们扩张的势力范围已经开始重合，两个超级大国的对峙即将拉开帷幕。

但要打击楚国，目前还轮不到晋国出手，齐桓公和他的小弟们早就不能忍了。

召陵之盟

这些年，南方的楚国一直摩拳擦掌的要侵入中原，自从拿下蔡国以后，郑国就成了他们的下一个目标。中原同盟国为了保郑国，跟楚国进行了多次拉锯战：你来打，我就救援；你一撤，我就走。楚国等援军撤走，回头又来打。这种猫捉老鼠的游戏玩了很多次，郑国的局势也一次比一次更加惊险。这样下去终归不是办法。

在打退了戎狄的进攻以后，中原北方的边患暂时解除，国际联盟就掉转头来开始啃楚国这块硬骨头。

公元前六五六年，齐桓公率领齐、鲁、宋、陈、卫、郑、许、曹八国组成的联军对蔡国发起大规模打击。

有一则小道消息描述了这次战争的起因。

蔡哀侯死后蔡穆侯继任蔡国国君，他把自己的妹妹——史书上叫蔡姬——嫁给了齐桓公。

有一次蔡姬跟齐桓公一起划船，蔡姬故意晃动游船。桓公不会游泳，有点害怕，叫她不要再晃了。蔡姬大概觉得这样撒娇很可爱，反而晃得更凶，故意要看桓公害怕的样子。桓公气急败坏，下船以后当场休了蔡姬，把她撵回了蔡国老家去。

蔡国那边，蔡穆侯也怒了，赌气就把蔡姬又嫁给了别人。

可是齐桓公跟蔡姬的婚姻并没有解除，这样一来，成了蔡姬"休"了齐桓公。齐桓公哪里忍得下这口气，于是发动多国部队攻打蔡国——蔡国是楚国的手下，打蔡国就必然要跟楚国正面冲突。

这个传闻不能不信，也不能全信。只能说，春秋时期的任何小事都可能引发战争，这不奇怪。但当时齐楚两国确实必有一战，齐国要打楚国，必定得先把蔡国这颗石头踢开，所以蔡国挨打这件事基本没法避免。

八国军队浩浩荡荡扑向蔡国。蔡国哪有能力抵挡，一触即溃，蔡穆侯也被联军活捉了。

前方就是楚国本土，但联军完全没有停下来的意思，继续向南推进，一路攻到楚国境内。

楚国有点懵，没想到中原联军这么直接的就来了："难道不该是我欺负你们的吗？"

当时的楚国国君是息夫人的儿子楚成王。成王派人去质问齐桓公："我们两国'风马牛不相及'，你为什么来侵略楚国？"

中原联军那边管仲出来回答："当年召公亲口对我们太公颁下王命'五侯九伯，汝实征之'，四海之内的诸侯有冒犯天子的我们就该管！你们不尊奉周天子，天子要你们进贡包茅，你们拖了多少年了？现在天子那边都没法滤酒了，祭祀也完不成，你说你们该不该罚？还有，当年我们周朝的昭王去你们那边，莫名其妙就失踪了，这个事情我们要好好谈谈。"

楚国使节听得一愣一愣的，心想你们敲锣打鼓全体出动就是来要包茅的吗？但还是认真地回答他："包茅这个事情是我们国家的错，下次我们记得给就是了。至于你们的昭王，喏，据说就是在那边河里淹死的，你去看看，说不定还找得到。"

使节回去汇报情况，成王一听就懂了：齐桓公自己也心虚呀，他不敢也不想真打，这次来就是讨个说法而已，就指望我们卖他个面子。

其实不止楚成王，全体诸侯都看出来了。管仲说的这一通都算什么理由？楚成王是什么人？楚国几代国王就他对周王室最客气，前几年他刚上台的时候就主动派人朝觐周王。周王还亲自赐下祭祀用的肉给他，说："大家好好相处，你在南方打谁都可以，别来我们北方闹事。"

所以事实上楚成王早就跟周王室讲和了！那个什么包茅，只怕周王自己都不想要。

至于昭王的事就更无厘头了，几百年前的事，诸侯们都懒得接话。

那么齐桓公为什么会抛出这样一堆可笑的理由呢？其实他就是要让楚王知道：他不诚心跟楚国干架！或者说，他只是来吵架的，你让他吵赢，他就回去了。

齐国这样的做法，背后却是难以言说的苦衷——中原联军的实力在楚国面前并不占优。齐国本质上只是一个经济大国，在冷兵器时代，经济实力并不保证能转化为军事实力。面对楚国这个武装到牙齿的军国主义国家，真要打起来，齐桓公自己心里都没底。

但他又不得不有所表示。楚国已经逼到中原核心部位来了，如果他假装没看见，那他这个盟主也就不必当了。

至于楚国这边，面对气势汹汹的八国联军，楚成王也不傻，他是个相当会算计的君王，他要的不是硬碰硬，而是四两拨千斤。跟中原打一仗可以，但不是在目前这个时候。这时候敌人同仇敌忾，气焰正胜，打他们不划算，要打他们以后有的是机会。何况齐桓公明确是想来和谈的，给他个面子他就退了，何乐而不为呢？

双方都探明了对方的底线，剩下的就是配合把这场戏演下去而已了。

中原联军继续进军，进逼到陉（xing）地。楚成王派屈完带兵过去挡住。双方对峙几个月，中原联军最后撤退到了召陵。

屈完去找中原联军谈判。齐桓公让军队把阵势列好，然后带着屈完乘车检阅军队。只见中原军队刀枪林立，气象森严。

齐桓公说："先生请看，我们这样的军队如果去征战，天下谁人能挡？如果去攻城，哪座城池能守住？"

屈完拱手回答："大王如果以德行服天下，天下谁敢不服？如果以武力服天下，我们楚国把方城山当作城墙，把汉水当作护城河，大王的军威再强，我们也不怕。"

这个回答是典型的华夏民族的思维，说明这时的楚国的确受中原文化影响很深了。

中原联军就在召陵和屈完订立盟约，规定楚国继续进贡包茅给周王。联军宣布自己大获全胜，推着一车包茅就回去了。这次事件史称"召陵之盟"。

春秋前期最大的一次军事对峙以和平方式收场。齐桓公尽到了盟主的义务，保住了中原各国的面子；但他完全没能阻挡楚国北侵的脚步，算是输了半子。这次真正的收获反而是降服了蔡国。

蔡穆侯被绑过来跪着说话。齐桓公开始怒气还没消，喊打喊杀。诸侯们纷纷劝解，齐桓公也就找个台阶下，放蔡穆侯回去了。

九合诸侯，一匡天下

诸侯们刚刚回到自己国内，就听说周王室又遇到兄弟争位的问题。

惠王有两个儿子：王子郑和王子带。王子郑已经被立为太子，周惠王却想废掉他，改立王子带为太子。

废长立幼，取乱之道。诸侯们都担心周王室又来一次动乱，就想尽量帮忙巩固王子郑的地位。于是由齐国提议，在首止举行会盟，点名要王子郑来参加。

惠王看到诸侯们态度如此明确，没办法，也就只好打消了换太子的念头。

过了几年，惠王去世。齐桓公牵头，各国在洮（táo）地共同拥立王子郑继位。是为周襄王。

齐桓公有拥立之功，所以受到襄王特别高的礼遇。

第二年齐桓公召集诸侯在葵丘会盟。襄王派周公与会，赏赐祭肉、彤弓彤矢和天子车马三件礼物给桓公，并且特地恩准他接受礼物的时候可以不用下拜：这是当着天下诸侯的面指定桓公为霸主。桓公的霸主地位有了官方认证，含金量十足。

这次盟会最大的成就是发布了各国共同遵守的国际公约。公约大概的内容包括不要抢夺水资源、不要阻碍粮食交易、不要轻易废掉太子、不要让妾室取代正妻等，基本总结了当时各国最惨痛的经验教训，希望以后各国都能避免这些错误。

葵丘盟约在春秋历史上有非常重要的地位，因为这个盟约的存在，春秋时代才有了文明的一面，而不仅仅是战争和杀戮。更进一步说，在全人类普遍处于野蛮阶段的时候，葵丘会盟把华夏带到了当时人类文明的最顶端。

齐桓公一生举行了多次诸侯会盟，号称"兵车之会三，乘车之会六，九合诸侯，一匡天下"（实际上齐桓公组织的会盟不止九次，号称"九次"只是古人常用的表达方式）。到葵丘会盟，桓公达到了霸业的最高峰。

他带头尊奉周王，使周王室表面上受到尊敬；他团结中原诸侯共同抗击外敌，帮助战乱的诸侯国恢复秩序；他尊崇传统礼仪，讲究"仁义"，以诚信待人。所有这些，都完美符合后世儒家对于"圣主明君"的想象，所以齐桓公得到了儒家的高度推崇。孔子赞美"齐桓公正而不谲"，就是说齐桓公是靠正直、正义得来的霸主身份。

但我们也可以看到，有很多事情齐桓公做得并不好，甚至根本没有做。在他称霸的时期，邢、卫亡国；郑、蔡、宋被反复抽打；晋、楚四处吞并小国；周王甚至被赶出京城；还有很多国家都发生了内乱，他无心或者无力阻止。而最大的缺憾是，他没能挡住楚国北上侵略中原的步伐。

那么对于那些弱小的国家来说，这个霸主的作用在哪里？

特别是看到齐桓公一遍又一遍地跟小弟们召开胜利大会，觥筹交错庆祝自己治下的太平盛世的时候，诸侯们心里就更会有想法了。

转折点就在不经意间出现。

在周襄王奖赏齐桓公的那一年秋天，桓公又发起了第二次葵丘会盟。这次略微有点尴尬。

这次会盟，本来第一大国晋国也要参加的。但晋献公半路生病，耽误了行程。他们还没走到葵丘的时候，就遇到周朝派去参加大会的宰孔。宰孔刚参加完葵丘会盟回来，见到晋献公就跟他说：齐桓公现在狂上天去了，只想着到处去打仗，不修德政，诸侯们普遍都有意见，我看这个会盟您也不要去参加了。

晋献公听到这话就回去了——中原两大国共同会盟的壮观景象终于没有出现。

不管宰孔这番话是不是夹带私货，至少说明周王室背地里对齐桓公是有想法的。齐桓公的中原联盟实际上已经出现了裂痕。

而且宰孔这番话很有可能代表了当时很多诸侯的看法。当时的齐桓公确实已经狂得不成样子，他对管仲说："我一生南征北战，九合诸侯，一匡天下，即使夏、商、周三代的帝王也不过如此吧？所以呢，寡人想去泰山封禅！"

管仲一听差点从座位上跌下来。"去泰山封禅"，这等于是公开宣布自己是天子了！比楚国称王还过分。桓公这是要搞大新闻吗？

他知道无论怎么劝桓公都不会听，只好编个理由："大王，要封禅可以，但按规矩，得先有天降祥瑞才可以，比如出个凤凰、麒麟什么的。大王您可以等等，说不定过段时间就有了。"

于是"封禅"这个事就这样黄了。

齐桓公正逐渐变得昏庸，齐国的霸权正在悄悄衰落……

齐国霸权衰落

挑战齐国霸权的还是楚国。

召陵之盟，中原各国表面上让楚国服软，签订了所谓的和平协议。但楚国其实一点都没被吓到，他们看清楚了中原同盟内心虚弱的一面。同盟军刚走，楚国就恢复了以前的策略，继续向中原渗透。

在召陵之盟的第二年，中原各国在首止会盟的时候，楚国出兵轻松灭掉弦国，一点都没给齐桓公面子。

而且首止会盟上还出了点状况：周惠王对齐桓公支持王子郑很不高兴，就挑唆郑国，搞得郑国国君在大会开到一半的时候就逃走了。

郑国的背叛对齐桓公来说是当胸一拳，让他更加没面子。所以第二年同盟军就去攻打郑国，包围了郑国的城池。

这时候的郑国地位很尴尬。郑国夹在齐楚两大强国中间，两大国都认为他是自己的小弟，都在怪罪郑国不听自己的话。

所以当齐国打郑国的时候，楚国就去救援；楚国打郑国的时候，齐国就去救援。

郑国内心当然是崩溃的。但是国小力弱有什么办法呢？

这次轮到楚国来救援。他们不肯跟盟军硬杠，就采取迂回战术，去进攻许国——许国也是中原同盟之一。盟军没办法，只好放过郑国去救援许国。盟军到许国的时候，楚国已经撤退了。

这说明猫捉老鼠的游戏还在继续进行，中原同盟跟楚国签的和平协议完全是废纸一张。

但楚成王精明得很。他虽然撤退，却只退了一半就停下来了；军队驻扎在武城，虎视眈眈。这让盟军追也不是，退也不是，就这么耗着。

耗到那年冬天，许国终于扛不住了。许僖公让蔡穆侯带队，自己嘴里叼块玉，反绑双手，后面跟着两个大臣——一个穿着孝服，一个扛着棺材——就这样到武城去，跪求成王原谅。

成王很奇怪地问大臣逢伯这是什么礼节。逢伯回答说：这是以前商朝灭亡的时候，微子启向周武王投降的礼节。当时武王亲手解开微子启的绑缚，接下他嘴里的玉璧，把他身后的棺材拿去烧了，这样就表示接受了他的投降。最后武王释放了微子启。

许僖公这样做有一个很狡猾的考虑：楚国不是一直闹着要跟周天子并列吗？他用微子启跪拜周武王的礼节，就是把楚成王比成了周武王。这个马屁拍得刚刚好，成王当然高兴。

所以楚成王就照着逢伯说的做，释放了许僖公。许国就这样被楚国收服了。

齐国那边，仍然认准了郑国打；郑国招架不住只好投降，跟齐国签订了盟约。郑国又一次投入齐国的怀抱。

郑国一倒，许国也动摇了，又跟齐国好起来。郑许两国都参加了随后的葵丘之盟，又不理楚国了。

这样兜兜转转一圈，又回到原地，齐楚还是打成平手。

齐楚两个大国像有默契一样，始终不照面，都靠打对方的小弟来扬威。一时之间，中原南部到淮泗地区闹得鸡飞狗跳，那一堆小国都遭了殃。

郑许两国只是一个缩影，代表了所有小国无奈的处境。

楚国眼看在郑国这个方向占不到便宜，便采取迂回战术，向东推进。楚国稳扎稳打，步步为营，在随后的几年中一举拿下了黄国、江国、英国。这一系列的胜利，齐国竟然来不及救援，到后来再去救的时候已经太迟了，根本赶不走楚国。

楚国一点都没有停下来的意思。

公元前六四五年，楚国进攻徐国，这时楚国的势力范围已经向东推进很远了。中原诸侯们又在牡丘会盟，八个国家共同救援徐国，但齐桓公的控制力已经大幅下降，各国出工不出力，僵持了四个月都没能打退楚军。

同盟国只好迂回到楚国的大后方，去打楚国的小弟厉国，希望这样可以迫使楚国退兵。

这个思路是对的，但诸侯们实在是离心离德。同盟国中的宋国——万年搅屎棍——居然趁另一个成员国曹国内部空虚，去偷袭他。这导致了同盟国内部矛盾公开化，无法再合作。结果楚国大获全胜，成功拿下徐国。

正当盛年的楚成王节节胜利，齐桓公却已经垂垂老矣，霸权不再。

齐桓公的昏庸晚年

晚年的齐桓公开始宠信三个著名的奸臣：易牙、开方、竖刁。

关于这三个奸臣，民间传说描绘得活灵活现。

据说易牙是齐国最有名的厨师，他做的美味佳肴天下闻名。有一次桓公对下人说："寡人尝尽天下美味，唯独没吃过人肉，未免有些遗憾。"易牙听说以后就把这事记在心里。过了没多久，在一次宴会上，桓公尝到一道肉羹，鲜美异常，跟以前吃的都不一样，就问这是什么肉做的。易牙跪下说：

"这是用微臣四岁儿子的肉做的。"桓公吃了一惊,但又很感动——原来他为了让我开心竟肯杀掉自己的儿子,从此更加宠信易牙。

开方本来是卫懿公的儿子。当年齐桓公带兵打卫懿公的时候,开方主动归降,表示自己是桓公的超级粉丝,愿意去齐国侍奉他。到了齐国以后,他果然像个奴才一样侍奉桓公,完全忘记了自己的公子身份。他的母亲一个孤老太婆自己在卫国生活,他却从来不回去看一次。桓公也很感动,对他委以重任,甚至让他掌握军权。

竖刁据说是齐桓公的娈童。因为这种身份,他需要经常出入后宫,但又怕外人说他跟妃子们有奸情,于是他一咬牙就自宫了,变成了太监去侍奉桓公。桓公对他也是特别宠信,整天留在身边,据说还过继了一个儿子给他。

这三人在齐国民间都是臭名昭著的人物,但桓公却提拔他们当高官,大家敢怒不敢言。

公元前六四五年的一天,管仲病重。

桓公亲自去看望他,问他:"以后可以用谁为相?"

管仲回答:"大王自己清楚,何必问我。"

桓公只好挑明了问:"易牙怎么样?"

管仲回答:"杀死自己的儿子来讨好君王,没有人性,这样的人不合适。"

桓公又问:"开方怎么样?"

管仲回答:"背弃自己的亲人来讨好君王,没有人性,这样的人不能接近。"

桓公又问:"竖刁怎么样?"

管仲回答:"残害自己的身体来讨好君王,没有人性,这样的人不能亲近。"

桓公无言以对,他的身边已经只剩下这样"没有人性"的人了。

管仲最后说:"这三个都是小人,希望大王不要亲近他们。如果要选人来继承我的位置的话,我推荐隰(xí)朋。"

管仲随后病故,齐国最大的支柱倒了。

桓公答应了管仲的请求,立隰朋为相,短暂地疏远了那三个小人。但不久以后隰朋也死了——这似乎有点耐人寻味。桓公重新起用了三个小人。

从此以后,齐国的国政无可挽回地滑向了深渊……

我们先暂时抛开齐国这一堆烂摊子,说说其他国家的情况吧。

公元前六四三年的一天,下人向桓公报告:"晋国公子重耳求见。"

桓公有些惊讶:这个著名的人物竟然来齐国了。于是他急忙让下人召重耳进来。

重耳进入大殿拜见齐桓公。桓公仔细打量他,见他果然仪表堂堂,气度不凡,就问他为什么来齐国。

重耳于是讲述了这些年他流亡国外的经历……

第九章　公子流亡记

骊姬乱政

晋献公的家庭很庞大。

他当太子的时候就跟父亲的姬妾齐姜私通。齐姜是齐桓公的女儿——他们这个家族的女儿真是一言难尽。

齐姜生了一儿一女：申生和穆姬。

献公跟齐姜也算真爱。父亲死后，他就立齐姜为夫人，立申生为太子。

齐姜死得早，后来献公又从戎人的部落里面娶了两个女人，她们分别生了重耳、夷吾。

再后来，献公去讨伐骊戎——另一支戎人的部落。献公战胜以后，戎人献给他两个美女，是姐妹俩——姐姐叫骊姬，生下奚齐；妹妹生了卓子。

献公总共有八个儿子，其中著名的就是这五个：申生、重耳、夷吾、奚齐、卓子。

骊姬妖艳妩媚，很受献公宠爱。所以献公把她提拔为夫人，对奚齐也就格外喜爱，渐渐的就有了立奚齐为太子的想法。

但这里有个很大的问题：

献公娶骊姬的时候年纪已经大了，所以奚齐和卓子跟三个哥哥的年龄差距很大。

当三个公子四处征战为国立功的时候，奚齐和卓子都还是小孩子。

三个公子在朝廷里面有很高的人气，各自都培养了自己的一帮死党。而奚齐根本就没有自己的政治势力。

献公和骊姬想要立奚齐，首先就受到朝廷百官的严重阻碍。更何况，在人们的心中，废长立幼本来就是不合规定的。

按照传统，这种时候该让女人背黑锅了。

所以史书上就绘声绘色地描述了骊姬这个妖女用奸计夺权的整个过程——

据说骊姬成天都想着如何把奚齐扶上太子之位，所以想尽办法陷害太子申生。

第一步就是要把三个公子调离权力中心。她勾结了晋献公的两个佞臣——梁五和东关嬖五，让他们去对献公说："曲沃是晋国宗庙的所在地，蒲邑和屈邑是边陲重镇，必须派大王最信得过的人去镇守。三个公子最合适了。"

献公听信了他们的话，派太子申生去管理曲沃，让重耳和夷吾分别管理蒲邑和屈邑。其中，蒲邑靠近秦国，屈邑靠近翟国。

后来其他公子也被陆续调走了，只剩下奚齐和卓子留在首都绛城。

公子们离开权力中心以后，难以跟朝臣沟通，就无法借助朝中的力量了。

朝臣里面最重要的是里克。他是申生一党的主力成员，一直坚持保申生的太子位。

而骊姬则继续在献公身边吹耳旁风。

不久以后，献公把晋国的军队分成上下两军，他自己统领上军，让申生统领下军。申生率领军队四处征讨，立下了赫赫战功。献公嘉奖他，把他封为上卿，又派人帮他在曲沃筑城。

当时就有人对太子说："大王把你推到了人臣的最高位置，以后还怎么立你当君王呢？这明显是不想让你继承君位了。你不如现在就逃出国去，还留下一个好名声。"

申生没有听他的，继续留在国内。

骊姬一直在想尽办法诋毁申生，但表面上却一直夸他贤德。

有一次，献公跟骊姬谈到想要废掉太子。骊姬听了立即跪下哭诉："大王明鉴！申生屡立军功，百姓都很喜欢他。现在人人都知道他将要继承君位，如果废了他，贱妾岂不受天下人唾骂？如果大王坚持要废太子，贱妾情愿自尽以谏大王！"

献公赶忙扶起她，说："爱姬言重了！"

骊姬私下的活动一刻不停。献公受到骊姬等人的蛊惑，越来越不喜欢太子。

后来献公又命令申生去讨伐东山皋（gāo）落氏。里克看到这个情况，就去献公那边刺探口风。

他对献公说："按照古人的说法，太子又被称作冢子，他的职责是照看宗庙社稷，在外则抚军；在内则监国。至于带兵打仗，这是大王和大臣们的事，让太子去不合适。"

献公回答他："我那么多儿子，我还没想好让谁继位呢。"

里克听了这话，什么都不说，默默地退出去了。

申生在外边等着，看到里克出来赶紧上去问："大王怎么说？我要被废掉了吗？"

里克若无其事地说："哪里的话？做儿子的最该担心的是自己不够孝顺，哪有担心不能继承君位的？公子回去，好好提高自己的德行就是了，不要乱想其他的。"

从这以后，里克就开始暗暗地疏远申生。申生去讨伐皋落氏，他也装病不去。

看到申生渐渐被人孤立，骊姬觉得下手的时机到了。

公元前六五六年的一天，骊姬暗中派人到曲沃，对申生说："大王前几天梦到了你的母亲齐姜。你最好尽快在曲沃祭祀你的母亲，然后把祭肉拿回来献给大王。"

申生听后果然照着做，亲自把祭肉送到绛城给献公吃。那天献公正好要出去打猎，把祭肉放在宫里，骊姬就派人暗暗地在肉里下毒。

两天以后，献公打猎回来，厨子献上烹好的祭肉。献公刚想吃，骊姬在旁边说："等等！大王，这肉是宫外送来的，为保险起见，还是先验一下再吃。"

于是把肉扔到地上,地上很快冒出白烟;扔了一块肉给狗吃,狗吃了几口就口吐白沫倒地死了。周围的人都吓得脸色骤变。

骊姬捶胸顿足地大哭:"天啦,天下竟有这种事!太子为了夺位竟然想杀掉自己的父亲!大王年纪大了,过几年王位不就是他的吗?何必着急成这样?我知道了,太子这样做都是因为看不惯我们母子俩,大王还是赶紧把我们母子赶出国去吧;要不您就杀了我们,免得我们落到太子的手上!我还一直替他说话,原来是我看错了人!"

献公气得浑身发抖,当即就杀了申生的老师,又派人捉拿申生。申生在外面听到这件事,赶紧逃回了曲沃。

曲沃的人劝太子申生:"这一切都是骊姬在捣鬼,太子你赶快去向国君分辩。"

申生回答说:"父亲年老了,一刻也离不开骊姬;如果闹起来,废了骊姬,父亲一定会很伤心。还是让我来担这个罪责吧。"

下人又说:"要不您逃到国外去?"

申生说:"我担着谋害父亲的罪名,哪个国家肯收留我?不用多说了。"

他已经完全放弃了抵抗。

绛城那边很快降下御旨——赐死太子!申生被迫在曲沃自尽身亡。

不久以后,奚齐被立为太子——骊姬终于达到了自己的目的。

中国的史官一向惜墨如金,他们可以用几个字记录一件重大的历史事件,然而所有史书都不惜花费极大的篇幅讲述骊姬乱国的故事。《国语》甚至详细描述了骊姬跟奸臣私下谋划诽谤太子的过程,每一句话都记得清清楚楚——他们不会去追究当时是谁站在旁边记录下的这些内容。

这让我们后人读史的时候很困惑,因为分不清哪些记录才是真实的。

中国史官这样的态度,是一个很大的遗憾。

回到现实中来。公元前六五六年冬天,申生自杀,骊姬和奚齐母子在后宫争位中胜出。

这个结果极有可能是晋献公自己的意思。从把三个公子调出京城开始,献公就在极力削弱三公子的权力,一直到最后时机成熟,逼太子自杀。这一系列的组合拳都是明显有计划的。

另一边，从骊姬的角度来说，她也情有可原。后宫争位本来就是你死我活的残酷斗争，而且她是晋献公名正言顺的大老婆，为自己的儿子谋一个继承人的位置合情合理。如果她手软了，让申生成功继位，她们母子的性命都未必保得住。

所有一切悲剧的根源还是在于前面提到过的：奚齐的年龄太小了。

献公必须杀掉或者赶走几个成年的儿子，才能保证这个小儿子坐稳王位，不然他不放心。

献公并不昏庸，他精得很。

当然后来事态的发展超出了献公的预期，这是没办法的。

流亡公子

太子申生自杀的时候，重耳和夷吾都在绛城，他们一听到这个消息就全都明白了。两人夺路而逃，火速赶回自己的封地蒲邑和屈邑，分别调集自己的势力严密防守，准备对抗来自绛城的打击。

晋献公已经下定决心，两个公子必须除掉！

绛城的杀手小组随后就到，为首的是宦官勃鞮（bó dī）。重耳这边还没准备好，来不及了！他想冲出去，可是宅院已经被军士重重包围，只能冲到后院翻墙逃出去。勃鞮提剑追了上来，赶到墙边，却只砍下重耳的一截衣袖。

屈邑那边也正被围攻，但夷吾他们的军力更强大，一时间竟挡住了政府军的进攻。

重耳最后逃到了翟国，那是他和夷吾的母亲的祖国。

献公听到两位公子抗命的消息，怒不可遏，发动大军去攻打屈邑。屈邑再硬也扛不住，终于被击溃了，百姓四散逃难。

夷吾也想逃到翟国去。他手下的大臣郤芮（xì ruì）阻止说："重耳已经在翟国，如果你又去，晋国肯定发兵打翟国，翟国是挡不住晋国军队的。我们不如到梁国去，梁国挨着秦国，等献公去世以后，你可以请求秦国送你回来即位。"

夷吾认为他说的有道理，于是带着他们逃到了梁国。

当初献公把两个公子支到遥远的边疆城邑，本来是为了孤立他们，却没想到方便他们关键时刻逃跑。

献公没有一次性把三个公子一网打尽是重大失误；或许他怕三个公子的支持者联合起来造反，想各个击破，但这却给了重耳和夷吾逃走的时间。

这样奚齐的位置就坐不稳。晋国的动乱就还没结束，但献公和骊姬已经没办法了，他们已经为奚齐做了自己能做的一切。

重耳逃走的时候也带走了一批下属，总共几十人，其中重要的是这几个人：狐毛、狐偃（yǎn）、赵衰（cuī）、先轸（zhěn）、胥（xū）臣、颠颉（jié）、魏犨（chōu）、介子推。

这些都是他几十年笼络来的人才，是晋国的精英，非常有能力。

其中的狐毛和狐偃都是重耳的舅舅，也是从翟国出来的；

赵衰、胥臣、介子推是谋士；

先轸是元帅；

颠颉、魏犨是猛将。

这一行人一起逃到翟国。当时要收留重耳是要有足够勇气的，翟国因为是重耳的姥姥家，才冒着巨大的危险收留了他们。

两年以后，晋国军队来捉拿重耳，翟国拼死抵抗。晋军没占到便宜，只好撤走。

这样重耳算暂时安全了，就在翟国常住了下去。

有一次翟国军队攻打一个叫廧咎如（qiáng gāo rú）的赤狄部落（翟国自己也是狄人，属于白狄），俘虏了他们族长的两个女儿——叔隗（kuí）、季隗，就把季隗嫁给了重耳，把叔隗嫁给赵衰。后来叔隗生了一个儿子叫赵盾，赵盾对晋国历史有重大影响。

公元前六五一年，晋献公病重。他知道大臣里面能完全忠于他的只有荀息（就是向献公献计，假途灭虢的那人），就召荀息到床前，对荀息说："奚齐还年幼，大臣们恐怕不会服他，以后只怕有祸乱。你能辅佐他吗？"

荀息回答："能。"

献公又问:"怎么保证呢?"

荀息回答:"即使您死而复生,我也敢毫不惭愧地面对您。"

献公于是让荀息当国相,把奚齐托付给他,然后就过世了。

荀息拥立奚齐继任国君,这时奚齐才十四岁。主少国疑,孤儿寡母独自面对居心叵测的文武百官们,不禁心下惴惴。

献公当年大杀晋室宗亲的报应终于来了!

晋国王室的旁支公子们早都被杀了个干净,没有人制衡朝廷百官的力量。朝廷里面大多是三个公子的同党,对骊姬母子根本不服;荀息又是个文臣,没有军权,只靠他一个人哪里镇得住群臣?

里克心内窃喜,对于申生被杀这件事,他一直耿耿于怀,心里恨极了骊姬母子。他压抑了这么多年,现在终于可以报仇了。

他拉拢了朝廷里面的许多官员,暗中策划迎接重耳回国即位,并且当面威胁荀息。荀息很坚定地回复他"有死而已"。

荀息也感到危险迫近,他以极快的速度更换军队统帅,把骊姬一派的人安插进去,想通过这种方式扭转双方力量对比。

但里克下手比他更快——武将的作风,干脆果断。在献公的葬礼上,里克安排杀手杀死了奚齐。这时候奚齐可能连登基典礼都还没举行,他的死直接断了骊姬一派的希望,更不给荀息准备的时间。

荀息悲痛欲绝,想自杀。有人提醒他:卓子还在,可以立卓子。于是他跟骊姬一起拥立卓子即位。

但卓子年纪更小,可能才几岁,更加不可能压住群臣。

里克不依不饶,马上又在朝堂上杀死了卓子,然后抓住骊姬,把她用鞭子活活抽死。骊姬一党顿时土崩瓦解。

荀息毕竟是文弱书生,哪里见过这个阵势,他连反抗的勇气都没有,只好自杀殉国。

晋献公多年精心布局的结果,两个月之内就被里克他们暴力破解了。他一生用尽阴谋诡计,灭了几十个国家,哪想到自己死后老婆孩子被人欺负成这样。

朝中大臣们多数拥护重耳,他们派人去翟国迎接重耳回国继位。

重耳是个谨慎的人，晋国国内的血腥政变让他嗅到了危险的气息，他决定先等等看再说，于是哭丧着脸回复群臣："我得罪了父亲才被迫逃出来，父亲死了我又没能参加葬礼，我哪里还有脸面回去？你们找别的公子吧！"

群臣只好又去找夷吾。夷吾大喜，马上想回去。他手下的吕省、郤芮劝他："危险！小心上了贼船。最好去求秦国，借大国之威，让秦国送你回去，这样国内就没人敢针对你了。"

这个提议非常有远见，夷吾便派人带着重礼去求见秦穆公，向秦穆公许诺说："如果回去能顺利当上国君，就把河西地区割让给秦国。"

为什么要去求秦国呢？因为申生有一个同母姐姐嫁给了秦穆公，就是前面提到过的穆姬，所以秦穆公是夷吾和重耳的姐夫。

夷吾同时还带信给里克说："如果我真的成功继位，就把汾阳这座城封给您。"因此里克也被收买了。

秦穆公是有雄才大略的君王，有这么好的机会干涉晋国内政他当然乐意，于是就派军队护送夷吾回国继位。

正好齐桓公那边听说晋国发生了内乱，也带领同盟军来晋国干涉。秦齐两大国在晋国碰头。里克他们再大胆也不敢乱来，国际联军共同把夷吾扶上君位。是为晋惠公。

另一边，重耳错过了一次绝好的机会，被迫继续他的流亡生涯。

这一仗，夷吾完胜重耳。

另外，在这一系列的变乱中，秦国也成为赢家之一。他们终于实现了扶立晋国国君的计划，从此开始强势介入中原事务……

求贤若渴的秦穆公

在整个春秋早期，秦国都在遥远的西方埋头建设自己的国家，跟东部的诸侯国们很少有交集，更不会参与什么会盟。

他们避开了东部连年不断的、毫无意义的战争，把精力都用来对付西戎，步步为营，逐渐扩大自己的领土。

如今，他们扩张的主方向是在东方。

他们向东扩张，遇到了同时期也在急速扩张的晋国，两个大国不可避免地撞到一起。早在秦宣公和晋献公的时期，两国就打过一仗，秦国获胜。这场战役可能规模不大，没有改变整体格局。

两国争夺的焦点在河西地区，这是两国中间的战略要地，这一地区有翟国、梁国、芮国三个小国。

晋献公通过和亲等手段对三个小国又拉又打，迫使他们倒向晋国。所以在河西地区晋国的势力占优。

另外就是黄河九曲之地的崤函通道，这里是秦国通向中原的唯一道路，相当于秦国的生命线。

虢国和虞国就在崤函通道的位置，所以晋献公发狠，不顾国际道义，用"假途灭虢"之计，一次性把两个小国吞并了，把崤函通道纳入晋国版图，封死了秦国东进的道路。这一招对秦国的杀伤力特别大。

秦穆公继位以后，继续把东进作为基本国策，费尽心机破解晋国的封锁。他一方面娶了晋献公的大女儿为夫人，一方面上任伊始就在河曲地区跟晋国打了一仗，试探一下兵力——又拉又打，试图找到晋国的破绽。

但秦国自身的力量还很薄弱，跟晋国玩得很吃力。

他们最大的问题是缺少人才。

自从周王室东迁以后，精英阶层都移居到了东部，关中地区瞬间沦为蛮荒之地。秦人常年跟戎人杂居在一起，武力值爆表，文化水平却很低，基本上算一群半野蛮人。

秦国跟西边的戎人打了一百多年，等转身向东进的时候，才发觉中原地区是一个这么先进的世界，才发现原来世界上还有那么多先进的思想和文化。

秦国要参与中原的角逐，必须先引入中原地区的治国理念，把秦国打造成一个进步的国家。秦国本地的人才根本不能胜任。所以秦穆公一直想从东部国家召集贤才，但找了很久都没找到合适的。

《列子》里面记录了秦穆公向伯乐求贤的寓言故事：

传说伯乐最善于相马，在他老的时候，秦穆公问他："先生年事已高，您的家族中还有善于相马的人吗？"

伯乐说:"我的儿子们才能都一般,识别不出千里马。不过我认识一个叫九方皋的人,他的才能不在我之下。"

穆公就把九方皋找来,让他去寻找千里马。

三天以后他就回来说:"找到了,是一匹黄色的母马。"

穆公让人去把马牵来,下人却报告说,是一匹黑色的公马。

穆公很不高兴,对伯乐说:"你推荐的人是什么眼神?马的颜色、公母都分不清,你确信他能识别马的好坏?"

伯乐说:"这正是九方皋比我厉害的地方啊!他相马只看到精微之处,而忽略了粗略的地方;只看到内在而忽略了外表。他才是真正有慧眼的人呀。"

把马牵来了以后,穆公一试,这匹马果然是天下少有的良马。

看来穆公求贤若渴的名声实在太响亮了,以至于人们都编了这样的故事出来。

不过这个故事却说明了识别贤才的要点所在:不拘一格,只关注他身上真正对国家有用的特质,对于其他方面不要太在意。

穆公依靠这个法则去找贤才,还真找来了几个天下奇才。

晋献公的女儿嫁给秦穆公的时候,有个陪嫁的奴隶半路逃掉了。这本来不算什么大事,一般人也懒得去找。不过有人告诉穆公:这个奴隶叫百里奚,他以前是虞国的大夫,有安邦定国之才。穆公眼前一亮……

百里奚,五羊皮

百里奚是齐国贵族后裔,年轻时家里很穷,他独自出去谋生,游历过很多国家,对东部各国的风土人情、山川地理都比较了解。

长期在民间流亡的经历,使百里奚充分感受到民生疾苦,了解到社会真实的状况——这是那些养尊处优的达官贵人们做不到的。

在齐国的时候,他穷到沿街乞讨,一个叫蹇(jiǎn)叔的人收留了他。蹇叔是齐国王室之后,独自在乡下隐居,才能不输于百里奚,而且特别有眼光。

当时百里奚听说公孙无知夺到君位,就想去在他手下谋一个职位。蹇叔制止他说：公孙无知的位子坐不长久。百里奚就没去。过了没多久，雍廪发动叛乱杀了公孙无知，公孙无知的党羽被清除得一个不剩，百里奚侥幸躲过了这一劫。

后来百里奚听说周朝的王子颓喜欢养牛，就去那边谋到一个牧牛的差事。他干得很卖力，王子颓非常赏识他，想提拔他当手下。百里奚欢天喜地地要答应，这时又是蹇叔制止了他，说王子颓靠不住，别跟着他。百里奚就离开了那里。不久以后王子颓果然作乱被杀，百里奚又躲过一劫。

再后来百里奚辗转来到虞国，被聘为大夫。蹇叔又阻止他，说虞国公不是合适的主人。百里奚觉得自己这么大年纪还没有成就，实在等不及了，就不听蹇叔的，在虞国开始了他的仕途。

但虞国公昏庸无能，听不进忠言，没多久就中了晋献公的奸计，惨遭灭国。百里奚和虞国公都成了晋国的俘虏。

晋国有意要羞辱亡国之臣，把百里奚贬为奴隶。不久之后，晋国公主嫁给秦穆公，就把百里奚作为陪嫁奴隶之一送到秦国去。

凤凰被关进鸡窝，这对百里奚而言是极大的耻辱。他不甘心就这样沉沦，在送亲的路上趁人不注意偷跑了出来。

这时候他已经七十多岁了，无家可归。他跑到宛邑，被楚国边境巡逻的军队捉住，并解送到楚成王面前。楚成王听说他会牧牛，就问他养牛有什么诀窍。

百里奚回答："时其食，恤其力，心与牛而为一。"其实这里面暗含的是治国的理念，要体恤民情、爱惜民力，时刻与民众站在一起。他希望这样的回答能够让楚成王听出自己的治国之才。

楚成王却没听懂，只是说："这方法不错，这样养马也可以吧？"就把百里奚派去替自己养马。

但秦穆公手下的公孙支却知道百里奚的才能，就跟穆公建议说："这人正是大王要找的贤才，可以把他召来。"

楚国当然不希望送个人才给秦国。秦国直接要人的话怕引起楚国怀疑，给楚国钱更不行，报酬越高楚国越会怀疑。秦国可能受了齐桓公召管仲的启发，就对楚国说："我们有个陪嫁的奴隶偷跑了，我们用五张羊皮把他换回来，怎么样？"

这样一件小事楚国当然不在意，随手就把百里奚送给了秦国——"五羖（gǔ）大夫"的称号就是这么来的。

百里奚到秦国以后，秦穆公亲手为他解开枷锁，扶他到座位上，向他请教治理国家的方略。

百里奚说："我是亡国之臣，有什么脸谈论国家大事。"

穆公说："那是因为虞公昏庸无能，不肯听您的话，不是先生您的错。"

百里奚于是与穆公谈论治国之策，谈了三天三夜。穆公极为满意，当即任他为相。

百里奚正是穆公要找的那种人：在东方先进国家做过官，了解东方各国的国情，可以把最先进的治国理念引入秦国，把秦国打造成一个可以跟晋国抗衡的现代化国家。

百里奚又推荐蹇叔给穆公。穆公马上让人去把蹇叔请来，与百里奚共同辅佐自己，又把他们两人的儿子也召了来，任命为将领。

从此以后，百里奚为左庶长，蹇叔为右庶长。穆公的手下终于有了可以用的人才。

也只有秦国这样的环境，穆公这样的君王，才能不问出身、不看地位，只依据才能而任用人才。这样的做法被后来的秦国延续了下去，成为他们的传统。所以秦国一直在源源不断地从其他国家吸收人才，后来很多改变秦国历史的重要人物都是从国外引进的。在这个方面，秦国完全胜过了其他国家。

百里奚是草根逆袭的典范，在民间的人气特别高。关于他的民间传说最有名的是"百里认妻"的故事——

传说百里奚年轻的时候穷困潦倒，三十多岁了还一事无成，他想去外面闯荡一番，又放心不下家里的老婆孩子。

他的妻子杜氏就对他说："好男儿志在四方，你整天待在家里能有什么出息呢？"百里奚就决定出去谋生。

临走的那一天，妻子给他送行，把家里唯一的一只老母鸡杀了；要煮的时候，没有柴火，只好把大门上的门闩拆下来当柴烧。

妻子抱着儿子送他出门，说："以后富贵别忘了我们。"两人依依不舍地告别了。

百里奚辗转流亡了很多国家，到七十多岁的时候终于在秦国被拜为上大夫，总算功成名就。

但他真的忘了老婆孩子，没有再回去找他们。

杜氏生活艰难，跟儿子一起流亡到秦国。她听说秦国新拜的大夫叫百里奚，怀疑可能就是自己的丈夫，她想去看一下试试，就想办法到百里奚的府里谋了一个洗衣妇的职位。

有一次百里奚举办宴席，会上有乐师在演奏乐曲。杜氏透过门缝看到堂上的人正是多年前离家的丈夫，就贿赂府里的人，说自己也会弹琴，而且弹得很好，想上去表演一番。

下人给她安排好，等到演奏完一首乐曲的时候，杜氏骤然从门外走了进来。

百里奚和一众宾客们看到这个衣着寒酸的老婆子走上来，都很惊讶。只见她不疾不徐，向众人行了个礼，缓缓坐下，轻抚琴弦，唱道：

百里奚，五羊皮。
忆别时，烹伏雌，炊扊扅（yǎn yí），今日富贵忘我为。
百里奚，初娶我时五羊皮。
临当别时烹乳鸡，今适富贵忘我为。
百里奚，百里奚，母已死，葬南溪。
坟以瓦，覆以柴，舂黄黎，搤（è）伏鸡。
西入秦，五羖皮，今日富贵捐我为。

（这首歌还有很多版本，这里只选了其中一个。）

那时候把门闩叫作"扊扅"，歌里提到当初拆门闩作柴火的事，所以这首歌就叫《扊扅歌》，在贫寒中相依为命的夫妻又被称为"扊扅夫妻"。中国人都喜欢拿这个故事教人富不忘妻。

百里奚听到这些话，猛然想起当年的承诺，上前牵住那婆子的手，仔细端详:华发苍颜,破衣烂衫,不就是当年的糟糠之妻?夫妻二人当即相认,抱头痛哭。

后来他把妻子孩子都接到了自己身边,共享荣华富贵。

不过这些都是老百姓编的故事,《扊扅歌》也是后人编出来的,听听就好啦。

只能说,百里奚的成功故事真的是很励志,给了社会底层的老百姓一线希望。老百姓对他有一种天然的亲切感。

而他本人也确实很接地气。他主持秦国国政以后,果真像自己说的一样"时其食,恤其力",尽量爱惜老百姓,减轻百姓的负担。

他也坚持"心与牛而为一",不以朝廷高官自居,摒弃一切额外的礼仪。他出行不乘车马,不撑伞盖,不带随从,不用甲兵护卫,一切都跟平民差不多。

他提倡文明教化,用心修理国政。在他的治理下,秦国国内秩序井然,呈现出欣欣向荣的景象。

对外,他"谋无不当,举必有功",施展自己的谋略,以过人的智慧帮助秦国称霸。秦穆公因此"开地千里,称霸西戎"。

秦穆公找到百里奚,确实是找到了一匹千里马。

一手好牌被打烂的晋惠公

在秦穆公时期,秦国国政修明,渐渐缩小了跟东部强国的差距。特别是秦国借晋国内乱的机会,扶立晋惠公,成功干涉晋国继承人的选择,在跟晋国的争霸中已经占了先手。

另一边,晋惠公的才能和人品比起秦穆公就差得远了。

惠公受到国际社会的一致支持而登基,可以说占尽了优势;他手上又是父亲留给他的一个拥有广袤国土的强大王国,只要他好好运作,前途应该非常光明。

但他的问题在于小聪明太多,又缺乏大才能。而当时晋国国内外的局势太过于复杂,他玩不转,最后导致局势彻底失控。

他上任以后，第一件事就是去得罪秦国。

他派邳（pī）郑带话给秦穆公说："我确实想遵守承诺把河西的土地送给您，可是大臣们都说'你在外面流亡的时候，土地是先君的，你有什么资格擅自送人？'我争不过他们，只好向您道歉了。"

对内，他也迅速翻脸，不仅没把汾阳封给里克，反而夺了里克的军权，赤裸裸地打击报复。

当时晋国的政治势力很复杂，朝臣们分成各种派别：有支持重耳的，有骊姬一派的，也有太子申生的遗党。各怀鬼胎。

惠公真正能依靠的就是他从国外带回来的几个心腹，以吕省、郤芮为代表——他的位子其实根本不稳固。

他只能拼命扶植自己的心腹，同时打压其他派别。

其中重点要防范的就是可能勾结重耳的人，毕竟重耳还在翟国虎视眈眈地等着。所以在局势稍微稳定一点以后，惠公马上就拿里克开刀。

里克说："我扶你上来的，你为什么要杀我？"

惠公说："你杀了两君一相，哪个国君敢把你留在身边？"

这是实话，里克那种头脑简单的武夫，做事只凭一时冲动，不考虑后果，兴头来了，什么都敢干。哪个国君敢留他？

里克只好认命，伏剑而亡。

当初邳郑跟里克勾结，共同害死奚齐，两人是共犯。里克死的时候邳郑正在秦国给穆公送信，听到消息以后，他很震惊；他当然不敢就这样回晋国，就想要挑拨秦穆公去对付晋惠公。

他对秦穆公说："据我所知，就是吕省、郤称、郤芮他们三人坚决反对割地给秦国，大王您可以假意召他们来秦国，把他们拘在这里。我在那边里应外合废掉夷吾，您再送重耳回去即位。"

这三人正是晋惠公的心腹，把他们召走，惠公在国内一定坐不稳。

秦穆公正为晋惠公翻脸的事情火冒三丈，听邳郑这样说，正中下怀。于是穆公就写了一封回书，说理解惠公的难处，原谅他了，并指名道姓要召郤芮三人。然后派人带着厚礼跟邳郑一起去回复晋惠公。

郤芮三人可不傻，他们看到这情形就私下合计说："好端端的突然来巴结我们，又要召我们去秦国。邳郑这小子一定是跟秦国勾结起来，把我们出卖了！"

三人把这个想法报告给惠公，惠公也点头称是。于是惠公杀了邳郑，又顺势发动大清洗，把里克的残余势力都杀光了。这次可能牵连的人有点广，所以国内人心惶惶的，百姓普遍都对惠公有意见。

短期来看惠公这样做是对的。朝廷里各种杂乱的派别被消灭以后，他的地位稳固了下来。

邳郑的儿子邳豹逃到秦国，希望秦国出兵灭掉惠公。秦穆公想到晋国那边的反对派都已经被消灭了，而且惠公还有些民意基础，要策反恐怕不容易；于是穆公就暂时按兵不动，只是把邳豹任用为元帅。

但秦国跟晋惠公的矛盾已经公开化，两国从此开启互掐模式。

这期间还发生了一件事——周王听说惠公掌握了晋国国政，就派召公到晋国来访问，想拉一下关系。但不知什么原因，这次访问却闹得很不愉快，导致召公回去以后抱怨连天，说晋惠公傲慢无礼。结果周王室也跟晋惠公结下了仇。

这从侧面说明晋惠公做人确实有很大问题，几乎没有谁喜欢他。

过了几年，晋国大旱，引发全国性的饥荒。惠公只好厚着脸皮向秦国求援。

邳豹向秦穆公建议："不要救援晋国！倒是应该趁这个机会去打他们，这么好的机会不要错过。"

秦穆公又问公孙支。公孙支说："饥荒是天灾，应该救援。"

又问百里奚。百里奚回答说："是夷吾得罪了您，关晋国老百姓什么事？老百姓的苦难我们应该救援。"

秦穆公最后采纳了百里奚他们的意见，把秦国的粮食借给晋国。运粮的队伍浩浩荡荡，络绎不绝，从秦国首都一直绵延到晋国首都。

在秦国的倾力援助下，晋国终于熬过了饥荒，晋国的百姓都感激秦穆公的仁厚。

第二年，秦国也闹饥荒了，反过来向晋国求援。

晋惠公征求朝臣们的意见。

庆郑为首的主和派说:"应该借粮食给他们,去年秦国救过我们,现在回报他们是理所应当的。"

虢射为首的主战派却说:"秦晋已经是仇家,应该趁这个机会赶紧打秦国。"甚至说:"去年秦国没有打我们是他们自己犯傻,我们不能一样傻。"

晋惠公最后听信主战派的意见,不仅不给粮食,反而乘人之危去攻打秦国。

这已经是他上任以后第二次对秦国恩将仇报了。

秦穆公听说以后拍案而起,亲自带兵去跟晋国对决。秦国一直打到晋国的韩原。公元前六四五年,秦晋两大国在这里展开了第一次大规模决战。

韩原之战

这场战争的士气从一开始就不对等,秦人极为愤怒,一心要报仇雪耻;晋国却人心涣散,彼此不配合,更大的问题是主战派和主和派的分歧还在。

庆郑对于晋惠公不听他的意见一直耿耿于怀。战前,惠公问他:"秦国人打过来了,怎么办?"

庆郑只是冷冷地回答:"大王自己恩将仇报造成的结果,您还是去找虢射商量吧。"

所以惠公就记在心里了,觉得他很不配合。后来占卜的结果,惠公的车架最适合让庆郑做右卫(春秋时战车有左中右三人,车右负责持武器砍杀敌人)。惠公说:"用他怎么行呢?"于是坚决换人,用自己的一个家丁来做右卫。

每架车要用四匹马来拉,在安排车马的时候,分给惠公的马是郑国送来的。庆郑劝阻道:"打仗的时候应该尽量用本国的马,本国的马更熟悉道路,也更理解主人的心意;如果用外国的马难免不听使唤。"惠公不听,还是坚持用郑国的马。

双方布好阵势以后,战争开打。

在战况最激烈的时候,惠公的马车当真出了问题:车子陷在泥泞里面出不来,车夫跟马互相不熟悉,怎么赶马都没用。

惠公向远处的庆郑呼救，庆郑竟然不救，说："大王既不听谏阻，又不信占卜的结果，咎由自取，还逃走干吗呢？"说完自己驾着车跑了，把惠公丢在秦军的包围圈中。

秦穆公那边看到晋惠公被困住了，兴冲冲地赶马冲过来，准备瓮中捉鳖，不想反而被虢射那帮人包围在中间，怎么都冲不出去。穆公在乱军中又受了伤，眼看就要被活捉了，情况极度危急。

这时不知从哪里冒出来一大群野人，他们蓬头垢面，每人一把大刀，冲进人群对着晋国军士就砍。晋国士兵不知道这是些什么鬼东西，一时间大乱，四散奔逃。秦穆公的车架趁机冲出了敌人的包围圈。

周围的秦军又围上来，再次围住晋惠公的车驾。经过一番激战，终于杀散晋国士兵，活捉了晋惠公。

秦国取得了韩原之战的胜利！

战后论功行赏时，秦穆公问那些野人为什么要帮助秦军。他们说："大王忘了吗？我们就是当年偷吃马肉的人呀！"

原来穆公曾有一次在岐山下打猎，有一匹马被当地的三百个野人偷吃了；但抓住这些人以后，秦穆公并没有责怪他们，反而认为他们饿极了偷吃东西是可以理解的，把他们都释放了。所以现在这群人专门赶来报恩。

穆公感慨万分，想要重赏他们。他们却不肯领赏，就这样告辞回去了。

穆公恨极了背信弃义的晋惠公，命人把他带上来，当场数落他的罪行，想把他杀了祭天。不料这时却有一个人出来为晋惠公求情——

晋惠公的姐姐穆姬是秦穆公的王后，她听说弟弟被穆公活捉的消息，心里焦急得很。等穆公回来以后，她穿上孝服，在穆公面前大哭，请求释放晋惠公。

穆公不忍心让她伤心，可能也怕杀了晋惠公会引发晋国人的深刻仇恨，就说："当初唐叔虞刚刚被封到晋国的时候，箕子曾说'他的后人一定会繁荣昌盛'，我们怎么能随便就消灭晋国呢？"

晋惠公自己也羞愧得无以复加，对国内的人说："我没脸回去了，你们立太子圉（yǔ）为君吧。"

秦穆公考虑到晋惠公已经声名扫地，从而更好控制，便决定还是放他回去继续当国君。于是跟晋惠公签订和平协议，释放他回晋国去了。

晋惠公跟秦穆公签的是一个卖国条约，回去以后只好按照协议割让黄河以西的土地给秦国。秦国甚至进一步向黄河以东侵蚀，在那些地方设置官吏，征收税赋，直逼晋国的核心地带。

这次失败是晋国的重大挫折。作为中原第一大国，国君竟然被人活捉了去，这脸还往哪儿搁？这以后，晋国的气势就完全被秦国压下去了，晋献公几十年打压秦国的成果基本都已经被废掉，连当初不肯割让给秦国的河西之地都丢掉了。

过了几年，晋国又把太子圉送到秦国去当人质，把公主送到秦国当侍女——如此卑躬屈膝，才换得秦国退回到黄河以西，没有继续逼迫晋国。

秦穆公准备放长线，在宗室里面找了一个叫怀嬴的女子嫁给太子圉，方便以后控制晋国的下一任国君。

不得不说百里奚他们的策略很厉害。

他们的策略是稳扎稳打，一步步地蚕食晋国的优势，又不做得太绝，时不时地还讲一下以德服人。所以尽管秦国把晋国欺负得很惨，但秦穆公在国际上的名声还不错，后人也称赞他仁义，把他算作"春秋五霸"之一。

反观晋国，晋惠公上台这几年，他以最快的速度把国内外能得罪的人都得罪了一遍，特别是他对秦国恩将仇报这种行为实在让人太反感，以至于在国际上声名狼藉。当初他登基的时候拥有的优势——国内外的支持和期待——已经荡然无存。这样一个国君当然不可能把晋国带上霸主的位置，连防备秦国的扩张都做不到。

到这时为止，晋国的精英阶层大概都已经后悔当初迎立晋惠公的决定。人们暗暗地想，要是重耳回来当国君多好。

重耳是晋国人唯一的希望了。

第二次流亡

重耳在翟国过得实在舒坦，这时候他来翟国已经十二年了，几乎已经忘了自己的晋国公子身份——估计他觉得就这样养老也不错。

但晋惠公可不这么想。

在晋惠公心里，重耳跟秦国始终是两个心腹大患。他现在惹不起秦国，但惹重耳还是没问题的。

他被放回晋国以后，重新执掌大权，先杀掉庆郑，报了韩原之战庆郑不肯救驾的仇；又在国内发起政治运动，重新巩固了自己的地位。然后他就想到了重耳。

他跟手下人商议："重耳这个人，不除不行。"于是派出杀手勃鞮去翟国刺杀重耳，限期三日到达。

这个勃鞮就是以前被献公派去蒲邑的杀手，这是他第二次去杀重耳。为了防止重耳再次逃掉，他以最快的速度狂奔，竟然一天时间就赶到了重耳住的地方。

但连这样的速度都没赶上。重耳不知道怎么听到了风声，又一次提前逃走了。勃鞮空手而归。

为了避免被晋国继续追杀，重耳逃走的时候只带着几个最忠心的手下，其他人全部留在了翟国，包括他的妻子季隗。

这是公元前六四三年，这时候重耳的年纪已经不小了，而季隗才二十多岁。临走的时候，他担心季隗忍不住寂寞，就对她说："照顾好我们的孩子！等我二十五年，如果到时候我还没回来，你就改嫁吧！"

季隗凄凉地说："再过二十五年我也快进棺材了，还改什么嫁！我还是等你回来吧。"

季隗因此在后世留下了贤良的名声——不得不说那时候的女人真是可悲。

当时齐桓公是天下霸主，又以仁义著称。所以重耳他们逃亡的目的地就是齐国。

这是重耳第二次逃亡，跟第一次逃亡有一个重大区别——第一次的时候晋国的王位还有很多争夺者，重耳的地位并不突出。现在可不一样了，晋惠公让晋国人很失望，人们心里纷纷揣测：重耳以后是不是可能重新回晋国继位？

所以这时的重耳其实是一支潜力股，如果诚心对待他，万一他以后真的当上晋国国君了，好处是不言而喻的。

但这样的机会并不是每个人都能看到的。所以重耳这一路逃过去,从每个国君对他的态度,就能看出这个国君的眼光高不高。

去齐国首先要路过卫国,卫文公的眼光就很短浅——当然也可能因为卫国刚从亡国的大祸里面恢复过来,本来就穷,所以对重耳一行人不理不睬。重耳他们只好黯然离开。

屋漏偏逢连夜雨,正当大家垂头丧气的时候,忽然发现队伍里面出了叛徒,一个叫头须的随从偷走所有的钱财粮食跑了。

这下麻烦就大了。这是在别人的国家,人生地不熟,连吃饭都成问题了。

走了一会,来到五鹿的乡下,他们一群人饿得眼冒金星,只好向当地的农民讨饭吃。有个农民笑嘻嘻地捡了块土递给重耳,说:"来,吃呀。"

重耳大怒,正想命令手下人打这个人。狐偃的反应很快,马上对重耳说:"公子大喜,这是暗示您要得到土地,是上天的恩赐呀。"

土地!只有土地才是最重要的。

重耳好像明白了什么,顿时转怒为喜,当即跪下拜谢上天,然后把这块土放到车上,在村民的嘲笑声中离开了。

但理想终究不能当饭吃,又走了一段,重耳已经饿得快晕过去了,再也没法往前走,只好在一棵树下枕在狐毛的腿上休息——其他人忙着去给他采野草充饥。

只见介子推蓦然走过来,手里端着一碗香气扑鼻的肉汤,跪在地上进献给重耳。重耳顾不得问什么,一把端起来咕嘟咕嘟就喝得精光,然后才奇怪地问介子推:"哪里找到的肉?"

介子推说:"是从我腿上割下来的。"周围所有人都惊得目瞪口呆。

重耳非常感动,就说:"以后我要是当上了君王,一定好好报答你。"

介子推的行为给了大家很大的鼓励,这些忠心的下属们一路相互扶持,终于度过了最困难的阶段。

经过一段艰苦的长途跋涉,一行人终于来到了目的地齐国。

齐桓公确实很有霸主风范,热情地接待重耳。听他讲了这一路的经历以后,齐桓公表示非常同情,命人把他们安顿下来,好好招待他们。

齐桓公出手阔绰,直接送了二十辆驷马车给重耳他们,车仗随从一样不少，还把自己宗室里的女子齐姜嫁给他。重耳他们获得了离开晋国以后最好的待遇。

齐桓公对重耳这样款待，可能不仅仅是出于放长线钓大鱼的考虑，也因为他自己也曾是流亡公子，他能理解重耳的处境，看到重耳就想起了曾经的自己。

重耳再三拜谢，一群人在齐国安顿下来。

第三次流亡

重耳在齐国的生活比在翟国的时候还舒服。人生追求的一切他都有了，谁还想再过那种颠沛流离的生活呢？他就这样一住五年（其间齐桓公去世，齐孝公继位），再也不想离开。他手下的人急得跳：眼看这样下去大家都要老死在齐国，还提什么复国计划？

狐偃他们一群人躲到郊外一片桑林里，商量怎么让重耳离开齐国。不料隔墙有耳，正好齐姜有个侍女在旁边采桑，偷听到他们的谈话。侍女回去就把这件事告诉了齐姜。

齐姜的反应是——马上杀了这个侍女。在家里等着重耳回来，然后问他："你们是在谋划离开齐国吧？有人听到了你们的谈话，我已经把她杀了。"

重耳瞪着眼说："哪有这事？"

齐姜说："男儿志在四方，你舍不得妻儿和富贵，只会耽误你的事业，还是尽早离开的好。"

重耳还是坚持不肯离开，他并不是权力欲很重的人，对于目前的生活他已经完全满足了。

齐姜只好主动找到狐偃他们，跟他们暗中约好，用酒把重耳灌醉，然后把他扶上车，偷偷送出齐国。

重耳醒来以后暴跳如雷，好好的生活就这样被他们给破坏了，他拿着兵器追杀狐偃，最后幸亏众人把他劝住。他一看，既然已经不告而别，不可能再回齐国去，只好将错就错地跟手下这伙人一起走了吧。

下人们这么着急地要把重耳带出齐国，恐怕还有一个原因：他们已经得到消息，在秦国做人质的太子圉刚刚偷跑回晋国，这样一来，晋惠公父子二人都得罪了秦穆公，秦晋关系恐怕会有大变化。这是千载难逢的机会。

他们想求助秦穆公帮忙夺取晋国政权，所以这次逃亡的目的地是秦国，是自东向西的路线。

他们来到曹国，这又是一个很没有眼光的小国。曹共公最关心的不是怎么投资重耳这支潜力股，而是一条八卦消息——重耳是"骈胁"，就是说肋骨在中间连在一起。其实这纯粹是老百姓瞎编的话，但曹共公很好奇，一定要亲眼看看。

他让重耳去洗澡，洗到一半，突然冲进去凑到重耳身上看，把重耳调戏了一番。重耳怒不可遏，曹共公却觉得有趣得很。

当时就有个大臣僖负羁劝他："重耳是以后可能当晋君的人。你惹他，万一以后他来报仇怎么办？"但曹共公根本没把这话放在心上。

僖负羁却要为自己打算。他私下去结交重耳，送给重耳一盘小吃，食物下边藏着一块玉璧。重耳只拿走食物，把玉璧还给了他，心里却记下了这个人的恩情，当然也记着曹共公对他的羞辱。

他们一行人离开曹国，又来到宋国。宋襄公也是胸怀大志的人，也送了二十乘马车给重耳，这跟齐桓公的礼物一样，似乎在暗示他认为自己的地位跟齐桓公相同。

接下来一行人到了郑国。似乎小国的国君目光都很短浅，郑文公也不想理睬重耳。他的弟弟叔詹劝他说，重耳这样的人是不能得罪的，应该好好招待他们。郑文公不听。叔詹又说，你不跟他结交那不如杀了他，免得将来他报仇。郑文公还是不听，叫人直接关上城门，不让重耳他们进去。重耳这群人只好另投他处去了。

当然郑文公对重耳的态度其实也代表着他对齐国的态度，这时郑国的靠山是楚国，他们对齐国来的人本来就没好脸色。

但另一方面，重耳有齐国这个大靠山，一般小国也不敢把他怎么样，所以他们这一行人的安全还是有保障的，即使叔詹想要杀掉重耳，郑文公也不敢下手。

不过到了下一个国家就不一样了，这是唯一敢跟齐桓公叫板的国家——

楚国。

一到楚国，楚成王就派人来接他们。大臣子玉也建议成王杀掉重耳，以免将来他跟楚国争霸。成王不同意，他认为重耳是有天命之人，不可得罪。重耳他们因此又逃过一劫。

成王没有杀重耳是他一生中最大的错误，这让楚国在后面吃了大亏，甚至国运都因此被逆转。但对于中原各国来说，这是非常幸运的一件事，否则不久以后大家都要拜楚王而不是拜周王了。

不过当时谁能看得那么清楚呢？

成王对重耳这个人是很欣赏的，以接待诸侯的规格款待他。重耳受宠若惊，赶忙拜谢。

在宴席上，成王趁着酒意，醉眼迷离地问："公子以后怎么报答我的恩情呢？"

重耳说："楚国国土广袤，物产丰富，美女珍宝都不缺，不管我送什么，大王都看不上。要不这样，如果我有幸能返回晋国，以后我们在战场上相遇的时候，我就让晋军退避三舍吧。"

两人哈哈一笑，都把这话记在了心里。

第二天，成王把重耳送到秦楚边界上，挥手告别。

乱世温情

秦穆公听说重耳来了，也是很热情地接待他：重耳是他的下一张牌，必须好好利用。

而重耳当然也一心要利用秦国。双方这时是合作伙伴的关系。

穆公愤愤不平地讲了太子圉逃走的事：

前几年晋惠公不是把他儿子太子圉送到秦国来当人质吗？秦国好好地对待他，还把怀嬴嫁给他；不料这小子不识抬举，不久前偷跑回晋国去了，只把老婆怀嬴留在秦国。

"这小子还没上台就想背叛秦国，跟他爹一样，也是个白眼狼！"穆公这样说。

重耳当即表示对穆公很理解，对太子圉这种忘恩负义的做法坚决瞧不起。不过他内心却窃喜：去掉了一个劲敌，穆公现在能打的只有他这一张牌了。

穆公为了笼络重耳，把宗室之女嫁给他，还带着四个陪嫁的媵妾。重耳开始还很高兴，后来一打听才知道——这女人就是太子圉的妻子怀嬴！可能穆公就是存心要恶心晋惠公父子俩吧。

那时的人们人伦观念还没那么强，何况重耳还不敢得罪穆公，所以他尽管开始很不情愿，最后还是接受了穆公的安排，娶了自己的侄媳妇。

重耳比他的弟弟和侄儿懂事得多，知道现在什么都靠着秦国，人在屋檐下，绝对不可以得罪秦国，所以他表现得特别谦卑。

据说重耳和怀嬴刚结婚不久，有一次重耳在盆里洗手，洗完以后怀嬴递上毛巾，重耳擦完以后就摆了摆手让她离开。怀嬴不高兴了，认为重耳瞧不起她，说："秦晋两国是平等的，你凭什么瞧不起我？"重耳顿时紧张起来，赶紧脱掉上衣，像囚犯那样向她谢罪。

可见重耳在秦国有多么小心谨慎。

不过穆公对人其实挺好，虚怀若谷，很有君子风度。

有一次穆公请重耳他们这些人一起喝酒。宴席上都要吟诗，当时的诗应该都是要唱出来的，所以双方都唱得很欢乐。

重耳吟了一首《沔（miǎn）水》，感叹家国变乱，表达自己想要回到祖国的愿望，间接提醒穆公尽快帮他回国。

沔彼流水，朝宗于海。
鴥（yù）彼飞隼，载飞载止。
嗟我兄弟，邦人诸友。
莫肯念乱，谁无父母？
沔彼流水，其流汤汤。
鴥彼飞隼，载飞载扬。
念彼不迹，载起载行。
心之忧矣，不可弭忘。
鴥彼飞隼，率彼中陵。

民之讹言，宁莫之惩？
我友敬矣，谗言其兴。

穆公随后就吟了一首《六月》回他。

六月栖栖，戎车既饬（chì）。
四牡骙（kuí）骙，载是常服。
狁孔炽，我是用急。
王于出征，以匡王国。
比物四骊，闲之维则。
维此六月，既成我服。
我服既成，于三十里。
王于出征，以佐天子。
四牡修广，其大有颙（yóng）。
薄伐狁，以奏肤公。
有严有翼，共武之服。
共武之服，以定王国。
狁匪茹，整居焦获。
侵镐及方，至于泾阳。
织文鸟章，白旆（pèi）央央。
元戎十乘，以先启行。
戎车既安，如轾如轩。
四牡既佶，既佶且闲。
薄伐狁，至于大原。
文武吉甫，万邦为宪。
吉甫燕喜，既多受祉。
来归自镐，我行永久。
饮御诸友，炰（páo）鳖脍鲤。
侯谁在矣？张仲孝友。

赵衰马上在下面大声说:"重耳拜谢大王的恩赐!"

重耳这才反应过来,赶紧走到台阶下向穆公磕头拜谢。

原来《六月》这首诗讲的是周宣王的时候,大臣尹吉甫(据说《诗经》就是他搜集整理的)奉王命去讨伐猃狁的事。

诗中赞美尹吉甫辅佐周天子的功劳,像"王于出征,以佐天子""文武吉甫,万邦为宪"这样的句子,都是把重耳比作了天下霸主,鼓励他去辅佐天子,建功立业。这是特别高规格的称赞,重耳怎能不感谢!

穆公很谦和,也走下台阶来向重耳还礼。

这是春秋时期最和谐的一幕,两位霸主级的君王相互谦让,尽显君子风范。在血雨腥风的乱世里,他们以自己极高的人品和才华,向世人示范:怎样以最温和的方式赢得天下人的敬重。

——国家与国家之间不应该只有你死我活的争斗,更应当有合作和共赢,真正聪明的人才懂得这一点。

与此同时,晋国国内正在发生重大变故。

重耳复国

公元前六三七年秋天,晋惠公病故,太子圉继位,是为晋怀公。

怀公之前从秦国逃回来以后,已经提前让自己背上了"背信弃义"的名声,秦穆公有很充分的理由打压他。

现在秦穆公跟重耳联合,明摆着就是要第三次拥立晋君,所以他们跟怀公的矛盾也就公开化,谁也不必掩饰了。

当初重耳逃走的时候很仓促,他的那些手下都是只身一人跟着他,家人基本都留在晋国国内。怀公上台以后马上发布命令,要求这些人的家属们在规定时间内把自家的人召回来,不然期限一到就杀他们全家。

惠公和重耳的外公叫狐突,他也是怀公的曾外公,他的两个儿子狐偃和狐毛都在重耳那边。怀公要立一个典型,就先拿他做法,要他把两个儿子召回来。

狐突坚决不答应,说:"我教儿子做人,最重要的一点就是对君王要忠贞不二。现在我的儿子侍奉重耳已经很多年了，如果召他们回来，就是教他们不忠；父亲教儿子不忠，自己又怎么事君？我肯定不会这样做的，有死而已。"

怀公一怒之下当即杀死狐突，成就了他的名节。

狐突这一番言论成了后世"忠君"的教科书，历代帝王都特别推崇他，一直拔高他的地位，最后甚至封神。在民间，狐突是司雨的神，世代受老百姓朝拜。

怀公这样做其实很蠢。重耳手下那些人跟他都十几年了，出生入死，都是吃了秤砣铁了心的，其中还包括介子推那种割肉给主子吃的极端分子。对于这些人，你用一句"杀你全家"就想把他们吓回来？怎么可能！

这样做最终起到了反效果，重耳手下的人一个都没回来，国内反而白杀了不少人——这些人的家族都是晋国的权贵阶层。怀公这样一折腾，得罪了很多权势人物，晋国人对他更加不满。

重耳的支持者们趁机暗暗地跟秦国勾结起来，推翻怀公成了大家共同的目标。

秦国那边当然也不会给晋怀公机会让他把位子坐稳。怀公登基三个月之后，公元前六三六年正月，秦穆公派大军护送重耳回国，明火执仗来抢君位了！

同时秦穆公也跟晋国国内的栾枝、郤縠等人打好了招呼，让他们做内应，共举大事。

这几年，晋国在秦国的打压之下一直没缓过气来，现在晋国面对秦国大军压境，内部又全是叛徒，所以根本没有抵抗能力，一触即溃。

秦军所向披靡，很快深入晋国境内，一切都进展得特别顺利。

二月初，秦国主帅公子絷（zhí）去晋国军营劝他们退兵，晋军随后撤退；十一日，狐偃代表重耳跟秦晋两国大夫签停战协定；十二日，重耳接管晋国军队；十六日，重耳进入曲沃，这是宗庙所在地；十七日，重耳到武公的宗庙朝拜，即位称君，百官朝贺，是为晋文公；十八日，重耳派人到高梁杀掉晋怀公，晋国由此平定。

重耳流亡列国十九年，终于成功夺得晋国君位！

秦穆公又一次扶立晋国国君——史称"三置晋君"——威震天下，成就了自己的霸主之业。

介子推不言禄

晋文公以极快的速度夺到了晋国君位，但惠公父子的旧势力不肯善罢甘休，他们在暗地里谋划造反。其中主要的就是惠公的两个死党：吕省和郤芮。

这两人都是当年跟着惠公流亡的大臣，是惠公父子在朝廷里最主要的支持力量。他们谋划在宫里放火，想趁机杀死文公替怀公报仇。

这是一件高度机密的事，只有他们这个派系的核心人物才知道，其中就包括了两次暗杀文公的勃鞮。

勃鞮听说这个机密以后，偷偷潜入宫里向文公告密。文公听说是他来了，让下人回复他："你两次杀我都跑得那么快，夷吾要你三天到，你一天就赶到了，真是很急着要我的命呀。"

勃鞮回答："臣因为对主人忠心不二，才得罪了主公。现在主公已经是国君，臣就该忠于主公了。何况当初管仲差点射死齐桓公，齐桓公不也原谅他了吗？如果主公不肯原谅微臣，那么危险才真的来了。"

文公听他话里有话，命他进去当面问，勃鞮对文公说出了吕省、郤芮的阴谋。

文公这才惊觉事态严重。文公本来想捉拿吕、郤二人，又怕他们势力太大，何况晋国人也还未必肯诚心帮自己，于是召来狐偃等人商议。

当晚，君臣几人商量好，文公扮成平民，带着几个随从偷偷溜出王宫，到秦国去找秦穆公求助。而晋王宫这边则一切照旧，假装文公还在。

文公进入秦国以后马上传信给秦穆公，向他说明国内的情况。双方在王城碰面，商议平定叛乱的计划。

到了约好的时间，吕省、郤芮让人在宫里偷偷放火。眼看火势迅速扩大，宫里乱成一团，两人带着手下兵丁大喊大叫一路杀进王宫，不料在宫里到处都找不到文公。两人知道机密已泄，只好赶紧退出来。

文公手下狐、赵、栾、魏等大臣随后带兵来追杀乱党，双方大战一场。吕、郤这边毕竟心里没底，边打边撤，退出了绛城。这时又得到秦穆公那边来的消息，要他们去投奔秦国，他们还能怎么办？去秦国吧。

吕、郤二人刚到秦晋边境就被秦国军队捉住。秦穆公在黄河边将他们就地正法，帮助晋国平定了这次叛乱，然后派出军队再次把文公送回晋国。

秦穆公还不放心，直接派出三千甲兵到晋文公身边做长期护卫。晋国国内再也没人敢捣乱了。

对于吕、郤的余党，晋文公全部给予宽大处理，没有像当初惠公那样搞大清洗，所以晋国的人心渐渐稳定下来。

平定了叛乱以后，文公开始大规模封赏功臣，功劳高的直接给封邑，功劳低的也给他们爵位，特别是这些年跟着他四处流亡的大臣们，他给的奖赏尤其丰厚。

就连勃鞮都得到了奖赏。文公不仅原谅了他两次追杀自己的罪行，还给他很高的官位，后来甚至连给赵衰封官都是他提出来的——赵衰可是顶级的功臣啊！可见勃鞮受宠的程度。

不过这也让人怀疑勃鞮一直就是文公的手下，只不过被派到敌人那里卧底而已，不然为什么文公遇到他的时候总是有惊无险呢？

好吧，不猜这种捕风捉影的事了。再说封赏的事，关于这次封赏还是有一些争议。

并不是每个有功之臣都得到了文公的赏赐，例如陶狐（壶叔）就没有得到任何奖赏。他也是十几个流亡大臣里的一员，跟着文公这么多年出生入死，按理说功劳也很大，怎么会一点奖赏都没有呢？他觉得很不平衡，就去找文公手下的人打探消息。

手下人问文公："大王三次封赏群臣，都没有惠及壶叔，请问是什么原因呢？"

文公回答："以仁义教导我，提升我的德行的，我给予上等的奖赏；替我出谋划策，帮我达成目标的人，我给他次一等的赏赐；那些赴汤蹈火，有汗马之劳的人，就给予下等的奖赏。像壶叔这种仅仅出力，对我的功业没有什么帮助的人，只能在三等封赏之后才轮到他。"

（关于三种封赏有两种说法，分别出自《史记》和《吕氏春秋》，上面用的是《史记》的说法。《吕氏春秋》里面说的是："以仁义辅导我，以礼引导我的受上赏；教我行善，用贤德约束我的受次赏；直言犯谏，指出我的过错的受下赏。"）

当时的人们听了之后都非常服气，说："晋文公真的是以仁义治国啊，晋国一定会繁荣昌盛了。"

其实简单地说，就是按照"德、智、力"来排，"力"又要分成"万人敌"和"苦力活"两类。陶狐就是属于后面那一类，所以排最后去了。

这样的论功排名方式，即使按照现在的眼光来看，都是很能服人的。

按照这样的标准，受上等封赏的就是狐偃、赵衰那些人，受中等封赏的应该是先轸之类，受下等封赏是颠颉、魏犨这种武将。

但有一个人却不在所有这些类别之内。因为太难定性了，以至于文公都直接忽略了他。

那就是"割股侍君"的介子推。

当初秦国军队护送晋文公回国，渡过黄河的时候，狐偃捧着一双白璧，装模作样地跪献给文公，说："过了这河就是晋国了，公子的功业已经完成。臣这些年鞍前马后追随公子，得罪公子的地方肯定很多，想必公子也烦了；臣这就离去，公子保重吧。"

文公知道他是疑心自己要杀功臣，赶忙扶起他说："舅舅说的什么话！我怎么敢怪罪舅舅？回到国内以后，我一定和您共享富贵，让河伯来作证吧。"说着，把白璧扔进滔滔黄河，当场与狐偃盟誓，以后必定善待他们这些功臣。

当时介子推在旁边的船里看到这一切，就冷笑着说："公子能够成功是天意。子犯仗着自己的功劳向公子讨要封赏，这种不要脸的人，我羞于跟他同列。"

于是他就找个机会偷偷离开了，隐居在晋国民间。

后来文公封赏群臣，有意无意地避开了介子推。也许是"割股侍君"的功劳评起来太尴尬？也许是怪罪介子推不告而别？——不得而知。

但这样的做法众人不服。

据说介子推的一个邻居为他抱不平，半夜写了一首诗挂到城门上，诗中暗讽文公卸磨杀驴，忘了介子推的功劳。这件事情开始在人们中间悄悄流传。

文公也感到这样下去脸上挂不住，就命人去把介子推找来，要按照功臣的标准封赏他。

但介子推早已经躲起来了，怎么都找不到。

他是一个特别清高的人，有一种极度的精神洁癖，像上古隐士许由、巢父那样，又好比梁山泊的鲁智深——"俺的直裰染做皂了，洗杀怎得干净？"

他追随文公只是为了理想，而不是为了功名，所以文公越要封赏他，他就越要躲起来。

"不要跟我谈钱，谈钱就俗了。"

文公动用国家力量，找了很久才知道，介子推带着自己的老母亲躲进了绵山里面。

文公带着大队人马去绵山找介子推。但那绵山绵延数十里，一眼望不到头，哪里有半个人影？而且介子推也会躲着走。这样下去，一年半载都未必找得到。

一连找了很多天都没结果，下人们急了，跟文公出主意："放火烧山！"这样总能把介子推逼出来！

文公也挺着急。他刚登基，有一堆事情要处理，不能一直耗在这里，于是就同意了烧山的建议。

下人们在山上三面放火，留一面作出口，留人专门在这里等着介子推，心想他就算为了自己的老母亲也要出来。

谁知还是没等到。

烈焰熏天，大火烧了三天三夜才停，把一座绵山烧得焦黑。众人再去山上找，这才发现介子推跟母亲相拥在一棵柳树下，都已经被烧死了。

他真的死也不受封赏！

这种人心里没有什么比"气节"更重要。要他让步？不可能的！整个国家都拗不过他。

文公大悔，但已经迟了。他只得把介子推母子厚葬，把绵山改名叫介山，

"以此记录我的过错"；又带回一截烧焦的柳木，做成木屐放到身边，日日怀念。

介子推的人格非常完美地符合儒家"节烈"的要求，这种极端的精神洁癖完全达到圣人的水平，令人只能仰视。

所以介子推在后世被推崇到了异乎寻常的高度，历朝历代不断地褒奖他；老百姓为纪念他，甚至发明了"寒食"这个节日。历史上除了他，也就只有屈原有这个待遇了。

介子推代表着人类道德的制高点，另一类人则代表着人类道德的下限。

文公大赏群臣，引出许多"妖魔鬼怪"，稍微沾点边的人都跳出来求封赏，其中就包括当初偷钱逃跑的头须。

这家伙当年害得文公他们差点被饿死在卫国，现在文公不去找他算账，他自己倒跑过来了。

他来求见文公。下人报进去时，文公正在洗头。文公一听说头须的名字，气得差点拿刀砍人："这个竖子还敢来见我？叫他滚！"

下人出去撵他，头须却厚着脸皮说："主公正在洗头吧？洗头的时候俯着身子，心脏就是倒过来的，那么说出来的话也就是颠倒的，所以主公说不见我，其实是要见我。而且我虽然没有跟着主公一起去流亡，但我留在国内替主公守护钱财，也是有功劳的呀！为什么要怪罪我？"

下人把这些话报进去，文公不但怒气消了，还让他们把头须放进来接见了他，而且赏赐肯定也是少不了的。

文公当然不会因为头须这一番胡说八道的言论就原谅他，真正要原谅他肯定是有原因的，其实就是为了树一个标杆，向国人表明：连把我害得那么惨的人我都原谅了，所以你们大可放心，对任何人我都不会打击报复。

这跟当初晋惠公父子刚好相反——惠公一上台马上展开政治清洗，杀了里克，又株连一大批人；怀公提出最后期限，要流亡者的家属把自家的人召回来，不然就杀他们全家。

文公的做法则让国内的反对者们全都松了一口气，包括吕、郤的余党，都放下心来。朝廷里各帮派的对立情绪因此渐渐消除了，晋国政坛开始被整合起来。这都是靠文公过人的政治智慧。

当年夏天，文公派人去齐国、翟国、秦国分别把齐姜、季隗、怀嬴接来晋国。

夫妻团聚，三位夫人的位次该怎么排呢？

季隗是原配；怀嬴有秦国这座大靠山；齐姜用计把文公赶上路，成全了他的功业。

依然是以"德"为先：齐姜有德，所以排第一；季隗苦守多年，堪比后世的王宝钏，所以排第二；怀嬴虽然是秦穆公的人，但也只能排最后。

这样的排名，再一次显露出文公对"政治正确"的把握能力，后宫无人不服！

送齐姜到晋国的是齐孝公。但这时的齐国早已不是当年的霸主了……

第十章　宋襄公伪霸

六公子争位

齐国的事情说来话长，早在重耳到齐国的那年冬天，齐桓公病重，国内就已经出现了变故。

桓公有三个正室夫人，她们都没有儿子。桓公另外有很多小妾是有儿子的，主要是以下六个（左边是妾室的名字，右边是她们所生的儿子）：

长卫姬：公子无诡（又名无亏、武孟）；

郑姬：齐孝公（公子昭）；

葛嬴：齐昭公（公子潘）；

密姬：齐懿公（公子商人）；

少卫姬：齐惠公（公子元）；

宋华子：公子雍。

按照传统，国君继承人的确立标准是"有嫡立嫡，无嫡立长"。但实际上没那么简单。如果有嫡子的话还好说，没有嫡子只有一堆庶子的话，争起来就很麻烦了。没人管你"长"不"长"，先争了再说，尤其是在春秋时期，继承人制度本来就还不严格的时候。

齐国这里就出现了最麻烦的情况。

桓公是个很会享受生活的人，妻子、儿子都很多，而且他又特别"博爱",身边的女人都拥有差不多的地位,所以儿子们的地位也就差不多。特别是以上六个,是角逐君位最激烈的六个人。

这个问题桓公和管仲当然早就考虑到了,所以他们早就立了太子,就是公子昭;并且桓公在葵丘之盟上嘱咐宋襄公帮忙照看这个太子。

但公子昭的地位并不比其他五人高太多,跟他们年龄差距也不大。其余五人心里都暗暗不服。

桓公晚年特别昏庸,整天跟易牙、竖刁他们几个奸臣鬼混,不理朝政。到最后,他甚至跟朝臣和公子们都隔离开来了,大家要见他一次都不容易。

这是非常危险的。相当于三个奸臣把桓公软禁在宫里,让桓公失去了对政权的掌控。

权力真空一旦显露出来,就会有各种力量试图去填补,各路牛鬼蛇神都蹿了出来,想去分食桓公丢掉的权力。

齐国政坛迅速分裂,五个公子各自带领自己的支持者,想把继承人的位置抢到手。

三个奸臣也知道,要继续保持荣华富贵必须抢一个"拥立"之功。如果太子顺利即位的话,他们就没有什么功劳可言,所以他们支持公子无诡,拼命要把公子无诡扶上君位。

桓公就是他们手上的一张牌。他们把桓公牢牢地控制在手里,禁止他跟朝臣们见面——只有遗诏传递不出去,才方便他们假传君命。

为了阻止朝臣们冲进去,三个奸臣最后直接把王宫的门给堵住,在周围筑起高墙,把已经半死不活的桓公困在里面。至于桓公是死是活无所谓,早死一点更好,免得夜长梦多。

这时外面已经打成一团了,鸡飞狗跳,都在忙着争权。人们根本不知道宫里的情况,也没人去关注。

病危中的桓公一个人被关在里面,水都没得喝,屎尿都没人端。屋里污秽成堆,臭气熏天。一代雄主在粪堆中迎来了人生的最后阶段。

有一天,一个无人注意的年轻女子拼死翻墙进去,来到桓公的卧榻前。

她叫晏蛾儿,是地位最低的侍女,平时从来不受桓公重视。

桓公蒙蒙眬眬中听到有人过来,竟然刹那间清醒了。他使出最后的力气,颤颤巍巍地问晏蛾儿:"有没有吃的?"

晏蛾儿摇头说没有。

桓公问外面怎么了,怎么没人来。

晏蛾儿说:"易牙、竖刁他们把宫门都堵死了,谁也进不来——我都是翻墙进来的。"

桓公泪如雨下,长叹一声说:"仲父(管仲)确实有先见之明呀,我当初怎么不听他的?如果人死后有知,我有什么脸面去见仲父?"说完,用衣袖蒙着脸,在悔恨中离开了人世。

晏蛾儿不哭不悲,对桓公拜了几拜,去外面找来一块破木板盖在桓公身上,然后一头撞到柱子上,以死殉了桓公。

外面依然沸反盈天,没人知道桓公已经过世了。冬天尸体腐烂得慢,一直过了六十七天以后,尸臭弥漫,尸虫爬满了寝宫,甚至爬到外面了,大家才觉察到异常。

众人暂时停止打斗,合力砸开宫门,终于看到了里面的惨象。

这时公子昭已经逃出了齐国,众人只好先支持公子无诡。当年年底,在三个奸臣的主持下,公子无诡即位,然后由公子无诡带领,众人为桓公和晏蛾儿举行了入殓仪式。

但三个奸臣的名声实在是太烂了,齐国根本就没人支持他们,所以也就没人支持公子无诡。

公子昭本来是桓公指定的继承人,这时被迫逃到了宋国。宋襄公是个有大志向的人,一直梦想继承齐桓公的盟主之位,有这样的立功机会当然不放过。

所以三个月之后,宋襄公向国际社会发出号召,要求大家共同发兵攻打齐国,拥立公子昭。

但国际上没什么人理他,等了很久,只有卫、曹、邾三个小国派了一些零零散散的部队过来,四国勉强凑出一支杂牌军开往齐国。

他们这支军队的实力根本就不强,齐国要硬挡的话完全没问题。但一来齐国人本来就多数支持公子昭,二来早已经人心惶惶,一听到宋国打过来都吓到了。

齐国内部立即发生变乱，公子昭一派的人出手，将竖刁和公子无诡杀掉；易牙逃到了鲁国，奸臣的余党如鸟兽散。公子昭成功回到了齐国。公子无诡登基不过三个月，连谥号都没有留下。

动乱还没结束。宋国的军队刚走，另外四个公子的支持者就联合狄人一起进攻公子昭，又把他赶回了宋国。宋襄公只好带领国际联军再跟四个公子的军队打一仗，最后还是宋襄公这边获胜，四公子余党被杀退。

宋襄公把公子昭扶上齐国君位，是为齐孝公。

当年八月，齐桓公终于得以安葬了。

但齐国的霸权至此终结，永不复兴。

齐桓公为自己晚年的昏庸付出了该有的代价：不仅自己没能得善终，几个儿子也互相砍杀，他一生建立的功业也随风飘散了。

齐国没有人继承他的霸业，不代表天下没人继承。实际上，从齐桓公晚年开始，就不断有人觊觎霸主宝座，想继承他的这份"遗产"。

"称霸"这个概念一旦由齐桓公发明出来，就不再属于他了，天下人都可以学习这一套。这其实是齐桓公为后世做出的最大的贡献。

在所有模仿者里面，最着急也最有实力的是宋襄公。

这次拥立齐孝公，是宋襄公取得的最大一场胜利，够他夸耀一辈子了。从此他就开始飘飘然的，沉浸在称霸天下的美梦中，然后在历史上留下了一系列笑话……

宋襄公的霸主梦

当初周天子总共封了五个公爵，分别是：宋、虞、虢（西虢国）、州、周（这是叫周国的诸侯国，不是指周朝）。

到宋襄公的时候，这五个国家只剩下宋国和周国还顽强地活着。而周国是周王室的卿士，基本不参与诸侯事务。所以宋国是所有诸侯里面爵位最高的。

宋国这个国家一直就是"小国也有大梦想"，总觉得自己是天选之人，不屑于跟你们这些俗人一般见识。

所以他们往往无视自己极端糟糕的地缘条件，无视自己夹缝中受气的小国身份，总按照大国的方式来做事。

而且他们也保留了很多上古时期朴素的道德观，尽管这些道德观早已经不符合春秋这个时代的需要了。

所有的这一切，在宋襄公身上发展到了一个极端，他做出不少事让人哭笑不得。

宋襄公的父亲是宋桓公——也就是前面提到过的公子御说，他母亲则是宣姜和卫昭伯的女儿。

宋桓公是很有作为的君王，在执政的三十年里，他对国际事务一直抱着积极参与的态度。他执政期间正好是齐桓公称霸的时候，宋桓公一开始还不太服齐桓公，背叛了北杏之盟，因此被齐桓公教训了一顿。从那以后他就紧密追随齐桓公，竭尽全力地参与齐桓公的霸主事业。

有一点很特别——宋国是除了齐国以外，唯一一个参加了齐桓公的所有盟会的国家！

这说明他们的政治立场非常明确，而且国内形势也比较稳定。一句话：靠得住！

所以齐桓公对宋国的信任度相当高，委以重任。在齐桓公称霸的这些年，宋国也跟着沾光，风光无限，俨然是老大的马前卒。

公元前六五二年，宋桓公病重，把嫡长子兹甫——也就是后来的宋襄公叫到床前，要让他继承君位。

兹甫却摇头说："目夷才是长子，而且很仁义，父亲还是立他吧。"

目夷是兹甫的哥哥，却是庶出，按理是没资格继承君位的。

宋桓公就把目夷找来，要传位给他。

目夷也谦让道："兹甫能把整个国家让给别人，还有比这更大的仁义吗？还是立他为君吧！"说着就退出去了。

这是整个春秋时代特别奇特的一幕，在别的国家的公子们为争位杀得你死我活的时候，宋国却出现了兄弟互相谦让的情景，可见作为商朝后裔的宋国确实保留了很多上古时代朴素的礼仪。

最后宋桓公还是把君位传给了兹甫，是为宋襄公。

宋襄公也投桃报李，继位以后就把目夷封为国相，让他帮助自己治理国家。兄弟二人相处得十分融洽。

可以说在宋国的内政方面，宋襄公做得还是不错的；宋国百姓的日子也过得挺好，因此也挺支持他。

随后就是齐桓公召集的葵丘会盟。宋国是齐桓公最亲密的盟友，国力也比较强，所以齐桓公把公子昭托付给了宋襄公，以便将来有什么变故，宋襄公可以帮助照应一下。

齐桓公的眼光是很不错的，宋襄公的确是很靠得住的人。他后来果然没有辜负齐桓公的嘱托，帮助齐国平定了内乱。

到这时为止，宋襄公都以英明神武的形象矗立在国际上，但这之后他就开始走偏了。

作为齐国最忠实的伙伴，葵丘之盟的二号人物，齐桓公的托孤之人，又有平定齐国内乱的功劳，齐桓公的霸主地位不该我继承还该谁继承呢？宋襄公这样想。

所以从那以后他就觉得自己已经是霸主了，并且按照霸主的方式来做事。

他完全抄袭齐桓公的称霸之路，第一件事就是要召开大会，推举盟主。

公元前六四一年，宋国做东，邀请各国诸侯到曹南会盟。

不过宋襄公自己也知道，宋国的国力确实不够，要一步登天地召集天下诸侯来会盟，连他自己心里也没底。

所以这次会盟只请了滕、曹、邾、鄫（zēng）这四个小国，他们都是宋国旁边芝麻绿豆大的国家。这些国家好歹是会给宋国面子的吧？

结果却尴尬了。

请帖发出去以后，滕国根本就不理。宋襄公认为霸主总得有点威风，就派人把可怜的滕宣公抓来关在宋国。

到了会盟的时候，只有曹、邾两国国君好好听话；鄫国国君可能是迟到了或者态度不好，总之又惹翻了宋襄公，宋襄公又把他也抓起来。

会盟仪式当天，宋襄公看着下面稀稀落落的人群，跟曹、邾两个国君大眼瞪小眼，心里很不是滋味。

"要做霸主，没有威信怎么服人？当年齐桓公都要讨伐不服管的人。"宋襄公这样想,"所以必须拿不听话的刺头开刀。"鄫国国君正好撞到刀口上了。宋襄公一拍脑袋,就想出一个闻所未闻的处罚方案——

宋国保留着商朝用活人祭祀的陋习,宋襄公不知道怎么就想到了祖先留下的这种"光荣传统"。他命令邾文公把鄫子抓起来,押到睢(suī)水边的庙里去杀了做祭品。据他说这样可以镇住东夷。

消息一出,国际社会一片哗然。

这次会盟以杀一个国君、抓一个国君的场面结束,闹成了一个大笑话。

如果说之前,中原各国对于宋国继任盟主之位还持保留意见的话,这之后,恐怕心里已经在犯嘀咕了。

事情还没完。会盟过后没多久,曹国也反水了,也不再听宋襄公的指挥。所以宋襄公再度展示霸主的威严,派军队包围曹国,要曹君为叛盟的事情道歉。

至此,"三国同盟"名存实亡。

宋襄公这一系列的行动都遭到目夷的反对。目夷是很有眼光的人,提出不少中肯的意见,但宋襄公不听。宋襄公坚信自己正走在正确的道路上:"当年齐桓公不就是这样做的吗?我照着齐桓公的样子做,肯定没错。"

旁边的陈国表示看不下去。那一年晚些时候,陈穆公牵头,陈、蔡、楚、郑、鲁五国到齐国召开了一次会盟,号称要重新建立齐桓公的同盟——你宋襄公不是自称是齐桓公的继承人吗?现在我们都到齐桓公的儿子那边去开会,我们大家都拥护他,你准备怎么说?

宋襄公大惊失色:"我的霸主地位要受威胁了吗?"只好暂时放过曹国,缩回家里去,先"韬光养晦"几年再说。

但他称霸的决心是坚定的,绝不会因为这一点小小的挫折就退缩了。

两年后,公元前六三九年,宋襄公觉得时机已经成熟,决定再次召开盟会。这次要开个大的,要把齐楚两个大国都请来,让他们亲自承认自己的霸主地位!

这次盟会在鹿地召开,齐孝公和楚成王果然都来了。旌旗蔽天,场面看起来颇为壮观。

齐孝公是因为宋襄公有拥立之功,不好扫他的面子才来的;楚成王是想来看看:"这个乡巴佬在搞什么鬼。"所以两人来这边根本不是要推举什么盟主的。

这次会盟比上次更尴尬。

宋襄公一切都沿用当年齐桓公的制度,自己位居诸侯中央,俨然以盟主带小弟的方式招待齐楚两国国君。

两个国君只是冷笑,根本不甩他;旁边的小国们看到这情形也就放松下来,只在一边看热闹。

宋襄公还要努力做出"盟主"的姿态,乔模乔样,做张做致:"这个……这如何使得?孤王何德何能可以坐这盟主之位?"

大家都只是冷笑,不接他的话。

"既然各位同侪如此抬爱,孤王只好勉为其难了。"

从头到尾都在冷场,只有他一个人在表演。

终于撑到了终场时间,宋襄公觉得还不满足。所有国家里面以楚国最大,所以必须首先把楚成王这个最大的"小弟"框住才行。

"承蒙贤弟抬举,愚兄略备水酒一杯,与贤弟再小酌一番如何?"散场之后,宋襄公拉住楚成王不放,最后跟楚成王约定,这一年晚些时候两国再举行一次会盟,以表示他这个"大哥"对楚国特别的重视。

齐孝公被撂在一边无人理睬,脸都绿了。他下台以后就带上自己人赶回了齐国。

宋襄公始终没有搞明白,当年齐桓公召开盟会为什么不请比自己国家大的国家。

他也不明白,齐桓公为什么要费那么多心力请到周天子的公开支持。

他处处模仿齐桓公,却落得个画虎不成反类犬的下场,成了国际社会的笑料。

但政治这东西可不是笑笑那么简单,嘲笑声背后暗藏的杀机才是真正可怕的……

"以德服人"的霸主

楚成王回去以后就捧腹大笑:"这老小子有意思!寡人下次再去逗逗他,哈哈哈……"

宋襄公其实有一条很清晰的思路:齐桓公称霸的一个主要原因是他能带领诸侯们挡住楚国北侵的步伐,现在宋国要称霸,也得走这条路线,也就是要先搞定楚国这个硬茬。

但肯定不能跟楚国硬拼。

当年齐桓公是怎么做的呢?齐桓公带领军队去楚国转一圈,订一个召陵之盟就回来了。这就叫"以打促谈,以谈代打"。

所以宋国现在跟楚国还是要以谈判为主。如果能跟楚王谈好一个协议,让楚国不再咄咄逼人地向北侵略,那么自己称霸这事就成了一大半了。

而且他这样做是在替中原各国出头,各国应该会很配合才对,这样不知不觉就把大家给团结起来了。

这个思路不能说不对,但关键是宋国根本没有足够的国力去执行这个计划。没有武力做后盾去跟人谈判,在人眼里就是一个小丑。宋襄公不明白这一点,硬要把这个计划推行下去,结果就是又一次让天下人看笑话了。

公元前六三九年秋天,宋襄公以中原盟主的身份邀请楚国会盟,同时还邀请了陈、蔡、郑、许、曹几个中原小国,约定在盂地召开盟主大会。

宋襄公觉得中原这么多国家联合起来向楚施压,肯定可以迫使楚国签订盟约,没什么好怕的。他要继续学习齐桓公的做法——桓公当年不是开了什么"衣裳之会"吗?只带文官,不带兵车与会,因此还得到天下人广泛的称赞,都说桓公"仁义"。所以现在他也不带军队过去,也要向天下展示他的"仁义"。

手下几个大臣都坚决反对,说你这样去太危险了。楚王是什么人?能不防着吗?但宋襄公坚决不听。"仁者无敌",怕什么?

楚国那边,成王听说宋襄公约了一帮小弟一起找他谈判,就恶狠狠地说:"这个老匹夫!是你自己叫我去的,看我怎么收拾你!"

大会召开那天,成王带着大队甲兵雄赳赳地开了过来,刀光掩映。中原各国君主都只带着文官,一看这阵势,个个吓得面无人色。

而且齐孝公因为上次的盟会心里不舒服,这次找借口没来。最有实力的国家都不在,中原诸侯们就更没底气了。

宋襄公仍然沉浸在自己的"霸主"梦里面,盛装打扮,以盟主的身份忙里忙外地招待各国君王。对于中原诸侯们紧张的表情他也没注意到。

楚成王这次是有备而来,就不像上次那么规矩了。他带着一大群护卫直来直去,在人群中叉着腰大说大笑,不一会儿就跟诸侯们打成一片,把宋襄公晾在了一边。

到了吉时,诸侯们依次登台,陈牲歃血,准备推举盟主。宋襄公发觉周围阒然无声:"难道不该是他们一起推举我吗?"他回头一望,发现诸侯们一个个神情漠然,丝毫没有要开口的意思。

宋襄公只好自己开口,先是文绉绉地扯了一堆套话,然后终于说到重点:"今日群贤毕集,寡人欲承先伯主齐桓公之业,邀诸君共襄盛举,同祷天下太平,不知诸位意下如何?"

大家都不敢答话,只拿眼睛望着楚成王。

成王冷冷地说:"不用说那么多废话,先推个盟主出来,你们觉得谁合适?"说着往周围一扫,几个国君纷纷低下了头。

宋襄公只好悻悻地说:"推举盟主要以'德'为先,大家应该找个德高望重的人来当盟主。"

成王哈哈大笑,随手拉了一个小国诸侯过来:"来来来,老弟说说,这里谁最受大家尊重?"

小国国君赶忙弯下腰,恭恭敬敬地说:"当然以大王为尊。"

成王笑得合不拢嘴:"不错,不错,就这么定了。既然大家都推举孤王,孤王也就不谦让了。"说着就站到正中间,拦在宋襄公面前。

宋襄公气得面红耳赤,指着楚成王:"你,你,焉敢如此……"

楚成王一拍手掌:"来人。"四周的楚国军士把衣裳一抖,纷纷亮出兵刃,一把把明晃晃的钢刀逼住了中原各国的随从们。

台下一片哗然,但没人敢动,各国诸侯更是大气也不敢出。

宋襄公气得浑身发抖,还想理论,被人一把拽翻,按在地上,拿绳子绑了，嘴里塞块布，让人抬了下去。

楚成王把宋襄公装在车里，叫人押送着，跟着楚国军队，一点都不耽搁，直接杀奔宋国。

诸侯们面面相觑，都不敢说什么，就这样散了吧。

宋国国内听说了盟会的情况，顿时沸腾了，男女老幼乱成一锅粥。目夷率领宋人，举国动员，城门纷纷关闭，准备抗楚。

他们刚刚准备好，楚国军队就杀到了，并包围了宋国都城。

还好这次楚国带的兵马不多，虽然看着声势很壮，要打下宋国还是不够。所以他们在宋国城下对峙了几个月就回去了，把宋襄公也带了回去。

宋国人投鼠忌器，也不敢去追。

宋襄公精心筹划的盂地会盟就以这样闹哄哄的方式收场了，只留下一地鸡毛。

最后还是鲁僖公出面，亲自去找楚成王说情。楚国把宋襄公关了几个月就放回去了。

但宋襄公经过这次挫折以后威信已经荡然无存，所谓的"霸业"就这样烟消云散，再也没人把他当回事。

楚国通过这次劫盟试出了中原各国的实力。事实证明：齐桓公之后的中原各国已经完全无法阻挡楚国的侵略，缺少盟主的中原大地，将是楚国勇士们任意驰骋的跑马场。

泓水之战

宋襄公被放回来以后休息了几个月，心里总是不服，翻来覆去地想"盟主"的事——这究竟是怎么回事呢？我不是"仁者无敌"吗？对了，都怪熊恽那个臭流氓不讲规矩，趁我不注意才把我抓住。意外！绝对是意外！

他不死心，觉得自己肯定没错，一定要再试一次。

直接挑衅楚国肯定是不行的，得找其他地方下手；让楚国来打我，这样我就是仁义的一方，绝对是不会输的。

休息够了之后，宋襄公又一次跳起来。按照传统，宋国人心里不高兴的时候就要去打郑国。正好郑文公前不久去朝觐楚国，算是背叛了中原的兄弟们，打他名正言顺，所以这次宋襄公就拿郑国开刀。

公元前六三八年，宋襄公以中原盟主的名义，带上几个小国去攻打郑国，包围了郑国的城池。郑国赶紧向楚国求援。

楚成王听说了这件事，一通咆哮："这老小子还敢来！"不多说什么，带上军队直接杀奔宋国。

宋国听说把楚国引来了，也就撤掉对郑国的包围，回防本土。最后宋楚两国军队在宋国边境的泓水边相遇。

按照实力来说，肯定是楚国占优；不过楚国千里迢迢奔袭过来，又是进攻的一方，宋国就在自家门口，守住就可以，所以宋国有天时地利的优势。

两支军队分别驻扎在河两岸。楚国来得迟了一步，宋国这边已经列好阵势了他们才到，所以他们只好在宋军的眼皮底下渡河。

有手下人向宋襄公建议"击其半渡"，就是说趁着楚军渡河渡了一半的时候攻击他们。这是兵法上常用的招数。

但宋襄公不同意："君子不乘人之危，我们是仁义之师，怎么能做这么卑鄙的事呢？"

于是所有宋国士兵站得整整齐齐地看着楚军渡河。

等渡完河以后，楚军阵列散乱，还没排布好，下人又建议：可以趁这个机会出击。

宋襄公还是不同意："要打就堂堂正正地打，我们是仁义之师，不玩阴的。"

等到楚军全部排列好阵势以后，宋襄公终于下令："现在可以出击了。"

可惜这时宋国天时地利的优势都已经不存在了。军士们等了这么久，士气也已经衰竭，如何拼得过士气正盛的楚军？因此宋军全线崩溃。

这场战争，宋国大败。宋军自相践踏，死伤无数。宋襄公身边的卫兵们尤其死伤惨重，这些人基本都是贵族子弟，宋国朝臣们因此怨声载道。

宋襄公自己大腿上也中了一箭，勉强被人救回去，躺在宫里养伤。

都这样了宋襄公还是不悔悟，一直念叨："古人云：'君子不困人于厄，不鼓不成列。'我按照古人说的做，怎么会错呢？"

宋襄公也知道自己肯定不可能打赢楚国了，抗击楚国的任务只能留给真正的青年才俊。正好这时候晋国公子重耳路过宋国，宋襄公命人热情招待他，又送给他二十乘马车，希望他以后好好带领中原国家，挡住楚国的侵略。

不久，宋襄公伤口感染，不治身亡。

他一生坚持"仁义"，可是根本没有理解什么才是真正的仁义。

仁义的本质，是要做对众人有利的事情。

作为三军统帅，上了战场，就要对自己手下的军士负责，想尽办法保证战争的胜利才是最重要的。像宋襄公这样，因为自己的错误导致战争失败，手下的将士们死的死、伤的伤，对他们的仁义在哪里呢？

再进一步，宋国因此被打到了二流国家的行列，无数人辛辛苦苦建设国家的成果付之东流，对他们的仁义又在哪里呢？

不过也有人有不同的看法。

在不少人看来，宋襄公的"仁义"是遵循了已经消失的古老传统，是真正的上古遗风；尽管这些风俗不符合春秋战国这个时代的情况，但也不该完全否认他的善良本质。宋襄公虽然缺少一个霸主需要的大部分条件，但却符合其中最重要的一条标准——"仁义"。所以在主流历史观里面，把宋襄公也列为"春秋五霸"之一，跟齐桓公并列。

我们嘲笑宋襄公，是为了警示后人；我们把宋襄公称为霸主，是为了鼓励善良。

再看另一边，作为跟宋襄公对立的一方，楚成王清清楚楚地展示了一个不仁不义又特别有才干的君王是怎样的。

打败宋国以后，郑文公为了表示感谢，专门犒劳楚军，卑躬屈膝地侍奉楚国。宴席上堆山填海，极尽奢华。他甚至让自己的两位夫人出来招待楚成王。

楚成王得意非凡，在郑国大吃大喝，大肆享受了一番，临走还带走了郑文公的两个姬妾。

楚成王的这些做法让天下人很看不惯，大家都说他实际上就是个黑道大哥，因此他不管多么成功，后世评选"霸主"的时候都绝对没有他的名字。

经过宋襄公这几年的折腾,中原各国们已经彻底被楚国压制,再也没有能力抵抗楚国的侵略。楚国也加紧了对中原的控制,势力范围甚至一度推进到黄河以北。

天下似乎都要开始侍奉楚王了。

但周朝天命不该绝。在这时候,一位绝世奇才横空出世,挡住了楚国北上的脚步,又一次挽救了中原各国。

第十一章　晋楚相争

王子带之乱

晋文公上台之后，还没把国内乱糟糟的事务处理完毕，就听说周王室那边又出大事了。

周王室平时没什么消息，一出事就是大新闻。这次又是两兄弟闹矛盾，又是叛军把周王赶下台，诸侯们又得去勤王了。

这次的剧情跟当年的王子颓之乱差不多，不过主角从周惠王换成了他的儿子周襄王。闹事的是周襄王的弟弟王子带，也称叔带。

王子带从小就受父亲宠爱，当初周惠王本来想废掉太子，改立他为继承人的，被齐桓公他们给强行挡了回去。

齐桓公他们认为废长立幼造成的教训已经太深刻了，所以坚决要求保住王子郑的太子之位。

周惠王最终没能拗过这些诸侯们。公元前六五一年，王子郑在各路诸侯的鼎力支持下登上王位，这就是周襄王。

但襄王性格懦弱，根本镇不住弟弟叔带。而且当时周王室地位衰落，没有什么军事实力，这就给了叔带作乱的机会。

前面说过，当时周朝的情况是"南夷与北狄交，中国不绝若线"，在周人的城邑之外有大量的戎狄杂居。

当周朝各国互相混战的时候，这些戎狄也在同步发展，他们一有机会就向周朝境内渗透，抢占土地。例如韩原之战晋国被秦国打败以后，狄人立即抢占了晋国北部的土地。

而他们最大的成功是消灭了卫国和邢国，并且占据了两国原有的土地，直逼中原核心部位。

所以周王朝无时无刻不在戎狄的威胁之下。

戎狄也有自己的谋略。他们常常利用各诸侯国内部的矛盾，支持其中一方去打击另一方，以此来削弱周朝各国的力量。例如齐桓公死后，狄人就支持齐桓公的四位公子去打齐孝公；卫国跟邢国相互攻伐，背后也是狄人在挑唆。

另一方面，周人对戎狄也是又拉又打的政策。周王室、晋王室都跟戎狄联姻以巩固自己的地位，晋文公重耳的母亲就是白狄，各诸侯国内部的政治势力也纷纷利用戎狄来打击竞争对手。

公元前六四九年，襄王登基仅仅两年之后，周王畿四周的戎狄——总共是扬、拒、泉、皋、伊、洛几处——发起突然袭击，冲进洛邑，烧毁城门，大肆劫掠。周王室损失惨重。

随后秦穆公和晋惠公联手救援周王（当时晋惠公登基不久，还没有爆发韩原之战），在当年晚些时候赶走了戎人，洛邑重新平定。

但周襄王随后就发觉一切都是叔带在搞鬼，是他做内应把戎人招来的。所以叔带是既犯上又叛国。第二年，怒不可遏的襄王发兵攻打叔带。叔带被打败，只得逃到齐桓公那里去躲避。

那时候的桓公已经老糊涂了，居然收留了这个叛国贼，给了他喘息的机会。

一年后，桓公派仲孙湫去试探周襄王的口风，看他原谅叔带了没有。仲孙湫根本没问襄王，回来以后就欺骗桓公说："襄王暴跳如雷，估计十年内都不会原谅叔带。"

桓公相信了他的话，只好一直把叔带留在齐国。

真的过了十年，到了公元前六三八年的时候，齐国已经是孝公的时代了，周王室那边才传来消息：襄王已经原谅了叔带，想召他回去。于是齐国就把叔带送回了周王那边。兄弟两人和好，尽弃前嫌。

周襄王本来是希望自己做个表率，以自己家庭的和睦换来诸侯们的拥戴，事实证明他大错特错了。

在外流亡了十年的叔带不仅没有改邪归正，反而变得更加恶劣，成了一个十足的恶棍。

叔带回到周朝不久，就跟襄王的王后隗氏勾搭上了，隗氏是狄人的女儿——叔带似乎特别能受狄人的欢迎。两人暗通款曲，把王宫变成了淫窝。

当然叔带这样做很有可能是深思熟虑的，他要挑拨狄人来对付襄王。

襄王不久以后就发现了奸夫淫妇的苟且之事，大发雷霆，废掉了隗后，又要拿叔带问罪。

这正是叔带想要的结果。他联合周王朝廷里的几个叛徒，又告诉狄人："周王欺负你们家女儿了。"然后约上狄人一同杀进京师。

这时的周王室哪里挡得住狄人的进攻，瞬间被打得七零八落。襄王逃到坎欿（kǎn），叔带一伙继续追杀，在当年秋天再一次打败襄王，把周公忌父等一干大臣全部活捉。襄王只身逃到郑国的南氾（fán），关键时刻又是郑国救了周王。

这时叔带等人驻扎在温邑。襄王在郑国向天下诸侯求援。诸侯里面实力最强的是秦晋两国，秦穆公跟晋文公都是胸怀天下的霸主级人物，听说这事，马上展开救援。

秦穆公动作最快，率领军队直接开到了黄河边，但东边有晋国挡着，能不能过去得看晋国的态度。

当时晋文公刚登基不久，手下的狐偃、赵衰等人敏锐地觉察到这是一次异常难得的机会，就对晋文公说：要称霸得先尊王。赶紧派人去把秦国拦住，我们抢在前面去援助周王，这是我们以后重大的政治资本。

晋文公于是让人到边境劝退了秦穆公。秦国远离中原，这是他们的地缘劣势，没办法。另一边，文公又派人贿赂东边的戎狄部落，请他们让开道路。文公亲自带兵，火速驰援周王室。

晋国兵分两路，一路去郑国接应周襄王，一路去温邑攻打叔带。他们很快就打败并且活捉了叔带，然后拥着襄王返回王畿。晋国兵锋势不可挡，一路扫除狄人,把狄人全部赶回了他们老家,并扶立襄王重新登上王位。王子带之乱自此被平定。

王子带之乱进一步削弱了周王室的实力,这次动乱跟之前的王子颓之乱都是周王朝衰落的标志性事件,后人因此评价说"颓带荐祸,实倾周祚"。

周襄王杀了叔带这个罪魁祸首,大力封赏晋国,把阳樊、温、攒茅、原四个城邑赐给晋文公。不过这些城邑其实多年以前就被狄人给占了,现在晋国才把狄人赶走,所以襄王只是送个顺水人情而已。

晋国南部的疆域因此又大幅扩大,地理优势更加巨大,彻底把秦国挡在了崤山以西。

晋文公抢到这次勤王之功,地位得到官方认可,在诸侯中的威望大大提升,他顺便又压了秦国一下,从此开始逐步攀上霸主之位。

但晋国要称霸还差一个重要条件,就是要压服楚国,保卫中原。

晋国虽然人才济济,楚成王的才能同样不能小看。这些年,楚国在他的治理下,东征西讨,基本没吃过败仗,现在楚国国土面积已经远远超过其他诸侯国。要对付这样一个"巨无霸",晋文公需要深思熟虑才行,一步都不能错。

到这个时候,诸侯们都知道晋楚两国必有一战。国际社会屏住呼吸静静等待,两大霸主正面碰撞的时刻即将来临……

齐桓公之后的中原大乱斗

公元前六四二年,宋、卫、曹、邾四国联军帮助齐国平定了叛乱,拥立齐孝公登基。经历了一年的动乱以后,齐国元气大伤,齐桓公建立的霸权至此终结。

中原地区出现了巨大的权力真空,各种不安分的力量蠢蠢欲动,以前想做而不敢做的事情现在可以放开手干了。

当年冬天,邢国首先发难,联合狄人攻打卫国。

邢国和卫国前些年双双被狄人灭国,在齐桓公的帮助下才重新建立起国家。但不知什么原因,两国之间的仇恨却似乎超过了对狄人的仇恨。

卫国当政的卫文公是个励精图治的君王。他听说邢国来侵略的消息，在朝堂上声称要把君位让出去："谁能带领国家走出困境，我就拥护他当国君。"朝臣们在他的鼓励下同仇敌忾，发起全国总动员，打退了邢狄联军的进攻。

既然撕破脸，后面就收不住了。第二年，卫国攻打邢国，发誓报去年的仇。

但邢国跟齐国世代联姻，是极其亲密的国家，尤其在邢国被狄人打败并被迫迁到夷仪以后，实际上成了齐国的属国。所以这时候齐国坚定地支持邢国。卫国要打下邢国可不那么容易。

这时南边的滑国也加入乱局。滑国本来是郑国的属国，在公元前六四〇年突然倒向卫国。郑国当然不同意，立即打进滑国的国都，滑国投降。但郑国的军队刚撤回去，滑国就又一次归顺卫国。

那一年秋天，齐、邢、狄三方在邢国会盟，决定共同收拾卫国。随后狄人就入侵卫国。

打不过他们三个，卫国就去找郑国出气。公元前六三八年，卫、许、滕三国在宋襄公带领下，共同攻打郑国。这时郑国的后台老板是楚国，楚国发起报复，引发泓水之战，宋襄公大败。

郑国随后报复滑国，再一次打进滑国国都，眼看就要消灭滑国。

周襄王派人到郑国替滑国求情；郑国认为襄王拉偏架，直接扣压了周朝的大臣。襄王大怒，不顾朝臣的反对，引来狄人打进郑国。

但不久以后周王室后院起火，爆发了王子带之乱，狄人把襄王赶出洛邑，郑国反而又收留了襄王。

泓水之战刚过，齐国乘人之危也去攻打宋国，理由是说他们跟楚国的盟会不邀请自己参加。宋襄公连番受气，不久以后伤口感染而死。

另一边，卫国跟邢国还在互攻。卫国派出大夫礼至到邢国诈降，邢国相信了礼至，安排他在朝廷里任职。公元前六三五年，卫国大规模进攻邢国，在紧要关头，礼至突然发难，里应外合，消灭了邢国。

卫国跟邢国都是周朝姬姓诸侯国，卫国对自家亲戚大开杀戒，因此担上了消灭同宗的恶名。

东方那边也没闲着。这几年鲁国跟邾国一直在打来打去，最终，邾国在升陉大败鲁国。

而齐国跟鲁国的积怨也爆发。鲁国跟卫、莒结成三国同盟,对抗齐、邢联盟,最终导致齐国进攻鲁国。

公元前六三四年夏天,齐国大军压境。鲁僖公让大夫展喜带着大量的酒食连夜赶到齐鲁边境,假装说要犒劳齐军,然后用一篇漂亮的说辞说服齐孝公,让齐国自动退兵了。

但鲁国这是缓兵之计,随后他们就去向楚国求援。当年冬天,楚、鲁联军进攻齐国,占领了齐国的谷邑,把齐孝公的弟弟公子雍安置到那里,让著名的奸臣易牙在那边侍奉他,做出随时要扶立公子雍回齐国的姿态,以此威胁齐孝公。

当然,楚国也很忙,除了打齐国以外,他们也在打宋国。同一时期他们跟秦、晋两国也掐起来了,楚国的大将子玉追杀秦军没有追上,在班师的路上又顺便打了陈国,回到楚国以后马上又参与镇压夔国的叛乱,消灭了夔国。

到这时为止,中原所有主要的国家都加入了大混战,你一拳我一腿,报仇再报仇,一直不间断。到最后大家都不知道自己为什么要打仗,这次在跟谁打、下次又跟谁打。因为今天的盟友明天可能就打起来了,今天打得乌烟瘴气的对手明天可能就握手言和。

公元前六三二年前后,天下大乱,一幕幕悲喜剧在神州大地上演着。人类的自私、贪婪、残忍、嗜杀和愚蠢在这片古老的土地上表现得淋漓尽致。

这才是真正的春秋乱世。

这一切都让世人看到:一个没有霸主的中原会混乱成什么样子。

谁来收拾这个乱局呢?

四大国对决

中原诸侯们在连续十年的大混战中渐渐分成了两派,一派以楚国为首,有楚、郑、卫、曹、陈、蔡、许几个国家;另一派是齐、宋、邢,还有个墙头草鲁国。

最后，两个庞然大物秦国和晋国也加入战团，彻底终结了混乱局面。

泓水之战是楚国的重大胜利，从那以后，楚国势力深入中原。原来在齐桓公麾下的中原小国们纷纷倒向楚国，老霸主齐国被孤立，形成了楚国带一帮小弟对抗齐国的局面。

但这些小弟们很多都是被迫的，特别是宋国。宋襄公被楚国欺负到死，泓水之战以后被迫签了城下之盟。宋国人表面顺服，心里却特别恨楚国。

公元前六三三年，宋襄公的儿子宋成公继位三年之后，眼看着晋文公治下的晋国迅速强大，就果断撕毁跟楚国的盟约，倒向了晋国一边。

这事楚国当然要管，所以第二年楚成王就让手下的大将子玉去讨伐宋国，楚、陈、蔡、许、郑五国大军包围了宋国都城。

宋国果断向晋国求救。

晋文公接到宋国的求援信以后有点为难。

当初晋文公流亡列国的时候，在卫国和曹国都受到冷落，在宋国却受到宋襄公的热情款待，因此跟卫、曹有仇，却欠宋国的恩情。

现在宋国来求救，晋文公不好说不答应，但他知道，一旦跟楚国杠上了，就是生死对决的大战，大意不得。

另一方面，晋国要称霸，楚国这道坎是必须要迈过去的，所以晋楚必有一战。

他跟手下的大臣们商议这件事。

先轸说："这一仗既可以报宋国的恩情，又可以成就霸业，应该打。"

狐偃出主意："曹、卫两国最近都被楚国收服了，我们可以去打他们两个，迫使楚国撤掉对宋国的包围。"

这个方案进可攻、退可守，得到了大家的赞许。

但楚国的军事力量实在太强，即使晋国也不敢单独碰他。当时天下有四个大国——齐、楚、秦、晋，要是再把齐、秦拉拢到自己这边来，三大国联手围殴楚国，胜算就大大增加了。

齐、秦两国是什么态度呢？

齐国正在楚国压迫下艰难支撑。

不久前楚国刚刚跟鲁国联手，侵占了齐国的谷邑，把公子雍安置在那里，楚国的军队在那边留守。

在别人的国家强行划一块飞地出来,扶一个反对派在那边,这一招非常霸道,在中国历史上还是第一次。齐国慑于楚国强大的军事实力,竟然不敢反对,楚国撤兵以后他们也不敢去打公子雍。

现在楚国更进一步,围困宋国,剑指齐国,磨刀霍霍,准备双杀齐、宋。

所以齐国对于楚国是又恨又怕,拉拢齐国作盟友是肯定没问题的。

秦国那边最近也跟楚国闹翻了。

前年秦国曾跟晋国联手讨伐楚国手下的鄀国,那次出征可能是对楚国的试探性进攻,秦军为主,晋军为辅。

楚国起初没太在意,主力部队都没动,只派申公斗克(子仪)和息公屈御寇(子边)带着申息两地的军队去帮鄀人防守。(楚国之前消灭了申国和息国,在他们的故土上设置申县和息县,守卫这两个地方的官员就称为申公和息公。)

鄀国的首都是商密,申息二公所驻扎的楚国析邑离商密很近,他们在这里静待秦军到来。

哪知秦国这次是有备而来。他们经过析邑,先不打楚军,而是找个人烟稀少的地方,让士兵扮作析邑的降卒;黄昏时分,用绳子绑着"降卒",一排排押着从商密城外走过。当天夜里,他们包围了商密,一大群秦兵举着火把,在商密城外挖地埋血,把盟书放到上面,假装跟申息二公歃血为盟。

鄀人从城墙上看到这情形,朦朦胧胧的,以为是楚国跟秦国在盟誓,吓得魂飞天外,城里纷纷传言:"析邑已经被占领,楚人把我们出卖了。"于是鄀人不战而降,开门迎接秦军入城。

秦军不费一兵一卒拿下商密,再反手去打析邑,瞬间攻克了析邑,活捉了申息二公,然后趁楚国大军赶来之前火速撤退。

等楚国的援军来的时候,秦军已经撤走,楚军扑了个空。

这以后,鄀国遗民迁移到了上鄀(商密被称为下鄀),彻底沦为楚国的附庸国。

这次突袭极其漂亮,秦国以几乎零伤亡的代价消灭了鄀国,还俘虏了两员大将,给了楚国当头一棒,所以秦楚两国也走到了对抗的边缘。

在公元前六三三年，晋国准备救援宋国的时候，有齐秦两大国加持，国际形势对于他们来说还是比较有利的。

晋国的诡计

当年年底，晋国先做战备工作，把军队编为上、中、下三军，任命郤縠（hú）、狐偃、栾枝、先轸等人为将领。晋国大军出发，当年年底首先打下了太行山以东的土地。

宋国那边的围困还没解除。

第二年，宋国再派大臣到晋国告急，这却让晋国找到了一个机会。

晋国即将攻打曹、卫，接下来就要硬碰楚国，但怎么让齐、秦两国参战还是个问题——晋国直接找他们帮忙显然不太好，得先点一把火才行。君臣商议这事，先轸出了一个计谋：

让宋国使臣别来求晋国，而是带着重金去贿赂齐、秦两国，就说，求他们帮忙去跟楚国谈，要楚国放过宋国。

齐、秦去楚国说情的时候，晋国这边就去打曹、卫，打下的土地都送给宋国，以此来激怒楚国；楚国一怒，肯定不答应齐、秦的求情；齐、秦碰了钉子，就只好站在我们这边了。

于是晋文公就跟宋国使者说："你们去求齐国和秦国帮忙吧，他们会帮你们谈的。楚国那边你们先顶住。"

宋国使者走后，情况果然像晋国预料的那样发展：楚国当场拒绝齐、秦的请求；齐秦两国颜面扫地，都公开表示支持晋国，从而形成了三大国围攻楚国的局势。

同时晋国军队已经开始攻打曹国。

晋、曹中间隔着卫国，晋国先向卫国借道，可能想再来个"假途灭虢"的计策。卫国没上当，不同意。晋国只好向南渡过黄河，绕了一圈去打曹国，同时也攻打卫国。

晋军很快获胜，打下了卫国的五鹿，然后在卫国的土地上跟齐国会盟（这说明可能齐国也出兵参与了讨伐曹卫），剑指卫国首都楚丘。

卫成公一看势头不好，立马向晋国投降；晋国当然不同意，因为他们的目标本来就不是卫国。成公又想向楚国求援，但是朝廷里的大臣们又不答应。成公左右为难，只好说：好吧，老子不干了，谁想当国君谁来当。然后他把军政大权交给他的弟弟叔武和大臣元咺（xuān），自己跑到襄牛躲起来了。

卫成公的做法后来引起了一桩国际诉讼，我们后面会讲到。

晋国把打下的卫国土地分给宋国，又把军队开去打曹国。

晋军包围曹国都城，但死伤惨重。曹国人把晋军的尸首挂在城楼上挑衅，搞得晋军的士气深受打击。晋文公很伤脑筋。

这时有人向文公建议说："我们以牙还牙。曹国人祖先的墓地都在郊外，我们直接到他们坟墓上驻军！"

文公觉得这个做法可行，就指挥军队把军营迁到郊外的墓地上去。这招够狠，城里的曹国人马上怂了，乖乖地把晋军的尸体收好，用棺木装着送出城去。

送尸体的队伍来来往往，曹国城池的戒备放松，晋军趁这个机会偷袭，一举拿下了城池，曹国被灭。

当年三月初，晋军开进曹国首都，活捉了曹共公。晋文公当场数落他的各种罪行，说他昏庸残暴、任用奸臣等，然后命人把他押送回晋国，听候发落。

当初曹共公偷看晋文公洗澡，现在终于被报复了。

晋文公是恩怨分明的人，当年僖负羁拼命讨好他，所以他现在规定：军队不准骚扰僖负羁的家人。——当然，这说明曹国的其他贵族家庭都很惨，破财消灾都算轻的。

曹、卫两国的国土都被晋文公转手送给宋国。楚国火冒三丈，子玉派手下大将到晋国的军营跟他们谈判。楚国使者说："你们把曹、卫的土地还给他们，我们解除对宋国的包围，大家各退一步，好吧？"

晋文公已经把国际社会的情绪挑起来了，当然不会这样就收手，这时他又要了一个手腕：

他把楚国使者扣留下来，隐瞒了楚国来谈判的事，然后找到曹、卫的人，跟他们说："楚国保护不了你们，你们看，到现在他们都没来救你们，现在只要你们跟楚国断绝关系，我就撤军，恢复你们的国家。"

曹、卫没办法，只好向楚国发函断绝关系。楚国辛辛苦苦去救他们，却换来这个结果，三军将士听到这消息都炸裂了，群情激奋，无法遏止——楚国就这样硬被逼到了战争边缘。

传奇家族若敖氏（一）

这时候楚成王年纪已经大了，雄心不再。他在后方听说晋文公步步紧逼的消息，就派人对子玉说："重耳流亡在外十九年，受尽了苦难，对于民间疾苦有深刻了解，这样的人，老天都要助他，不能跟他作对。"

这是很中肯的评价，楚成王这人的眼光是很毒的，如果照他说的做，楚国不会吃亏。

但前线的子玉听不进去，而且就算他要听，下面的人也未必会答应。他让人对成王说："我不敢说一定要立功，只求堵那些闲人的嘴。"他仍然坚持要跟晋国打仗，成王也拗不过他，只好给他增派援军，但派的军队数量不多。

为什么子玉有如此大的权力，甚至可以自行发起对外战争呢？这就涉及楚国一个掌握军政大权的家族——若敖氏。

西周末年、春秋初期，楚国有一个非常有作为的国君：楚若敖。他是开山鼻祖似的人物，据说他"筚路蓝缕，以启山林"，带领楚人艰难地开创基业，所以后世的楚人对他非常敬仰。他的小儿子斗伯比就以他的谥号"若敖"为氏，就是若敖氏。

斗伯比在楚武王时期担任令尹——这是楚国最高的官职——跟随楚武王东征西讨，立下了很多功劳。

从那时候起，若敖氏家族就一直把持楚国国政，尤其是带兵打仗的任务，几乎完全由他们主导，他们家族的兴盛伴随着楚国大规模的对外扩张。从楚武王到楚庄王的五任国君时期，楚国的十一个令尹，有八个出自若敖氏家族。

斗伯比有个儿子叫斗谷於菟（wū tú），也叫斗子文。他这个奇怪的名字是怎么来的呢？这来源于他离奇的身世。

传说当初斗伯比跟自己舅舅的女儿私通，生下一个儿子。他的舅妈鄀国夫人知道了这件事，怪自己的女儿辱没家门，就偷偷地把这个孩子扔到了云梦泽的荒地上。

后来鄀国公在郊外打猎的时候，看到有老虎抱着一个婴儿在哺乳，见到人也不躲避。那婴儿长得非常壮实，鄀国公觉得这孩子肯定不是普通人。他回去以后跟鄀国夫人说起这件事，两人一合计，才知道这正是自己丢失的外孙，于是又把这个婴儿捡了回来。

鄀国公一家只好接受了自己女儿未婚生子这件事，把女儿跟外孙一起送到楚国去，跟斗伯比团圆。

这个老虎喂养的婴儿就是斗谷於菟。在楚国的语言里面，"谷"是哺乳的意思，"於菟"是指老虎，斗谷於菟就是说老虎养大的斗家的孩子。

斗谷於菟（子文）长大以后也担任令尹的职位，辅佐楚成王。那时候成王也刚上台不久。君臣都有雄心壮志，准备干一番事业。

当时楚国刚刚经历了子元之乱，国库空虚，斗子文把自己家里的财产拿出来资助国家渡过难关，留下了"毁家纾难"这个成语。

史书上记载他为官清廉，刚正无私，他不为自己谋利益，以至于家里十分清贫。

他每天穿着粗布衣服上朝，天还没亮就到了，恭恭敬敬地站在朝堂上，天黑以后才回家吃饭。长年累月这样，不知疲倦。

他家里没有存下哪怕一天的粮食。楚成王听说他穷得快要吃不上饭了，每次上朝的时候就在朝堂上准备些干粮赏赐给他。到最后这种做法都成了一种风俗。

每到楚成王要给斗子文发俸禄的时候，他就躲开，等过了风头他再回来。人们问他为什么要躲，他说："作为从政者，最重要的是为老百姓谋福利。老百姓那么贫穷，我却独享富贵，这样的做法，离死不远了。所以我不是在逃避富贵，而是在逃避死亡呀。"

楚成王和斗子文，这对励精图治的君臣，就这样兢兢业业地经营着国家。

在他们当政的这几十年，楚国四面出击，无往而不利，扩张成为天下最大的诸侯国。

斗子文凭借着极为高尚的人格以及彪炳史册的政绩，赢得了后人特别高的赞誉，成为楚国历史上偶像级的人物，连后来的孔子都对他赞不绝口。

后来他老了，准备退休，成王咨询他，谁可以接他的班，他推荐了自己的弟弟子玉。

子玉又名成得臣，是一员大将，从年轻的时候就屡立军功，那些年楚国的对外战争基本都是他在主持。得到推荐以后，子玉便继承了子文的令尹职位。

但并不是每个人都看好子玉。当时另一个掌权的家族芈（wěi）氏有个小孩叫芈贾，年纪轻轻就很有眼光，他对人说："子玉这人志大才疏，根本没法跟自己的哥哥比。别说让他担任令尹，就是让他带兵打仗，也最多只能让他带三百乘兵车。"

楚成王跟子玉也不对路，两人常有不同看法。子玉刚愎自用，总不把成王的话当一回事。现在面对晋国的挑衅的时候，两人的态度就刚好相反。

但这些矛盾反而进一步激起了子玉的反弹。所以他对楚成王说："我这次就是要堵那些乱说话的人的嘴。"

不过当时谁也不知道哪一方才是对的，楚成王只好派了少量兵力援助子玉，其中很大一部分是若敖氏的兵士。

三军开赴前线，准备对垒晋军。

退避三舍

公元前六三二年四月，狂怒状态的子玉撤掉对宋国的包围，带领楚、郑、许、陈、蔡组成五国联军，直接杀奔卫国。同时，晋、宋、齐、秦四国联军在那边严阵以待。大战一触即发。

这场战争之前，晋国的外交战、心理战都已经取得了想要的效果，又经过了充分的战争准备；而楚国内部意见严重不统一，君臣之间相互掣肘。可以说，开战前楚国就已经输了一阵。

晋文公听到楚军来的消息，马上下令"退兵"，命令全军大幅后撤，连续后退"三舍"，也就是九十里。属下很不理解，问："大王这是以君避臣，严重降低自己的身份，而且我们又不是打不过楚国，为什么要退呢？"

狐偃向他们解释："大王以前受过楚王的恩惠，约好的要以'退避三舍'来报答。"

晋文公说到做到，不失信于天下，这是他仁德的地方，在后世传为美谈。不过也有人认为这是晋文公诱敌深入的计策，故意示弱，麻痹对手，同时也挑对自己有利的地形来作战。

四国联军一直退到城濮才安下营寨，楚国的联军也追到了这里，两军对峙。

晋国的将领们都信心满满，私下对晋文公说："不要怕，这场仗打赢了我们就能得天下人心，即使输了，晋国凭借'表里山河'的地理优势，也可以稳稳地防守。"

子玉派人向晋文公请战，言辞非常傲慢。晋文公却用很谦卑的话回应他，答应第二天早上交战，还一直念念不忘地说感谢楚成王的恩惠。

子玉听到下人的回报以后大肆叫嚣："今后再也没有晋国了！"

实际上，晋国表面上一直表现得异常隐忍和谦逊。这是他们的既定策略，他们用这种方式让楚国军士更加的狂妄，而自己却始终保持冷静。

而子玉那边，压力也特别大：国内的人都不信任他，他急需一场重大胜利来证明自己。这场战争，他比晋文公更输不起。

第二天，双方摆好阵势。楚国这边，中间是子玉自己的军队，左军是申、息联军，右军是陈、蔡联军，战车总共一千两百乘。

楚国的左右两军都是仆从国的杂牌军，他们的战斗力和战斗意志都比较弱，而且相互之间配合也不默契，因此不仅帮不上忙，反而会拖累楚国的正规部队——这其实是春秋时战争中各国常犯的一种错。

反观晋国那边，虽然有齐、秦、宋的军队辅助，但在排兵布阵的时候依然是以晋国自己的军队为主，晋国的上、中、下三军分别对阵敌人的三军。因此虽然晋国这边军队总兵力只有一千乘，却避免了被杂牌军拖累的可能。

对面的陈、蔡两支军队一向是打酱油的，所以晋军就以他们为突破口。

胥臣带领晋国下军对阵陈、蔡联军，他们给战马披上虎皮，猛烈冲向敌军。陈、蔡联军的战马看到一大群猛虎冲过来，全部受惊站立，阵势顿时乱作一团；陈、蔡的士兵四处逃窜——楚国右军大溃败。

晋国上军那边，狐毛立起"将""佐"两面旗帜，让人扛着两旗后退；栾枝用战车拖着树枝狂奔，尘土蔽天，造成晋军败退的迹象。子玉以为晋国上军在后撤，就让楚国左军去追击，致使左军侧翼暴露。先轸、郤溱（zhēn）带领晋国中军，狐毛、狐偃带领上军，两路夹击，杀得楚国左军丢盔卸甲，狼狈逃窜。

楚国的左右两军都败了，子玉怕被包围，只好让中军撤回，勉强保住了这支军队。

楚军退走；晋军攻占了楚军的营地，取得了城濮之战的胜利，三天后班师回国。

这场战争打了不过半天时间，双方的消耗可能都不大，楚国也没受到多大伤害，但对国际形势的影响却是深远的。

楚国北进的步伐被阻挡，从此暂停了对中原各国的侵袭，原来的从属国纷纷投靠晋国一方；晋文公凭借这场战役赢得了中原各国的认可，登上霸主之位。随后晋文公还带着楚国的战俘去向周王邀功，获得周王的褒奖，重新扛起了齐桓公"尊王攘夷"的大旗。

城濮之战是典型的春秋式的战争，点到即止，不以杀伤敌方的人员为目的，输的一方自觉退出国际事务的争夺，胜的一方从此赢得国际形势的主导权。

子玉领着败军退回楚国，到达方城的时候，接到楚成王传来的命令。成王对子玉说："你要是进了方城，怎么向申县和息县的百姓交代呢？"子玉只好当场自尽。但成王却宽恕了其他人，子玉成为了这场战争中唯一一个因为战败被赐死的将领。

经过这一场挫折，若敖氏在楚国的势力受到一定打击，令尹的职位也落到了芮氏的手里。从此以后，若敖氏跟楚王的矛盾渐渐浮上水面，逐渐演变为楚国内部一场剧烈的政治动荡。

第十二章　秦晋决战

践土之盟

打败楚国以后，晋文公已经获得了霸主的毕业证，现在就差举行仪式了。

按照齐桓公留下的传统，要称霸，形式上一是要得到周天子的册封，二是要会盟天下诸侯。晋国军队从城濮撤走以后，来到践土这个地方，为周王建了一座行宫，然后向周襄王和各路诸侯发出邀请。当年五月，由晋文公主持，各国在践土举行晋国称霸的正式典礼。

参与这次会盟的国家有晋、鲁、齐、宋、陈、蔡、郑、卫等，基本上囊括了除了秦、楚两国以外，参与城濮之战的所有国家。

晋文公本来已经有勤王之功，现在又打败了周朝的敌人，既有威，又有德，所以这次会盟得到周王的鼎力支持——甚至超过了当初周王对齐桓公的礼遇。

现场的声势极其宏大，周襄王亲自驾临践土行宫。晋文公先是把俘虏的楚国士兵、车马、兵器等进献给襄王；襄王让王子虎等大臣褒奖晋文公，赏赐大辂（lù）、弓矢、礼酒、玉器、勇士等非常丰厚的礼物给晋文公。

襄王册封晋文公为"侯伯"，任命他为诸侯领袖，代替天子管理诸侯，还让人作了《文侯之命》来夸赞他的功绩。（关于《文侯之命》有两种说法，一种认为是周平王褒奖晋文侯的，一种认为是周襄王褒奖晋文公的，《史记》

用的是后一种说法，而且流传有不同的版本，文字有较大出入。）以下是《文侯之命》的一部分：

王若曰：
父义和，丕显文、武，能慎明德，昭登於上，布闻在下，维时上帝集厥命于文、武。
恤朕身、继予一人永其在位。

晋文公礼让三次才接受了襄王的封赏，然后又三次进去拜谢襄王。一切都严格按照礼仪执行，有礼有节，丝毫不乱，让天下人都很服气。

王子虎随后代表襄王跟诸侯们盟誓，诸侯们共同保证服从周天子的命令，彼此和睦相处，不再相互侵犯。

这次会盟，楚国原来的小弟们全部臣服于晋国。经过了十一年的混战之后，中原各国再次团结起来。

晋文公从此接过齐桓公的衣钵，继任为中原霸主，而且晋国的霸业覆盖了更多的国家，拥有更加广泛的支持，还手握更加强大的武力，所以比齐桓公的霸主地位更有说服力。

晋文公回国登上君位不过五年，就完成了称霸的壮举，这是非常伟大的成就，在春秋时代堪称第一。同时，我们也不能忘了一个人——晋献公，是他连续几十年的强势扩张加上阴谋诡计，才为晋文公积攒下了这份雄厚的家底。

这时的晋国对周边小国和戎狄都占据压倒性的优势，表里山河的地理优势，又使得他们在国际冲突中首先处于不败之地，扼守崤函地区又堵住了秦国东进之路。

在国内来说，晋文公本身的个人魅力足以照耀庙堂之上；星光熠熠的晋国政坛，又完全超越了管仲、鲍叔牙的明星班底。所以晋国的强大是全方位的，无敌！

晋文公断案

晋文公是个非常"讲政治"的君王，他的一言一行都严格遵照"政治正确"的原则。

践土之盟过后，晋文公回到晋国，按照城濮之战各人的表现论功行赏。狐偃排第一，但他谦让说："这场战争能胜利，是靠的先轸的计谋。"

晋文公说："当初你告诫我要守信用，所以我遵守跟楚成王'退避三舍'的约定。先轸帮我出谋划策，我用先轸的计谋打赢了楚国，但这只是一时的利益，而你的建议才是万世之功，一时的利害怎么抵得过万世之功呢？"所以仍然坚持狐偃功劳最大。

做人比做事重要，以德为先，这是他一贯的处事原则。

随后对于卫国内乱的处理，更加体现出晋文公的政治正确。

当初晋国攻打卫国的时候，卫成公逃到襄牛躲起来，卫成公的弟弟叔武摄政，大臣元咺辅政。后来楚国战败，卫成公又逃到陈国去躲着。

践土之盟，中原各国都去参加，卫成公很犹豫：不去，怕被各国孤立；去，又不敢面对晋文公。想了很久，最后决定让叔武和元咺去参加，所以卫国也是践土的盟国之一。

会盟之后，晋文公觉得对卫成公的惩罚已经够了，就恢复了他的君位；但曹共公还被关着。

后来有一次，晋文公偶然生病，让巫师占卜。曹国串通巫师，让他对文公说："曹、卫都是姬姓诸侯，跟晋国同姓，当初齐桓公帮助异姓之国复国，现在大王却灭掉同姓之国，这恐怕不是符合礼仪的举动；而且您本来同时答应恢复曹、卫两国，现在只恢复卫国，不恢复曹国，这是失信了；两国的罪行相同，待遇却不同，这又是执法不公。三个原因，老天才降罪。"

这话说得很吓人。那时的人还是很迷信的，这样"上干天咎"的事情当然不能做，而且用曹、卫来挑衅楚国的任务也已经完成。所以晋文公听了这话马上纠正自己的错误，让人释放曹共公，恢复了曹国的诸侯之位。当然不久之后晋文公的病也好了。

当然，晋文公不是这么容易就可以应付过去的。几年以后，他又找上曹共公的麻烦，强迫曹共公割让了一大片土地给鲁国，又让曹国对晋国称臣纳贡，这才作罢。

再说卫成公，这家伙人品和情商都不怎么样，小气刻薄，疑神疑鬼的。他好不容易恢复自由，却不规规矩矩做人，而是马上打起了小算盘。

叔武去参加践土会盟以后，有人向卫成公进谗言，说："元咺想拥戴叔武当国君。"他听了当即暴跳如雷。正好元咺的儿子在他身边当人质，他也不问消息真假，马上杀了元咺的儿子——也不知道这样对于阻止叔武当国君有什么作用。

元咺却是忠于国家的人，听说儿子被杀以后，仍然兢兢业业地忙于国事。他先护送叔武参与会盟，然后又跟着叔武回到卫国，没有任何抱怨。

回国以后晋国那边很快传来消息：晋文公允许卫成公复国。于是支持卫成公和叔武的两派人马见面谈判，双方共同立誓：大家为了卫国的利益团结起来，不再对抗。

卫国人随后向卫成公发出消息，准备迎接他回国。

卫成公听说以后疑心却更重了，他严重怀疑这背后有阴谋。所以他没有按双方约定的日期回去，而是提前了几天。他让大臣甯（ning）武子乘车走在前面，自己偷偷跟在后面，看城里的人会怎么做。

守城的人看到甯武子来了，以为是卫成公派来的使者，就很热情地迎接他们进城，也没有组织大规模的欢迎仪式。

快进王宫的时候卫成公才突然露面，众人都吃了一惊，赶忙报进去。卫成公让公子歂（chuán）犬作前驱，直接开进宫里。这时叔武正在里面洗头，他听到下人的报告，又惊又喜，来不及整理好衣服，握着头发就出来迎接。公子歂犬假装没看清楚，一箭射过去，当场杀死了叔武。

元咺听说宫里发生惨祸，非常震惊，奔过来抚尸痛哭，说："叔武有什么罪过，为什么要杀他？"卫成公假装震怒，杀了公子歂犬为叔武抵命。众人敢怒而不敢言，这事就这样混过去了。

卫成公为什么要杀叔武？也许真是意外，也许是他以为叔武要害他所以先下手，不过最大的可能还是为了除掉主要的竞争对手——不管他有没有坏心眼，除掉了总是安心一些。

元咺看到这种情况，知道卫成公这边肯定不能待了，就找机会逃出了卫国，到晋文公那里去申诉，请求晋文公主持公道。

卫国的凶杀案惊动国际社会。晋国作为霸主义不容辞，晋文公马上设立法庭，亲自主持，召开了一场最早的"三堂会审"。

元咺作为原告，卫成公是被告，君臣当面对峙不合礼节，所以由卫国的铖（zhēn）庄子代替卫成公受审，甯武子扶着卫成公在一边旁听，卫国大臣士荣作为辩护人。

元咺和士荣当堂展开激烈的交锋，对于凶杀案的前因后果、双方的动机、具体细节、各自的责任，方方面面进行辩论。

由于卫成公滥杀无辜的事情证据确凿，士荣经过百般狡辩还是输给了元咺。最后晋文公判决：卫成公败诉，废掉他的君位，押往洛邑，打入周王的大牢，让甯武子每天用粥喂他；士荣当场处死；铖庄子代卫成公受刖（yuè）刑（砍去双脚）。

元咺被送回卫国，立公子瑕为卫君。

这次审判展现了春秋时期中国人的法制精神，以法庭公开辩论而不是君王独裁的方式决定国家大事，这样的民主作风足以照耀后世两千年的华夏文明，而且最后的判决结果在当时的条件下也算是很合理的，真称得上公道无私。

随后在如何处理卫成公的问题上，晋文公跟周襄王却发生了分歧。

晋文公有过被亲兄弟追杀的惨痛经历，所以对于卫成公杀弟这种行为深恶痛绝，一心想置他于死地。

对于周襄王来说，为了替大臣伸张正义而废掉君王，这是件很敏感的事。如果鼓励这种行为，那么别人也可以废掉他周天子，这怎么能接受？而且晋文公代天子行权，废掉跟他平级的诸侯，这也让襄王有一种被冒犯的感觉。

卫成公被送到周朝的监狱以后，相当于被保护起来了，晋文公要除掉他只能玩阴的。他让卫成公的医生在药里下毒，想毒死卫成公，不料却被甯武子察觉到了。甯武子买通医生，让他减少药的剂量，结果怎么都毒不死卫成公。

比小强更顽强的卫成公就这样活了下来。两年以后，鲁僖公出来帮忙，四处活动，替卫成公求情，还送重礼给周襄王和晋文公。襄王正好找到借口，就替卫成公向晋文公求情。晋文公总不能公然驳回天子的意见，只好把卫成公放了。

卫成公逃脱了牢狱之灾。他手下还是有不少的支持者，他重金贿赂卫国的大夫周颛（zhuān）和冶廑（jǐn），并且许诺给他们高官厚禄。这两人被荣华富贵迷了眼，在国内发动叛乱，杀了元咺和公子瑕，迎立卫成公复国。

有周、冶两人支持，逃亡三年之后，卫成公带着自己的人马重新又回到了国内。他声称要兑现自己的承诺，准备立周、冶两人为上卿。但这时周颛忽然神秘死亡，冶廑一看势头不对，赶忙辞掉官职，回家养老去了。两人白忙一场，什么也没捞到。

这场历时三年的重大冤案，最终还是以元凶逃脱惩罚，受害者被打击报复结束。法治最终还是向人治妥协了，不能不说是一件很遗憾的事。

为什么晋文公会最终放过卫成公这个杀人犯呢？可能是因为他确实忙不过来，这时候的晋国正在跟秦国暗中较劲，"秦晋之好"已经到了破裂的边缘……

烛之武退秦师

秦穆公"三置晋君"，对三任晋国国君都有拥立之功。并且从晋献公开始，两国就世代联姻，所以秦晋两国的关系是很友好的，史称"秦晋之好"。

到了晋文公的时候，晋文公跟秦穆公惺惺相惜，他又受了秦穆公极大的恩惠，所以他对秦国非常感激，两国关系达到顶峰。

但随着晋国成功称霸，彻底堵住秦国东进的道路，楚国这个共同敌人又被打败了，两国关系渐渐变得微妙起来。

我们先从两年前的践土之盟说起。

那次盟会秦国没有参加，因为秦国对中原诸侯的这些乱七八糟的会议不感兴趣，到这时为止还从来没参加过这种会议。

不过当年冬天，晋文公再次召开诸侯大会的时候秦国就来了。

这次晋文公首先把周王叫来，然后邀请诸侯们一起来拜周王。这个理由很充分，大家都没法拒绝。然后晋文公就夹带私货，让诸侯们听他的指挥。

这时候周襄王已经成了晋文公的一只花瓶，需要的时候就摆出来让大家参观，根本没有尊严可言。

第二年，公元前六三一年的夏天，晋文公再一次召集诸侯会盟，地点在翟泉。

翟泉之会有晋、秦、齐、宋、陈和周王的人参加，这次会盟的主要目的是商量讨伐郑国的事。

郑文公是郑国历史上执政时间最长的君王之一，从齐桓公时代的早期，到晋文公称霸，中间又经历了楚国持续不断的北侵，所以他早已经见惯了大风大浪。

他当政这几十年是郑国饱受煎熬的阶段，当年的辉煌早已经不再，周边局势动乱不断，三个大国一个接一个地膨胀起来，明争暗斗，相互角力。而郑国就处在三大国交界的地方，每次大国扳手腕都会伤到郑国，所以郑国需要特别小心伺候，这几个老爷哪个都是不能得罪的。

城濮之战这一次，郑国就站错了队。

之前重耳流亡列国经过郑国的时候，郑文公没有招待他，这就跟他结下了仇。没想到重耳那么快就夺到了晋国的政权，郑国这下就尴尬了，他们别无选择，只能站到楚国一方。所以在城濮之战期间，郑国是楚国阵营最坚定的死党。

更没想到的是，楚国这回迅速败退，而且败得这么惨，把整个中原的势力范围都丢掉了。

郑文公只能回过头再来巴结晋文公。他主动投诚，从践土之盟开始，就积极参与晋国的一切会盟，身体力行地支持晋文公的霸业。

但晋文公是个特别记仇的人，当年流亡时冷落过他的国家都被他一一报复，现在只剩下郑国，他怎么可能放过呢？不管郑文公多么卖力地巴结逢迎都无法让他忘记仇恨。

城濮之战结束一年以后，他开始发难，在翟泉会盟天下诸侯，号称郑国投靠楚国，要诸侯们跟他一起去打郑国——这是明目张胆的公报私仇，但他是霸主，没人拦得住。

秦国跟他关系最好，所以也最积极地支持他报仇。翟泉之会的第二年，晋文公、秦穆公亲自带领晋秦两国组成的联合部队，浩浩荡荡地杀奔郑国。

两军分别驻扎在函陵、汜（sì）南，围住郑国，向郑国要人。要谁？就是当年劝郑文公杀掉晋文公的叔詹——晋文公不会放过自己的任何一个仇人。

郑文公很为难，开始还不肯交出叔詹。但叔詹知道自己是不可能幸免的，他对郑文公说："当年属下曾劝大王杀掉重耳，大王不听，现在果然被晋国报复了。但既然他们是冲着我来的，那我就以死乞求他们原谅我们国家吧。"随后便自杀了。

郑国把叔詹的尸首交给晋文公，希望能消除他的怒气。但晋文公还是不肯饶人，又恶狠狠地说："我要亲眼见到郑君，当面羞辱他才能罢休。"

这不仅仅是要报仇，而且明显就是要灭亡他们国家。郑国人听说以后，只能拼死抵抗。

但晋秦两大国合力，天下无敌，小小的郑国怎么抵挡得住呢？危机之下，只好出奇招。

郑国大臣佚之狐对郑文公说："国家危险了！微臣恳请大王请烛之武去说秦穆公，只有他能退秦军。"

烛之武是已经退休的老臣，之前并没有受到重用。现在郑文公请他再度出山，他谢绝说："微臣年轻的时候都不如别人，现在老了，还管什么用呢？"

郑文公向他道歉说："当初没有任用先生，是寡人的过错，还请先生以国事为重，尽量挽救郑国。郑国灭亡了，对先生也不好吧？"

烛之武只好答应了郑文公的请求。他们商量好，趁半夜光线不明的时候，用个篮子偷偷把烛之武从城墙上吊下去。

还好一切都顺利，烛之武径直到秦国的军营里求见。秦穆公正在里面休息，听到军士的报告就命人放他进去。

烛之武对秦穆公说："大王请听我说，秦晋两国这样围困我们郑国，我们肯定是挡不住的，不久以后我们就会亡国。如果郑国灭亡符合大王的利益，那么我肯定是不敢来叨扰您的。

"您也知道,您跨过那么远的距离来打我们,这要花费很高的成本,那么究竟是为什么要付出如此之高的代价来让晋国受益呢?秦晋是邻国,晋国得了好处,对秦国不就是坏处吗?

"您再想想,我们国家在东方的交通要道上,如果跟我们和好,让我们当远方的东道主,以后秦国有往来的人员,我们都可以帮忙接待,茶水钱粮我们都可以供应,这样互助的事情不是挺好吗?

"再有,您当初给了晋惠公那么多恩惠,他答应割让两座城池来报答。结果怎么样?他早上刚渡过黄河,晚上就开始修筑工事来对抗秦国,这您是亲身经历的。

"晋国这种贪得无厌的国家什么事情干不出来?在东边夺了郑国的土地,肯定又想要西边的土地,他们不去找秦国要,还能找谁?

"所以呢,大王您现在做的事情就是在损害秦国来帮助晋国呀!"

秦穆公听了这一番话,顿时如同醍醐灌顶,完全清醒过来了,赶紧拜谢烛之武:"多谢先生的提醒。"第二天秦国就背着晋国跟郑国签订了停战协议。更过分的是,秦国还留下一部分军队帮助郑国防守城池,然后秦军就在晋国大军一脸懵逼的注视下优哉游哉地回家去了。

两大国从此翻脸。

两代人的"秦晋之好"至此终结。

烛之武的这一番说辞是流传千古的经典之作,他抓住了一个重点:

郑国跟晋国相邻,而远离秦国,所以打下郑国以后,郑国的土地都会被晋国占领,秦国却得不到明显的好处。

只要把这一点向秦穆公说清楚,人性的阴暗面就会发挥作用,谁愿意费那么大力气替别人做嫁衣呢?而且对方还是自己最大的竞争对手。

所以这番话说出来,秦穆公必然就不会帮助晋国了。

不过——

我们仔细分析起来,秦穆公实际上是被烛之武给忽悠了!

"退秦师"的是与非

烛之武的说辞里面有不少漏洞,最明显的一点就是:其实晋国凭借自己的力量完全可以拿下郑国。所以秦国帮不帮晋国,对最后的结果影响不大。

如果晋文公真的铁了心要灭掉郑国,没有秦国帮忙他一样可以,甚至秦国来阻挡他还是可以。

秦国来帮忙,对晋国是锦上添花的事,这样不仅可以赢得晋国的感激,还可以顺便捞点战利品,顺水人情,何乐而不为呢?

再有,如果考虑得更深一些的话,怂恿晋国灭掉郑国才真正符合秦国的利益!

晋文公的霸权是建立在尊崇周天子的基础之上的;郑国是跟周天子血缘最近的国家,又是晋国的同姓之国,对于霸主来说,灭同姓之国是大罪。你连周天子的伙伴、同宗同族的国家都给灭了,就因为当初人家没有好酒好饭招待你,你的仁义在哪里?

秦国最狠的做法应该是:先怂恿晋国灭掉郑国,能把郑文公杀了最好,然后反水,直接告到周王跟前,说晋文公为一己之私灭同姓之国。

仅仅这一条罪名,就可以毁掉晋文公辛苦建立的霸业!

这样他不仅在诸侯中间的形象毁了,还要把吞掉的领土都吐出来。

还有,秦穆公匆忙撤退的做法犯了兵法上的大忌!

其一,留那点人根本没用,只要晋文公肯翻脸,秦国留下的那些军队也就是活靶子而已。

其二,在强敌面前分散兵力是大忌,秦穆公留下一部分人,带走一部分人,这是公然把软肋暴露在了晋国面前。晋文公要是真的心黑,秦穆公未必可以全身而退。

所以秦穆公其实被骗进了一个十分危险的陷阱,生生被烛之武给忽悠了。

至于什么以后做盟友、帮忙端茶倒水这种话就更是扯淡,你一个"朝秦暮楚"的夹缝中的小国,谁知道你明天会倒向谁?

分析到这里,可见秦穆公背叛晋国、私自撤退的做法并不聪明。可惜他扶立三任晋君,几十年建立起来的"秦晋之好",被他一夜之间就废掉了。

既然这样，当初何必费尽心机拉拢晋国呢？

这场明争暗斗唯一的获益者是郑国，烛之武是挽救郑国的功臣。

发现秦国私自苟合对手、背叛盟军以后，晋国将士非常愤怒。狐偃立即向晋文公申请追击秦军。从军事上来说这是明智的决定，秦国是临时决定撤退的，准备不足，这时突然发难，有望给秦国狠狠的一击。

这时候晋文公却展示出他大仁大义的一面。在他看来，不管怎么说，秦穆公的恩情还是在的，人对我不仁，我不能对人不义。所以他放了秦军一马，没有追击。

如果要继续打郑国，就势必要先干掉秦国留守的军队——这仍然属于恩将仇报，所以晋文公也就放过了郑国。

军事打击免了，但政治上的压力是不可能放松的。晋国这次不会空手回去，更不可能让郑国从此服从于秦国，他们要求郑国按自己的要求立继承人，以便于控制郑国局势。

这就要说到郑文公杀子的事。

晋文公立郑君

郑文公是个很滥情的人，总共立过三位夫人，有五个嫡子，其中的公子华被立为太子。

郑文公四处留情的恶果很快显露出来。公子华总是疑心自己的太子位置不稳，时间久了，他担心得发狂，竟做出一件匪夷所思的事情——他去会见齐桓公的时候，暗地里对齐桓公说：叔詹他们三个大夫把持了郑国朝政，要投靠楚国，所以请你们赶快来打郑国，我给你们带路！把我扶上位了，以后郑国就是你们的。

这是一个国家的太子说的话吗？这样明目张胆的卖国行径实在让管仲他们看不下去，所以都尽力劝谏齐桓公：千万别听他的。齐桓公作为诸侯盟主，也觉得跟这种卖国贼勾结太掉价了，所以不仅没答应他的请求，反而转脸把这件事告诉郑文公。

郑文公的震惊可想而知。他虽然处死了太子华，但还是放心不下。这件事对他的打击太大了，以至于他看到那些公子们觉得他们个个都心怀鬼胎，最后他一发狠，把几个嫡子全部杀了！又把剩下的儿子们全部赶出郑国。

郑国就这样一个公子都没有了，成了没有继承人的国家。

在逃走的公子里面，公子兰是比较出色的一个，他逃到了晋国，那时他年纪还很小。长大以后，他知道自己的命运完全掌握在晋国手里，所以对晋国国君拼命地巴结奉承。晋国也一直养着他，预备将来干涉郑国之用。

晋文公这次攻打郑国就准备把公子兰带着，胜了以后直接把他扶上宝座。公子兰当然不傻，他很诚恳地对文公说："臣虽然流亡在外，但不敢忘记父母之国，这次伐郑，请恕臣不能同往。"这番话正好说到文公心里去了，文公因此更加高兴，觉得他很懂事。

所以当秦国撤退，晋国准备放过郑国的时候，他们就提出这套备用方案——要郑国立公子兰为继承人。

对于郑国来说，根本没得选择，而且嫡子一个都不在了，公子兰出身又比较高贵，立他为继承人本来就没什么问题，所以郑国很爽快地就答应下来。双方签订停战协定，郑国做出保证，立即到晋国迎接公子兰回国，立为太子，晋国也遵守承诺撤走军队。

两年以后，公子兰继位，是为郑穆公。

依靠晋文公的高情商，这次战争表面上以"共赢"的方式结束。郑国得以保全，晋国也留得面子，也避免了秦晋两大国鱼死网破的局面出现。

但秦晋两国的关系再也回不去了，晋文公一生的事业也就此完结。

公元前六二八年冬天，晋文公过世，公子欢继位，是为晋襄公。

晋文公流亡列国十九年，回国当政只有九年。但就是在这短短的九年时间内，他成功地把晋国带上了霸主之位，对后来的国际局势造成不可忽略的重大影响，也创造了流亡公子成功逆袭的绝世神话。

他给晋国留下了一个星光熠熠的全明星班底，又改组了晋国军队，从军政两方面保证了晋国在后来的持续强大。晋国从此成为中原领袖，一直延续了上百年的统治地位。

他接过齐桓公的大旗，尊崇周王，把中原各国团结到"周天子"这面旗帜之下，终结了各国相互攻讦的混乱局面。

他真正打退了楚国对中原的侵略，完成了齐桓公没能完成的任务，保障了中原文明的延续，为中原文明逐渐同化南方争取到一段宝贵的时间。

他推崇仁义、讲究诚信、知恩图报，是"春秋五霸"里面道德最高尚、污点最少的一位，真称得上是大仁大勇。他的执政思路、外交策略、行事方式都对后人产生了巨大影响。

综合评价起来，晋文公应该是"春秋五霸"之首。

哭秦师

秦穆公背叛盟约，使得秦晋两国的友好关系被打碎。但晋文公是知恩图报的人，他当政的时候，始终对秦国保持最大限度的克制，所以两国之间仍然维持和平局面。

不过到了晋襄公的时代，一切就不同了。

晋襄公并没有受过秦国的任何恩惠，没有什么需要报答的。相反，楚国被打退以后，身边虎视眈眈的秦国就成了晋国最大的潜在对手，遏制秦国的东扩刻不容缓。

另一方面，晚年的秦穆公有些老糊涂了，做事急吼吼的，沉不住气，一言不合就跳起来，眼皮子又浅，看到便宜就马上要占。

当初秦国撤退的时候，在郑国留了一小部分军队，这部分军队在晋国跟郑国讲和以后都没撤走，而是一直以雇佣军的身份留在郑国，作为对郑国和晋国的一种威慑力量。

这样过了两年。有一天，守军的首领杞子忽然派人告诉秦穆公："郑国人让我们替他们守北门，如果我们国内来军队袭击郑国，我们打开城门，郑国唾手可得。"

杞子敢于如此狂妄，有一个原因：这一年不巧晋文公和郑文公都过世了，晋郑两国都处在新君刚立的不稳定时期。从军事上来说，这时候是打击他们的最好时机。

有这么好的便宜，不占白不占。秦穆公也不想想这种乘人之危的做法是不仁不义的下作行为，马上就想派兵出去。在春秋时代，不仁不义的做法是会受到国内外的一致抵制的。

而且他也忘了当初烛之武劝他的话——秦国跟郑国相隔遥远，打下郑国秦国也得不到好处，只是帮助晋国扩张土地而已。

秦穆公跟百里奚、蹇叔讨论自己的派兵计划。这两人可不糊涂，一听说这话，马上表示坚决反对：

"奔袭千里去打一个遥远的国家，极少有成功的。而且我们这样大张旗鼓地开过去，郑国那边怎么可能得不到消息？郑国有内奸向我们报告情况，怎么能确定我们这就没有内奸向郑国报告情况呢？"

但秦穆公根本听不进去。他从多少年前就谋划染指中原，费尽心力，却一直被晋国挡着，现在晋国都称霸一个轮回了，他还是被挡在西边。眼看自己年纪也大了，难道这一生真的不能实现霸主梦了吗？

现在晋国新君刚立，这可能是秦穆公一生最后一次控制中原的机会，他要赌一把。

公元前六二八年冬天，秦穆公派出秦国全部主力部队，由百里奚的儿子孟明视和蹇叔的儿子西乞术、白乙丙带领，浩浩荡荡地开往东部，准备"偷袭"郑国。

从这个领军阵容就可以看出来，这么多年了，秦国还是没能从根本上解决人才匮乏的问题，还是由百里奚、蹇叔两家人撑着。他们两家的儿子根本就不是专业的军事人才，只是民间搜罗来的所谓贤才，让他们去带兵，只能算凑合着用而已，跟中原那些死人堆里摸爬滚打出来的、真正的军事将领相比，他们哪有半分优势？

百里奚和蹇叔跟着秦穆公去送行，两人牵着儿子的手大哭。蹇叔说："我能看见秦师出发，却看不到他们回来了。"

秦穆公大怒，让人回复他："你一个老不死的懂什么？你要按正常的年龄来活的话，现在你坟头的草都八丈高了。"

蹇叔不敢多说什么，只能把他儿子牵到一边，悄悄说："晋军肯定会在崤山截击你们，你们估计在劫难逃。"说完只能看着儿子挥手远去。

晋国密切关注着局势，秦军一出动，他们马上就知道了。

这时晋文公刚过世不久，晋国还处在国丧期间，晋襄公对于该怎么应对秦国的行动很犹豫。

他召集大臣们讨论。先轸是主战派，他说："秦穆公不听蹇叔的劝谏，狂妄自大，劳师远征，这正是我们打击秦国的最佳机会。"

栾枝则认为："秦穆公对先君晋文公有恩，文公尸骨未寒就去进攻秦军，未免对不起先君。"

先轸说："秦国不顾我们还在国丧期间，攻打我们的同姓之国，这是他们无礼在先。而且'一日纵敌，数世之患'，现在我们打击秦国是为了晋国以后的长治久安，这才是真正对得起先君的事。"

在国家利益面前，所谓的"恩情"算什么呢？最后晋襄公还是决定：在半路上截击秦军，一次性打掉秦国东进的梦想。

站在晋国的立场上来说，这样做是非常正确的。秦国跟晋国争霸的企图已经公开化，以后可能出现秦、楚联手打压晋国的局面，趁现在秦国出现战略失误，楚国又还没缓过气来的机会，给秦国一记重拳，这是明智的决定。否则等秦国的影响力延伸到中原，跟楚国联合夹击晋国的时候，晋国的地缘形势就会大大恶化了。

这时秦军还沉浸在大国争霸的梦幻中，完全没有意识到即将来临的危险。这是他们有史以来第一次单独出兵侵略中原核心地区，一路所至，都是从未见过的锦绣繁华之地，辽阔的中原大地，似乎已经握在了自己的手掌中。

"中原算什么？周朝有什么了不起？现在都被我们踩在脚下了，争夺天下不就是这么简单的事吗？"

秦国将士兴奋不已，有意要向那些自以为是的"城里人"炫耀一番，让他们开开眼界。经过周朝王宫大门的时候，三百辆战车上的士兵依次脱掉甲胄，展示"超乘"的绝技——从疾驰的战车上跳下，然后立即跳回去——以此炫耀自己的武力。

王宫门口一时间尘土蔽天，行人纷纷避让。秦军将士得意非凡。

周王室敢怒不敢言。王孙满这时还是个小孩子，也愤怒地说："秦军如此狂妄无礼，这次战争必败！"

秦国到郑国相距一千五百余里，中间经过崤山、函谷、虎牢等许多重大军事关隘，秦军到第二年春天才来到郑国附近的滑国。

当时郑国有个叫弦高的商人，正赶着一群牛去周朝的王畿贩卖，刚好也路过滑国。他看到沿途千军万马奔向东方，马上明白郑国有重大危险。这人灵机一动，一方面托随行的伙伴火速赶回郑国报信，一方面想办法稳住秦军。

他赶着牛群直接迎上秦军，行了个礼，恭恭敬敬地说："郑人弦高叩见将军。我们大王听说贵国大军将要降临敝邑，特地派在下来犒劳贵师。敝邑贫穷，没什么好东西，只有这群牛和几张牛皮献给大人，还望大人笑纳。"

秦国的将领们面面相觑，都想："原来郑国已经知道我们来进攻的消息，早就做好了准备。"

几个将领商量该怎么办。秦军长途奔袭，后勤本来就跟不上；郑国又已经有防备，偷袭很难成功；长期围城又支持不住。最后由孟明视决定：放弃进攻郑国的计划，立即班师回秦国。

但几万大军出来这几个月消耗的钱粮怎么办呢？回去没法交代。于是孟明视他们一不做二不休，指挥军队就地进攻滑国，大肆烧杀劫掠，抢了一大堆美女财宝装在车上，锣鼓喧天地开回秦国去了。

可怜的滑国在周围大国的夹缝中顽强生存了几百年，最后却因为这起飞来横祸莫名其妙地被灭了国。

郑国那边，郑穆公收到弦高的报信，吃了一惊，马上想到国内的秦军是不是跟外边有勾结。他派人去秦军的营寨假装慰问，看到他们马也喂饱了，装甲也擦得干干净净的，明显是准备打仗的样子，就让下人对秦军的将领们说：

"大人们留在敝国这么久，敝国的钱粮都用得差不多了，实在供应不起，今天正好听说大人们准备离开，敝国有个叫原圃的猎场，诸位大人可以去那边驻营，自己射一些鹿来吃，减轻敝国的负担，怎么样？"

杞子他们看到郑国这样明目张胆地赶人，知道是秦军来袭的消息泄漏了，只好赶忙逃走：几个将领分别逃到齐国和宋国，军士如鸟兽散。郑国的危机就这样彻底解除了。

弦高的机智挽救了整个国家，郑国全国上下都非常感激他。后来郑穆公亲自下令要封赏他，他却坚决推辞，回到家里继续放他的牛去了。

而远方的晋国，则已经磨刀霍霍，只等着秦军来挨宰。两大国的正面碰撞即将展开……

秦晋大决战

公元前六二七年春天，秦国军队带着抢来的无数战利品，向西返回秦国。

跟来时一样，沿途要经过多道关隘，其中最险峻的就是崤函地区。

崤山是一片荒无人烟的高山，分为东、西两座，中间有一条狭窄的隘道，是秦国到中原的必经之地。

晋国早已算准了秦军的行期，他们跟姜戎（戎人的一支）联合，早早地埋伏在崤山隘道两头。

这一战是打击秦国上升势头的关键之战，晋军主力全体出动，人人整肃。晋襄公穿着丧服，亲自到现场督战。

四月的一天，哨兵终于报告秦军来到。晋军和姜戎立即进入戒备状态，三军将士全体伏在草丛里，屏息凝气地注视着远方的动静。

秦军经过连续几个月的长途跋涉，体力已经消耗了太多，士气低落，又带着大批辎重，队伍难免有些散乱。

翻过崤山就是秦国地界了，众人思乡心切，都盼着赶紧走完最后这段艰苦的路程。

只见前方山谷中瘴气弥漫，难辨道路，只有阵阵乌啼声在山间回荡，静谧中透出一股诡秘的气息。

秦国历史上最惨烈的一场屠杀就在这时猝然来临！

当秦军的队伍刚刚通过了一半的时候，山顶上一声锣响，四周喊声震天，原木、巨石、火把、箭矢，铺天盖地地从两旁的山崖上落下。秦国全体军士大叫着夺路而逃，但山道狭窄，能逃到哪里去？几万人拥塞在一起，叫天天不应，被矢石砸得血肉横飞，断肢遍地，哭喊声响彻天际，自相踩踏而死的人不计其数。

四周的山上都是密密麻麻的晋军，如群狼环伺。偶尔有几个逃出山谷的秦国士兵，立即被四面埋伏的弓弩手射杀。

等隘道中的哭喊声渐渐平息,晋国和姜戎的兵士拿着大刀长枪拥入山谷,踩着尸体对幸存的秦军挨个砍杀,一时间人头堆积如山,只留下几员高级军官,绑了回去面见晋襄公。

这是春秋时期很罕见的一场歼灭战。晋国对秦军毫不留情,大开杀戒。秦军全军尽没,只有孟明视、西乞术、白乙丙等几员将领被俘虏。

春秋时期诸侯之间的战争一般都是点到为止,但这次不一样。秦国趁别人国丧期间,千里奔袭,侵略跟自己签订过和平协议的国家,这种不仁不义的行径为人所不齿;而且他们半路上又得罪了周王室,晋襄公打击他们不用担心国际舆论压力,所以放开手进行了一场大屠杀。

一直到确信战争胜利以后,晋襄公才举办葬礼安葬了晋文公,以数万秦兵的亡魂献祭晋文公。晋国开始全国服丧。晋文公时代正式结束,新的时代来临了。

晋襄公以一场漂亮的歼灭战开启了自己的执政生涯,给秦穆公重重一击。秦国一直梦想染指中原的计划遭遇严重挫折。

到这时秦穆公才后悔自己当年扶助晋国称霸的行为。他立即释放了郩之战中俘虏的楚将斗克,开始大力结交楚国。但晋国霸业已成,中原已经是晋国的中原,秦楚联手也无法遏制了。

第十三章　秦晋楚三国演义

误释三帅

秦国三名主帅被晋国活捉，眼看要被杀了祭旗。

这时，那个先后嫁给晋怀公和晋文公的秦国公主怀嬴站了出来。她是晋襄公的嫡母，她请求襄公放了三人。她说："这三人挑起我们两国国君的矛盾，秦君恨不得食其肉、寝其皮，大王何必杀他们脏了自己的手？送回秦国让秦君去杀不是更好？"

晋襄公信了她的忽悠，也可能是觉得以这三个官二代的才能，放回去也无所谓，所以就下令释放三人回国。

先轸听到这事，风风火火地跑来质问襄公。襄公只好支支吾吾地说："这个……是太夫人请求的。"

看到这情形，先轸气得几乎晕过去，大声斥责襄公："全军将士辛辛苦苦几个月才捉住他们，大王因为后宫一句话就放他们走，这样长敌人的威风，全不顾将士们的感受，我看亡国也没有多久了！"说着当面啐到襄公脸上，转身就走。襄公很尊敬这位长辈，没说什么，只是悻悻地看着他离开。

当然襄公也有点后悔了，随后就派阳处父去追赶三人。阳处父快马加鞭，但还是晚了一步，等追上去的时候，三人已经上船开到了河中间。

阳处父把自己的马解下来，对船上高喊："大王怕将军们行路不方便，特此赠送良马一匹。"

孟明视他们三人当然不傻,继续驾船前进,远远地对阳处父拱手说:"多谢大王好意!大王放我们回去接受我们主人的惩罚,主人如果要杀我们,我们不敢有怨言;要是主人开恩饶了我们,三年以后我们再来拜谢大王的恩德。"

这是明确叫嚣三年以后再来报仇。阳处父无可奈何,只好空手回去复命。

秦穆公听说三帅被人放回来了,亲自穿着孝服到郊外迎接他们——他并不是残暴的君王,他是胸怀天下的一代雄主,这点度量肯定是有的。

见到三帅以后,穆公挽着他们的手大哭:"孤王悔不听蹇叔之言,致有今日之败。三位将军受累了,这全是孤王的罪过啊。"周围的人纷纷抹泪,都很佩服秦穆公知错能改的王者风度。

穆公当众宣布免除三人战败的责任,让他们官复原职。孟明视三人也知道自己是戴罪之身,从此日夜操练军马,谋划再战晋国。而百里奚、蹇叔两个家族,对穆公也更加的感恩戴德。秦国君臣继续像以前那样和谐共处。

但崤山之战对秦国的伤害是实实在在的,秦国跟晋国争霸本来就底气不足,经过这次挫败,进一步被晋国压制住了。

而且更重要的一点是:这是在秦国的全盛时期出现的败仗。现在秦穆公已经步入老年,百里奚、蹇叔更是半退休状态,连这个时候都被晋国压制,以后还哪里去找比他们更加豪华的君臣组合来带领秦国称霸天下呢?

春秋时代秦国称霸的最佳时机就这样错过了。秦国得其主,但不得其时,他们要再次参与中原各国的争霸,还要等很多很多年。

让我们把目光放到另一边。晋襄公登基以后,很明智地完全沿用了父亲留下来的治国方略和政治班底,这使得晋国的内政平稳过渡,从一个盛世无缝衔接到了另一个盛世。

但晋国外部环境并不乐观。趁着晋国新君刚立,各种敌人依次来挑战,对晋襄公的考验正式来到。

了不起的晋襄公

晋国有三个主要对手：楚国是老对手了，不用说；秦国在崤山之战过后也成了晋国的死对头；而北方的戎狄跟晋国相邻，时不时地来骚扰一番，也是一个重要的威胁。

从晋献公时代开始，晋国军力大盛，一直对北方戎狄保持压倒性的优势，迫使他们不得不向东迁移，冲击东方的齐、卫等国。

公元前六二七这一年，狄人趁着晋国国君新立，又刚刚跟秦国打了一场决战的时候，发兵攻打齐国；不久以后，另一支狄人的部落攻打晋国。中原两大国同时遭遇狄人的袭击！

当时晋国的南边有姜戎，北边是狄人。狄人的部落最大的两支是赤狄和白狄，他们都跟晋国有剪不断理还乱的关系——时而大打出手，时而又联姻。当年晋献公杀太子的时候，夷吾逃到赤狄，晋文公则逃到白狄。

赤狄在东北方向，是狄人势力最强的一支，长期为患中原。当年灭亡邢、卫两国和现在攻打齐国的应该都是赤狄，而打晋国的是西北方的白狄。

白狄是晋文公的姥姥家，但国家之间不讲究这些，该打的还是要打。

晋襄公带着崤山大捷的军队回头就大战白狄。两国在箕邑交战，晋军勇猛无比，很快把白狄打得落荒而逃，还活捉了他们的首领。

在战斗最激烈的时候，先轸冲在最前面，大喊："我这老匹夫冒犯了君王，君王虽然不治我的罪，我有脸不以死报国吗？"说完，扔掉甲胄，单枪匹马冲进狄人的阵营，大杀一通，壮烈殉国。

晋襄公虽然没有怪罪他当面冒犯的罪过，但毕竟君臣的大义在。先轸作为前代国君的左臂右膀，这种大事上不愿意留下骂名，所以他一直在等着这一天，终于以死赎罪。

这位晋国最重要的军事家，城濮之战和崤山之战的幕后策划者，以奇谋妙计横行天下，又忠心不二，为晋国称霸立下了汗马功劳，最后把自己一生所有的一切都献给了祖国。

狄人也佩服先轸的忠义，把他的首级送回晋国。晋国厚葬了他。

白狄的侵略对于晋国来说只是疥癣之疾，真正的心腹大患还是南方的楚国。

讨平了白狄之后，晋襄公立即把矛头对准楚国。

晋文公过世是国际社会的大事件，楚成王也瞅准了这次机会，发动反扑，想报城濮之战的仇。

晋襄公先发制人。那年冬天，晋国带领陈、郑两国，声称许国背叛中原投靠楚国，发起了对许国的战争。

楚国应战，派令尹子上攻打陈、蔡两国，以解除许国的压力。这实际上是晋楚双方在试探对方的反应，都拿对方的小弟试手。

——顺道说一句，楚国现在又是若敖氏当政，子上是若敖氏最新的领袖人物，芈氏在几年前已经被排挤出政坛了。

陈、蔡抵挡不住，立即投降，又变成了楚国的小弟——其实是根本不抵抗，那时候的小国都夹在大国中间受气，基本上是谁来打就投降谁，毕竟给谁打工不是打工呢？争霸的事让那些大国去操心就是。

晋国作为霸主就必须要管这事，但他们刚打了两场大仗，还没缓过气来。在晋国还没来得及救援的时候，楚国又带着刚投降的陈、蔡直扑郑国，眼看就要收复城濮之战前的势力范围了。

当年郑文公把自己的儿子们全部赶出国，其中的公子瑕（不是卫国元咺扶立的那个公子瑕）逃到了楚国，公子兰逃到晋国，现在公子兰登基成为郑穆公。楚国故意跟晋国唱对台戏，这次把公子瑕叫上一起来，号称要扶立他重回郑国当国君。

但战斗中出现意外，公子瑕的车翻到一个水塘里去了，他被郑国的一个低等下人给捉拿了回去。郑穆公把他斩首示众，号称祭奠郑文公。最后还是公子瑕的母亲、郑文公的夫人把他安葬到了邲城。

楚国偷鸡不成反蚀一把米，他们本来要侵略郑国，反而让郑穆公抓住机会除掉了自己最大的竞争对手。

这时候晋襄公出手了，他没有直接跟楚国硬拼，而是抄楚国的后路，派出阳处父去进攻蔡国。

楚国立即派子上迎战，子玉的儿子成大心随行。楚与晋军在蔡国的泜（zhī）水边相遇，两军隔河对峙。

晋楚都是大国，一旦动起手来就是大战，所以双方都不敢乱动，都在观察对方的动静……就这样连续对峙了很多天。

这时候发生了非常戏剧性的一幕——

晋国粮草将尽，快撑不住了，毕竟这里离他们本土已经很远。阳处父想撤军，但又怕被楚国追击，而且这样空手回去没法跟晋襄公交代。

于是他就耍了一个诡计，他派人对子上说："我们一直这样耗下去也没什么意思，大家都在白吃粮草。要不这样吧，你们要想进攻，我们就先退避一舍，让你们渡河过来列好阵势我们再打；要是你们不放心，你们就退避一舍，让我们渡河过去打。"

他大概是在学晋文公"退避三舍"的先例。

春秋时期打仗比较讲究礼节，可以定好规矩再打，所以这个提议听着也还算正常。

子上想渡河过去，跟成大心商量。成大心说："千万别！晋人从来不讲信用，要是我们渡河到一半他们攻击我们怎么办？还是让他们渡河更好。"

毕竟宋襄公只有一个，而且已经被楚国自己给坑死了，楚国当然不指望能再出个那么傻的人。

子上就跟阳处父约定好，楚军先退避一舍，让晋军渡河。

第二天一大早，楚军按约定撤退了一舍之地，在那边等晋军过去。

阳处父看到楚军已经撤走，就在军营里大肆宣扬："楚军怕我们，已经逃回去了。"然后带着晋军迅速撤退，敲锣打鼓地向君王报捷去了。

楚军在河那边等到花儿已谢了，哪有晋国人的影子？一打听，才发现对面的军营早已空荡荡的，这仗还跟谁打？要追的话粮草又不够，于是也只好撤回楚国去了。

阳处父用诡计"打退"了楚国的进攻，成大心说的"晋人不讲信用"果然是真的。

这还没完。楚国的太子叫商臣，他跟子上有仇，阳处父派人暗中告诉他："如此这般，可以除掉子上。"

商臣于是去向楚成王打小报告："儿臣听说子上私自受了晋国的贿赂，所以才撤军，这简直是楚国的耻辱！"

楚成王经不起他挑唆，火冒三丈，立即杀了子上——晋国完胜！

到这时，晋襄公继位不到一年，以极小的代价，接连战胜秦、狄、楚三大强敌，成功接过了晋文公的衣钵，真是个了不起的人物！

而那个商臣，他是个心术不正的货色，正在策划一起大阴谋……

楚穆王杀父

晋文公逝世后第二年，他的主要对手、另一位才华盖世的枭雄楚成王也过世了。但让人想不到的是，这位威震华夏，让天下诸侯战栗的大魔头却是死在自己儿子手里的。

楚国政坛非常野蛮，暴力弑君不断，一代又一代的君王都死于非命。中原各国虽然也弑君夺位，但基本是兄弟相争，弑父这种冒天下之大不韪的事情还基本不会出现。可楚国就不一样了。

楚成王的嫡长子是王子商臣，这人大概长得比较阴险。当初成王要立他为太子的时候，子上第一个站出来反对，他说商臣"蜂目豺声"——眼睛像胡蜂一样，声音像豺狼一样——立他为储君不合适。

这样的看法其实挺有远见。那时候成王还年纪还不大，又有许多宠爱的姬妾。下人知道他们这些君王都是花心的，今天宠爱这个、明天宠爱那个，又经不起枕边风，心爱的女人在跟前一撒娇，要这样、要那样，他们就难免会答应。现在先立了商臣，以后再反悔，又要立别的女人生的儿子，那就会出大乱子。

但楚成王没有听他的，坚持立商臣。商臣就此成为太子，也因此跟子上结下大仇，所以才按照阳处父的计策诳杀了子上。

后来成王果然反悔了。在他晚年的时候，不知听了哪个爱姬的枕边风，突然想废掉商臣，另立太子。

商臣年纪已经不小了，早就培植起了自己的政治势力，消息灵通得很，所以他很快就得知了父王要废他的事。

但这是小道消息，还不能确认。他跟自己的老师潘崇商量，老师教他一个绝招——

"大王有个妹妹叫江芈,在楚国地位很高,又是个暴脾气的女人。她一定知道一些我们不知道的事,所以你就如此这般,激她一下,看她会说出什么机密的事情出来。"

商臣就依计行事,请他这个姑姑赴宴,然后在宴席上故意表现得很傲慢,一点没把这个姑姑放在眼里。江芈果然爆发了,当场骂出来:"我呸!你这狗东西,难怪大王想杀掉你立王子职!你等着吧,你的好日子到头了。"边说边骂骂咧咧地回去了。

师徒二人这下终于确认,小道消息是真的。

两人商量该怎么办。就这样投降,以后侍奉王子职?不可能;逃出国,去哪里呢?也不成。只剩下唯一的途径——暴力夺权。

幸好商臣当太子很多年,根基深厚;另一方面,楚成王老迈昏庸,对朝政的控制力已经减弱。所以如果冒险一试的话,成功的可能性也不小。

当年十月,商臣一党发动宫廷政变,御林军包围了成王寝宫,逼成王自尽。

成王很平静,只是说,自己临死前想再吃一次熊掌。为什么一定要吃熊掌呢?因为熊掌要煮很久才能好,他想借这个机会拖延时间,等待援军。

叛军当然不答应,一口否决了他的要求。成王知道再也没有机会了,只好自缢而死。

一代雄主以这样窝囊的方式结束了自己的一生。

他这一生,有勇有谋,带领楚国强势出击,连续对抗三任中原霸主,对周王朝的生存构成了强烈冲击。作为一个君王来说,是相当优秀的;从个人成就来说,完全是霸主级的表现。

尽管拥有这样超强的实力,可他并不一味地蛮不讲理,而是很明智的顺应形势、识成败、知进退。在对待周王的大是大非的问题上,他选择了隐忍以行;当中原联盟大军压境的时候,他能够做出适当的妥协;在对待流亡公子重耳的态度上,他也表现出令人钦佩的枭雄风范。

这样一些看似矛盾的品质,集中在一个南方蛮族的首领身上,融合出一种令人迷醉的特殊魅力。

毕竟这是春秋时代,礼乐教化还没有完全毁弃,即使在刀光剑影的激烈对撞中，仍然需要保留一丝谦谦君子风度，这是乱世里的一抹温情，是逝去的田园时代的一线余晖。

公元前六二六年，商臣登基，是为楚穆王。穆王还是挺讲义气的，把自己的太子府赐给了潘崇，还任命他当太师。潘崇权倾朝野。这对勾结杀父的师徒都拥有不错的命运。

楚穆王虽然弑父，但的确有些才能，他完全继承了父亲的事业，继续把楚国的势力向中原推进。而一个没有了齐桓公和晋文公的中原，该如何抵抗楚国的压迫呢？

这就要看晋襄公的了。

晋襄公接力称霸

中原各国目前都聚集在晋国麾下。晋襄公继承父亲的霸业，继续行使霸主的职能，在打压了秦、楚、狄三个敌人以后，开始清理门户，收拾联盟内部不服管理的国家。

当年卫成公因为滥杀无辜被晋文公判刑，后来侥幸逃脱，所以他对晋文公一直心怀不满。晋襄公登基以后，中原各国都去朝觐，只有他不去；不仅这样，还趁着晋国跟楚国对峙的时候去打郑国，连同盟的兄弟国家也不放过。所以晋襄公第一个要收拾的就是他。

在登基的第二年，晋襄公向中原各国诸侯发出布告，声明要讨伐卫成公不尊敬盟主的罪过，随后领兵进攻卫国。

军队到达南阳的时候，先轸的儿子先且居劝告晋襄公："大王这次讨伐卫国的名义是他们不朝觐盟主，现在周王就在附近的温邑，大王不妨去朝拜一下他，免得人家说我们自己都不朝天子，有什么脸说别人。卫国那边，臣领兵去打就可以了。"

这个建议很中肯，晋襄公立即答应了。于是兵分两路，先且居继续去打卫国，晋襄公去朝觐周王。

晋国的大军来到卫国的戚邑，很快就打败卫军，活捉了戚邑的守卫者孙昭子。

卫成公眼看打不过了，就向陈国求救。陈国的后台老板是楚国，所以这是变相拖楚国下水的阴招。陈共公没上当，不发兵去帮他，更不惊动楚国，反而替他出了一个歪点子："不用怕，晋国哪是你们的对手？他来打你，他们国内肯定空虚，你抄后路去打他，他就只好撤退了。"

卫成公一拍脑袋："这是个好主意啊。"马上让孔达带领大军绕了一圈去偷袭晋国。结果可想而知，现实无情地击碎了他的梦想。

当年秋天，晋国重新划定跟卫国的疆界，把整个戚邑并入晋国。

一直到第二年，陈共公出面去求晋国，又把孔达绑了送过去，磕头谢罪，晋国才饶恕卫国。

另外，鲁文公也是个刺头，他最近刚刚登基，想继续沿用鲁僖公首鼠两端的国策，在大国之间玩平衡。晋襄公当然不答应。

鲁文公上台的第二年，晋襄公就派人去责问他，说："去年你上台了怎么不来晋国向我述职？这是轻视霸主！"

鲁文公不敢嘴硬，马上亲自去晋国拜见晋襄公；但是晋襄公根本不理他，只派大夫阳处父来跟他签了一个盟约——这是把鲁国国君跟晋国的大臣相提并论。鲁文公受了这个气也没办法，只好灰头土脸地回国去了。

卫、鲁这种宵小只适合给晋国拿来练手，晋国真正的对手还是秦、楚两大国。

崤山之战把秦国彻底打痛了，秦穆公恨入骨髓，一心要找晋国报仇。

当初孟明视他们被放走的时候，亲自在船上对晋国的人说：鄙人三年以后再来讨教。

回去以后，秦国三帅痛定思痛，埋下头来认认真真地操练兵马，准备报仇雪恨。结果仅仅两年以后他们就准备好了。

公元前六二五年，三帅带领秦国军队再次杀奔晋国。

晋国早有防备，一收到秦国出兵的情报，马上派出先且居、赵衰带领晋军到前线迎战。

先且居以攻为守，直接率军杀进秦国境内，到彭衙才遇到秦军，两军在彭衙展开大战。

这次战争中，晋国出了一个国家英雄——狼瞫（shěn）。

狼瞫最早出名是在崤山之战中。当时晋襄公捉住了一个秦国俘虏，把他交给自己的车右莱驹，命令莱驹将他斩首，自己驾车走了。所谓车右，就是在战车上位于右边的，手执长矛的士兵。

哪知这莱驹刚刚举起戈，要杀秦国俘虏的时候，被秦国俘虏一声大吼，吓得连戈都丢到地上了。旁边的狼瞫看到了，冲过来一把拾起戈，直接砍掉俘虏的脑袋，然后挟着莱驹追上了晋襄公的车。襄公嘉奖他的英勇，把他提升为自己的车右。

但狼瞫的上升之路并不顺利，后来在跟狄人的箕之战中，不知什么原因得罪了当时的元帅先轸，先轸把他降级，让别人顶替了他的位置。

他的朋友就对他说："这样受辱，何不以死明志？"

狼瞫说："我要死得其所。"

朋友就跟他商量："要不我们造反直接杀了先轸算了！"

狼瞫说："为不义之事而死，不能算'勇'。真正的勇者是为国家而死的，你等着看吧。"

到了现在彭衙之战的时候，狼瞫带领自己手下的士兵们冲在最前面，他们勇猛无比，一路冲进秦军阵营，直来直去，大杀一通。秦军阵势大乱。后面的晋军跟着冲上去，杀得秦军大败而逃。

狼瞫和他的属下们全部在这场战役中为国捐躯，他用实际行动向晋国高层证明：打压他是一个多么错误的决定。他更是真切地诠释了"勇"的本质，心里有怨气，不是以祸乱国家的方式来发泄，而是把怨气转化为斗志，在战场上为国杀敌，这才是真正的勇士！

所以后人评价狼瞫说："怒不作乱而以从师，可谓君子矣。"

狼瞫真当得起"君子"的称号。

孟明视杀气腾腾地来报仇，结果又一次大败亏输。晋国人笑得直不起腰，把秦军叫作"拜赐之师"——你小子当年不是说过吗？三年以后要再来"拜赐"，还挺守信用的。

事情这样还没完，晋国随后就报仇。当年冬天，晋国带领宋、陈、郑组成四国联军杀向秦国。

这时的秦国还没从之前的败仗中缓过气来，只能以退为进，边打边撤。

联军迅速推进，又一次打到彭衙，最后占领了秦国的汪邑。晋国又一次在对秦战争中获胜，用实际行动狠狠地教训了秦国一顿。

晋襄公的武力至此达到顶峰。

祭崤山

秦国好歹也是称霸一方的大国，被欺负成这样。秦穆公急了，拼尽全力也要找回场子。

他一方面安慰孟明视"不要担心，好好操练军队，下次再报仇"；一面整肃军备，勤修内政，准备发起跟晋国的全面战争。

好在秦国有足够的战略纵深，而且体量够大，晋国来打他，也只能占点小便宜，造不成重大伤害。秦国的战争准备仍然在有条不紊地进行着。

第二年夏天，秦国准备已经充分。秦穆公下令，全国发起战争总动员，孟明视再次挂帅，秦国精英阶层倾巢出动，雄赳赳地杀向晋国，报仇雪恨！

这次的目的不是为了什么利益，纯粹是为了出一口气。秦国被晋国压制这么多年，又在崤山遭遇了大屠杀，人人含恨，个个带怨，都铆足了劲要跟晋国人拼命。

渡过黄河以后，孟明视命人把船全部烧掉，断绝了退路——如果这场战争不能获胜，自己就跟士兵们一起死在晋国，既然来了，就没想过再活着回去！

晋国朝野震动。晋襄公跟大臣们讨论对策，大家都认为秦国已经被逼得快疯了，这样赌上国运同归于尽的打法没必要应战，晋国的志向在于争霸天下，不必玩这种赌气的把戏。再说晋国确实也有理亏的地方，不如高挂免战牌，让秦国人自己闹去，闹够了他们自己会消停的。

而且从兵法上来讲，避敌锐气也是常用的招数，晋国就算要应战也不是这个时候。

晋襄公下令全军坚守不出。秦军很快攻占了晋国的王官等地，一直杀到晋国都城的郊外，晋军都没有动静。秦军决策层当然也明白晋襄公的意思，所以也没有强攻城池，只是让秦军在晋国的荒野上任意驰骋，以此发泄秦人的愤怒。

秦军在晋国的土地上横冲直撞了很多天，无人阻拦，最后转而南下，从茅津渡过黄河，跟刚从秦国过来的秦穆公会合，来到崤山战场。

战争已经过去三年了，当年生龙活虎的小伙子们已经化作了累累白骨，被掩埋在杂草丛中。山谷中阒然无声，偶尔有几只狐狸在其间徘徊，幽灵一般穿梭来去。只有山崖上几杆零星的破旗在风中摇曳，向人们诉说不能归家的游子内心永远的遗憾。

秦穆公跪地大哭："孩子们，我来看你们了！"

数万秦军手捧头盔，齐刷刷伏在地上，人人披麻戴孝，如霜雪铺满山谷，哀恸之声震动天地。

秦穆公领着秦国的将士们，亲自收拾阵亡秦军的遗骨，将它们一具具拼接好，擦拭干净，仔细埋进新挖的墓地里；然后在上面立碑纪念，之后连续哀悼三天，祭奠这些为国捐躯的亡魂。

秦穆公随后作《秦誓》检讨自己的过错。（另一种说法认为《秦誓》是在这之前的崤山之战后做的。）

> 公曰："嗟！我士，听无哗！予誓告汝群言之首。古人有言曰：'民讫自若，是多盘。'责人斯无难，惟受责俾如流，是惟艰哉！我心之忧，日月逾迈，若弗云来。惟古之谋人，则曰未就予忌；惟今之谋人，姑将以为亲。虽则云然，尚猷（yóu）询兹黄发，则罔所愆。番番良士，旅力既愆，我尚有之；仡（yì）仡勇夫，射御不违，我尚不欲。惟截截善谝言，俾君子易辞，我皇多有之！昧昧我思之，如有一介臣，断断猗无他技，其心休休焉，其如有容。人之有技，若己有之。人之彦圣，其心好之，不啻若自其口出。是能容之，以保我子孙黎民，亦职有利哉！人之有技，冒疾以恶之；人之彦圣而违之，俾不达是不能容，以不能保我子孙黎民，亦曰殆哉！邦之杌陧（wù niè），曰由一人；邦之荣怀，亦尚一人之庆。"

秦人内心压抑了三年的愤懑终于在这一刻释放，崤山阵亡的将士们可以安息了，但已经结下的冤仇还怎么解得开呢？秦国遭受的损失又怎么可能真正找得回呢？

秦晋争霸，秦国是真的输了。

称霸西戎

秦穆公崤谷封尸以后，带领秦军撤回了国内。

这次"战争"其实双方根本没有真正碰面，晋襄公让秦国人在晋国土地上转了一圈，秦人的愤怒暂时得到发泄，也就不再找晋国麻烦了。

孟明视历经两次惨败过后厉兵秣马，到这时终于胜了一场，秦穆公对他的支持没有白费，后人因此夸奖秦穆公宽容大度，能任用有过错的将领，终于得到了回报。

秦国民众欢欣鼓舞：我们这么多年来一直被晋国打压，现在终于成功报仇，看来秦国真的强大起来了，大王即将带领我们攻占中原！

但秦国高层心里很清楚，对晋国的战争根本没有真正获胜，而且以后也很难获胜，挡在秦国东面的这座大山只怕是翻不过去了。

秦穆公这些年一直梦想着要为秦国打通东进的道路，费尽了心力，到现在垂暮之年，才发现一生的心血都是白费，心里的苦闷可想而知。

这一生的霸主梦究竟何时才能实现？

他有野心、有谋略、有钢铁般的意志，有蹇叔、百里奚那些忠心耿耿的属下，也有一个同仇敌忾、朝气蓬勃的秦国，以及数百万永远对他不离不弃的秦国百姓。

然而他没能拥有属于自己的那个时代。

这是晋国的时代，不是秦国的。天道在晋，人不能跟天作对。

在天意面前，哪怕一个千乘之国的国君也一样渺小如蝼蚁。

梦醒时分，眼前是铁一般的事实。

在无可奈何之中，穆公只好放弃东进的策略，把目光转向西部，转向祖先们曾经开疆拓土的地方。

在公元前六二四年之后，秦国重新走上了祖先们的道路——在西方蛮族中称霸！

这时候一个叫由余的使者突然来访，穆公感到前方豁然开朗，新的机会出现了！

秦国西北边有十二个戎人部落（"十二"只是表示很多的意思），他们跟秦国接壤，世代都有来往，时而打、时而和，又相互通商，一直这样相处了几百年。

十二国中最强大的是绵诸国，他们是戎人的首领，国土就在秦国祖先发迹的土地附近。

绵诸跟秦国关系挺密切，他们受到秦国的感染，对于中国那些"称霸"之类的谋略也挺感兴趣，所以这次派由余到秦国来联络感情，顺便查探一下秦国的情况。

由余可不是戎人，而是正宗的华夏世胄，他是已经灭亡了的晋国大宗的后人。当年曲沃武公灭了正统的晋国王室，对原来的王室成员大开杀戒，贵族们纷纷逃亡。由余的先祖就逃到了戎人部落里面，成了戎人的大臣之一。

所以他既受到中原文化的浸染，又对戎人部落内部的情况相当了解，秦国两大敌人的血脉都集中在他身上。这样的人当然是秦穆公求之不得的。

爱才如命的秦穆公马上开始打由余的主意，他带由余去参观秦国的宫殿，一路都是锦绣铺地，华丽非常。穆公问由余的感想。由余说："这些都是靠人力堆成的，苦了老百姓。"

穆公问他："中国向来以诗书礼乐法度治国，还经常发生动乱。戎人不讲究这些，他们是靠什么治国的呢？"

由余回答："诗书礼乐正是中国乱的原因呀！当初从黄帝开始制定了礼乐法度，以圣人的才能，兢兢业业，才勉强让国家得到治理。后世的帝王们哪能跟上古圣贤比？他们个个骄奢淫逸，法度的作用当然就发挥不出来，结果朝廷上下互相争斗，一片混乱，国家当然也就乱了。

"至于戎人，则不讲究这些。只是君王以淳德对待下人，下臣以忠信报答君王，治理一个国家如同一个人修身养性那么简单，不知不觉地就把国家治理好了。这才是真正的圣人之治。"

秦穆公听了这番言论拜服不已，回去以后就问大臣内史廖："由余如此有才能,这对我们国家是个威胁,我们应该怎么办?"

内史廖就出了个主意:"戎人一直住在荒僻的落后地区,没见识过我们中国的繁华景象。大王可以送一些擅长歌舞的美女给他们,让他们沉溺在声色里面,他们自然就会荒废国政。"

"至于由余,这好办。大王派人对戎王说,你很欣赏由余,要留他在秦国再多住一段时间,一直这样拖着,不让他回国,戎王肯定会怀疑由余贪恋富贵不肯回去,这就成功地离间了他们君臣。"

这番话就是针对由余说的话来的——戎人的国家之所以很少动乱,就是因为他们从上到下都很淳朴,不追求享受,因此他们的国家政治清朗,效率特别高。所以要打击他们,就要先腐蚀他们,让他们沾上中原这些国家的腐败习气。

这样的计策不可谓不毒辣。

秦穆公点头称是,马上照着做。

戎王收到了秦国赠送的一大群美女。这些美女不愧是发达国家来的,见过世面,个个妖媚婉娈,又知书达理,会说话,会伺候人,哪里是苦寒之地那些粗手笨脚的胡姬比得上的?戎王一见之下顿时目眩神迷,每天跟这些美女们混在一起,觥筹交错,歌舞升平,从此荒废了朝政。

至于由余,早都被戎王丢到一边去了,秦国要留他就让他们留吧,这有什么大不了的?

由余就这样一直被秦国硬拖在那边,在秦国住了很久。秦穆公借这个机会慢慢地套他的话,把戎人部落内部的情况都了解了个七七八八,最后看时机差不多了,终于把他放了回去。

由余回到戎人部落以后,看到戎王完全被美色迷住了,国内没人治理,乱成一团,赶忙上去劝诫。可是戎王哪里肯听,反而怪他多事。这样反复几次以后,君臣之间渐渐有了嫌隙。

再加上秦国那边一直跟由余往来不断,戎王私下开始怀疑由余是不是跟秦国有勾结,所以更加地不信任他。

秦穆公也在暗地里派人劝说由余,希望他投靠秦国。由余是聪明人,知道戎王已经被秦人迷惑住了,这样下去自己会被秦国给玩死,还是趁着现在跑得掉的时候赶紧跑了吧。所以他找个机会就偷跑到了秦国，投到了秦穆公手下。

秦穆公大喜，立即拜他为上卿，对他委以重任。

有了这样一个超级"带路党"的加盟，秦国从此对戎人内部的情况了如指掌。

做了充分准备以后，公元前六二三年，秦国发动突袭，迅速攻破绵诸国的防线，活捉了绵诸王。绵诸国只能臣服，接受秦国做自己的主人。

然后秦国根据由余制订的计划，挨个吞并周边的戎人部落，很快取得了一系列胜利，史书上说"兼国十二，开地千里"，把西边一大堆戎人部落都纳入掌控之中，秦国从此"称霸西戎"。

秦国的胜利惊动了东方诸国，各国心情复杂，但表面上都竖起大拇指大声称赞。周襄王更是派召公送了一只金鼓给秦穆公，以表彰他替中国开疆拓土的功勋。

在人生的最后阶段，秦穆公几十年孜孜不倦的努力终于得到了回报。他虽然没能取得自己终生梦寐以求的中原霸主地位，但却在西部戎人部落中成就了霸业，以长远的目光来看，这对秦国的意义其实更加重大。

秦国把这些戎人纳入统治范围之后，历经几百年的消化吸收，逐渐同化了他们，使得自己拥有了西部一片辽阔的大后方，然后再向东出击，这才有了更加牢靠的基础。这是后来秦国能够步步紧逼，逐渐吞并中原的一个重要原因。

后来秦国取得的所有一切胜利，都要感谢伟大的秦穆公！

楚国灭江

再说说东边几个国家的事。

秦国在西边开疆拓土的时候，东边的晋国跟楚国也在打来打去。

晋襄公跟秦国闹翻以后，晋国受到秦楚两面夹击，压力巨大。襄公只好想办法调整自己的策略，改掉了以前那种咄咄逼人、强力称霸的做法，对各诸侯们开始采取怀柔政策。

他释放了之前抓获的卫国大夫孔达，主动跟卫曹两个姬姓诸侯国修复关系，又邀请之前被他冷落的鲁文公访问晋国。

秦穆公祭崤山之后的几个月，鲁、卫、曹三国国君先后出访晋国，与晋襄公觥筹交错，把酒言欢。

被打压的几个国家都跟晋国和好了，其他国家更不用说。晋国因此在诸侯中间树立起了彬彬有礼的形象，其霸权开始向柔和的方向转变。

晋国岌岌可危的霸主地位通过这种方式暂时稳定了下来。

从晋文公到晋襄公，晋国保持了十五年的霸权，这是两位君王的伟大成就，然而这也带来了一个意想不到的弊端：晋国的对外扩张停止了。

作为诸侯的盟主，他们必须要"以德服人"，不能随便侵略别人。再加上他们本来就是姬姓王族，天子的亲戚，所以对中原那一堆姬姓国家更要客气，这就使得他们没办法吞并周边的小国，甚至连抢一寸土地都不行。

这是跟之前齐桓公同样的困境，也是中原各国地理条件决定的劣势，无法突破。

相比之下，秦国的处境反倒好很多，因为他们可以从戎人手里抢土地，开疆拓土的同时还能得到中原各国的称赞，一举两得。

好在当年晋献公凭着臬不要脸的做派，从周围兄弟国家抢到足够多的土地，家底够殷实，所以晋国还有维持霸权的资本，但要进一步提升国力却万万做不到了。

自己不能扩张，能够阻止敌人扩张也行。晋国称霸的这些年，一直在阻挡楚国的对外侵略行为，遏制了楚国的膨胀。但俗话说，只有一辈子做贼的，没有一辈子防贼的，一直这样耗下去，总有防不住的那一天。

反观楚国那边，反正"我是蛮夷"，没有任何道德包袱，想打哪个国家就打哪个，所以他们的扩张步伐基本上没停过，只在楚成王晚年的时候略微休整了一下。等到楚穆王这只小狼崽上台以后，楚国再次磨牙吮血，对着周围的小国猛扑了过去。

第一个受害的就是江芈的婆家——江国。

公元前六二四年，楚穆王上台的第二年，楚军杀奔江国，包围了他们的国都。

这是赤裸裸的侵略，直接挑战中原霸主。晋国立即派兵救援。他们当然不会去硬碰楚军，而是袭扰楚国本土，迫使楚国撤军。

楚穆王只好撤退，江国暂时得以保全。

晋国随后去周襄王那边告状，襄王也很愤怒。当年冬天，襄王派兵跟晋国军队一起去讨伐楚国，直打到方城。这时，楚国的仆从国息国的公子来参战，周晋联军无法攻克敌人的城池，只好撤走了。

楚国暂时也不敢乱动，先看看形势再说。

不巧的是，这一年正是秦国跟晋国撕得最激烈的时候。秦穆公杀红了眼，倾举国之力攻打晋国，在晋国土地上横冲直撞几个月才撤走。

晋国必须找回面子，他们第二年就出手打回去，一路打进秦国腹地，战况激烈，当然也就顾不得什么江国了。

楚穆王看到这次机会，趁两大国抱摔在一起的时候，迅速出手，再一次打击江国。这次没人去救他们了，立国五百年的江国终于被灭国。

一部分江国遗民逃到北边的陈国，其余的都成了楚国的"战利品"，被强行迁到楚国内地，最后被同化成了楚国人。江国的国土也被楚国侵占了。

楚穆王再接再厉，随后又吞并了六国、蓼国等小国家。楚国的人口和疆域进一步增加，再次形成了威胁中原的局面。

意外的是，江国被灭，最伤心的不是救援不及的晋国人，而是他们的亲戚——远方的秦国人。

江国也是嬴姓国，跟秦国拥有同一个祖先；虽然两国相隔遥远，平时可能也没什么来往，然而毕竟是一家人，血脉相连。

所以秦穆公听到江国被灭的消息以后，非常伤心，亲自穿着丧服哀悼他们，还举行各种悼念仪式。但他确实没办法，秦国这时正被晋国揍得灰头土脸的，还怎么顾得了亲戚呢？

当别人问起的时候，秦穆公只好沮丧地说："我们的亲戚被人灭国了，我们却没法救援，我心里真的是很惭愧啊。"

第二年，秦国攻打楚国的小弟鄀国，逼他们重新倒向自己，算是勉强为江国报了仇，赚回一点面子。

在晋国强大的压迫之下，秦必须跟楚国合作，不可能跟他们撕破脸，所以江国被灭这件事也就这样过去了。

另一方面，秦穆公毕生的事业也到此为止。随后发生的事情，伤透了秦人的心。

秦人心碎的结局

公元前六二一年，春秋时期最伟大的帝王之一、"春秋五霸"之一——秦穆公离开了这个世界。秦人哀痛不已，但随后发生的事情却让人心情极端复杂。

秦国处于蛮夷跟中华交界的地带，文化落后，民风粗鄙，在春秋时期还保留着许多原始社会的野蛮风俗，比如：人殉。

人殉其实是一项古老的传统，在最早的时代，很多民族都有这种做法。根据现在的考古发现，商朝的时候人殉非常普遍，不只是君王死后要用活人殉葬，就是出兵打仗这一类普通的活动都会杀人来祭祀。

到了周朝的时候，人们的意识已经有了一些进步，开始懂得尊重别人的生命，所以人殉的情况大大减少。尤其是在文化比较先进的中原地区，基本杜绝了这种情况，而是改用陶俑来代替活人。

但秦国这种落后地区就不一样了。

从秦武公开始，秦国就恢复了商朝的人殉制度。据说秦武公死后，殉葬者达到六十六人。

秦穆公是一代明主，可惜死后依然没能免俗。他不仅沿用了前任帝王的殉葬风俗，而且变本加厉，殉葬人数达到了创纪录的一百七十七人，成为人殉制度的最高峰。

一般来说，殉葬的主要是奴隶和侍妾这类地位很低又没有多大用处的人。但秦穆公这回不一样，他用了朝廷里的将领来殉葬。

乱世之中，带兵打仗的将领们是一个国家的顶梁柱，于国于民都有重大价值。杀掉他们来殉葬，对国家利益是一种巨大的伤害，任何有头脑的君王都不会这样做。

但秦穆公就这样做了。

这样昏庸残暴的行为竟然出自"春秋五霸"之手，实在令人难以接受。这件事直接把世人对他的评价降低了很多，成为他一生最大的污点。

这次殉葬惨案里面最著名的受害者，是子车氏的三个被称为"三良"的著名将领：奄息、仲行、针虎。

他们都是当时秦国著名的将领，很受秦人的爱戴，又正是建功立业的年龄，他们被迫殉葬以后，秦人极其伤心，写了《黄鸟》来表达自己的愤怒和哀伤：

> 交交黄鸟，止于棘。
> 谁从穆公？子车奄息。
> 维此奄息，百夫之特。
> 临其穴，惴惴其栗。
> 彼苍者天，歼我良人！
> 如可赎兮，人百其身！
> 交交黄鸟，止于桑。
> 谁从穆公？子车仲行。
> 维此仲行，百夫之防。
> 临其穴，惴惴其栗。
> 彼苍者天，歼我良人！
> 如可赎兮，人百其身！
> 交交黄鸟，止于楚。
> 谁从穆公？子车针虎。
> 维此针虎，百夫之御。
> 临其穴，惴惴其栗。
> 彼苍者天，歼我良人！
> 如可赎兮，人百其身！

秦人对天高呼："彼苍者天，歼我良人"——苍天啊！我们如此爱戴的青年才俊就这样被杀害了；"如可赎兮，人百其身"——如果能赎回他们的生命的话，我愿意为他们死一百次！

然而这样愤怒的呐喊又能挽回什么呢？秦国当权者根本不把这些呼声放在心上，后来的秦国君王们仍然用活人殉葬。这种野蛮风俗一直延续到两百多年以后秦献公的时候，才被废除。

关于"三良"殉葬事件，历史上还有另外一种观点：他们可能是自愿的。其主要的依据是东汉学者对于《汉书》的一条注解：

据说秦穆公生前有一次跟大臣们一起喝酒，喝得兴起，就对大家感叹说："生共此乐，死共此哀。"——我们这些人生和死都要在一起。子车氏三兄弟当时也在场，很感动，当场答应以后会跟从穆公于地下。

如果这段记载是真的话，那么子车氏三兄弟可能是自杀殉主的。

春秋时期，人们非常推崇"义士"，所谓"士为知己者死"，为了"情义"二字献出生命是很正常的行为，也被整个社会所推崇。

再考虑到秦穆公对于人才的高度尊重，逼将士自杀这种事情他不大可能干得出来，所以也有可能后人冤枉他了。

但不管怎么说，一百七十七人殉葬这种超大规模的惨案都是说不过去的，这件事让秦穆公光辉的一生有了一个非常黑暗的结局。

话再说回来，不管是不是自愿，"三良"被杀是事实。忠臣良将被当作陪葬品，使得秦国本来就很稀缺的人才资源变得更加稀少，在一定程度上，也削弱了秦国的国力。秦穆公以后的秦国一蹶不振，跟这种残害人才的做法有一定关系。

还有一点史书上没有记载，但我们可以想象得到：

在当时，中原各国已经逐渐开始尊重人权的大环境下，秦国这样公然开历史倒车，在中原诸侯们眼里看来，秦国显然是一个野蛮不开化的国家。这样一种恶劣的形象肯定会妨碍秦国跟东部各国的沟通，使得秦国不可能得到诸侯们的尊重，这也间接阻碍了秦国跟晋国争霸的努力。

公元前六二一年，秦穆公的儿子公子罃（yīng）登基，是为秦康公。他是晋襄公的表兄弟，他继承父亲的事业后，继续死磕晋国，还想着去争夺中原霸权。

然而秦国的第一次黄金时代已经过去了，后人根本没有秦穆公的才能和机遇，怎么可能还竞争得过晋国呢？秦康公所有的一切努力，都不过是主动找打而已。

秦国衰落，楚国势头正盛，国际局势重新回到了晋楚争霸的主旋律上来，天下各国的目光都聚集到了中原霸主晋国身上。

第十四章 君权的衰落

六卿崛起

公元前六二二年,晋国流年不利。一年之内,六卿里面的前四位——赵衰、先且居、栾枝、胥臣,先后病故,政坛巨震!

这时六卿的势力已经很强大了,朝政都由他们把持。所以四人过世以后,晋国政坛面临重新洗牌。

晋襄公被迫重新安排六卿的位次。

所谓六卿是怎么来的呢?这就要从晋文公流亡列国的时候说起了——

当初晋文公重耳被追杀,流亡到国外,有一批忠实的追随者跟着他逃亡,其中以下几个人物后来成为晋国朝廷里的重臣:

狐毛、狐偃、赵衰、先轸、胥臣、魏犨。

另外,晋国国内原有的一些位高权重的大臣,后来也得到了文公的重用:

郤縠、荀林父、栾枝、士㲾。

他们的家族都在晋国蓬勃发展,成为权倾朝野的世家大族,再加上后来崛起的韩氏,晋国总共出现了十一个大的家族。

每个家族的姓氏和晋文公时代的重要人物如下:

狐氏——狐毛、狐偃;

先氏——先轸、先且居、先蔑;

郤氏——郤縠、郤溱；

胥氏——胥臣；

栾氏——栾枝；

中行氏——荀林父；

智氏——荀首（智氏和中行氏是荀氏分出来的两个家族）；

范氏——士蒍、士会；

赵氏——赵衰；

魏氏——魏犨；

韩氏——韩厥（韩氏是后来才发迹的家族，在晋文公时代还没有权势，为了方便叙述先列在这里，后面也都顺口说"十一个家族"，其实在晋文公时代还只有十个大家族）。

当然，贵族不是一天就养成的，这些世家大族都是在晋国经历了很多代人，逐渐发迹的。比如荀林父和荀首的爷爷荀息就是晋献公手下的重要人物，"假途灭虢"就是他的计谋。

为了叙述简便，这里只列出晋文公朝廷里这一代人的名字，并不是说他们的家族从这一代才发家。

那么"六卿"的说法又是怎么来的呢？

晋文公当政以后，着手改革军队，把晋国军队设置为上、中、下三军，每个军里面有一正一副两位首领，正的称为"将"，副的称为"佐"。所以三军总共有六个首领，分别是：

中军将、中军佐，上军将、上军佐，下军将、下军佐。

其中，中军将地位最高，称为"上卿"或"正卿"，中军佐称为"亚卿"或"次卿"，其余的四人地位稍低，称为"下卿"。

所有这些将佐统称为"三军六卿"。

第一代六卿是这几个人：

中军将——郤縠；

中军佐——郤溱；

上军将——狐毛；

上军佐——狐偃；

下军将——栾枝；

下军佐——先轸。

由于十一个家族的超然地位，六卿当然只能从他们中间选拔，所以从三军六卿设立的时候开始，他们的人就轮流担任六卿的职位，完全把持着晋国的军政大权。

这其实是曲沃代翼的后遗症之一。曲沃小宗窃取了晋国政权以后，怕后人依样画葫芦，所以对王室宗亲大开杀戒，几乎把君王的直系亲属以外的亲戚都杀光或者赶走了，晋国君王没有了亲戚，只好依托这些世家大族来主持国政。

权力一旦交出去以后，再要收回来就难上加难了，而且暂时看起来也没有收回来的理由。

另外，世家大族把持朝政并不是晋国特色，其他国家也有这种情况，只不过在晋国表现到了极致而已。

在晋文公的时代，十一个大家族都出了重要的人才，而且对文公也很忠心，是晋国的顶梁柱。在晋国国内的发展和对外扩张方面，他们都做出了很大的贡献，君王也放心把权力交给他们。

当时的人们当然万万没想到他们后来会威胁到君王的地位，甚至连晋国都会亡在他们手上。

这时一切看起来都还很美好。

但权力是一剂毒药。在后来的岁月里，十一个大家族围绕着权力钩心斗角，互相倾轧，上演了一出又一出的悲喜剧。最终只有中行、范、智、赵、魏、韩六个大家族活了下来，世人又把他们称为"六卿"——这是六卿的另一个含义。

这里为了叙述方便，我们把十一个大家族都叫作"六卿"。

六卿家族是后来晋国事实上的掌权者，直接决定着晋国的命运，也很大程度上影响了春秋后半段的历史走势，是春秋后半段当仁不让的主角。

我们先回到六卿家族刚刚建立的时候。

每一个大家族都有一段曲折的创业史，展开来讲，都是一篇宏大的史诗。

这里就简单讲一下几个大家族和他们的创始人的故事。

六卿家族的故事

狐氏

晋国有跟周边戎狄通婚的传统。当初晋献公娶了翟国贵族狐突的两个女儿，分别生下重耳和夷吾。狐突还有两个儿子——狐毛和狐偃，他们也跟父亲一起在晋国做官。

作为重耳的舅舅，狐毛和狐偃很早就在重耳身边辅佐他，重耳其实是在他们的教育下长大的。后来重耳被追杀，逃亡国外的时候，他们也跟着一起逃了出去，成为流亡队伍里的主力成员。

狐偃是个老谋深算的人物，为重耳出过很多主意，重耳也特别听他的，从当初逃避骊姬迫害，到后来流亡期间的种种决策，背后都有他的影子。在重耳的团队里面，他是军师的身份。

他和其他流亡大臣一起，历经磨难，终于帮助重耳回国，夺到了晋国的君位。

因此在论功行赏的时候，狐偃当仁不让地排在第一位，之后也是晋文公朝廷里核心的人物之一。

后来晋文公当政期间，狐偃也在朝政中起了很大作用，包括文公出兵勤王，以及城濮之战打败楚国，背后都有狐偃的计策。文公设立三军，狐毛和狐偃共同统领上军，都是重要的将领。

因此狐偃和先轸、赵衰一起，都被认为是晋文公的股肱之臣。文公称霸诸侯，归根结底其实是他们这个小团队集体努力的结果。

但另一方面，狐偃在大众中间的风评并不太好，大家普遍觉得他做人圆滑，功利心太重。

当初晋文公回国继位的路上，渡过黄河的时候，介子推就因为看不惯狐偃假惺惺的表演，一怒之下私自离开了。

再说狐毛，他在晋文公一朝主要是一个军事将领。城濮之战，他是直接指挥者，功劳也是非常大的。

而狐氏家族跟赵衰为首的赵氏家族的关系似乎有一点微妙：狐偃死后，赵衰直接继承了他的上军佐的位置。他没有谦让，更没有让狐偃的后人来接替，似乎是间接夺走了狐氏的权势。

后来狐氏跟赵氏斗了很久，最终败下阵来，被赵氏排挤出了晋国。

先氏

先轸也是跟随晋文公流亡的主要功臣之一。在文公很年轻的时候，先轸已经在他手下当差，跟狐偃一样处在文公团队的核心位置。

文公设置三军，先轸先是下军佐，但很快升为中军将，成为三军统帅。

他是元帅，也是一个智计百出的军事家。在文公称霸的阶段，晋国多次对外战争的胜利都依赖于他的谋略。

城濮之战，先轸是总指挥，以精准的判断力强压楚国。挑唆曹、卫两国去激怒楚国就是他的计谋。

秦国冒险长途奔袭郑国，先轸第一时间做出判断，提出应该截击秦军，以打击秦国的扩张势头。

这两次重大战争，都是先轸的意见起了决定性作用，使得晋国在跟秦、楚的竞争中占据了上风。

这两场战争都在中国军事史上具有重大意义，对后世的战略战术启发很大，先轸也因此成为中国古代最著名的军事家之一。

但先轸本身是个性格暴烈的人，眼里揉不进沙子，甚至对于上级都是如此。

崤山之战过后，晋襄公听信怀嬴的忽悠，把晋国花费很大力气才抓到的秦国三帅释放了。先轸听到消息以后暴跳如雷，直接闯进王宫面斥襄公。

虽然晋襄公没有为这件事生他的气，但先轸也知道，他这样的做法属于严重的以下犯上，不可能再得到朝廷内外的原谅。

在随后对狄人的战争中，先轸脱掉甲胄，单枪匹马闯进敌方阵营，以自杀式的攻击敌军，为自己犯的错误赎了罪。

可以看出，先轸既是一个智计过人的战略家，又是一个典型的武将，忠直耿介，对国家、对君王都是一片赤胆忠心，不像别的谋士那样有那么多花花肠子。

先轸的弟弟先蔑、儿子先且居都是当时的著名将领，他们家族对晋国的对外战争做出了很大贡献。

但他们家族的主要成就只是在军事方面，对于晋国的内政外交，似乎影响不大。而且武人的性格，不太会玩权谋，在跟其他家族的钩心斗角之中，他们就比较吃亏，所以先氏家族没有多久就败亡了。

郤氏

郤氏是晋国公族的分支。在晋献公时代，有一次晋国攻打狄人的翟柤（zū）国，公族子弟叔虎奋勇当先，扛着旌旗第一个登上城头。事后献公奖赏他的功绩，把他封在郤邑，称为郤子。他就是郤族的祖先。

郤氏家族政治立场很明确，一直坚决地站在晋献公一边。所以献公对公族展开大屠杀的时候，郤氏没有受害，反而渐渐壮大了起来。

后来骊姬乱政，郤氏家族的郤芮是公子夷吾的手下，陪着夷吾逃到了国外。他向夷吾献计，请求秦国帮助夷吾回国继位。夷吾用他的计策成功登上君位，是为晋惠公。郤芮也成了惠公朝廷里的权臣。

后来郤芮又拥立了晋惠公的儿子晋怀公。

但没想到风水轮流转，最后获胜的竟然是重耳。晋怀公随后被重耳杀害。

晋文公重耳登基以后，郤芮依然忠于晋怀公。他和吕省密谋火烧王宫杀害文公，但事情败露，文公没死；两人只好逃到秦国去，结果被秦穆公杀掉了。

但郤氏家族早有准备，当年他们家的人分别支持夷吾和重耳。郤縠和郤溱就是重耳一党，重耳能够回国继位，跟他们的里应外合有很大关系。

所以晋文公一上台就重用郤縠和郤溱，把两人任命为中军将领，成为三军领袖。

可惜郤縠却没能风光太久，第二年就过世了，有可能是在攻打卫国的战争中战死的。中军的指挥权也落到了先轸和胥臣手上。

到这时，郤氏看来要衰落了。但一位牛人横空出世，硬是把郤氏挽救了回来。

郤芮被杀后，他的儿子郤缺也受到牵连，被贬为平民，在冀地的乡下当农民，艰难度日。

晋文公的另一位亲信胥臣有一次经过冀地，看到郤缺在田里除草，他的妻子来给他送饭，两人相敬如宾，言谈举止都符合礼仪。胥臣回去以后就跟文公说起这件事，说郤缺是有德之人，不应这样被埋没。

当然也有可能胥臣本来就想帮郤氏，故意编造了这篇话。

晋文公也是胸襟开阔的雄主，听到这话以后果断原谅了郤芮的罪行，起用郤缺为将领，继承他父亲的官位。郤芮的家族重新掌权，代表了整个家族的命运兜兜转转了一圈又回来了。

事实证明，将门虎子的说法没错。郤缺当上将军以后，表现十分突出，在箕之战中一举抓获白狄的首领，自此成为晋国最重要的将领之一。而且他的才能远远不止在军事领域，在朝堂上他也混得风生水起，后来甚至成为晋国的一号权臣，把郤氏带上了权力的巅峰。

胥氏

胥氏也出自晋国公族，具体的来源不是很清楚，他们真正登上政治舞台是从胥臣开始。

胥臣也是跟随晋文公流亡的功臣之一，他的角色跟先轸类似，也是文武双全的将领，既能出谋划策，又能上阵杀敌。

在早期，他的地位非常高，因为他可能是晋文公的老师，史书上提到"文公学读书于臼季"。

他也是晋文公主要的谋士之一，曾劝说文公娶自己的侄媳妇怀嬴，以此来取得秦穆公的信任。

晋文公登基以后，胥臣被封到臼邑，官拜司空，这个封赏在功臣们中间是比较高的。

他最著名的事迹是在城濮之战中，用虎皮蒙在马身上，冲进陈蔡两国的阵营，击溃了陈蔡联军，形成连锁反应，最后造成楚军的崩溃。

这样一员猛将，同时又是一位著名的教育家，提出了"因材施教"理论。

另外，他推荐郤缺，帮助郤氏复兴，间接改变了后来晋国公卿家族的权力格局。

不过后来的形势发展却完全出人意料。郤缺掌权以后，胥氏反而被打压得特别惨；胥氏的后人因此报仇，又反过来灭了郤氏家族——真是成也萧何败也萧何。但这件事做得太过分，后来胥氏也受到报复，也被人灭了。

两个重要的公卿家族——郤氏和胥氏，最终同归于尽。

魏氏

魏氏出身高贵，他们本来是周朝的公族，先祖是周文王的第十五个儿子高。

武王一统天下以后，把这个弟弟封到了毕国，因此他被称为毕公高。毕公高也是周朝初年赫赫有名的人物，曾经跟周公、召公一起辅佐成王、康王，为周朝立过很大的功劳。

后来毕国可能是被戎人灭国了，国中的贵族们四散逃亡。有一个叫毕万的公子逃到了晋国，在晋国扎下根来，在晋献公手下当大夫。

毕万勇猛异常，多次跟随晋献公出征，立下许多军功，因此受到晋献公赏赐，被封在魏地，从此改称魏氏。

毕万的英勇基因遗传给了后人，后来的魏犨也是个猛士。

魏犨和颠颉都曾经跟随晋文公重耳流亡列国，文公登基以后，他们也成为文公朝的开国大佬之一。但两人都属于武将，按照文公的封赏标准，他们算最末一等，受到的赏赐并不多，在朝廷里的地位也较低。

城濮之战前，晋国攻打曹国，以报当年曹国羞辱晋文公之仇。

曹国很快被攻破，曹君被当众羞辱。晋文公是恩怨分明的人，曹国的大臣僖负羁当年曾经善待过他，所以他下令军队不准骚扰僖负羁及其家人。

不料魏犨和颠颉却心怀不满："那个僖负羁装模作样地送你一点东西，你就这样念念不忘，我们跟随你十九年你就给我们这点回报？"

两个冲动的武夫突然脑抽，竟然约好私自带兵去攻打僖负羁家，把僖负羁家一把火烧了。最丢人的是，在这次相当于打群架的战役中他们竟然还受了伤，不仅破坏了晋军"仁义之师"的名声，还丢尽了晋国的脸，当然，最重要的是损害了晋文公的威信。

魏犨和颠颉估计仗着自己资历够老，是在最艰难的岁月跟着文公混过来的，以为最多被训斥一顿。

但文公并不管这些,这件事触犯了他的底线,他准备下令把两人斩首。

杀之前,文公还是有点舍不得,就让人去魏犨家查看情况。

魏犨伤在胸口,正躺在床上养伤,听说文公的使者来了,赶忙用布帛把伤口紧紧地裹起来,然后亲自出去迎接使者。在使者面前,他谈笑风生,还表演武艺给他们看,当场跳跃翻滚,看起来一点事都没有。

使者回报了看到的情况,文公感叹:"这小子伤这么重还能这样折腾,真是难得的猛将啊!国家确实需要这样的人。"所以就饶了魏犨一条命,免去他的官职,只把颠颉杀了。

魏犨既有武力又有心机,运气也不错,终于成功躲过这次杀身之祸,所以才有了后来战国七雄中的魏国。

不过,六卿的所有家族里面,最有戏剧性和最重要的还要算赵家……

赵家的发迹史

赵氏也属于嬴姓,跟秦国国君来自同一个祖先。

当初纣王手下有猛将名叫蜚廉,作战勇猛。后来他被周朝俘虏,成了周朝的大臣之一,但不久以后就被杀了。

蜚廉有两个儿子比较有名,一个是恶来(也是很快被杀了),另一个是季胜,他们的后人都侍奉周朝,但地位不高。

到了周穆王的时候,季胜有个曾孙叫造父。造父善于相马和驾车,是穆王的马夫,很受穆王青睐。

传说他曾经得到八匹骏马,都献给了穆王,就是著名的"穆王八骏"。穆王让他驾车,赶着这些马一直向西奔驰,日行千里,最后来到昆仑山,见到了西王母。

西王母热情款待穆王,穆王在那边玩得不亦乐乎,忘了国内的政事。这时忽然传来东边的徐偃王造反的消息,又多亏造父驾车一路狂奔,带着穆王迅速赶回国内,平定了叛乱。

穆王因为他这次的功劳,把他封在了赵城。从此他们整个家族都沾光了,包括恶来和季胜的后裔,都以赵为氏,是为嬴姓,赵氏。

造父就是赵氏的先祖。

而恶来的后人不久以后也出了一个人才，叫非子。他因为养马养得好，天下闻名，也受到周天子的封赏，被封在秦地，建立了秦国。

这个家族的人似乎做事都特别认真，即使身处低位，也能兢兢业业地做好自己的工作，所以最后都得到了巨大的回报，成为后世两个大国的先祖。

赵氏的后人在西周末年看到朝政混乱，就离开周朝，到晋国去当官，成为晋国的卿族之一，一直传到了赵衰这一辈。

赵衰是追随晋文公流亡的五大功臣之一。

据说他未出仕的时候曾经占卜，看应该去辅佐晋献公还是各位公子。占卜的结果，辅佐献公和其他公子都不合适，只有辅佐重耳才吉利，所以他就到了重耳那一方。

他的年纪比晋文公稍微小一些，两人从年轻的时候就很熟悉，他们的私人友谊可能非常好，联手娶了叔隗、季隗这一对姐妹。然后文公又把自己的女儿嫁给赵衰——所以他们两人既是连襟，又是翁婿。

从这样密切的婚姻关系，可以看出赵衰受到晋文公的信任之深，所以都说他是文公的股肱之臣。

在晋文公流亡的十九年里，赵衰始终是团队的中流砥柱，文公所有重大的事情都会跟他商量。

在最艰苦的时候，他"以壶飧从径，馁而弗食"，把带着的食物让给晋文公，自己不肯吃。

文公在齐国贪图享乐，不肯离开，是赵衰他们几个人谋划，把文公灌醉了强行带走。

到了秦国，秦穆公在宴席上跟晋文公互相唱和。秦穆公唱了《六月》，赵衰马上高声说："重耳拜赐。"晋文公走下来向秦穆公行礼，秦穆公也赶忙还礼。

秦穆公说你们这是为什么呢？赵衰回答："大王命我们公子辅佐天子以安天下，我们公子怎么敢不拜谢呢？"原来《六月》里面有几句说的是尹吉甫替周天子讨伐敌人的故事。赵衰一句话就把秦穆公套牢了，"君无戏言"。后来晋文公抛开秦国单独出兵勤王，秦穆公也不好公开表示反对。

晋文公登基以后，赵衰毫无悬念地进入了朝廷的核心领导层。

在文公的班底里面，赵衰不是才能最突出的。相比于狐偃的老谋深算、先轸的奇计百出，赵衰似乎没有让人惊艳的谋略，但这只是因为他低调，不贪功，实际上他的谋略不输于任何人。

人们说，晋文公"父事狐偃，师事赵衰，长事贾佗"，把赵衰当作自己的老师。文公从当公子的时候开始，到称霸诸侯，中间有很多决定都是赵衰做出的，可以说，他是晋文公霸业的主要建设者之一。

如果仅仅是出谋划策的话，赵衰也就是个顶级谋士而已，但他还有一种才能是所有人都比不上的——他特别会"做人"。

这个"做人"不是说他左右逢源四面讨好，而是说，他能自如地协调各方关系，让所有人都感受到他的恩德。因此，不管哪个派别的人，都夸他是个热心肠的好人。

他低调沉稳，处处展现出谦逊的风度。中国人一向对爱谦让的人有好感，所以赵衰在朝廷里的形象非常好。

例如，有一次晋文公派兵讨伐邺国，用赵衰的计谋，战争进行得很顺利。事后文公封赏群臣，赵衰却推辞说："大王是要赏赐直接的执行者呢还是赏赐起根本作用的人？如果是前者，那么可以赏赐骑马驾车的将士们；如果是后者，那么我的计谋是从郤子虎那儿听来的。"文公果然就赏赐了郤子虎。

赵衰类似的谦让的事迹还有很多，最著名的是他几次"让贤"的经历，把晋文公任命给他的职位让给了别人。

在最初设立"三军"的时候，晋文公就任命赵衰当中军元帅，他却坚辞不受，说："郤縠德行高尚，让他担任这个职位比较合适。"文公就让郤縠当了中军将。

文公又让赵衰担任下军将，他说："栾枝仔细谨慎，先轸计谋过人，应该任用他们。"文公于是让栾枝和先轸统领下军。

后来狐毛过世了，文公让赵衰顶替他当上军将，赵衰又推辞说："先且居（先轸的儿子）在城濮之战中有重大功劳，应该任命他。"

文公非常感动，对人说："赵衰三让，所让的都是社稷之臣，三让而不失义，真是有德的贤臣呀。"

到最后文公都觉得对不起赵衰了,只好专门新建一个新上军和新下军,让赵衰当新上军的首领,赵衰这才接受下来。

如果只是简单的推辞的话,那只能说明赵衰谦逊而已,但他其实有很深的考虑,他的做法本质上是在替文公推荐人才,而且他推荐的人才后来都被证明是特别适合这个职位的。长此以往,文公对赵衰也就言听计从了。

另一方面,由于赵衰得到文公的高度信任,他推荐的人基本都能马上获得重用,这些人当然都会感激他,所以也替他和他的家族积累了广泛的人脉关系。

除此之外,他还推荐过狐偃、胥臣、箕郑等人,阳处父也跟他私交甚笃,连刺杀过文公的勃鞮都很欣赏他,甚至建议文公把原邑封赏给他。

总之,六卿里面其余几个大家族的人基本都受过赵衰的恩惠。大家都很感激他,说他像冬天里的太阳,让所有人都感到温暖。

可以说,在文公的朝廷里,赵衰就是所有人中间的黏合剂,是他抚平了晋惠公时代纷繁芜杂的派系纷争,把整个晋国政坛黏合到一起;因为他的存在,文公时代的晋国才有如此强大的凝聚力,才能集合各派的力量共同对付国外的敌人。

赵衰的这些功劳都被人看在眼里,记在心里。他虽然低调隐忍,却获得了所有人的一致推崇,赵氏家族因此后来居上,在晋国政坛积累了超越其他家族的强大影响力。

不仅如此,在治家方面赵衰也是个能手,他很能协调家庭内部关系,连他的妻子都特别贤惠。

晋文公登基以后,把自己的女儿赵姬嫁给了赵衰。当时赵衰的前妻叔隗和他的儿子赵盾都还在翟国,赵姬对赵衰说:"有了新欢就忘了旧人,这样怎么能服众呢?应该尽快把他们母子接过来。"赵衰就把叔隗和赵盾接回了晋国。

赵姬虽然是公主的身份,但她认为叔隗是原配而且功劳更大,就主动让叔隗当正室,把自己降为偏房,还让赵盾当嫡子继承家业,自己生的几个儿子都作庶子。

在叔隗和赵姬的谆谆教导下,赵盾也成长为非常有才能的人物,在赵衰过世以后，他作为赵氏的嫡长子，继承了赵衰的事业。

公元前六二二年，一代巨人赵盾正式登上晋国政坛，晋国从此进入赵氏专权的时代。

夷之蒐

公元前六二二年，赵衰、先且居、栾枝、胥臣几乎同时过世，军方上层出现了巨大的空缺，晋襄公只好重组六卿。

那时候把大型的阅兵仪式称为蒐（sōu），比如以前曾经举行过的"清原之蒐"，就是在清原举行的军事集会。公元前六二一这一年，晋襄公晚期最大的阅兵仪式在夷地举行，史书称之为"夷之蒐"。

一般"蒐"期间都会进行重大的军事首脑调整，夷之蒐的一个主要任务就是重新安排三军将佐的人选。

更重要的是，这时候襄公的身体状况已经不太好了，所以这次任命也有托孤的性质，会直接决定下一届朝廷里的势力消长。

如此重大的一次权力洗牌，晋国上下都在密切关注着，几个大家族之间不可避免地发生了争夺。

角逐这些位子的主要是两派势力：一派是晋国老牌的公卿贵族，代表人物是箕郑父、士縠、梁益耳、先都、荀林父；另一派是晋文公时代蹿上来的，尤其是跟随晋文公流亡的功臣们及其后人。

晋襄公的主要考虑是如何在两派人马之间保持平衡。

他最初的想法是论资排辈，以老牌贵族为主，让他们掌握军队；以新人为辅。具体的名单都有了，但这个绝密情报却意外泄漏了出去。

这等于是削夺新人们的军权，消息一传出来，朝中哗然。

不过这个消息也有可能是故意放出去的，以测试各方势力的态度，包括已经列好的那份"名单"，不排除也是一个幌子。

先且居的儿子先克首先站了出来，他向晋襄公进言："狐、赵之勋，不可废也。"狐偃、赵衰他们那一代老臣劳苦功高，您不应该忘记他们的功劳。

这时候狐偃、赵衰他们那一代人都已经离开了人世，他们的下一代人继承了他们的位置，领军人物是这几位：

狐射姑（狐偃之子）、赵盾（赵衰之子）、先克（先轸之孙，先且居之子）、栾盾（栾枝之子）、胥甲（胥臣之子）。

先克继承了当年他爷爷先轸直言敢谏的作风，代表功臣之后向襄公讨情。襄公被他说服了，立即调整名单，把这群功臣之后摆到了最重要的位置上。

新的名单是：

中军将——狐射姑；

中军佐——赵盾；

上军将——先克；

上军佐——箕郑父；

下军将——先蔑；

下军佐——荀林父。

这样，新人们取得重大胜利，完全压倒了传统贵族势力。但先克也因此得罪了一大票人，把自己推到了一个很危险的境地。

不料马上又有人来说情。这次发难的是阳处父，就是之前忽悠楚军撤退，又挑拨楚成王杀子上的那人。

据说很多年前，狐偃、赵衰当政的时候，有一次，阳处父去求狐偃让晋文公给自己一个官职，狐偃拖了三年都没给他办下来；他又去求赵衰，赵衰三天就给他办好了，还让他当上了晋襄公的老师。从此阳处父就投入了赵衰阵营，成为赵氏的忠实支持者。

这次夷之蒐正好是阳处父来主持。他看到新名单上，狐偃的儿子狐射姑排在赵盾的前面，就私下劝谏晋襄公，把狐射姑跟赵盾的位置相互调换，让赵盾担任中军将，然后把阅兵的地点改到董地。这样就完成了这次重要的人事任免。此外，阳处父还对外大肆宣传赵盾的才能。

另一方面，由于赵衰极佳的人际关系，各方势力基本都支持赵家，所以这次人员变动也得到了大多数人的支持。

赵盾就凭借这次机会，成功上位，一举成为晋国朝廷里的一号人物，开始了独揽大权的生涯。

而以赵盾为首的新人势力，也成功地压倒老牌贵族，掌控了晋国朝政。

几个月以后,晋襄公病逝,两任君王称霸的时代结束,六卿当政的时代开始了。

赵盾背秦

摆在新人们面前最迫切的事情就是立储问题。

本来晋襄公临终的时候决定让穆嬴生的夷皋继任君位,但朝中大臣们普遍对这个夷皋没有好感,襄公一死,他们就抛弃了夷皋。

大臣们的说法是,夷皋年纪太小,把国家交给他太危险,所以都希望让年长的公子担任国君,那就只能从晋襄公的弟弟里面选。至于选谁,他们又分为两派:狐射姑为首的一派支持辰嬴生的公子乐,赵盾为首的一派支持公子雍。

当初晋文公立晋襄公为继承人以后,为了防止其他公子们争位,就把他们都遣送到了外国,公子乐在陈国,公子雍在秦国,但万万没想到现在大臣们又要把他们迎回国。

两派势力为了迎立哪个公子争得很凶。

狐射姑一派的说法是:辰嬴受到过两任国君的宠幸,应该立她的儿子公子乐。

辰嬴就是前面提到过的怀嬴——当初秦穆公把她嫁给了晋怀公,后来怀公偷跑回晋国,秦穆公又把她嫁给重耳,晋文公重耳为了得到秦国的支持才娶了她。

所以赵盾一方就反驳说:公子乐"母淫子辟",他母亲嫁给叔侄二人,这样的人怎么能当国君?反观公子雍那边,他的母亲地位比辰嬴高多了。而且他被送到秦国以后混得很好,目前在秦国担任亚卿的职位,立他为君,一方面可以改善跟秦国的关系,另一方面,他有秦国的支持,以后肯定比陈国支持的公子乐地位更稳固。所以应该立公子雍。

两派谁也说服不了谁。

两公子之争,背后是狐氏跟赵氏两大集团在争权。其实具体立谁并不重要,重要的是自己支持的人上台也就意味着自己这一派以后能够掌权,所以双方都不让步。最后谈崩了，双方各自派人去迎接自己拥立的公子。

但赵盾出手更加果断，他派公孙杵臼直接在半路上截杀了公子乐，绝了狐射姑一方的退路。

狐射姑那边看到赵盾公然下黑手，也就索性撕破脸。他们当然不可能直接对赵盾动手，就找一个最好欺负的。

赵家这边的阵营里，阳处父不属于世家大族，势力比较单薄，而且他在夷之蒐上跟狐射姑结下了大仇。所以狐射姑就拿他开刀，派家族里的狐鞫（jū）居暗杀了阳处父。

朝廷高官被暗杀，朝野震动，赵盾下令彻查。当然，大家都猜得到这是狐氏那边的人干的，所以一下就把狐鞫居查出来了。

赵盾处死了狐鞫居。狐射姑一看势头不好，赶紧逃到了翟国去躲避。当然赵盾也希望他逃走，不然还不好处理。

赵盾也展现了自己的大将风度，不仅没有报复狐射姑的家人，反而把他们送到翟国去跟狐射姑团聚。当然这也是明白告诉狐氏的人：滚到那边去，永远别回来了。

这场针锋相对的立储之争，以赵氏完胜结束。曾在晋文公手下排名第一的狐氏家族就这样被清理出了晋国政坛，还有个阳处父也无端成了牺牲品。

狐射姑曾被封在贾地，所以他的另一个名字叫贾季，他是贾姓的祖先，最后他终老在了潞国。

另一边，赵盾派先蔑和士会去秦国迎接公子雍。

先蔑是先轸的弟弟，也是个战功赫赫的老将；士会又叫范会、范武子，是士蒍之孙，范氏的先祖。这两人都是朝廷里面一流的权臣。

这时候秦穆公刚刚过世，继任的是秦康公。最近几年秦国的国力已经明显下降，所以秦康公正在考虑怎么缓和跟晋国的关系。

他听到先蔑和士会的请求，正中下怀——之前秦穆公不是"三置晋君"，成功干涉了晋国内政吗？现在又有一次干涉晋国内政的机会摆在面前，怎么能放过？

而且他还是晋襄公和公子雍的表兄弟，亲戚家的事情他本来也有资格管一管。

所以他对于送公子雍回国这件事特别积极，一口答应下来。考虑到当年秦国送晋文公回去以后，晋国那边马上发生了吕省、郤芮的叛乱，这次秦康公吸取教训，派出大军护送公子雍回国——谁敢袭击公子雍，谁就是在袭击秦国！

晋国那边，大臣们也在翘首以盼，等着公子雍回来登基。

但这时一个女人骤然闯进人们的视线，把局势彻底搅乱了。她就是太子夷皋的母亲穆嬴。

关于穆嬴的情况，史书上记载得很少，我们只知道她是晋襄公的夫人，应该是在后宫地位比较高的一位。

她不一定是个泼悍的女人，但现在的形势确实把她逼急了——当初晋襄公明明白白地说了让夷皋继位，结果大臣们全都把他们母子抛在一边，不管选谁都不选夷皋，简直欺人太甚！

现在公子雍已经在回国的路上，形势紧迫，一旦公子雍回到朝廷里，那么位置就确定了，再也不可能改变，而他们母子的下场也是可以想象的。叔叔对侄儿痛下杀手的事还少吗？骊姬被鞭子活活抽死的惨剧也是殷鉴不远。

所以穆嬴只好拼了。她抱着孩子心急火燎地跑到朝堂上，扯住大臣们大哭："先君有什么罪？他的孩子又有什么罪？舍弃这个孩子，跑到国外去找继承人，你们把先君的嫡子置于何地？"

这样一连哭闹了很多天，朝臣们人人焦头烂额。他们这批官员基本都是晋襄公任命的，襄公在他们中间威望很高，所以没人敢把穆嬴怎么样。而且这件事大臣们确实理亏，真要评起来，都算是忘恩负义背叛先君了。

其中属赵盾压力最大。他是百官的领袖，人们议论起来，只会说"赵盾背叛先君"，而不会说别人。

穆嬴也知道赵盾是解决问题的关键，所以散朝以后又跑到赵盾家里去闹。她当众向赵盾叩头，哭诉："先君当初亲自把这孩子交给大人，说好的'这孩子要好好听话，您就辅佐他；要是不听话，您就教导他'。如今先君言犹在耳，您就抛弃了我们母子，这怎么说？"

穆嬴这样一通哭闹，成了国际大新闻，国际国内的目光都聚集在这里，朝臣们背负着极大的舆论压力。眼看人心将变，赵盾也慌了，只好临时做出一个重大决定——放弃公子雍，重新立夷皋为君。

问题是秦国那边已经把公子雍送过来了，马上就到，这下怎么面对秦军呢？赔礼道歉？公子雍能答应吗？而且真向秦国道歉的话，晋国的脸面还要不要了？

看来唯一的办法就是硬把公子雍打回去，那么必然要跟秦军打起来，既然要打，不如我们先出手，打他个措手不及。

所以赵盾为首的文武百官们做出一个惊人的决定——在半路拦截秦军！新一轮秦晋战争就这样意外爆发了！

公元前六二〇年四月，赵盾亲自带兵赶到堇朋，然后趁着夜色，悄悄潜到令狐，对正在保护公子雍的秦军发起突袭。秦军怎么也想不到会有这一招，被杀得大败亏输，狼狈逃窜。晋军一路追击到刳（kū）首才作罢。于是在秦晋交战史上，秦国又输了一场，而且输得莫名其妙。

秦军队伍里还有一些晋国将士，先蔑和士会也在其中。他们都被打懵了，也不知道晋国那边出了什么状况，只好跟着秦军一起逃回秦国。

当初先蔑出使秦国之前，荀林父就劝他不要去，说迎接公子雍这事不靠谱；他没听，还是去了，果然惹祸上身。

秦康公是最亏的，本来想借这个机会重修"秦晋之好"，结果惹来一身骚，生生地被恶心到了。他从此再也不相信晋人，彻底放弃了跟晋国沟通的想法，一心一意跟晋国死磕。秦国成了最坚决反对晋国的一个国家。

而从晋国的角度来看，令狐之战不仅打得莫名其妙，更是一个完全错误的决定。这次战争凭空造出来一个强大的敌人，晋国从此要面临楚国跟秦国的长期夹击，他们的霸权再次遭受严峻考验！

不过穆嬴真的可以高兴了。这位勇敢的母亲，仅凭一己之力改变了历史走向，成功为自己和儿子挽回公道，在史书上留下了精彩的一笔。

公元前六二〇年春天，夷皋继承晋国君位，是为晋灵公。

但随后发生的一切却给大家开了个大玩笑，看起来赵盾他们原来的决定才是对的：晋灵公根本不是一个合格的君王，他是晋国历史上罕有的昏君加暴君！

另一方面，晋灵公继位的时候年纪太小，朝政都由赵盾把持，赵盾成了晋国实际的统治者。所以之后晋国的主旋律就是赵氏跟其他公卿之间的角力。

公卿之间的争斗从此公开化。而首先爆发的，是夷之蒐中被打压的老牌贵族跟赵氏为首的新人之间的矛盾。

"夏日之日"

晋灵公继位的当年，齐、宋、卫、郑、曹、许、鲁七个国家，跟晋国在郑国的扈邑会盟，以庆贺晋灵公登基。

这次会盟是延续晋国的霸主地位，会上，赵盾代替晋灵公当盟主，跟各国诸侯平起平坐。

这是严重不合理的事情，但偏偏就发生了。

赵盾以一个大夫的身份，竟然充当各国的"霸主"，背后隐藏的是这样一种新的潮流——在周天子的地位衰落以后，诸侯们的权威也逐渐开始衰落，各国的当权派们开始架空自己的国君，并且登上国际舞台。从此以后，春秋的主角们，除了各路诸侯，还有各国的卿大夫们。

其中表现最明显的就是晋国和鲁国。

赵盾在这次会盟中赚足了面子，俨然成了国际上的领军人物。这为他在晋国国内继续专权做了很好的铺垫。

但这时赵盾还刚刚掌权，并不能完全控制国内的公卿家族们；各家族们都在积极寻找更有利于自己的位置。朝堂上暗流涌动，争斗激烈。

夷之蒐中，老牌公卿们被摆了一道——本来晋襄公说好要让他们掌权的，却临时变卦，把权力交给了赵氏那帮人，这些贵族们心里当然很不乐意。

特别是现在赵盾这么风光，他们看在眼里更不是滋味，赵家专权的时代还远远望不到头，看来自己根本不可能有翻盘的机会，这些人已经彻底绝望了。

而这一切归根结底，都要怪那个先克，当初就是这个混账东西向晋襄公进"谗言"，才夺走了他们这些人的权势。

老牌贵族们个个都对先克恨得咬牙切齿。

更加火上浇油的是，先克现在还特别受赵盾的信任，赵盾任用他当中军佐，俨然是晋国的二号人物。看着仇家在台上风风火火，那些老牌贵族们几乎气得发疯。

先克自己也是个狂人，不知道收敛，上台不久以后就以"抵抗秦国侵略"的名义强行要求蒯（kuǎi）得把自己的封地献给国家。

这件事成为两派贵族火拼的导火索。

公元前六一八年初，老牌贵族的五个代表人物——箕郑父、士縠、先都、蒯得、梁益耳，联合起来派人刺杀了先克。

但他们根本撼动不了赵氏的根基。赵盾立即调查这起案子，不等他们五个人进一步行动，就把他们挨个抓捕并处死。老牌贵族的势力受到了毁灭性打击，赵氏家族进一步巩固了自己的地位。

赵盾在这起谋杀案中表现出来的冷酷、果断也为他加分不少。从此以后，晋国国内更加没人敢反对他了。

他是这样一种人：你错了就是错了，我不饶你；当然如果你是对的，我也绝对不冤枉你。

这种滴水不漏的冷酷作风，不仅用在对付国内政敌上，也用来对付国外各种不肯配合的力量。

接下来他要对付的是鲁国。

在扈邑盟会上，其余国家都小心翼翼的，只有鲁文公不走心——他居然迟到了几天，虽然最后也参加了盟会，但终究是怠慢了盟主。赵盾当然不放过他，扈邑盟会的第二年，晋国派军队到鲁国去面斥鲁文公，问他去年为什么要迟到。

鲁文公吓坏了，赶忙道歉认错，将礼物双手奉上，最后派东门襄仲到郑国的衡雍跟赵盾签订盟约，承认晋国的盟主地位。赵盾这才放过了他。

对于有过错的要惩罚，对于没错或者已经改正的，就要及时地安抚。

在对待卫国的态度上，赵盾就显示出他的另一面。

几年前，卫成公狂妄自大，竟派大夫孔达带兵去攻打晋国，结果被晋国狠狠地教训了一顿，还被抢了戚匡两地。后来卫国就老实了。

现在国际形势已经不同了，卫国也一直小心谨慎地侍奉晋国，所以郤缺就向赵盾建议:"现在我们跟卫国的关系很和睦,应该归还以前抢的他们的土地。既有威又有德,这才像个霸主的样子。"

赵盾对这番话很赞同,马上下令归还卫国的土地。其中,匡地现在在郑国手上,赵盾又特地命令郑国把这个地方还给了卫国。

这些事件都说明,中原各国的局势仍然在晋国的掌控之中,晋国的霸权在赵盾手上得到延续,而且他做得也还算不错。

从这一点来说,在两任霸主之后出现赵盾这样一个权臣来接力称霸,应该算晋国的幸事。

赵盾就是这样一个人,有才能、有气魄、有胆略,尽心竭力地治理国家;人们敬他、畏他、服从他,但没有一个人真心喜欢他。

当初有人问狐射姑,对于赵衰和赵盾怎么评价。狐射姑说:赵衰是"冬日之日",赵盾是"夏日之日"。赵衰就像冬天的太阳,照得每个人身上都暖洋洋的;赵盾则是夏天的太阳,同样普照大地,但在他的照耀下,每个人都很难受。

这段话被认为是对赵盾最精准的评价。

计赚士会

赵盾上台两年,国内外局势都渐渐稳定下来。但他也面临一个很严峻的挑战,那就是老对手和新冤家——秦国。

之前他背信弃义截击秦国军队,彻底得罪了秦康公。秦康公一心要报仇,令狐之役的第二年就来打晋国,打下晋国的武城。

晋国也不甘示弱,过了两年就打回去,占领了秦国的少梁。

秦国随后便报复,又打下晋国的羁马。

赵盾彻底不能忍了,决定给秦国一个教训,省得一直没完没了的。他亲自带兵,晋国三军精锐尽出,直接扑向最前线,最后在河曲遇到秦军。

赵盾用臾骈(yú pián)的计策,在秦军对面扎下营寨,深沟高垒,坚守不战,想要拖死秦军。

以往晋国用计往往能胜秦国,但这一次却有点不一样,秦国那边出谋划策的正是晋国叛逃过去的士会。

前面提过，秦国多年以来一直缺人才。所以像先蔑、士会这种晋国的顶级将才，在秦国基本就相当于战神的级别，他们逃到秦国以后马上得到秦康公的重用。

秦康公看到晋军坚守不出，就向士会请教对付的办法。士会对晋国内部的情况相当了解，给他出了个主意："晋国有个将领叫赵穿，是赵盾的堂弟，又是晋襄公的女婿。这家伙是个花花大少，没什么本事，只有一身臭脾气。这次出征，赵盾处处听臾骈的，赵穿早就看不惯了，急着要挣表现。我们只要派一队轻骑兵去骚扰赵穿手下的军队，他肯定会出来追击，晋军的防守政策就没法坚持了。"

秦康公照着他说的做，派一小队兵马去骚扰赵穿所在的上军。赵穿果然沉不住气，直接追了出去，但回头一看，上军的其他将领都没有跟过来。

赵穿回去质问他们："敌人来袭，你们怎么都不动啊？国家白养着你们这群废物吗？"

其他人只好回答："元帅有吩咐，都不许出击。"

赵穿更加暴跳如雷："我偏不信邪，我就追给你们看看。"说完，也不向赵盾请示，带着自己的部属就冲了出去。

赵盾接到回报，大吃一惊。按理说这时应该直接放弃赵穿那支小分队，但他担心自己堂弟的安危，于是对下属说："赵穿是晋国的卿士，这次去要是败了，秦国就捉了我们一名卿士，这场战争他们就相当于胜利了，这怎么成？"说着便下令全军出击，他亲自带着大部队，跟在赵穿他们后面冲向秦军——臾骈的战略轻松被秦国破解了。

但这次冲突来得很突然，双方其实都没有做好战斗准备，一交战，都没有斗志，打了没多久就各自收兵了。

秦国派使者半夜去向晋国下战书，叫嚣："今天打得不过瘾，我们明天再战。"

这时臾骈又向赵盾进言，说："我看那个使者嘴上叫得凶，目光却游移不定，这是故意想吓住我们，好偷偷撤退。我们不如将计就计，趁他们今晚撤退的时候把他们压到黄河岸边，一举歼灭。"

他的判断非常正确，秦军确实计划今晚撤退。要是按照他说的做，秦军这回根本跑不了。

关键时刻，又是赵穿和胥甲两个官二代出来捣乱，两人大吵大嚷："我们牺牲的将士都还没有安葬，怎么能就抛下他们走了？再说，人家跟你约好战斗的时间，你却去偷袭，这不是卑鄙小人吗？"

赵盾又听他这个堂弟的，下令不要去追击秦军；臾骈也无可奈何。当晚，秦军顺利撤走，晋军随后也只好撤退了。

但过了没多久，秦军再次杀回来，占领了晋国的瑕邑，继续死磕晋国，反正就是不让你清闲。

河曲之战，赵盾放任自家亲戚捣乱，把手上握着的大把优势丢掉，造成了晋国在面对秦国的时候处于被动局面，过后又不处罚赵穿，这件事在国内引得人们议论纷纷。大家都对赵穿有意见，但赵家的权势在那边，人们也没什么办法。

赵盾这种对自家人放任不管的态度一直延续了下去。赵穿被宠得不成个样子，也越来越嚣张，终于在后来捅出大娄子，引出一系列的惨案。

不过目前先说秦晋战争的事。河曲之战过后，晋人痛定思痛，认为秦国不好对付的一个重要原因是士会在帮着他们。怎么除掉士会？这个问题就摆上台面来了。

赵盾悄悄找来六卿家族的人商量，说："现在士会在秦国，贾季在狄人那边，都是我们的心腹大患，有什么办法解决他们？"

荀林父说："贾季本来就是狄人，对狄人那边的情况很了解，又是勋贵之后，我建议先想办法把他召回来再说。"

贾季就是狐射姑，曾经是赵盾主要的政治对手，赵盾当然不希望让他回国。

郤缺说："贾季是谋反才逃出去的，本来就是罪人，怎么能召他回国？依我说，应该召士会。士会做人做事都很懂分寸，而且他也不是有意逃到秦国去的，并没有真正背叛晋国，只要我们派人去召他，我相信他会回来。"

这话说得很在理，赵盾于公于私都会支持他。所以商量的结果就是要把士会接回晋国。

但秦康公得了士会像捡了个宝似的，一直重用他。怎么才能让士会回来呢？

赵盾决定为这个事要下血本。

六卿里面有一个魏氏，目前的当家人是魏寿余，赵盾把他找来——如此这般，跟他定下计策。

魏寿余依计行事，假装犯下大罪。赵盾下令把他一家老小都抓了起来，他只身幸免，连夜偷跑到秦国。

他求见秦康公，痛诉在国内受到迫害的情况，请求秦国收留，并且承诺要把自己的封地献给秦国作礼物。

康公将信将疑，当时士会也在旁边，也在揣测魏寿余的真实目的。魏寿余暗中踢了士会两下。士会是聪明人，马上明白了真相。他本来就是被迫逃到秦国的，一直思念故国，现在机会终于来了，所以心里暗暗地做了决定。

士会撺掇秦康公收留魏寿余，在朝廷里给了他一个官做。两人都假装尽力辅佐康公，私下却在商量怎么回到晋国。

魏寿余投靠过来不久，就说要履行诺言，把魏邑献给秦国，但需要秦国派兵跟他一起去接收。

秦国大军跟着魏寿余来到黄河边，河对岸就是晋国的魏邑。魏寿余假意说："魏邑的守卫跟我很熟，在下先去那边说服他们，大王最好派个了解东部的情况、口才也好的人跟我一起去。"

这基本就是指明要士会一起去。士会假装很为难，对秦康公说："晋人翻脸不认人很正常，臣要是过去了，被他们扣下来回不来了怎么办？到时候请求大王别为难臣的家眷。"

当初先蔑和士会逃到秦国以后，晋国知道他们是情非得已，所以很人性化地把他们的家眷送去了秦国。

秦康公一口保证："放心吧，这个度量我还是有的。你要回不来，我再把你一家老小送回晋国就是。"

士会这才假装不情愿地答应了下来，跟魏寿余一起渡河去了魏邑，这一去当然就不回来了。秦康公一帮人在河边等来等去，干瞪眼，只好自己撤回秦国去。

不过康公随后还是信守诺言，把士会的家小都送回了晋国。

晋国没付出任何代价就把士会接回了国内，不仅收回了一个顶级人才，也让秦康公重新回到无人可用的状态，失去了继续跟晋国硬杠的资本。

士会在晋国继续建功立业，很快也进入了六卿行列。他被封在范地，因此又被称为范会，是范氏和刘氏的祖先。他有一个特别出名的后人——刘邦。

另一方面，秦康公信守诺言的做法为他赢得了不少好感。士会随后写信向他表示感谢，并且热忱地劝说他，放弃过去的恩怨，重新跟晋国和好。

秦康公也觉得一直这样打来打去没什么意思，何况双方还是亲戚，他作为晋灵公的表叔，基本的风度还是得有的，所以就答应了士会的说合。秦晋两国从此休兵，迎来了一段长期的和平。

不过，对于晋国来说，秦国的挑战其实不算什么，真正能威胁到他们的还是南方霸主楚国，豺狼心性的南蛮可不像表叔秦康公那样跟你讲道理。

晋楚之争，才是真正的刀刀见血。

卷土重来的楚国

楚穆王能杀死自己的父亲夺到王位，这种人，没有什么是他干不出来的。在他看来，楚成王晚年对待中原各国的政策显然过于温和了，他可不会像那个迂腐的老头子那么讲道理。

城濮之战的失败，对于楚国而言是一个巨大的耻辱。楚穆王从一上台就想着怎么卷土重来，不过当时晋国太强大，无隙可乘，他只好继续在南方欺负那些小国，暂时不敢向中原进军。

等到晋灵公上台——那晋灵公不过是个几岁的小孩，晋国的权力都掌握在赵氏手里。赵氏忙着跟其他家族争权，外面又有秦国一直跟他们死磕。楚穆王觉得机会终于来了，他要报城濮之战的仇。

公元前六一八年，楚穆王听从范山的建议，发动大军突进中原。

首当其冲的就是郑国。

郑国国君是郑穆公，也就是当年晋文公扶立的公子兰。因为跟晋文公的这层关系，这些年郑国都依附于晋国。

楚穆王自己屯兵在狼渊，让下属去攻打郑国。这场战争其实是在试探晋国的反应。

晋国这时正因为先克案引发政治大动荡，国内一片混乱，赵盾忙着抓凶手，暂时顾不得郑国，只好任其自生自灭。

楚军很快俘虏了郑国的公子坚、公子尨、乐耳这三员重要将领。郑国一看这情况，没得选，投降吧，便跟楚国签订了盟约，又倒向了楚国。楚穆王满载而归。

也不知是不是故意的，楚军撤退以后，赵盾才带着晋、宋、卫、许四国军队慢吞吞来到郑国，说："我们救你来啦。"

郑穆公一看，满头大汗，怎么办？再签个盟约呗！只好又跟四国联军签约，表示自己还是服从晋国的。

赵盾这样做其实是聪明的。现在赵氏地位还不稳固，真的跟楚国干起来，国内难免不出问题，所以千万要避开楚军；但郑国又必须得救，否则等于公开放弃霸权，所以才出现了四国联军"迟到"的情况。

但楚穆王这下已经看清楚了，晋国没底气跟他硬杠，他可以施展拳脚进军中原了。

楚国大军刚刚离开郑国，马上就扑向陈国，把陈国狠揍了一顿，问他们为什么要服从晋国。

这时，息公子朱讨伐了东夷从东边回来，也带兵过来打陈国。本来想两面夹击陈国，没料到陈国人被欺负得太凶，发狠了，跟子朱的军队大战一场，竟然奇迹般地打败了他们。

陈国在郑国东边，陈国人知道，晋国连郑国都不肯救，当然不会来救自己，以自己的实力怎么能独自阻挡楚国呢？所以趁着打了胜仗的机会，赶紧求饶，也跟楚国签订了盟约。

下一个是鲁国。但鲁国太远，本来就跟晋国不太亲密，所以楚穆王没有打他们，而是派若敖氏的斗越椒去跟他们谈判，让他们表示服从楚国。就这样把鲁国也收服过来了。

楚穆王短短几个月就征服了三个重要的中原国家，这一套组合拳打得非常漂亮，一扫城濮之战之后的颓势。

就在穆王准备继续进军的时候，国内却出现意外。楚国的大夫斗宜申和仲归竟然在私下谋划杀害穆王——靠弑君上位的穆王自己要被弑了？

这两人都是若敖氏家族的，这次弑君阴谋是若敖氏家族与楚王的又一次斗争。

斗宜申又叫子西，是个老将了，早在城濮之战时就是主力指挥官之一。城濮之战楚国大败，他和子玉都被勒令自杀谢罪。但楚成王随后就反悔了，派使者去赦免他们。使者迟了一步，子玉已经自尽身亡；子西上吊的时候绳子断了，正好使者来到，这才侥幸活了下来，随后他被派去治理商邑。

子西受了这次重大打击，变得跟惊弓之鸟一样。他曾面见楚成王，战战兢兢地说："臣现在听到有谣言，说臣要逃走，因此臣不敢去商邑，怕大王怀疑臣，现在请求大王给臣一个司寇的职位。"

成王听了以后就让他去掌管工匠，继续留在郢（yǐng）都。

但过了几年以后，不知道什么原因，他却跟仲归串通起来想要弑君，但保密又不严，很快就被人告到楚穆王那边去了。穆王及时出手，迅速剿灭了两人。

这次失败的谋反没有给穆王造成多大的损失，但让楚王跟若敖氏家族的关系更加微妙了。

镇压完内部反叛以后，穆王再度腾出手来收拾中原那些小国。这次他的目标是宋国。

宋国也是中原小国里面比较重要的一个，常常是中原联盟打击楚国的马前卒。

公元前六一七年秋天，楚穆王召集陈、郑国君在息邑会盟，明确表示三国结盟，把晋国这个霸主甩到一边。随后，楚穆王带着陈、郑、蔡三国国君驻扎到厥貉，放出话来，要联手去打宋国。

赵盾不及时救援郑国的恶果再度显现出来：宋昭公被楚国吓坏了，完全不理会晋国。他直接去向楚穆王求情，表示愿意归附，然后领着穆王为首的多国联军到孟诸去打猎，亲自鞍前马后地伺候。

这次名义上的多国会盟，实际上就是几个小国跪拜楚国。在这期间，几个小国国君都拼命奉承楚穆王，什么尊严都不要了，简直跟穆王的仆人差不多。就这样，都还是免不了受气。

宋昭公最惨。有一天早上，楚穆王命令他把火石放在车上，驾车出发去打猎，中途不知道发生了什么状况，惹得穆王不高兴，就让下人惩罚宋昭公。他们把宋昭公的一个手下人抓起来当众鞭打，然后游街示众。至于宋昭公本人，可能也受了侮辱，只是为了面子上好看，大家才没说出去。

其他几个小国国君也都差不多。其中有个麇（jūn）国国君，大概是被欺压得太狠了，受不了，直接半路上逃回了自己国家。所以楚穆王在散会以后马上发兵去打麇国，把这个可怜的小国狠狠教训了一顿。

楚国的强盛是中原小国们的噩梦。

另一方面，这时候晋国正忙着处理国内外的各种危机，焦头烂额，没有精力跟楚国争霸，更没法保护这些小弟们。

失去了制衡力量，小国君王们只能任由楚王摆布，苦不堪言。真是叫天天不应，叫地地不灵。

传统霸主的缺失，还带来一个恶果，就是没有人再用传统道德标准干涉各国内政了。国际秩序再度失控，各个国家内部的阴谋家们都开始蠢蠢欲动，以前不能做的事现在都可以做了，比如弑君。

绝迹了很多年的弑君浪潮卷土重来，第一个受害者就是刚刚在孟诸田猎中被欺负得很惨的宋昭公。

会收买人心的君王

宋昭公上位的过程很不容易。

他是宋成公的儿子，但不是长子，本来没机会继承君位。

公元前六二〇年，宋成公过世。这时候晋襄公也刚刚过世，晋国乱成一团，没法干涉盟国事务。成公的弟弟公子御看到了机会，就杀掉成公的太子和支持他的大臣们，自己登上了王位。

但这种做法实在不得人心，所以宋国人很快联合起来杀掉公子御，把成公的另一个儿子杵臼扶上王位，就是宋昭公。

昭公意外得到君位，应该好好珍惜才对，可惜他却在这个位置上干得非常糟糕。

他在国内很不受欢迎，几乎没有人支持他，而反对他最激烈的，却是一个让人根本想不到的人——他的奶奶襄夫人。

襄夫人是宋襄公的夫人、周襄王的亲姐姐（所以又被称为王姬）。她是一个很奇怪的老太婆，从一开始就坚决反对自己的孙子宋昭公。具体什么原因我们不清楚，史书上只是说昭公不尊敬襄夫人，但他有什么理由这样做呢？而且仅仅是不尊敬怎么就会招来那么大仇恨？这点让人想不通。

我们只知道襄夫人特别恨昭公，简直恨入骨髓，她甚至联合国内的世家大族势力杀死了自己的另外几个孙子——仅仅因为他们支持昭公。

关于襄夫人，还有一件离奇的事情：据说她爱上了自己的另一个孙子，公子鲍。

公子鲍是宋昭公的弟弟，长得非常帅气，人又特别聪明有才华，很受大家欢迎，总之是标准的高富帅，魅力无限。他甚至迷倒了自己的奶奶襄夫人。襄夫人想跟他私通被他拒绝了，但襄夫人并没有因此恨他，反而继续想尽办法帮助他。

他也是个有野心的人，一直虎视眈眈地盯着哥哥宋昭公的位子。昭公人缘差，不受宋国人欢迎，他就反其道而行之，处处收买人心。

宋国发生饥荒的时候，公子鲍把自己囤积的粮食都借给穷人；国内超过七十岁的老人，他都按时送各种东西；对于王室成员和公卿家族，他都随时保持联络。总之，宋国从上到下各个阶层的人们，他基本上都照顾到了。

襄夫人也配合他，一直竭尽所能地帮他广施恩德。两人一唱一和，赢得了许多人支持。

当然一个人精力再旺盛也不可能把全国的人都照顾到，所以他最大的才能可能是善于宣传自己，做一件好事就要吹捧十次，结果相当于做了十件好事。这样积年累月宣传的结果就是，宋国人人都知道他是个好人，都说他乐于帮助人。

公子鲍在宋国成了尽人皆知的明星，风头完全盖过了那个不会炒作的宋昭公。

他和襄夫人觉得时机已经成熟，就暗中策划趁昭公在孟诸打猎的时候发动叛乱。

然而他们的保密措施做得不好。宋昭公听说了襄夫人的阴谋，可是他并没有发起反击——可能已经心灰意冷了吧，准备自行放弃君位。他拿出一大堆财宝，把下人们都召集过来。

昭公的大臣荡意诸劝他说："不如去别的诸侯那边躲一躲？"

昭公黯然道："从我的奶奶到宋国百姓都不支持我，哪个诸侯又肯收留我呢？而且我身为君王，去别的国家当臣子，那还不如去死！"说着，把自己的财宝分给了在场的下人们，让他们去自寻出路。

从这里来看，宋昭公跟他的爷爷宋襄公有些类似，都有一种固执的道德观，宁愿放弃生命，也不愿违背自己的信念。

下人们得了财宝，纷纷离开，只有荡意诸不走。襄夫人派人威胁荡意诸，要他离开宋昭公。他坚定地说："国君有难，大臣就离开，这样的大臣又怎么能侍奉别的主人呢？"

当年十一月底，按照计划，宋昭公应该去孟诸打猎。但他还没到孟诸的时候，就被襄夫人派的人刺杀了；荡意诸也以死殉主。

公子鲍随后即位，是为宋文公。

这样一起无可争议的篡位案，却没有在宋国引起什么反抗，可见宋人确实非常不喜欢宋昭公。至于其中的原因，史书上说因为他是"无道昏君"；他到底怎么"无道"，却没人说得清楚。

宋国的弑君案明确挑战晋文公建立的国际秩序，于是赵盾派出大将荀林父，联合郑、卫等几个小国，一起去讨伐宋国。

多国联军到达宋国以后，听说宋人已经立公子鲍为君，他们也就不再追究这件事，自行撤军了。

晋国从此在维持国际秩序方面也放弃了努力，不仅没有了霸主的实力，也失去了霸主的雄心。

公子鲍大获全胜。第二年他又打败了同情宋昭公的宋国公族，杀死昭公的儿子和同母弟，成功巩固了自己的君位。国际社会最终也只能承认既成事实。

不过宋文公的才能确实比宋昭公强很多，他带领宋国在极端险恶的国际环境里面左支右绌，艰难站稳脚跟，而且还培养出了一个影响整个春秋后半段历史的重要人物——这个后面再说。

当宋国发生动乱的时候，在遥远的东方，齐国的内政则更加混乱，一起又一起篡权夺位事件接连不断地发生着。

齐国的乱局

前面说过，齐桓公儿子很多，有实力竞争国君宝座的公子是下面六人：

公子无诡（又名无亏、武孟）；

公子昭（齐孝公）；

公子潘（齐昭公）；

公子商人（齐懿公）；

公子元（齐惠公）；

公子雍。

齐桓公死后，公子无诡被杀，其余几个公子互相攻打。经过连续几个月的动乱，最终由宋襄公把公子昭扶上君位，是为齐孝公。

齐孝公总体来说还是合格的君王，虽然没能恢复齐桓公的霸主地位，但也基本没犯什么错。齐国在他治理之下算是保持了大国地位。

他最大的失误是没能及时铲除另外几个兄弟的势力。这些兄弟们一直在虎视眈眈地盯着他的君位，所以六公子争位的局面实际上一直没有真正结束。

齐孝公当政十年以后病逝，他的弟弟公子潘马上行动，联合著名奸臣开方杀了孝公的儿子，自己登基，是为齐昭公。

齐昭公当政二十年以后病故，他弟弟公子商人依样画葫芦，又杀了昭公的儿子，自己登基，是为齐懿公。

齐懿公篡位之前做了很多准备工作，他这些年一直在尽力招纳名士，有礼贤下士的好名声，又广撒钱财，收买人心，所以在国内有不少支持者。

另一方面，齐人对于他们几兄弟的夺位大战早已麻木。反正君位都是他们一家人的，而且这几兄弟才能都不相上下，谁当政都没什么区别，所以齐人对这些篡位事件没怎么反对。

但后来大家才知道错了——齐懿公跟他两个哥哥不一样，他的人品要卑下得多，干出了许多让人不齿的事情。

也许他本来不是个阴险小人，但他被压抑得太久了，两个哥哥轮流执政三十年，等到他都老了，才找到上位的机会。这些年，他一直在绝望中苦苦等待，长期的流亡经历、朝不保夕的生涯、低声下气的求恳，这一切彻底扭曲了他的内心，使他变得极端的狭隘。

所以他上台以后立即变脸，开始对以前的仇家打击报复。

当年齐桓公的时候，还是公子的齐懿公曾经跟大臣邴（bǐng）原争夺一块土地，最后由管仲出面断案，把这块地判给了邴原。

懿公对这件事一直怀恨在心，但苦于无法报仇，只能隐忍，忍了三十多年。

现在他终于有了报仇的机会，所以立即下令夺走邴氏家族所有的田产。这时候邴原已经死了很久了，懿公下令把他从坟墓里挖出来，砍断双腿，又把他儿子邴歜（zhú）降为奴隶，送到自己手下当差。

作为一国之君公然干出掘墓鞭尸的事情，简直骇人听闻。懿公在齐人心中的形象顿时一落千丈。

他又恨管仲偏向邴氏，所以夺了管仲后人的爵禄。这个行动肯定也得罪了一大票权贵。

他疯狂地追求女色，听说大臣阎职的妻子容貌很美，就把她强夺到宫里做妃子，致使阎职怀恨在心。

懿公自己却特别心大，一点都不觉得自己做的这些事有什么大不了的，竟然放心大胆地把邴歜和阎职都任用为自己的车夫。

公元前六〇九年春天，齐懿公带着一帮手下去申池泡温泉。在他沐浴的时候，两个车夫开玩笑斗嘴：阎职骂邴歜"断腿人的儿子"，邴歜骂阎职"老婆跟人跑了"。话一出口，两个人都羞愧难当，都被刺痛了心里的伤疤。

两人新仇旧恨一起涌上心头，都起了杀心，就合谋把懿公骗到附近的竹林里，在车上弑了懿公，把尸体丢在竹林里就跑了。

这时候齐懿公在齐人中间早已经没有威信，所以齐人对他被杀毫不在意，也不让他的儿子继位，而是派人去卫国把公子元迎回来当国君，是为齐惠公。

到这时为止，齐桓公就有五个儿子当了国君。

齐惠公是最后一个当国君的。这时候他的几个哥哥都已经离世了，他没有费什么力气就得到了别人千方百计才争得的君位，还坐得很稳，并把这个宝座子子孙孙地传了下去，奇迹般地成为笑到最后的人。

身败名裂的痴情男人

就在齐懿公被弑的那一年，鲁国也发生了一起严重的篡位案，而且过程更加复杂。

动乱的根源是由于鲁国公卿家族的崛起。

当初鲁桓公有四个儿子：庆父、鲁庄公、叔牙、季友。

鲁庄公死后，国内发生动乱，庆父、叔牙都被杀，最后季友在鲁国掌权，辅佐鲁僖公。他对两位兄长还是有情义，扶助他们的后人为官，于是三个家族都发展起来，取得了显赫的地位，成为鲁国的名门望族。

庆父、叔牙、季友的后人分别被称为孟氏、叔孙氏、季氏，由于他们都是鲁桓公的后人，所以合称"三桓"。

另外，鲁庄公的儿子襄仲住在曲阜的东门附近，所以自称为东门襄仲，并由此发展出来一支家族：东门氏。

四大家族共同把持着鲁国朝政，同时又展开明争暗斗。

到了鲁文公的时候，势力最大的是东门襄仲和孟氏的公孙敖，鲁国的内政外交都掌握在他们手里；两人也在相互争权，斗得难解难分。

公孙敖是庆父的儿子，庆父死后，他受到叔叔季友的照顾，继承了庆父的爵禄，是孟氏的领袖。

起点这么高，加上他本身也是挺有才能的人，所以在僖公和文公的时代，公孙敖都在朝廷里面掌握实权，甚至渐渐有盖过国君的势头。但到了中年以后，他却在女人的问题上拎不清，闹出一连串的丑闻，搞得自己身败名裂。

公孙敖先前从莒国娶了戴己为妻，戴己的妹妹声己作为陪嫁女，也嫁给了他。两姐妹都生了儿子，家庭和谐。

后来戴己死了，公孙敖想再娶，又去莒国提亲。莒国人就很纳闷，说："声己不是还在吗？把她扶正就可以了，为什么又来娶我们的姑娘？"

公孙敖也觉得说不过去，只好改口，说：那就给我的堂弟东门襄仲提亲吧。莒国人答应了，双方交换聘礼，约好到时间过门。

到了约定的时候，公孙敖去莒国替东门襄仲迎接新娘，同时要跟他们签订盟约，帮他们抵抗徐国的进攻。

没想到一见到新娘，公孙敖就走不动路了。这个中年男人第一次找到了爱情的感觉，陷入爱河不能自拔。

他什么都不顾了，马上翻悔，自己娶了这个己氏的女子。莒国人也没办法，毕竟得罪不起鲁国，只好眼睁睁地看着他把己氏带回了鲁国。

两人一回去，鲁国那边举国轰动——这是大新闻，东门襄仲的绿帽子戴得全国都知道了。东门襄仲暴跳如雷，亲自向文公申请讨伐公孙敖。

文公倒是支持他，但是叔孙氏的叔仲彭生觉得应该以国家利益为重，就跟文公一起劝导东门襄仲：毕竟都是一家人，有话好好说，总不能为了抢女人爆发内战吧？最后大家谈好，东门襄仲和公孙敖都不娶那个女人，让公孙敖把己氏给退回莒国去。

莒国人有什么办法？"好吧，你要怎样就怎样。"刚刚嫁到鲁国的己氏就这样被送回了娘家，孟氏跟东门氏也勉强握手言和。

但是公孙敖再也回不到从前了。中年男人的爱之心扉一旦开启，就无法再合上，他日思夜想，怎么也忘不了己氏。

第二年，周襄王驾崩，公孙敖奉命去洛邑吊唁。谁也没料到，他一出鲁国国境，马上调转马头，带着给周王室的礼物直奔莒国，直接去找到己氏诉说衷情。两人恩恩爱爱，再也不愿分开，管你什么国家大事，全都抛到了九霄云外。

公孙敖就这样公然叛逃，在莒国常住了下来。（当年他父亲庆父也是逃到了莒国。）

鲁国人觉得他实在丢人现眼，也懒得理他了，让他的儿子孟文伯继承了孟氏的爵位。

公孙敖在莒国住了几年，跟己氏生了两个儿子，渐渐地开始思念家乡。于是他就跟鲁国那边的孟文伯联络，让孟文伯帮忙求东门襄仲，让自己回国。

东门襄仲冷笑，对这种人实在瞧不起，但还是答应了他的请求。只是提出，公孙敖要回国得答应三个条件：不能带己氏，不得入朝，不能干预国政。

公孙敖一口答应下来。于是他丢下己氏，回到了鲁国。

他也信守诺言，真的不出家门，更不干预国家大事，安安静静地颐养天年。东门襄仲也不去管他。

但不久他又开始想念己氏，又一次无法自拔。终于，在回国三年之后，公孙敖再次逃亡，带上全部家当逃到莒国，又去找他日思夜想的小娘子了。

一直到公元前六一三年，己氏病故，公孙敖再次开始思念家乡。这时候孟氏的宗主是他的二儿子孟惠叔，他通过孟惠叔替自己求情，送了很多钱财给鲁文公和东门襄仲，请求再次回到鲁国。

文公他们犹豫再三还是答应了他，但公孙敖在回国的路上病死在齐国，终于没能回到鲁国。

孟惠叔一直请求文公让自己接回父亲的遗骸，直到第二年文公才同意了。孟惠叔就把公孙敖的棺椁接回鲁国，按照安葬庆父的规格安葬了他。

但公孙敖早已经身败名裂，成了全国的笑话；孟氏的势力也因此遭受重创，从此无法再跟东门襄仲竞争了。

鲁国的乱局

这时候东门氏的主要对手变成了叔孙氏。

叔牙的孙子辈有两个重要人物在朝廷里当官：一个是前面提到过的叔仲彭生，他是太子的老师；另一个是叔孙得臣，他是当时鲁国一等一的名将，参与了几乎所有的对外战争。

在接下来的君位之争中，叔孙氏的两人和东门襄仲发生严重分歧。（严格说来，彭生属于叔仲氏，而不是叔孙氏，而且叔孙氏这时候其实叫作叔氏，后来才改叫叔孙氏。这里为了方便叙述，不作区分。）

鲁文公有两个妻子，正室是齐昭公的女儿，她生下公子恶与公子视，所以公子恶是嫡长子；另外有一个宠姬，叫敬嬴，她生下庶长子公子俀（tuǐ）。

文公按照规矩立公子恶为太子，又让叔仲彭生当太子的老师。但敬嬴很有心计，一直想办法拉拢东门襄仲，请求东门襄仲支持立她儿子为储君；东门襄仲又设法把叔孙得臣拉拢过来，于是两个最重要的权臣都支持公子俀。

公元前六〇九年，鲁文公过世，公子恶继位。

东门襄仲希望立一个方便自己控制的国君，就想废掉公子恶，立公子俀。按理说这很难做到，但这是鲁国，国君的权力已经被四大家族压下去了，东门襄仲有足够的实力废立君王。

但他还觉得不放心。毕竟公子恶的母亲是齐国公主，鲁国人还是很忌惮齐国的。这时候齐惠公刚刚登基，所以他和叔孙得臣就趁着去祝贺齐惠公的机会探听那边的口风。

齐惠公给出的答案却让人意外——他支持废掉公子恶，至于是出于什么考虑，很难说。也许因为他看到鲁国的国政实际上已经掌握在东门襄仲和"三桓"手里，鲁君已经被架空，所以支持鲁君不如支持这几个权臣；或者他认为"废嫡立庶"会造成鲁国不稳定，鲁国内乱当然是齐国希望看到的；又或者仅仅出于私人恩怨，因为公子恶的外公齐昭公当年是他的竞争对手之一。

总之，齐惠公的态度起到了一锤定音的效果。有了齐惠公的首肯，东门襄仲可以放开手干了，他回国以后立即准备杀害公子恶和公子视。

这件事被季氏的季文子知道了，他悄悄地通知叔仲彭生。叔仲彭生不以为意，觉得公子恶都已经登基了，别人还能怎么样，所以没有及时防备。

东门襄仲一伙就设下计谋，派刺客埋伏在马厩里面，找机会杀了公子恶和公子视，然后假传君命，召叔仲彭生进宫。

手下人竭力劝阻叔仲彭生，说："进去肯定死。"叔仲彭生是厚道人，坚持要进宫，说："死于君命也值了。"于是径直入宫。但他随即被人杀死，尸首被埋到马粪里面。后来还是叔孙得臣把他安葬了。

彭生的手下带着彭生的家小逃到蔡国，叔仲氏从此就留在了蔡国，东门氏又除掉了一个竞争对手。

至此，敬嬴母子大获全胜。公子俀成功继位，是为鲁宣公。

有了扶立君王的大功，东门襄仲的地位更加稳固了，成为无人可比的权臣，连季文子都颤巍巍地对他俯首称臣。

公子恶和公子视的母亲眼见两个儿子被杀，束手无策，随后又被新君赶回齐国。齐惠公就是杀害她儿子的主谋之一，她回到齐国会有怎样的命运呢？无法想象。

回国的路上，她精神崩溃，在鲁国的街道上边走边哭："天啦！东门襄仲这个混账，杀了先君的嫡子！"鲁人见了都很伤心，行人纷纷垂泪。但是有什么办法呢？这个可怜的女人已经被两个国家抛弃了，谁会替她说话？大家就把她称为"哀姜"。（之前也有一个哀姜，是鲁庄公的夫人。）

弑君潮、篡位潮还在蔓延，没有停止的迹象。接下来终于来到了中原的核心国家晋国——弑君潮的最高峰来临了！

晋灵公不君

公元前六一○年前后，中原各国都遇到了麻烦。这一代人不知道怎么回事，像约好的一样，昏君辈出，连一向很靠谱的晋国王室都出了一个著名的暴君、昏君——晋灵公。

春秋时代有很多暴君、昏君，但谁也没有像晋灵公一样闯出这么大的名气，以至于史书上花费大量篇幅记录他的种种暴行，甚至直接说他"不君"——不守为君之道。只能说，他给当时的人们留下的印象太深刻了吧。

晋灵公当国君的时候还是四岁的小孩。这么小的孩子，一下被放到万人之上的高位上，没人能管他，所以他渐渐地就走偏了。

等到灵公十来岁的时候，他已经成了一个典型的恶少，成天斗鸡走狗，只顾着玩乐，从不干正事。

他贪图享乐，大肆搜刮民众的财富，建了一座奢华的"桃园"，花费大量钱财装饰自己的宫殿。他整天玩乐，各种能玩的都玩过了，最后甚至在高台上用弹弓打外面的路人，看到路人惊恐躲避的样子就很开心。

他特别喜欢养狗，专门在曲沃建了一座狗圈，养着许多名贵的狗，给狗都穿上华丽的衣服。

他手下的宠臣屠岸贾（gǔ）看到这点，就故意投其所好，把那些狗照顾得特别好，以此博得他的欢心。

一天晚上，一只狐狸意外闯进宫里，把晋灵公的母亲穆嬴吓到了。灵公让自己养的狗去跟狐狸搏斗，结果这些狗却败下阵来。屠岸贾马上想办法，让下人把以前打猎捕获的狐狸献上来，说："看啊，大王的狗抓到狐狸了。"灵公非常开心，按照赏赐大夫的规格把这些狗好好地奖赏了一顿，还下令："以后谁敢得罪我的狗，就砍断他的双腿！"

晋国从此人人都怕这些狗。这些畜生甚至跑到市场上去吃猪肉、羊肉，吃饱了还叼回家去，没人敢管。

这些狗里面有很多是恶犬，屠岸贾依靠它们威胁别人，谁招惹了他就放狗去咬——连赵盾都不能例外。有一次赵盾求见晋灵公，就被恶犬挡在门外。

晋灵公的暴行最后终于引起了大臣们的公愤。事情的起因是，有一次他吃熊掌，发觉煮得不够烂，就大发雷霆，把掌勺的厨师当场杀死，将尸体装在箩筐里，让宫女们抬出去偷偷扔掉。

当然他不一定是有意杀人，也可能是不小心误伤的，但光天化日出人命案对国君的形象还是有很大的杀伤力。

宫女们出门的时候正好赶上赵盾和士会进来。这二人见到箩筐里露出一只手臂，就拦下宫女来问，这才知道出了人命案。

两人和晋灵公的关系，类似于年长的管家对不成才的少爷，有一种恨铁不成钢的心态。他们见到这情形，觉得这小孩学得更坏了，必须好好教导一下。于是他们就商量好让士会去向灵公进谏，如果灵公不听，赵盾再去。

士会面奏灵公，洋洋洒洒讲了一堆大道理。灵公也知道自己理亏，支支吾吾地赔礼道歉，这件事就算过去了。但刚收敛了没几天，他又故态复萌，又跟屠岸贾那帮人混在一起，还是跟以前一样坏。

赵盾看到灵公这么不长进，十分操心，没事就劝，反复劝说他很多次。

灵公被说得烦了，觉得有这样一个人天天管着很不舒服，最后把心一横，干脆派出杀手去暗杀赵盾！

杀手在一天清晨来到赵盾家，偷偷观望。他看到赵盾家门户大开，家里陈设十分简陋；尽管时间还很早，赵盾已经穿好朝服了，正端坐着休息，仪容威严，不可侵犯。

杀手就感叹说："这样的人才是真正的国之栋梁呀！我不忍心杀忠臣，但又不能违背国君的命令，怎样都是犯罪，那就以死谢罪吧。"于是便一头撞死在了庭院里的树上。

晋灵公一计不成又生一计。他约赵盾参加宴会，在周围埋伏下甲士，想在宴会上刺杀赵盾。

赵盾的手下有个叫提弥明的，察觉到了异常，赶忙走到堂上对赵盾说："臣下陪君王饮酒，酒过三巡还不告退，就不合礼仪了。"说着就把快要喝醉的赵盾扶起来向外走。

这时候灵公的甲士还没有集合好，看到赵盾要逃，只好把平时驯养的恶犬放出来咬他。一大群恶犬左冲右突，见人就咬。大殿里立时乱成一团。

提弥明十分勇猛，接连打死几匹恶狗；赵盾的其余手下也冲上来帮忙，跟灵公的甲士们作战，护着赵盾边打边撤。

但围上来的人越来越多，提弥明也战死了，眼看赵盾他们冲不出去了。

关键时刻，灵公的甲士里面有一个人突然倒戈，对自己的队友痛下杀手。甲士们阵营大乱，那人护着赵盾等人一起逃出了王宫。

这时候赵盾才知道，那人叫灵辄。很多年以前，赵盾在首山下打猎，见到一棵桑树下有一个饥民，快要饿死了，就把自己的酒食分给他吃。那人说，家里还有老母亲。赵盾又给他一些好饭菜带回家去，那人感激涕零，千恩万谢地告别而去。后来他做了灵公的卫士，这次看到赵盾危难，特地来相救。

灵辄说完就告辞，独自远去了。赵盾感叹不已。

不过，这一连串故事的可信度不一定高，因为赵盾的主角光环太过于耀眼，晋灵公的"昏君"脸谱也太过于典型了，不排除赵氏后人编造故事的可能。

但有一点是确定无疑的：在公元前六〇七年，赵氏家族跟晋灵公之间发生了重大矛盾，朝野震动。晋国权倾天下的六卿家族跟国君之间的冲突终于爆发！

这一次冲突，不一定说得清谁对谁错。赵氏长期掌权，只手遮天，他们跟君王之间是一定会出现冲突的。

而且从以上的种种传说也看得出来，晋灵公要杀赵盾很不容易，说明这时赵氏的权势已经隐隐压倒了国君，那么灵公怎能没有行动呢？这是利益之争，无关对错。

冲突爆发之后，赵盾紧急逃出了都城。但他没有逃出晋国，实际上，他一旦出了晋国只会更危险。

赵氏群龙无首，全体乱糟糟一团。这时候是曾经在河曲之战中犯过重大错误的赵穿站了出来，他暂时担任赵氏的领袖，并且在当年九月，在桃园中袭杀了晋灵公。

近百年以来，晋国又一次弑君！

这一次弑君并没有造成重大反响，国内外似乎都很平静。一方面因为晋国是第一大国，别人管不了他们的内部事务；另一方面，晋灵公还是个十几岁的少年，没有培养起自己的势力，而赵氏家族开枝散叶，根基十分深厚。所以晋国上下默默地接受了赵穿弑君这件事，没有任何人为此受惩罚。

赵氏随后把赵盾接回京城，继续掌权。

赵盾主导，晋国的大臣们从周王那里把晋文公的小儿子黑臀迎接回来。当年十月，公子黑臀登基，是为晋成公。

关于这次弑君，还留下了一个著名典故。

据说晋国史官董狐在记载这件事的时候，写下了"赵盾弑其君"的文字。赵盾觉得很冤枉，说："怎么能这样写？灵公又不是我杀的，当时我人都不在现场，这事能赖我？"

董狐回答："你是百官之首，出事的时候又在国内，本来就该对国内的事情负责；而且事后你又不惩罚赵穿，说明你跟他是一伙的。就写你弑君有什么不对？"

孔子因此对董狐给予很高的评价，说他代表着"秉笔直书"的史官。后人都说，董狐这种做法叫"诛心之论"——不看某个人表面上干了什么事，而是以他的动机来评定这个人。

总之，因为晋灵公被杀的事，赵盾算是被订到历史的耻辱柱上了，"弑君"这个恶名他是逃不了的。

不过晋成公可不敢这么说。他很清楚自己的位子是赵盾给的，现在千万不能招惹赵家，所以登基以后马上下令赦免赵盾的罪过，通过官方宣传渠道明确说明：赵盾没有弑君，赵氏家族可以继续掌权。

更过分的是，他还首创了公族大夫这个官职。

所谓的"公族"本来指的是国君家族的旁支。当年曲沃小宗成功夺权以后已经废除了晋国的公族制度，现在成公又恢复了这个制度，不过做了一个重大修改：卿大夫的后人也可以称为公族——就是所谓的"公族大夫"。这是从制度上保证了公卿家族的政治地位。

从设立公族大夫起，他就让赵盾、赵括这些权臣担任公族大夫，并且子子孙孙一直传下去，使得这些家族成为跟君王并列的存在。

用更简单的话来说就是：赵氏他们这些大家族的子孙，地位跟国君家的公子差不多了。

这为以后彻底架空君王埋下了伏笔，是毁灭晋国的重要一步。

赵氏对这个听话的新君挺满意，于是，他们跟国君的矛盾暂时告一段落。赵盾继续作为首席大臣掌握国政，晋国又恢复了表面上的平静。

但晋国的国力下滑已经无法避免，因为他们遇到了一个超级强大的对手——春秋时代的另一个霸主登场了。

第十五章　一飞冲天楚庄王

内忧外患中的楚国

楚穆王是有雄才大略的君王。靠杀父上位的他,凭着一股狠劲,连续消灭了江淮地区的一大批小国家,又把晋国的几个小弟狠狠收拾了一顿,吓得晋国都不敢直接跟他对抗,眼看他就要成为新一任霸主了。

然而天不假年,穆王有霸主之能却没有霸主之命,在即将跟晋国对决的时候溘然而逝。

公元前六一三年,穆王的儿子熊旅继位,是为楚庄王。

庄王登基的时候还是个十几岁的少年,根基不够深厚,楚国国内的形势一下子变得诡谲起来。

当时楚国面临的困难主要是两方面:国内,若敖氏把持朝政,跟晋国的公卿类似,一度有架空君王的趋势;国外,迅猛扩张造成的后果是,很多新归附的小国内心不服,一有机会就要叛变。

其实早在穆王当政的末期,这两个问题就已经爆发过了。

公元前六一七年,若敖氏的斗宜申(子西)和仲归策划谋杀楚穆王,计划泄漏;穆王及时剿除了他们。

公元前六一五年,若敖氏的成大心离世,舒国马上带领手下一群同姓国(称为"群舒",总共至少有九个国家),一起背叛楚国。

穆王任命成大心的弟弟成嘉为新一任令尹，带兵去讨伐这些国家。楚国大获全胜，俘虏了他们的几个国君，成功剿灭了叛军。

这时看起来楚国已经渡过难关了，但穆王突然离世，让形势变得复杂起来。

"群舒"看到机会来了，再次蠢蠢欲动。这时朝政都掌握在成嘉手里，他决定防患于未然，跟潘崇一起，主动去打击这些国家。

那是公元前六一三年，两人出发之前，安排公子燮和斗克防卫郢都，这两人都是庄王的老师，看起来是绝对忠诚的。

不料这两人都心怀鬼胎：公子燮之前跟成嘉争夺令尹的职位失败，一直怀恨在心；斗克前几年在郩之战之中被秦国俘虏，后来秦国为了拉拢楚国才把他放回来，但回来以后他一直坐冷板凳，所以也心怀不满。

两人趁楚军的主力外出的时机发动叛乱，他们一面加筑郢都的城墙，一面派人去暗杀成嘉。但暗杀没有成功，成嘉和潘崇立即回师杀向郢都。两人索性劫持了楚庄王，裹挟着庄王逃往商密。

幸亏在经过庐地的时候，庐地的大夫戢（jí）黎和叔麇设计诱杀了两个反贼，救下楚庄王。这样庄王才平安返回郢都。

但这次动乱着实把庄王吓出一身冷汗，给这位刚刚登基的年轻君王上了深刻的一课。

这以后，成嘉的地位就更加稳固了，成为楚国无可争议的掌权者。当然，若敖氏也变得更加强大。

成嘉和斗克都是若敖氏的人，背后的各种关系错综复杂。可以说，楚国朝堂上发生的每一件大事背后都有若敖氏的影子。

另外，若敖氏跟朝廷里的芳氏也斗得火热。当年城濮之战前，芳贾就明确反对给子玉军权；子玉兵败自杀以后，令尹的职位一度落到芳氏手里，后来又被若敖氏给夺了回去。

楚国国内的局面如此复杂，他们的敌人晋国当然不会放过机会。

公子燮之乱的那一年，郑、卫重新倒向晋国。赵盾随后召集七国诸侯在新城会盟，中原诸侯们都表示服从晋国的领导，晋国的霸业再次复兴。楚国的小弟只剩下了一个蔡国。

第二年，晋国发起突袭，派郤缺直接杀奔蔡国。

蔡国紧挨着楚国，晋国攻打蔡国相当于把战火烧到楚国家门口了。作为最早臣服于楚国的中原国家，蔡国一直对楚国保持忠诚。所以蔡国被晋国进攻的时候，他们第一时间就向楚国求救。

但楚国对蔡国的求救竟然置若罔闻——这是最近几十年从来没有过的情况。

蔡国人叫天天不应，他们的首都很快被攻陷，蔡国人只好投降，跟晋国签订了丧权辱国的条约。都到这时候了，楚国仍然没有反应。蔡庄侯忧愤成疾，第二年就病死了。

不过两年时间，楚国丢失了中原地区所有的盟友。

几十年来一直咄咄逼人的楚国，好像一下就丧失了锋芒。晋国独霸天下的时代似乎又要回来了。

为什么会出现这种情况？因为楚庄王正在"罢工"，楚国政府已经完全停摆了。楚国人不是不想救蔡国，而是他们确实什么也做不了。

"一鸣惊人"隐含的真相

自从登基以后，楚庄王就天天窝在宫里，沉迷在歌舞声色之中，对于国家的一切事务都甩手不管，也不听任何劝告，甚至明确发布告示："有敢谏者死无赦！"因此没人敢向他汇报国家的情况。

大臣们全都干着急，但都没办法。

这样的情况一直持续了三年。这三年里，楚国的内政外交基本处于瘫痪状态，到最后，各种问题一起爆发，国家出现了严重的危机。

首先是饥荒席卷全国，民众纷纷逃亡，经济濒临崩溃。

接着西南边的山戎趁机作乱，攻打楚国城邑，一直打到楚国内地的阜山。

然后东南边的夷人也发起袭击，打到了楚国的訾（zī）枝附近。（当时把中国内部各地的野人都称为"戎"，楚国山野间也有戎人；而"夷"通常指中国疆域以外的大规模的蛮族国家。）

庸国和麇国也背叛楚国，带领当地蛮族发动叛乱，直接威胁郢都。

一时间，楚国各地战火纷飞，看起来像要被蛮夷联合剿灭了。

而晋国为首的中原各国也密切关注着楚国的情况，一旦楚国支撑不住，立马就要来趁火打劫。

在这样危急的关头，大臣们再也坐不住了，纷纷进宫劝谏楚庄王。

大夫伍举进宫面见庄王，只见宫内鼓乐齐鸣，庄王正左拥右抱地搂着许多美女饮酒。伍举不紧不慢地对庄王说："微臣听说一个谜语，猜不透，还请大王指教——南方的阜山上停着一只鸟，三年不展翅，三年不鸣叫，请问这是什么鸟？"

庄王哈哈一笑说："此鸟三年不飞，一飞冲天；三年不鸣，一鸣惊人。你回去吧，我知道你的意思了。"

但这以后庄王不仅没有悔改，反而更加沉湎于酒色。不久以后，另一个大臣苏从又去进谏，甚至以死相逼，庄王这才听了他的劝谏，下令停止宴乐，开始处理国政。

从此以后，庄王就跟变了一个人似的，完全抛弃了酒色，表现出无与伦比的政治才能。他大力任用伍举和苏从等贤臣，虚心纳谏，唯才是举。朝廷上下齐心协力，勤勤恳恳地处理国政，在极短的时间内就把所有积压的政务一扫而光，每一件事都办得分亳不差。楚国也因此迅速从混乱中恢复过来，走向了强盛。

不过这个故事只能当寓言来看，不能当真实的历史，因为其中漏洞很多。比如伍举这时候可能还没出生，或者还是个小孩，根本不可能当重要的大臣。

抛开史书上夸张的部分，这个寓言故事背后隐含了这样一件事实：楚庄王在登基以后很长时间内有意回避国事，一直到大臣们反复请求以后才开始理政。

为什么会这样？可以有很多种解释。

一种最可能的解释是：他在向若敖氏为首的群臣施压。

庄王继位的时候，若敖氏的势力已经根深蒂固，楚国也出现了跟晋国类似的，权臣掌握朝政的局面。

而庄王的根基十分不牢靠，无法跟他们正面对决，所以他索性甩手不干，用消极怠工甚至积极制造障碍的方式，把担子全部甩给朝臣们。

朝臣们离开了君王的支持，忽然发现一切都玩不转了，国政混乱到无以复加。他们承受着国内外极大的压力，最后只好回来求庄王。

庄王很得意："你们还是要来求我呀？那我就勉为其难帮你们处理国事吧。"

这本质上是君权跟相权的争斗。

庄王代表的君权一度被相权压制，只好用非暴力不合作的方式逼他们退步。

就好比两拨人拔河，一方咄咄逼人，另一方索性不玩了，丢开手："你们自己玩吧。"这边轰隆一声坐到地上，然后发现局面完全失控了，只好再把对方找回来："我们还是好好合作吧。"

所以最后双方妥协，又回到了君权跟相权平分天下的老路上来。

反观晋国那边，则是一个典型的失败的例子。晋灵公可能也曾经试图收回权力，但踩爆了地雷，导致了鱼死网破的惨烈结局。

从此以后，楚国跟晋国就走向了相反的方向：楚国继续走以前的老路，由国君掌握大权；晋国不仅没能收回君权，反而进一步滑向了公卿执政的深渊。

之所以会有这样相反的结果，一方面是因为楚国没有出现赵盾那种刀枪不入的老油条，另一方面也是由于楚庄王本身杰出的政治才能。

可以说，他一个人改变了楚国的命运。

接下来还会有他的精彩表演，属于他的时代才刚刚开始。

楚庄王早期的战争

公元前六一一年，庸国和麇国趁楚国内政混乱的机会发动叛乱，同时从几个方向攻击楚国，再加上各种蛮族蜂拥而出，一时间声势十分浩大。

庸国处在巴国和楚国中间，是南方的传统强国，统领着周边一大群蛮族，号称"群蛮之首"。

他们是一个古老的国家，最晚在商朝的时候就已经存在了。周武王召集八百诸侯讨伐商纣，其中有一支就是庸国。

因此周朝立国以后他们也受到封赏，而且爵位还比较高，比楚国高多了。

这些年庸国跟楚国一直有矛盾，楚国多次进攻他们都被打败了，可见庸国的实力很雄厚。这次楚国内乱，庸国发动突袭，应该是早有准备的。

麇国也是一个古老的国家，也是武王伐纣的诸侯之一；但到楚庄王这个时候，他们早已不再强大，只是一个刚刚被楚国征服的小国而已。但他们手下统领着不计其数的百濮部落，万蚁噬象，真打起来也是十分难缠的。

当时的情况看起来真的很糟糕，楚国朝臣们甚至考虑迁都到阪高以避开敌人的锋芒。

关键时刻，芳贾力排众议，坚决反对迁都，他说：

"迁都有什么用呢？我们能迁过去，敌人就能打过去。现在我建议先打庸国，庸国是真正的敌人。麇国跟百濮看起来气势逼人，其实都是一群乌合之众，他们在观察事态，以为我们在闹饥荒，所以没有能力出兵。我们只要真的把军队派出去，他们就会马上被吓退。百濮都是散居在各个地方的，一旦退走，短期就没有能力再集结起来了。"

庄王听了他的建议，派出军队杀向庸国。

楚军到了庸国后，一开始的战斗很不顺利，将领都被庸国活捉了。双方随后展开了七次战役，楚军七战全输。但庸国内部显然也不团结，他们的军队是许多蛮族部落临时拼凑起来的，其中只有几支部落真正肯卖力抗击楚军，所以暂时也没能力把楚军打退。

庸国看到楚军不堪一击，觉得传说中的楚国也不过如此，就渐渐放松了警惕。

这时候楚庄王却乘坐驿站的专车悄悄来到前线，跟前线楚军会师。他亲自指挥楚军，把军队分成两路，一路正面进攻，一路从小道偷袭。而且更重要的是，他还联络了秦国和巴国的军队一起来帮忙，三国军队合围庸国。

庸国手下的蛮族们顿时土崩瓦解，纷纷投降楚国。各国大军集结，很快就灭亡了庸国。

麇国和百濮看到这情况，果然马上如鸟兽散，各自逃回国内。他们可能在随后的几年中被楚国给消灭了。

其他地方的反叛力量看到带头的庸国和麇国都败了，当然不敢再不识时务，都很快偃旗息鼓。外患已除，楚国的内乱也迅速被平定。

这场战争对于楚国来说应该不算太大的考验，历史上的记载也很简略，但我们还是能看出这样一些事实：

楚庄王能亲临前线指挥战争，说明楚国后方的力量基本上已经被他摆平了；联想之前的"斗克之乱"，差别就更明显了。这时候楚国朝廷里各派力量应该都已经在庄王的控制之下。

另外，以前楚军往往更听若敖氏家族的指挥；现在庄王可以亲自指挥军队，说明他成功收回了军队控制权，若敖氏已经主动或者被动地放弃了一些权力。

另一方面，刚刚在国际社会崭露头角的庄王，能够说服秦国、巴国共同围攻敌人，意味着楚国在外交上也取得了相当的成就。

这一切都来得太快，三年不鸣的楚庄王果然"一鸣惊人"！

庸国和国内叛军被消灭以后，楚国内部的局势迅速稳定下来，然后楚国便开始向国外出击。

这时候晋国内部出现严重危机，赵氏跟晋灵公的斗争已经白热化，晋国对外处于防守姿态。可以说庄王的运气特别好，正好赶上这个机会，中原争霸的大门已经向他敞开。

郑国第一个感受到这种变化，所以对待晋国和楚国的态度也悄悄做了调整，渐渐地开始偏向楚国。

这时候发生了两件事让郑国彻底转向。

首先是宋国发生了昭公被弑的案子，赵盾派荀林父带着诸侯们去向新登基的宋文公问罪。他们到宋国以后，却收了宋文公的贿赂，马上回嗔作喜，反倒跟宋文公签订了和平协定。

同一时间，齐国侵略鲁国；晋国又带着小弟们在扈邑集结，号称要攻打齐国替鲁国伸张正义；齐国也贿赂晋国，让他们取消了军事行动。

晋国两次都是收人钱财替人消灾。作为霸主，这种态度让小国们心寒。郑穆公于是打定主意，彻底倒向楚国，跟楚国签订了盟约。

中原的其他小国们还在犹豫不决，楚庄王却已经出手了。收服郑国以后不久，刚好陈共公过世，楚国故意不去吊唁，看看陈国会怎么反应。

新登基的陈灵公看不清形势，以为楚国只是闹着玩的，就赌气跟晋国签了盟约。

楚庄王立即以此为借口，带着郑国一起去攻打陈国。

陈国求救，赵盾亲自带兵来救陈国。他们刚走到郑国境内，却听说楚军已经跑到北边去打宋国了。

这是庄王第一次进军中原，对自己的实力还不太有信心，所以只采取骚扰战略，快进快退。

赵盾索性也不去救宋国了，跟宋、陈、卫、曹四国军队会合，就地攻打郑国。

这回轮到楚国来救援了。芍贾带兵救援郑国，晋楚两大国的军队在北林相遇。楚国大胜，俘获了晋国的将领。晋军只好退走。

这是一次小规模的遭遇战，但意义重大，因为是十多年来晋楚两国第一次正面交锋，晋国作为霸主被打败，威信全失。

赵盾他们有点急了，要找回场子，但又怕再输一场，面子上更挂不住，于是就想找秦国来帮忙。这时候官二代赵穿又出了个馊主意，他说："我们去打崇国。崇国一直是受秦国保护的，所以秦国肯定来救他们；这样我们就可以跟秦国签订和平条约，然后约好一起去打楚国。"

这样一个脑洞清奇的建议竟然被赵盾接受了，他果然让赵穿带兵去打崇国。秦国对于这次莫名其妙的侵略表示看不懂，没去救崇国，更没跟晋国签什么狗屁协议。

赵盾发现又一次被他那个弟弟坑了，但没办法，晋国的面子还是得找回来；既然不敢惹楚国，就打郑国出气吧。于是那年冬天，晋国联合宋国去把郑国打了一顿，然后对国内宣称："我们已经成功报仇！"总算找到了台阶下。

郑国受了气，也想报仇，他们当然也不敢招惹晋国。楚国就给他们出主意："可以去打宋国出气，别怕，有我在背后支持你。"

这是楚庄王在争霸初期惯用的招数：自己尽量不出面，挑动中原的国家自己斗。

所以第二年开春，郑国就对宋国发起大规模袭击。宋国派出华元等人去应战，双方在大棘展开战斗。

当时给华元驾车的士兵叫羊斟。在开战之前，华元下令宰羊给士兵们吃，分羊肉的时候，也不知道什么原因，别人都分到了，就没分给羊斟——可能是因为他地位太低了吧，被人忽略了。

到了战况最激烈的时候，华元的战车正在人群中飞驰，看到前方有敌人来了，华元就叫羊斟把车开到旁边去。羊斟却恶狠狠地说："分羊的时候是你做主，现在轮到我做主了。"说完，驾车直奔郑国军营而去——就这样把自己家主人送给了郑国人。

华元哭笑不得，束手就擒。宋国军队群龙无首，被郑国军队杀得大败，副将乐吕也被杀死了。郑军俘获大量人马辎重，获得了很多年以来对宋国最大的一次胜利。

华元是两朝元老，是宋国朝堂上最重要的人物，所以宋文公拿出大量财宝去郑国赎他。没想到使者还没走出多远，华元就已经逃回宋国来了，在城墙外大叫开门，精神比原来还好。

他不仅命大，而且很豁达。据说他逃回宋国以后又见到了羊斟，还调侃羊斟："上次是不是老兄的马失控了呀？"羊斟无地自容，只好逃到鲁国去了。

郑国这么嚣张，惹怒了晋国，赵盾在当年夏天又联合几个小国一起去教训郑国。

楚庄王听说以后马上派斗越椒去协防郑国，斗越椒驻扎在郑国等着赵盾来。关键时刻，赵盾还是怂了，没敢去面对楚军，直接撤回了晋国。随后就发生了"赵盾弑其君"的惨案，晋国内乱爆发，跟楚国的交锋暂告一段落。

赵盾撤走的时候撂下一句话："若敖氏在楚国斗得正凶，我看他们也蹦跶不了几天了，就让他们更狂一点吧。"

斗越椒就是若敖氏的领袖，他将会亲手毁灭自己的家族……

传奇家族若敖氏（二）

当年，斗子文是楚国政坛上偶像级的人物，他晚年推荐自己的弟弟成得臣（子玉）当继承者。这时候起，若敖氏分成了"斗氏"和"成氏"两个家族。

子玉其实也是非常优秀的人物，但城濮之战的失败毁灭了他一生的名声。

子玉过后，楚国的令尹职位短暂地落到过蒍吕臣手里。但蒍氏架不住若敖氏的一致反对，一年以后，又把令尹的位子交给了斗勃（子上）。权力重新回到若敖氏手中。

子上更冤枉，他明明没犯什么错，却因为得罪了还是太子的楚穆王，结果被诬陷，被楚成王冤杀。

若敖氏的两任领袖本身都很有才干，却死得很憋屈。这背后的原因耐人寻味——不排除是因为他们位高权重引起了君王的猜忌。

但楚国君王还是离不开若敖氏的支持，所以继续任用若敖氏的人主持国政。子上的继任者是成大心，之后是成嘉（子孔）。

不过，这时候起，若敖氏跟楚王的关系就变得相当微妙了。

楚穆王末期，长期受打压的斗宜申（子西）发动叛乱，想杀掉穆王。结果他失败了，被穆王杀死。

楚庄王刚登基的时候，被秦国释放回来的斗克（子仪）又发动叛乱，劫持了庄王逃往商密。结果在经过庐邑的时候，当地官员诱杀了斗克，救下了庄王。

成嘉在平定斗克之乱中起了很大作用，把若敖氏的地位推到顶峰，一度迫使楚庄王"三年不鸣"。他死后，继任者是斗般（子扬）。

这时候斗越椒（子越）也崛起了。

斗般是子文的儿子，斗越椒是子文的孙子，两人是叔侄关系，但他们为了权力斗得你死我活。若敖氏的内部矛盾爆发。

当时斗般是令尹，斗越椒是司马。斗越椒为了爬上令尹的职位，不惜跟他们家族的政敌蒍贾联合起来，共同诬陷斗般。庄王半真半假地相信了他们的话，杀了斗般，让斗越椒继任令尹，蒍贾继任司马。

这样的任命方式实际上把权力平分给了若敖氏和芳氏，是在削弱若敖氏的势力。

斗越椒很快就明白了这一点，所以又开始排挤芳贾。但芳贾精明得很，用计谋干不掉他，只能用武力。斗越椒在等机会。

若敖氏的覆灭

公元前六〇六年，楚庄王亲自带兵讨伐陆浑的戎人；不过讨伐戎人只是借口，庄王真正的目的是想进一步威逼中原。

从"一鸣惊人"以来，庄王就在步步紧逼地试探中原诸侯们对于楚国称霸的态度。

这次他直接瞄准了周王室。

楚国大军直接开到洛邑附近，在那里舞刀弄棍地炫耀武力。周定王惊惶不安，派王孙满去慰问楚军，也就是探察他们的意图。

王孙满以能说会道著名。当年他还是小孩子的时候，秦国的军队经过周王宫北门，表演"超乘"的绝技，他看了以后，冷冷地说："秦军如此狂妄，此行必败。"后来这支军队果然在崤山全军覆没。

王孙满来到楚国军营，楚庄王有意要为难他，劈头就问九鼎的大小轻重。九鼎是当年大禹统一天下以后，收天下九州之铜铸的九个鼎，是周王室权力的象征——问九鼎轻重就是公然表示要夺江山社稷。

王孙满不紧不慢地回答："周王室的权力在德不在鼎。现在我们的实力虽然衰弱了，但天命依然在周，九鼎的轻重是不可以问的。"说完还详细讲述了九鼎的传承过程，向庄王解释，周朝能拥有天下，是依靠"德"而不是依靠九鼎。

庄王一听："你们城里人果然会说话。"服了！

楚国人一直很向往中原文化，庄王统治的这几年，楚国举国上下都在争着向中原学习。王孙满这种教科书式的说辞，正是蛮夷之地的楚人无比向往的"中原先进文化"。

所以楚庄王当场表示佩服，送王孙满回去以后就撤军了，不再威胁周王室，只留下了"问鼎中原"的典故。

但出来一趟总要找点事干吧？实在找不到，就继续玩"传统娱乐项目"——打郑国。所以楚军离开洛邑以后又扑向郑国，又把郑国狠狠揍了一顿，理由是他们最近又跟晋国好上了。

郑穆公无可奈何，只能好声好气地伺候这帮大爷。这是他最后一次受气，几个月之后，他就过世了。

郑穆公当政的这些年，郑国一直像皮球一样被晋楚两大国踢着玩。他也只能想尽办法尽量在两个壮汉之间保持平衡，终于艰难地把国家保存下来。穆公可以说为国家耗尽了心力，他这个国君当得真是太憋屈了。

不过他的女儿实在给他长脸，以无敌的美貌搅动春秋乱世，公然把几个大国玩弄于股掌之间，甚至间接改变了晋楚争霸的最终结果。我们后面会讲到。

楚庄王这两年目光都紧紧盯着北方，时不时地就带兵去中原转一转。他在一步步地实现他的计划：威逼中原各国服从楚国。

看到这情形，留在郢都的斗越椒简直欢欣鼓舞。他觉得若敖氏这些年被楚王压制得够了，而且楚王正在逐渐削夺他们家族的权力，再不反抗，若敖氏就完了。

而他是若敖氏当之无愧的第一人，若敖氏跟楚王的种种恩怨理应由他来做一个了断。

庄王长期不在郢都，简直是天上掉下来的机会，天命在此，也许若敖氏称帝的伟大构想注定会由他来完成？

另一方面，史书上说他"人或谗之王，恐诛"，就是说，有人在庄王那边诬陷他，他害怕被杀才被迫造反。联想到之前他跟蒍贾诬陷斗般，导致斗般被杀，不排除这样一种可能：现在蒍贾故技重施，又在庄王跟前污蔑斗越椒，这才逼得斗越椒造反。

总之斗越椒跟蒍贾的暗斗非常激烈，这是他突然造反的一个原因。

而庄王一直在揣着明白装糊涂："什么，你说某某人要谋反？给我杀！"这样一种态度也让斗越椒很恐惧，指不定哪天刀子就架到自己脖子上了。

不管什么原因，他最后决定拼了——不成功便成仁。

他趁着庄王带兵威胁中原的时机,发动突然袭击,捉住最大的对手蒍贾,最后把蒍贾虐死在了监狱里。

若敖氏的军队全体出动,驻扎在烝(zhēng)野,等着庄王回来开打。

正在中原的庄王听说后方出事,吃了一惊,紧急率军赶回郢都。

双方对决,庄王没有必胜的信心,所以先跟斗越椒谈判。庄王做出极大的让步,承诺把文王、成王、穆王三位先王的儿子送到若敖氏那边去当人质,以此保证自己愿意跟若敖氏和平共处。

但斗越椒还是不相信庄王。双方最后谈崩了,终于武力相见。

当年秋天,双方在皋浒展开大战,最后庄王一方获胜,斗越椒被杀。

战争过后,庄王对若敖氏家族展开大清洗。斗氏、成氏都不能幸免,其家族成员纷纷被罢免或者杀害,剩下的都逃到了国外。主掌楚国政坛一百多年的若敖氏基本被剿除干净了。

动乱发生之时,子文的孙子、斗越椒的堂兄弟克黄正在出使齐国。回国途中克黄听说了国内的事情,下人们纷纷劝他不要回国。他坚持要回去,说:"君者,天也,人能躲得开天吗?背弃君命,去别的国家,谁会接受我?"所以毅然回国,并且主动到司法机关投案自首。

庄王看到克黄如此忠心耿耿,又想起当年子文对楚国的巨大贡献,就说:"要是子文都绝后了,天下人会怎么想?"所以宽恕了克黄,把他改名叫克生,意思是免除死罪,赐予他新生,并且让他继续在楚国当官——他的后人也一直是楚国的大臣。子文的血脉得以在楚国延续下来,不过再也没有当年若敖氏的地位了。

若敖氏败亡的责任,很大程度上要算到斗越椒头上:他残忍好杀,先杀同宗的领军人物,再杀最大的竞争对手,最后直接叫板楚庄王,完全不知道如何跟别的政治势力和平共处。这样一连串的杀伐下来,最终消灭的却是他自己的家族。

若敖氏的后人肯定是非常恨斗越椒的,所以他们传说,当年斗越椒刚出生的时候,子文一见到他就大惊失色,说:"这孩子熊虎之状,豺狼之声,以后会灭若敖氏家族,赶紧杀掉!"斗越椒的父亲不同意,坚持把他养大了。子文对这件事一直耿耿于怀,临终的时候劝告全族人,一旦斗越椒执政就赶紧逃离楚国，并且哭着说："若敖氏之鬼，不其馁而？"——以后再也没有后人来祭祀若敖氏，若敖氏的先祖在地下都会挨饿了。

斗越椒因此留下了"狼子野心"的成语，身败名裂。不得不说政治斗争一旦失败，后果真的很可怕。

消灭若敖氏是庄王主要的功绩之一。至此，楚国君王彻底收回了君权，楚国从根本上摆脱了权臣干政的命运。所以在春秋后期各国君王纷纷被权臣架空的时候，楚国却能安然无事。也因为这一点区别，所以楚国的国祚还要延续很久很久……

邲之战前的晋国公卿

蒍贾在动乱中无辜牺牲，当时他的儿子蒍敖侥幸逃脱，和自己的母亲到云梦泽的乡下避难，改名叫孙叔敖。传说他得高人指点，学到了渊博的知识。

几年之后，楚庄王想任命虞邱子为令尹，虞邱子就说："我的才能不及孙叔敖，建议大王用他。"庄王把孙叔敖找来一考察，发现他果然有大才，所以就任用他当了令尹。

孙叔敖当政以后，展现出圣贤一般的道德水准和施政能力。他与楚庄王君臣相谐，励精图治，短短几年间就把楚国带上了国富民强的顶峰，实现了对中原地区的追赶甚至超越。

至此，楚国从国力上而言，已经具备了称霸的基础。

从外部环境来说，楚国称霸的主要对手或者说唯一的对手就是晋国。

晋成公上台以后，对六卿家族隐忍退让，六卿跟国君的关系缓和。晋国在赵氏主导下重新走上正轨。

设立公族大夫制度以后，赵盾马上见缝插针地把自家人塞进去。

当初赵衰先娶了叔隗，生下赵盾；后来又娶了晋文公的女儿赵姬，生下赵同、赵括（不是"纸上谈兵"的那个赵括）、赵婴齐。赵同三兄弟也是晋成公的亲外甥。

赵姬是个贤良的女人。她主动请求赵衰从翟国把叔隗和赵盾接回来，又强烈要求让叔隗当正室，自己却以公主身份当偏房；并且让赵盾做嫡长子，继承赵衰的爵位，自己生的儿子便只能做庶子。

赵盾对这个小妈当然是非常感激的，对几个庶弟也想尽办法照顾。他说："要不是当年赵姬把我们母子接回来，我现在还在翟国当狄人啊。"所以他晚年把赵氏的宗主之位让给了赵括，赵括成为赵氏的领袖。

赵盾又恳请成公把赵括任命为公族大夫，把赵同、赵婴齐任命为余子。就这样，赵家四兄弟都在朝廷里当高官，进一步把持了朝政。

公元前六〇一年，操纵晋国二十年的赵盾终于过世了。不过，由于他之前的精心安排，晋国的国政仍然掌握在赵氏手里。

赵盾的长子是赵朔，由于他的两个叔叔赵同、赵括都是纨绔子弟，没什么才能，赵家的希望都在他身上。

赵盾死后，赵朔继承了爵位，步入高官的行列。

当初河曲之战的时候，臾骈本来建议半夜去追击秦军，结果赵穿和胥甲两人出来大声嚷嚷，把这事搅黄了，让晋国白白失去了一次全歼秦军的机会。

后来赵盾追究责任，把胥甲驱逐到国外去了，让他儿子胥克当下军佐。胥氏从那以后就有点惨，一直被赵氏打压。

赵盾过世后，郤缺继任一把手的位子。他跟赵氏是盟友，尽管他是被胥臣发掘出来的，却恩将仇报，继续打压胥氏。他坚持说胥克有精神病，罢免了胥克的官，让赵朔接任下军佐，进入了军方高层。

到这时为止，赵朔飞快蹿升，看起来就快要接当年赵盾的班了。

但一场史无前例的风暴却在赵氏内部爆发出来。这个我们后面再说。

赵氏的新一代冉冉升起的时候，另一个重要家族的人物也正处在上升阶段，那就是老牌贵族荀氏。

荀氏这一代主要是荀林父和荀首两兄弟。

荀林父是老将了，早在城濮之战的时候就已经是晋文公身边的御戎。从这个职位看得出来，他是相当能打的一员将领，跟那些靠拼爹上位的官二代可不一样。

但他的光芒一直被赵氏压制，除了在战场上以外，其他地方没有太多的表现。直到晋成公时期他才进入晋国政坛的顶级位置，属于纯粹靠自己的出色表现一步步走上来的强人。

郤缺退下后，荀林父继任为晋国执政，达到自己政治生涯的顶峰。几乎在同时，他弟弟荀首也飞速蹿升，进入顶级将领行列。

虽然说荀首的晋升很可能是受荀林父照顾的结果，但他本人的才能同样很惊人。他是个文武双全的人才，不仅是战场上的一员猛将，也是一名智勇双全的谋士。

荀首在政坛上升得太晚，还没来得及有更多表现就退下了，但他们兄弟俩给自己的家族争得了一个很优越的位置，荀氏从此在权力争夺中领先一个身位，压倒了其他家族。

荀林父最初担任的是中行的将领，所以以中行为氏，成为中行氏的先祖；荀首被封在智邑，就以智为氏，是智氏先祖。

另一个位高权重的家族是郤氏。

郤缺早年被打压的经历，使他深刻地了解到生存的艰难，所以他行事非常小心，稳重老成，左右逢源。尤其是对于当政的赵氏家族，他尽力与他们和平相处，甚至可以说他是赵盾的副手。因此赵氏当政这些年，他也搭上了顺风车，仕途一路平坦。

在郤缺的整个政治生涯中，他基本没犯过任何错误——这是很难得的。

赵盾退下来的时候，也是因为看到郤缺行事稳重这一点，让他接任正卿的职位。郤氏从此登上了权力的巅峰。

郤缺掌权以后也确实对得起赵盾对他的信任，他把自己做人滴水不漏的那种风格带到了对外政策上。他当政这几年，楚国一再挑衅晋国，但总是有种一口咬到核桃上的感觉，始终占不到明显的便宜，致使楚庄王的称霸计划也只好一再推延。

郤缺也知道，论资历应该是荀林父继承赵盾的位子，赵盾让他当政，有人情的成分在。所以几年以后他退下来的时候，就让荀林父继承了自己的职位。荀林父也投桃报李，努力提拔郤缺的儿子郤克。几年以后，郤克也接任了一把手的位置，郤氏成为可以跟赵、荀两家对抗的顶级豪门。

除了这三大家族以外，士会也是最近几年蹿升速度很快的明星。

士会是士芮之孙,他们家族也是晋国的老牌公卿。当初士芮是晋献公手下一等的谋士,士会遗传了士芮的才智,一直以计谋过人著称。他在秦康公手下的时候曾给晋国带来很大麻烦,以至于晋国要费尽心机地把他从秦国骗回去。

后来的历史证明晋国的做法确实太正确了,士会不仅有谋略,也有大局观,为人做事都不偏不倚,恰到好处,是这一代人里面才能最全面的一个,而且人品也相当端正,行事正大光明。

这样的人当然没有理由混得不好,所以士会回到晋国以后就稳步攀升,到晋景公初年的时候已经是晋国军队里的二号人物了。

然而这只是个开始,接下来才是他表现的时候,他的时代即将来临。

晋国这种公卿制度其实有它的合理性,这种制度能够尽最大可能淘汰掉能力一般的人,留下真正的人才。所以不管郤氏还是荀氏当政,他们的领导者都是有绝高才能的铁腕强人,这些人的才能放到整个春秋时代都是排名靠前的。

有这样一套星光熠熠的豪华班底在,看来可以高枕无忧了。当时谁也没想到晋国会在他们这群人手上翻车……

决战郑国

晋楚交锋的焦点一直在郑国。

这些年,双方都在郑国那边展开拉锯战:你拿下郑国,我就去打;我拿到郑国,你也来抢。

这种场面几乎每年都在上演。可怜的郑国就像一个柔弱的女子,被两个壮汉一人扯一条胳膊,拼命地撕来撕去。

好在春秋时期诸侯间的战争都是点到为止,破坏力不强,所以郑国虽然天天被打,但基本的国计民生还能维持。

被打得多了,郑国人也学精了——不管谁来打都不抵抗!他们只是向另一方求救,尽量让这两个壮汉互相打起来。

所以挑拨晋楚关系成了郑国的主修科目。

公元前六〇四年，楚庄王平定了若敖氏之乱，马上迫不及待地转头去打郑国。

郑襄公向晋国求救，晋国派荀林父救援郑国。楚国马上撤走，又去打陈国。晋国又去救援陈国。

从这时候起，楚庄王加快了威逼中原的进度，连续几年不停地侵扰郑陈两国，迫使晋国不断地去救火。

但楚国尽量避免跟晋国直接冲突，晋军一来，就躲开，这是庄王的策略。他在寻找机会：他相信，晋国这样反复来去奔波，总有露出破绽的时候，那时就可以一击致命。

郤缺真是个很难对付的人，做事滴水不漏，在这么多年的拉锯战中始终没有让楚庄王找到破绽。

直到公元前五九七年，郤缺退休，荀林父接任了他的位置。

荀林父被压了几乎一辈子，到晚年的时候才登上权力的巅峰。他在战场上是无往而不利的强者，但处事能力和个人威望比起赵盾和郤缺还是差一些，不太能服众。

几乎在荀林父上位的同时，晋国六卿的排名也做了调整。每一次调整都是一次大洗牌，有人欢喜有人愁，自然会有人觉得自己吃亏了，心怀不满。

而且现在晋景公刚刚上台，也在磨合期。新君、新臣、新将，都在相互适应阶段。

这个阶段，晋国上层不可避免地出现了轻微的裂痕。

这种裂痕会在之后的磨合中渐渐被抚平，所以这样的机会稍纵即逝。

楚庄王敏锐地察觉到这个漏洞，他开始行动……

这一年的春天，庄王又领兵去打郑国，很快打到新郑城下。

郑国人一开始以为这次战争跟以前一样，又是"传统娱乐项目"，所以也没太在意。

但他们渐渐地发现这回不太一样。楚国人拼得特别狠，连续围城十七天，大有不灭掉郑国不罢休的势头。

关键时刻，城墙崩塌。城里的郑国人让巫师占卜：投降，不吉；哭太庙然后巷战，吉利。——这是要全城民众血战到死。

郑国人慌了，全城哭声震天，连城墙上的士兵都在哭。

楚庄王觉得不忍心，让军队暂时撤退。过了几天，等郑国人把城墙修好了，再围上来，接着打。

这一围就围了整整三个月。

三个月以后，郑国终于投降。

这就有点耐人寻味了。楚军几天时间就可以打到新郑城下，却要三个月才能打下新郑。

等郑国投降的时候，晋国的军队也已经来到了郑国，驻扎在黄河对岸，注视着这边的局势发展。

楚国大军开进新郑城内，郑襄公在大街上行牵羊礼——光着上身，牵着一只羊，跪走到楚庄王面前。

郑襄公对楚庄王说："我违背天意，不好好侍奉大王，让大王劳师远征，这是我的过错。现在我一切都听大王的命令，大王把我发配边疆也好，分割郑国的土地、把郑国人贬为奴隶也好，都凭大王做主。如果大王能看在周朝和郑国列祖列宗的份上，保存我们的社稷，让郑国做楚国的附庸，努力侍奉大王，那就是大王莫大的恩赐了。"

这是请求楚庄王不要吞并郑国。庄王手下的人们纷纷反对，说："我们这么辛苦打下来的国家，哪能再饶了他。"

庄王却表现出了非常大度的姿态，对下人们说："郑伯这样的人，能真正为自己的国家考虑，必定会善待自己的百姓，值得嘉许。"说着，就让楚军退后三十里，与郑襄公签订了和平协定。

这样的结果其实可以想象得到，因为楚庄王的目的根本不是郑国，打郑国只是为了引出后面的晋国而已。

战前的三方较量

晋军在黄河对岸听说了郑国跟楚国签协定的事，那么这仗还要不要打呢？领导层内部产生了很大分歧。

当时晋军的统帅是荀林父，手下的将官是：士会、赵朔、先縠、郤克、栾书、赵家三兄弟、荀首、韩厥等。

荀林父不想碰楚军，建议先撤退，等楚军走了以后再去打郑国。这相当于又玩以前的套路，继续跟楚国保持平衡。

士会也支持撤军。他认为目前楚国上下齐心，战斗力非常强，又有孙叔敖这样贤良的人物在，要暂时避其锋芒。

先縠却反对撤军，先氏在最近的人事任免中有被边缘化的倾向，他急着要立功，就说："我们全军出动，碰到强敌就撤了，我们这些将领的脸还要不要了？你们怕楚国就算了，我自己去。"他是中军佐，说完带着自己的部队就走了，直接去渡黄河。

几个将领乱成一团。荀首说："按照《周易》的说法，将领不服从统帅是非常危险的征兆。现在出了先縠这种人，他这一去，必败；就算侥幸获胜，回国也要受处罚。"

韩厥劝荀林父说："先縠这一去要是输了，你的罪过就大了。你作为最高统帅，既没能救郑国，又没能约束手下将领，回去以后肯定被大王降罪。不如我们一起进军，即使败了，责任大家承担！"

荀林父被逼得没办法，只好下令，让全体军队一起开过黄河，驻扎到敖山和鄗（hào）山之间。

到这时为止，战争还没开打，晋军内部的问题已经全部暴露出来了。晋国朝堂上的六卿相争，终于延伸到了战场上。

这时楚国军营里面也在争论。

听说晋军渡过黄河了，楚庄王想撤走，孙叔敖也建议撤退，伍参却主张开战。两个大臣一度吵得很凶，孙叔敖都差点命令军队直接撤退了。这种情形跟晋国那边有点类似。

关键时刻，伍参给出的理由打动了庄王。他说："晋国的荀林父是刚刚上任的，权威不够；先縠又是个刚愎自用的人，不会听他的；其余几个将帅又各打各的算盘。下面的人该听谁的？晋国的高层如此混乱，我看这次他们必败。"

庄王听了伍参的分析，就打消了撤军的念头，命令军队驻扎下来，厉兵秣马，准备应战。

郑国那边也在密切关注局势，他们的想法很明确，就是尽量挑动两个大国打起来。

郑襄公派使者到晋国军营去劝说他们："郑国跟楚国签合约是为了保住社稷，这是实在没办法的事，但我们心里还是向着晋国的。现在楚国刚刚获胜，正是轻敌大意的时候，而且他们出来这么久了，军士疲敝，防备松懈。上国如果去追击他们，我们再从旁边策应，必获大胜！"

如何对待郑国的使者，晋国高层也出现了分歧。

先縠第一个表示赞同，说："成败在此一举，我支持郑国使者的话。"

栾书却不以为然，说："郑国就是想让我们跟楚国打起来，谁赢了他们就支持谁，他们是在拿我们两个国家占卜啊！"

赵括、赵同两兄弟也站在先縠这边，赵朔和荀首却支持栾书。

而荀林父依然无法约束这些属下，任凭他们吵来吵去没有一个结果。

郑国使者刚走，楚国使者又来了；不过跟郑国相反，他们的人言辞恳切地表达了对于和平的"向往"。楚国使者说："我们君王不太善于辞令，但心是好的，这次来这边只是为了教导郑国，帮他们安定国家，怎么敢得罪晋国？还请求晋军尽快撤走，不要继续留在郑国了。"

士会很优雅地回复他们："当年周平王曾嘱托先君晋文侯'与郑国共同辅佐王室，不要违抗天子的命令'。现在郑国不遵守天子的命令，寡君才派下臣们来找郑国问罪，岂敢惊动上国？恭敬地拜谢上国君王的命令。"

总结起来，双方都在说："我们只是来打郑国玩的，可不是冲着您来的，您老别介意啊！"

一旁的先縠跟赵括急了：这些穷书生文绉绉地说的什么呀？实在听不下去。于是出去追上楚国的使者说："别听那些文人瞎扯。跟你说了，我们大王亲自命令'一定要把楚国从郑国土地上赶走'，我们可是没有退路的，这仗必须打！"

使者回去报告了情况。士会是晋军里的二号人物，连他的话都可以被下面的人驳回去，楚庄王就更清楚晋军内部混乱的情况了。

到这时楚国已经明确决定了要跟晋国来一场决战，为了进一步麻痹对手，他们继续跟晋国和谈，甚至提出要签订和平协定。

两国对垒,最后签个协定各自撤军,这种情况是很常见的。所以荀林父他们一口答应下来,也开始相信楚国是不敢打仗的,并且渐渐地放松了警惕。

眼看到和谈的时间了,晋国这边准备得整整齐齐的,等着楚国来签协议,不料等了半天都没有消息。这时忽然见到远处烟尘滚滚,一辆战车飞驰而来。

楚国发动突袭了!

邲之战

楚国三员将领发动突袭:许伯驾车;乐伯坐车左,手执弓箭;摄叔坐车右,手执大刀。三人都是楚军的精英。

战车跑得飞快,瞬间冲入晋国军营,众人纷纷躲闪,一时间尘土遮天蔽日。乐伯弯弓搭箭,一支支箭羽穿透尘雾,射向周围人群。人群中惊叫连声,晋军全体大乱。

摄叔一声大吼,跳下战车,扑到一名晋国士兵身上,随着一声惨叫,已经割下了他的耳朵。摄叔把血淋淋的耳朵咬在嘴里,挥刀连砍,残肢乱飞,多人倒地。

战车在人群中急速打转,顷刻之间拐了个弯回来。摄叔纵身跃回车上,倒转刀柄,顺手拍到一名士兵后脑勺,右手轻轻一搭,把他拖上战车,呼啸而去。

晋军这才反应过来,军号齐鸣,士兵如潮水般围过来,全军骑马驾车追赶。

三员大将早就看好了回去的路,抄了一条泥泞小道,后面的晋军只能排成一列追赶。

乐伯对准后方,左一箭、右一箭,丝毫不停,左射马,右射人,瞬间连续射倒对方几匹战马,堵塞了道路,后面的晋军都冲不过来。

眼看就要逃脱了,这时,斜刺里风声骤起,晋国大将鲍癸的战车冲了过来。乐伯还要再射,却发现只剩一支箭了,没法射倒对方三人。他正好瞥到前方有一只麋鹿，于是急中生智，一箭射倒麋鹿。

摄叔跳下去，提起麋鹿，双手捧着，站在道路中间，哈哈笑着说："今年时令还未到，进贡的禽兽都没送来，只好拿这个献给诸位品尝，聊表敬意。"

下人们本来还想追赶，鲍癸拦住了他们，说："楚国既有神射手，又有舌辩之士，都是真君子。"于是让人收下麋鹿，拱手道谢："改日战场上见。"便转身回去复命了。

楚国三将成功逃脱，完成了他们事先立下的目标：割一只耳朵，俘虏一个活人。

晋军这边却炸锅了。主战派哗然一片，纷纷请战。荀林父他们都制止不住。

楚国用谈判拉拢晋军主和派，用偷袭激怒晋军主战派，让晋军内部进一步撕裂。

其中有两员将领——魏锜（qí）、赵旃（zhān），闹得最凶。魏锜是魏犨的儿子，跟他爹一样，一介莽夫，这次人事任免中，他想当卿族大夫没当上，所以心里有气。赵旃是赵穿的儿子，父子俩专坑晋国一百年；他这次想晋升为卿，结果没成，赵家几兄弟就他被冷落，所以心里也很不服。

这两人都暴跳如雷，去向主帅请战，荀林父他们不同意。所以两人耍了个心眼，说：不让跟楚国人打，那让我们去跟楚国人谈判总可以吧？这次上面就答应了。

于是两个气冲牛斗的莽汉被委派为"和谈大使"，去楚国军营里谈判。

两人走了以后，郤克和士会都觉得很不靠谱，于是建议立即做战争准备；先縠又跟他们唱对台戏，不同意备战。荀林父又不能做主张，所以备战这事被搁下了。

士会见荀林父什么事都决定不了，只好自作主张，悄悄地把自己手下的兵马埋伏在敖山前面；赵婴齐也让属下偷偷到黄河边准备船只，万一战败了好渡河。

魏、赵两人和谈是假，挑战是真。他们都急着要立功，也学楚国人突袭的招数。

当天夜里，魏锜先闯进楚国军营，准备大杀一通。

不料楚人早有准备，魏锜一进楚营，立即被发现了。楚国的潘党挥刀直扑过来，魏锜拨马便逃，潘党在后面紧紧追赶。

眼看逃不掉了，魏锜灵机一动，向丛林深处开过去，学着楚国三将的样子，也射死一只麋鹿，双手捧给潘党说："请犒劳下属。"潘党让人把麋鹿收下，拱手道谢，放魏锜走了，还了这份人情给晋国。

赵旃这边还不知道魏锜被赶跑的消息，带着一拨人，咋咋呼呼地坐在楚军营门外面，让人进去挑战。

当时刚到下半夜，繁星满天，银河半落。那人刚进去不久，只听楚营里轰然一声，如平地一声雷，栅栏齐刷刷倒下，千百道光芒骤射而出，百千缕烟尘直冲天际，远处迷雾中黑影幢幢，不计其数的车马呼啸着冲了过来。

"楚国大军出动了！"赵旃一干人吓得屁滚尿流，赶紧爬上战马往回逃命。

其实他们搞错了，楚军确实在准备开战，但现在还没到时间。只是赵旃的人不知道怎么激怒了楚庄王，庄王自己带领手下冲出来而已。不料却造就了一场出其不意的突袭。

楚国人也没想到庄王会直接杀出去。军营里面，号角齐鸣，孙叔敖发起总动员，号召楚军立即全体出动，保护庄王。片刻之间，左、中、右三军齐动，人人争先，战争就这样提前打响了！

赵旃他们拼命奔逃，后面箭如飞蝗，喊杀声动地而来。当先一辆战车上一人单手持剑傲然站立，战袍迎风招展，铠甲粲然生辉。只见他俊眉修目，凝视着前方，不怒自威，正是楚庄王本人——庄王亲自冲在最前面，引领楚军！

晋国那边派了一支军队来接应赵旃他们，正好跟奔来的千军万马迎面对撞。小股人马哪里经得起如此大规模的冲撞，一触即溃。赵旃他们也只好抛下车马，从小路逃走，大家一起抱头奔向晋国军营。

楚国大军没有丝毫犹豫，如风卷残云，直接杀向晋国大本营！

消息传到晋国军营的时候，大家都还没睡醒，晋国士官们全都懵了，他们根本还没做好战争准备，不知道该如何应对。慌乱中，荀林父传下军令："先过黄河者有赏。"

这等于是发布了逃命总动员。人心瞬间崩溃。晋国士兵们赶忙爬起来，衣服铠甲都来不及穿好，蜂拥着抢夺马匹，抢不到的就步行逃命。人人丢盔卸甲，乱哄哄一片逃向黄河的方向。

黄河上浊浪排空，只有寥寥几艘小船，怎么载几万大军过河？

中军和下军拥堵在一起，人们都跟疯了一样，大打出手，死命拼抢过河船只。

力气大的拨开众人拥上渡船，力气小的在后面扭打成一团；有那灵巧的早已经跳上甲板，撑船欲行，只剩笨拙的被后来人蹿进河里，生死由命；命好的踩着人头爬到船上，还能喘出两口气，命苦的被压在下面踩成肉泥，早已不辨姓和名……

掉到河里的人全都死拽住船舷不放，不一会儿就拽翻了几艘船。带头的将领发现这样所有人都逃不了，就发下命令，让船上的人沿着船舷挨个砍手指。水里的人顿时哭爹叫娘。一时间，河面上密密麻麻的全是手指，河水被染得红彤彤一片。无数人在血水中被冲走，船终于可以开动了。

刚开走几艘船，楚军就追来了。数百辆战车对准人群直冲过去，对河边的残兵败将挨个砍杀，刹那间断肢齐飞。晋军四散奔逃，哭喊声震动天地。楚国战车在后面一路追杀，箭如雨下，尸首铺满了黄河岸边。

幸好士会预先在敖山旁边埋下了七支伏兵，阻挡了一部分楚国兵力，才让晋军有更长的时间渡河。

当时只有士会指挥的上军没有崩溃。楚军追杀完晋国的中下两军，又合围过来，眼看要把晋国上军也包围了。士会及时下了撤退的命令，并且亲自殿后，上军才得以成功撤走。

中下两军淹死、摔死、自相践踏而死的不计其数，剩下的大部分被楚军砍杀。晋军损失惨重，只有少部分军士乘船成功逃走。另外，赵婴齐的部队因为准备充分，基本都逃脱了。

罪魁祸首赵旃也成功逃了出来。他在逃跑过程中把自己的马给了他的哥哥和叔父，自己丢掉车马逃到密林里。正好逢大夫带着自己的两个儿子驾车狂奔，看到赵旃，就把儿子赶下车去，带着赵旃逃走了。后来他两个儿子都死在了乱军里。

中间还有一则插曲——

晋国人有几辆战车陷在泥泞里，开不出来。后面追的楚国人就大喊："你们傻啊！把前面的横木抽掉就开出来了。"

晋国人照着做，车子果然开动了。但没走几步，马又原地打转走不动了。

后面的楚国人又喊："你们是猪啊！把前面的旗帜拔了，车辕上的木头快扔掉！"

晋国人再照着做，果然飞快地跑了起来。楚国人也扑上来，又开始你追我赶。晋国人还不忘回头对楚国人说："还是你们经常逃跑的大国有经验呀！"

其实在很多战争中，双方的士兵之间并没有深仇大恨，反而有一点同病相怜的感情。

晋军奔逃的时候，荀首也在中间一起逃走，但很快听人说他儿子荀䓨失陷在了楚军阵营里面。他是下军大夫，马上带着自己手下的军队冲回去救儿子。

当时魏锜驾车，荀首射箭。荀首每次抽出一支箭都要先看一眼，是一般的箭就射出去，是利箭就先放到魏锜的兜里。魏锜很奇怪，说："都到这时候了，你还爱惜你的箭？"

荀首冷冷地说："利箭留下来换我儿子！"不一会儿，楚国连尹襄老杀了过来。荀首抽出一支利箭，破空之声响起，襄老应声倒地，荀首两人下车把他的尸首抬上来。楚国的公子谷臣过来抢夺尸首，又被荀首一箭射倒，活捉了过去。

后来荀首用这一个俘虏跟一具尸首换回了自己的儿子。

楚军没想到晋军中还有人会突然杀回马枪，被打了个措手不及。荀首为了救儿子竟然造就了晋国的一场小规模胜利。

荀首在这次战役中表现出的无敌才干引起了晋景公的重视，所以后来他接连受到提拔，终于开创了晋国后期最大的家族——智氏。

而士会也因为这场战争中的优异表现获得提拔，后来升级为晋国的一把手。他无论做人做事都广受赞誉，基本无可挑剔，成为这一代卿士里面最优秀的人物。

六月十五日，楚军到达邲（bì）地，驻扎在衡雍，开始庆祝胜利。

在邲之战前的八年中，楚国七次打郑国，终于成功引出了晋国这只大老虎，给予其沉重打击。

楚庄王因为这次战争的胜利，成功登上霸主之位，成为"春秋五霸"之一，被后人所铭记。

潘党对楚庄王说："大王可以在这里筑一座京观（古代为炫耀武功，聚集敌尸，封土而成的高冢），以此告谕后世子孙，彰显我们这一代人的赫赫武功。"

楚庄王却长叹一声，摇了摇头。

何为霸主？

楚庄王说："武者，止戈是也。武功具有七种美德，分别为：禁暴、戢兵、保大、定功、安民、和众、丰财。圣人使用武功，是为了止战，为惩恶扬善，为保国泰民安、天下太平。现在我让两个国家的民众受尽荼毒，何德之有？古代明君造京观，是为了惩戒淫恶，晋国和郑国的军民都是尽忠报君之人，何罪之有？我如何能造京观？"

因此，楚庄王只在黄河边祭祀河神，建造先君的神庙，祭告天地，然后就回国了。

战后，郑国人发现这次楚国入侵原来有内应。是国内的石制把楚军招来的，他还准备借外敌入侵把公子鱼臣扶上位。所以郑国人就杀了公子鱼臣和石制——两个卖国贼得到了应有的下场。

郑襄公随后去楚国报告情况，楚庄王并没有怪罪他。

一般来说，成为霸主需要满足以下几个条件：

首先，打败至少一个超级强国。春秋时期只有晋国和楚国能称为超级强国，所以要称霸，至少要在大规模战争中打败晋、楚中的一个。

其次，要会盟天下诸侯。霸主的职责就是要维持国际秩序，防止国家间胡来的战争，或者各国内部的阴谋家发起的动乱。因此，与各路诸侯结盟，控制并且干涉他们的行为是必须的。

还有，要尊崇周天子，最好有勤王之功，由天子钦定霸主之位更好。春秋后期周王室地位下降，所以这一条不重要了。

再有，保疆定国，驱除外敌，帮助各个小国抵御戎狄的进攻。比如当年齐桓公帮燕国抗击山戎。

楚庄王只满足这里面的第一条，其他的都不满足，为什么还被称为霸主，而且是"春秋五霸"里面比较没有争议的一位？

因为所有这些条件之外，还有一条隐形的条件，就是"有德者居之"。

霸主之位应该奖给有德之人。

其实"霸主"这个称谓并不准确，真正的霸主绝不只"称霸"，而且应该"称王称霸"。

何者为王？何者为霸？

保合诸夏、谐和万邦为王，威服四海、并吞八荒为霸。前者是为王道，后者是为霸道。

霸主的作为应该是"霸王道杂之"，王道为主，霸道为辅，首先要有德，其次才有力。

或者更直白地说，要"以德服人"。

齐桓公、晋文公都完全满足这个条件，所以他们的霸主地位无可争议。

而楚庄王也在许多地方充分展现了他"仁德"的一面。比如允许郑国复国，让陈国保持独立。

在邲之战前，公元前五九八年，陈国的夏徵（zhēng）舒弑了陈灵公。楚国立即出兵干涉，杀死夏徵舒，把陈国设置为县，并入楚国。这种做法跟楚国之前的君王差不多。

不久以后，大臣申叔时出使齐国回来，到朝堂上向楚庄王汇报情况。他听说了灭陈国的事，一句话都不说就退下了。

庄王忍不住问他："别人都恭贺我平定了陈国的内乱，就你没有表示。为什么？"

申叔时回答："讨伐弑君的逆贼，这是义举，没问题。但您打着讨逆的旗号，随后却吞并了别人的国家，这样怎么服天下人呢？"

庄王觉得他说得有道理，就从晋国把陈灵公的太子迎过来，立他为君，恢复了陈国。

但楚国打了一仗开销那么大，总得要点补偿，怎么办？庄王就从陈国乡下"抓"了一个农夫到楚国来，然后在楚国建了一个"夏州"，把这人放到那里，使他成为州里唯一的居民。然后对外界宣布："这就是我们从陈国抢来的战利品。"因为是讨伐夏徵舒的战果，所以称为夏州。

这就是庄王之德。

老虎不吃人很难，让老虎把吃下去的再吐出来更是难上加难。但楚庄王做到了。

他跟历任的楚王都不同。楚国是蛮夷，楚王给人的感觉总是眼睛一瞪就要杀人，而楚庄王却完全没有蛮夷气息，更像是一位正统的中原帝王。

他儒雅，谦和，彬彬有礼；他能听任何人的劝谏，能及时改正自己的过失。不管从哪方面看，他都是一位有德之君。连孔子都夸赞："贤哉楚庄王！轻千乘之国而重一言。"

关于庄王的贤德，还流传着"摘缨会"的传说。

据说当年庄王平定了斗越椒之乱以后，大宴群臣，庆祝胜利。

楚国的将军们基本都参加了，庄王让自己的几个爱姬去给大家敬酒，大家觥筹交错，喝得十分尽兴。

不料一阵风刮来，席上的蜡烛都熄灭了，大殿里漆黑一团。

庄王命人去点蜡烛。这时候，许姬过来凑到他耳边说，有人在黑暗中趁机拉她的袖子，被她一把扯下了那人头盔上的红缨；等会儿请庄王查探，席上谁的头盔没了红缨，谁就是那个淫贼。

庄王马上制止下人："且慢张灯，今晚大家都要喝得畅快一些，都把头上的红缨摘下，好好地喝酒。"

大家虽然觉得很奇怪，喝酒为什么要摘缨，但还是照着做了。

不一会儿，蜡烛点上，人人头上都没了红缨，再也找不到那个调戏许姬的人了。

这次宴席就叫"摘缨会"。

过后许姬觉得很委屈，找庄王询问原因。庄王说："人孰无过。将军们打了胜仗很开心，喝醉了酒，偶尔把持不住也是正常的。为这件事问罪不值得。"

七年以后，在打郑国的战争中，一名叫唐狡的将领表现得十分英勇，立下了辉煌的战功。庄王要奖赏他，他却推辞不受，说："我就是当年调戏美人的罪臣，蒙大王不杀之恩，这次特地来报恩的，不必奖赏我。"

后人因此都感叹庄王有容人之量，因此才得人心，大家才肯为他效力。

这故事虽然不一定是真的，但说明楚庄王的宽容大度确实很深入人心。

他有一种楚国历代君王少有的善良，这使得他在历任楚王里面成为最受人们欢迎的一位。

所以尽管之前的楚武王、楚文王、楚成王等人都拥有开疆拓土的赫赫武功，后人却把"春秋五霸"的一个席位颁给了楚庄王。

世界终究是奖励善良的。

再回到前面讨伐夏徵舒的战役。其实在消灭陈国以后，楚国还抓了另外一个人——一位天下罕有的绝色美女。当时谁也没想到，她会给楚国带来无尽的灾祸……

第十六章　晋国的至暗时代

妖姬乱国

夏姬是郑穆公的女儿，嫁给了陈国的司马夏御叔，生的儿子就是夏徵舒。

在当时她就已经"艳名"在外，国际上都在传闻她的故事。

据说她美艳绝伦，然而是个不祥之人，跟她好过的男人都会不幸。

她出嫁之前就跟自己同父异母的哥哥公子蛮有私情，结果公子蛮没几年就夭折了。不过这个传闻不一定可信。

她嫁给夏御叔十几年后，夏御叔也英年早逝，丢下了孤儿寡母。

这以后夏姬就彻底想通了。

她开始招贤纳士，广揽俊才，大家也积极响应。陈国朝廷里的许多男人都沦为她的裙下臣，其中最出名的是大夫孔宁、仪行父两人，最后甚至连陈灵公都加入进来。夏家一时间门庭若市。

陈灵公是夏御叔的堂侄，该叫夏姬婶婶，论起来还是一家人。

他是个荒淫无耻的君王。对于自己和手下这群人的淫乱关系，他不仅不遮掩，反而到处去炫耀。他跟孔宁、仪行父甚至在陈国朝堂上穿着夏姬的内衣互相调笑，完全无视举国上下异样的目光。

大夫泄冶看不下去了，退朝以后当面责备孔仪二人不知羞耻。两人告到灵公那里，灵公就找人杀了泄冶。

夏徵舒也是朝廷里的大夫，也是要抛头露面的人物。他为自己母亲的这些丑事受尽了众人的嘲笑，心里一直憋着一股气。

有一天，三个奸夫一起去夏家聚会，多喝了两杯，又开始调笑起来。三人把夏徵舒叫出来，当面调戏。陈灵公指着他说："我看你长得像孔、仪他们两个，难道是他们的种？"孔、仪两人赶忙摇头："不不不，还是像大王多一些。"

夏徵舒彻底爆发，离开酒席以后就悄悄找来弓弩手，埋伏到马厩旁边，趁灵公去牵马的时候射杀了他。孔、仪两人勉强逃出来，跑到楚国去避难。灵公的太子也逃到了晋国。

由于夏徵舒自己也是王族之后，索性就自立为陈侯。陈灵公的荒淫事迹举国皆知，所以也没多少人同情他。陈国人很快就接受了夏徵舒这个"新君"。

孔、仪二人向楚庄王控诉夏徵舒弑君。庄王这几年正在不停地打郑国和陈国，以便引出晋国（这时还没爆发邲之战），一听说有这样的借口，当然不放过，第二年楚国就以"讨逆"的名义发兵攻打陈国。

庄王同时还让申公屈巫去秦国借兵，两大国合力，瞬间灭了陈国。然后把弑君篡位的夏徵舒五马分尸，又把夏姬掳到楚国，吞并陈国为楚国的一个县。

后来就发生了申叔时进谏让庄王恢复陈国的事。

灭陈以后又复陈，当时在国际社会引发轰动，小国们纷纷或真或假地赞叹庄王的"仁德"。

但怎么处理夏姬却是个棘手的难题。

据说庄王一见到夏姬就被她的美色所震惊。当时夏姬可能已经四十多岁了，比庄王还大十来岁。但她驻颜有术，仍然姿容丰艳，见到她的男人全都称赞不已。

申公屈巫又名巫臣，是楚国大夫。他劝阻庄王说："大王攻打陈国本来是为了讨伐逆贼，如果把夏姬纳入后宫，那就成了为美色去灭亡别人的国家了，别人会说大王是淫乱的国君。"

庄王的自制力还是比较强，听了这番话就打消了纳夏姬的念头。

但是庄王的弟弟子反也看上了夏姬。巫臣又去劝说他："夏姬是个不祥的女人，陈灵公、夏御叔这些人都被她给克死了，连陈国都被她害得亡国，您千万别碰她。"于是子反也放弃了娶夏姬的想法。

其实最想娶夏姬的就是巫臣自己。他一直在打夏姬的主意，但不好明说，只好劝别人不要娶，以便自己可以找机会下手。

庄王说：这也不行，那也不行，那就把夏姬赏给连尹襄老吧。襄老是个老鳏夫，人也老实巴交的，把夏姬嫁给他看起来人畜无害。于是就把夏姬嫁给了襄老。

不料夏姬果然克夫。几个月以后，在邲之战中，晋国的荀首闯进楚军阵营找自己的儿子，误打误撞地射死了襄老。夏姬又一次做了寡妇。

襄老的尸首都还没接回国，夏姬已经急不可耐地跟他儿子黑要好上了。

但巫臣对她仍然念念不忘。他偷偷找到夏姬，让她设法回郑国："回去以后我再来娶你。"

巫臣又设法让郑国那边来人骗庄王说："襄老的尸首在这边，但得他的家人自己来迎接。"

庄王询问巫臣这件事。巫臣拍着胸脯保证说："没问题。郑国人肯定是真心要用襄老的尸首换回荀首的儿子，您可以派夏姬去。"庄王就答应了，并且让巫臣随行。

夏姬这时候才发现原来一直以来真爱的她的人只有巫臣。于是她便踏上了回郑国的路，告别的时候，对送行的人说："要是找不到襄老的尸首，我就不回来了。"

两人到郑国以后，得到郑襄公的允许，秘密成婚——夏姬是郑襄公的姐姐，所以这件事很容易办成。随后夏姬就留在了郑国娘家，跟巫臣依依不舍地告别。巫臣再回到楚国，继续等待逃走的机会。

这一等就是好几年，两人都几乎绝望了。到底什么时候才能重逢呢……

范武子治国

再说晋国国内的情况。

邲之战的惨败，震动晋国朝野。荀林父带领残兵败将跪到晋景公面前请求以死谢罪。

景公本来想杀了他，士贞子劝阻说："当初城濮之战过后，先君连续几天都吃饭不吃，下人问他什么原因，他说因为子玉还在。直到听到子玉被赐死的消息以后，先君才开心起来，说终于可以放心了。子玉被杀是我们国家的又一次胜利，楚国因此两世不能跟我们抗衡，现在我们怎么能也犯这样的错误呢？"

景公听了他的话才放过了荀林父，让他官复原职，戴罪立功。

这次战争，晋国掌权的公卿们全体出动，失败的结果自然也就由大家共同承担。但是法不责众，既然没有处罚领头的荀林父，当然也就不好处罚别人。所以最后的结果就是大家都受罚，或者大家都不受罚——这样的局面被韩厥不幸言中。

这其中最得意的却是罪魁祸首先榖。他侥幸逃脱处罚以后，不仅不检讨自己的罪过，反而公然叛国，勾结赤狄入侵晋国。也许是他感受到了朝堂上的压力，所以先下手为强。

景公打退赤狄入侵以后，两罪并罚，灭了先氏全族。曾经烜赫一时的先氏家族，以这种令人唾弃的方式消失在了晋国历史中。

当初狐偃、赵衰、先轸是晋文公手下最重要的三位大臣，哪想到狐氏和先氏却成了最早败亡的家族。真是风水轮流转。

至于荀林父，后来果然又取得了一系列胜利，特别是攻灭了赤狄的潞氏部落。晋楚争霸的这些年，赤狄一直在北方骚扰晋国，让晋国两头受敌。荀林父攻灭赤，狄消除了晋国的一个心腹大患，用军功证明景公宽恕他是对的。

景公也因此赏赐了士贞子，以表彰他直言敢谏的功劳。

荀林父退下来后，士会接力打击赤狄，一举消灭了赤狄的甲氏、留吁（xū）、铎辰等部落。赤狄的主力至此全体被消灭，领土全部被晋国占领。

这次胜利让士会的声望达到顶峰。

晋景公去洛邑向周定王进献俘虏的时候，奏请周定王赐给士会"黻（fú）冕"的礼服——这是极高的荣誉——并且任命他为中军将，接任荀林父，又加"太傅"（也就是所谓"孤卿"的官职，比上卿更高）。士会一人拥有了几乎所有的最高官衔，超过之前的历任执政官。

也就是在这段时期，士会被封到范邑，从此开创了范氏，他本人又被称为范武子。

士会的表现也确实对得起晋景公给他的荣誉。他执政不久以后，周王室发生动乱，晋景公派他去帮助周王平乱。动乱平息以后，周定王以诸侯的规格招待士会，并且跟他详细讲述周礼。

士会回来以后在晋国推行周礼，"讲聚三代之典礼，于是乎修执秩以为晋法"；又根据周礼制定了"范武子之法"，用这套法典治理国家，使得晋国社会上下礼让、人人安居乐业，连盗贼都逃到秦国去了。

"范武子之法"成为后来晋国最重要的施政方略，为后来晋国的霸权复兴开辟了道路。

士会以他完美的才能和人格，带领晋国迅速站稳脚跟，使得晋国即使在被楚、秦、齐三大国联手遏制的时候，仍然拥有超级大国的地位。而楚国的霸权也仅限于其所能影响到的范围内，无法覆盖晋国和晋国的传统盟友们。

虎落平阳的霸主

邲之战对晋国的国际地位造成了很大打击，各国都开始来趁火打劫。

齐顷公最早做出反应。邲之战的第二年，他立即进攻晋国的盟友莒国，要求他们侍奉齐国。

齐国是老牌强国，现在虽然衰落了，但"春秋第一霸"的光辉岁月依旧映照在他们的脑海里，所以一有机会就要跳出来测试一下自己的实力。

秦国也不放过这样的机会，他们终止了跟晋国二十年的和平，主动进攻晋国，虽然不能真正伤害到晋国，但也是一个不小的麻烦。

当然，真正的敌人还是楚国。

楚庄王丝毫没有给晋国喘息的机会，邲之战之后立即灭掉了萧国。

萧国是宋国的附庸。所以在这次战争中，宋国曾派兵去救援萧国，这样显然得罪了楚国，所以楚庄王又开到宋国去把他们教训了一顿。

但要知道，宋国可是所有国家里面一个奇葩的存在，它是那种越打越来劲的国家。所以楚庄王这样做不仅没吓到他们，反而把他们惹火了。

第二年，楚庄王派申舟出使齐国，派公子冯出使晋国；去齐国需要路过宋国，去晋国需要路过郑国。

按照当时的规矩，使臣从别的国家路过，需要带上本国国君亲自颁发的假道文书，把这个文书出示给经过的国家，这样才能过去。

但楚庄王偏就不给他们两人颁发假道文书。

这是特别狠毒的一招，直接敲打宋、郑两国。如果这两国让使者过去，那就是自丧国格，以楚国的仆从自居；如果不让使者过，那又得罪了楚国，楚国的军队肯定就开过来了。

而且他派申舟路过宋国也是存心煽风点火。当年楚穆王带着几个小国在孟诸打猎的时候，宋昭公惹得他不高兴，他命令申舟把宋昭公的车夫抓起来打了一顿，并且全军公示，羞辱宋昭公。所以申舟跟宋国是有大仇的。

所以命令一下来，公子冯还好，因为他知道郑国会认怂。申舟可就被吓坏了，他乞求楚庄王："宋国跟郑国可不一样，公子冯去郑国没事，我去宋国一定会被杀的。还请大王赐我一份假道文书。"

楚庄王这时展现了他心狠手辣的一面，他就是故意要考验宋、郑两国有没有脾气，有脾气就打。所以他只是冷冷地回答："文书没有。要是他们把你杀了，我就去打他们替你报仇。"

申舟知道此去必死无疑了，只能把自己的儿子申犀托付给庄王，然后含泪踏上了不归路。

后来公子冯经过郑国，郑国人果然不敢拦他。

但宋国就不一样了。宋文公听说楚国的使者要从这边过，但又不给文书，就找华元商量。华元很强硬地说："这是把我们当成楚国的县城了，那跟亡国有什么区别？如果杀了他们的使者，他们来打我们，大不了也是亡国，索性就拼了。"所以命人立即杀了申舟。

申舟被杀的消息传到楚国郢都的时候，楚庄王正在宫里休息。他听到消息马上跳起来，大叫："我替你报仇！"鞋子都来不及穿就冲出去了。

庄王一路狂奔，下人们赶忙拿着鞋子追出来，到前院才追上他，替他穿上了鞋子；又一路狂奔，另一拨下人到寝宫门外才追上他，把宝剑递给他；再狂奔，到大街上才有卫士们赶着马车追上来，让庄王坐上了马车——直奔宋国！

公元前五九五年九月，楚国大军围困宋国，一场惨烈的围城战开始了！

宋国立即向晋国求援。

但晋国刚刚为救郑国被楚国打得鼻青脸肿，哪里有脾气再去多管闲事？只是大国的面子还是要撑一下的，所以就派解扬去宋国虚张声势，告诉他们再撑一段时间，援军马上来了。

解扬去宋国的路上被郑国当场抓获，解送给楚国人。

楚国人对解扬说："我们不杀你，你去宋国，跟他们说，晋国不会来救他们了，要他们趁早投降。"

解扬假意答应着，被押到宋国城外，他对城内的人大喊："大家坚持住！晋国的援军马上就来了！"

楚国人气不打一处来，抓住解扬就要将他大卸八块。解扬却丝毫不惧。人们把他带到楚庄王面前，他说："我假意答应您只是为了完成我们国君的命令，完成了君命，就算死也无所谓。我们国君有忠信的臣下，臣下又能死得其所，夫复何求？"

楚庄王感叹他的忠义，所以下令把他放了。

不过宋国人却更加坚定了抗击楚国的信心。楚国围城九个月之久，他们都没投降，城里粮草断绝，早已成了人间地狱，但宋国人依然毫不屈服。

楚庄王觉得这样下去也没意思，而且有损他仁德的名声，于是开始考虑撤军。

申犀却一心要为父亲报仇。他跪到庄王面前，声泪俱下地说："父亲为国捐躯，大王忘了当时对他的承诺了吗？"庄王觉得下不来台，自己不是一直以"信义"著称吗？

这时申叔时替庄王出主意说：可以在城外建房子，找一些当地的农民来种田；当然不是真的种，只是做样子的。城内的人看到这个情形，以为我们要常住下来，就会绝望了。

庄王照着他说的做。城里的宋人果然慌了，信心崩溃，只好选择投降。

宋国派华元为使者，趁夜色偷偷从城上用篮子吊下去，潜入楚国军营，直接走到楚国大将子反的营帐里，跟子反谈判。

子反带华元去见楚庄王。庄王问："城里的情况到底如何？"

华元说："实不相瞒，粮食早已吃光，到了析骨而炊、易子而食的地步了。"

庄王说："我也说实在话，楚军只有两天的军粮了。"

双方都感谢对方的诚恳，因此谈好条件，楚军后退三十里，双方签订和平条约。这样楚国算是打下了宋国，宋国也没有签订"城下之盟"。

双方在条约里写了"我无尔诈，尔无我虞"，成为春秋时代讲究信义的一个样板。

当然宋国作为战败国是要付出代价的，就是让华元去楚国做人质。宋国朝廷失去了顶梁柱，他们再也没有能力跟楚国叫板了。

九个月的围宋之战给中原各国造成很大的震撼，小国们纷纷讨好楚国。鲁国反应最快，在宋国刚被围的时候就派人带着礼物去楚国，言辞恳切地表达了对于大国的"仰慕"之情。

到这时，郑、宋、陈几个中原的主要国家都已经被楚国征服，其他小国也噤若寒蝉，晋国甚至连象征性地抗议一下都不敢。楚庄王的霸权达到了顶峰。

然而晋国的麻烦还不止于此，宋国那边的战争刚刚结束，西边的麻烦就来了——秦桓公带兵侵入晋国境内。晋国被迫应战。

这时候晋景公刚刚讨伐狄人回来，分不开身，就派魏犨的儿子魏颗去应战。

这场战争出名的地方不是战争本身，而是一个民间传说。

据说当初魏犨有一个爱妾，一直没有生孩子。魏犨病重的时候，本来吩咐家人把这个爱妾改嫁给别人，但到了临终的时候又改变了主意，说要让她给自己殉葬。

魏犨死后，魏颗继承了家族的宗主之位。他说："应该按照父亲头脑清醒的时候说的做。"就把那个小妾改嫁给了别人。

到了跟秦国作战的时候，魏颗遇上了秦国的大力士杜回。战况正激烈，忽然看到不远处有一个白胡子老头蹲在地上，用草编成条绳索放到那里。不一会儿，杜回跑到那边，莫名其妙地就被绊了一跤，当场被晋军给活捉了。

晋国因此赢得了这场战争。

后来有一天晚上，魏颗梦到那天见到的老头对他说："我是你嫁出去的女子的父亲，你挽救了我的女儿的性命，因此我来报答你。"

这就是"结草报恩"的故事。

不过故事只是故事，晋国能赢得这场战争还是因为现在秦国的实力确实太差了。

秦国一直被晋国封死在崤函山谷以西，无法跟中原沟通。从秦穆公过后，他们的国力就一直在走下坡路，打不过晋国也是正常的。

但是，晋国的麻烦还远远没有结束，还有另一个对手也准备跟他们作对，那就是遥远的齐国。

齐国这几年正在跟楚国勾搭，准备一起遏制晋国！

登台笑客

当年郤缺是晋国的一把手，他退下来后，他儿子郤克也得到重用。邲之战中，郤克表现出色，战后成为晋国蹿升速度最快的政治明星之一。

到了公元前五九四年，荀林父退休，士会继任中军将以后，郤克已经被任命为中军佐，直接辅佐士会，成了事实上的二号人物。这个上升的速度令人咋舌。

其中虽然有他父亲良好的人脉关系在起作用，但他本人的才干确实也很能服众。

这几年齐国跟楚国频频暗送秋波，大有一拍即合之势，似乎想要联手瓜分晋国的霸权。晋国也有点心虚了。那一年又正好要在断道召开诸侯会盟，所以派郤克去齐国邀请齐顷公参加，顺便修补跟他们的关系。

公元前五九二年，郤克去齐国，在路上遇到了鲁国和卫国的使者。他们也正好去出使齐国，三人便结伴同行。

到了齐国以后，三人一起拜见齐顷公。齐顷公一见他们就差点笑出声来。

原来郤克是个驼背，鲁国的使者脚是跛的，卫国的使者瞎了一只眼睛，三个有缺陷的人正好凑一起了。

齐顷公自己开心还不够，还想让他母亲萧夫人一起来观赏。萧夫人是奴婢出身，本来就是轻浮的女人，一听说有笑话看，哪有不同意的？

第二天召见三个使者的时候，他安排萧夫人躲在楼上观望，然后故意找了一个驼背的仆人引导郤克，一个瘸腿的仆人引导鲁国使者，一个独眼的仆人引导卫国使者。

当六个人排成一排上楼的时候，场面十分滑稽。楼上的萧夫人放声大笑，周围的人们也都跟着哄笑起来。

这样的羞辱让郤克刻骨铭心。回到馆舍以后他把任务交接给自己的副手，自己当天就回国了。回国的路上，经过黄河的时候，他咬牙发誓说："不报此仇，终生不再过此河。"

这次出使齐国会以这种方式收场，这是谁也没想到的。当然断道之会齐顷公也不可能来参加了。

回到晋国以后，郤克面见晋景公，说了在齐国的经历，强烈要求立即攻打齐国。

景公也很郁闷，心说叫你去结交齐国，怎么反倒结下深仇大恨了呢？就说："为了替你报私仇发动战争，将国家利益放在哪？这肯定不行。"

郤克又说：那我就带着自己的家臣去跟齐国人拼命，不麻烦国家。晋景公还是不同意。

其实齐国也不是不能打，但现在楚国还在那边虎视眈眈的，一旦跟齐国杠起来，被齐、楚联手夹击怎么办呢？

郤克气得发疯，完全没有了以往的理智，朝廷里的事务也丢到一边，每天就念叨着复仇。

正好齐国派了四个使者来回访，郤克把四个使者一起抓起来，当场处死。（另一种说法是齐国派了四个使者参加断道之会，郤克绑架了其中三人，后来可能在晋景公的授意下，故意放松了对他们的看守，让他们逃走了。）

士会看到郤克已经狂暴了，怕这样闹下去要出大事，就主动提出自己退休，让郤克接任上卿——要不要打齐国就交给郤克去做决定吧。晋景公无可奈何，也确实怕六卿之间争起来，只好同意士会的离任请求，让郤克当了晋国一把手。这样，晋齐之战就无法避免了。

这一年八月，伟大的范武子告别了晋国政坛。他执政的时间不过短短几年，却帮助晋国稳定了邲之战后混乱的局面，抚平了战争留下的创伤，并且接连打败秦国和狄人两大强敌，解除了西面和北面的隐患。晋国因此度过了危机重重的黑暗岁月。

范武子给世人留下的，是一个繁荣而稳定的晋国。这个国家在蛰伏中积蓄着力量，准备重新夺回他们失去的一切……

第十七章　第二轮晋楚争霸

《桑中》之喜

晋国的运气很好。正当他们准备跟齐国摊牌的时候，楚国那边传来大消息——楚庄王过世了。

公元前五九一年，伟大的霸主楚庄王病逝，年仅十岁的楚共王继位，国际形势发生巨变。

楚国不仅失去了一位深谋远虑的掌舵人，而且主少国疑，一下子进入了不稳定状态。

前几年，庄王的弟弟子重曾经请求把申、吕两地的农田赐给他。庄王本来要答应的，巫臣却坚决反对，说：申、吕两地的税赋和兵源对于抵御晋国有很大作用，不应该赏赐这两块地方给人。庄王因此就作罢了。

巫臣的说法本来是为国家考虑，却严重得罪了子重。

另一方面，当年他骗子反不要娶夏姬，后来自己偷偷跟夏姬成婚。这件事也让子反恨之入骨。

庄王在的时候，子重、子反不敢闹事。现在共王登基，他们登时跃跃欲试，准备对巫臣发起清算。

巫臣也是人精，马上就感受到了危险，他必须赶紧逃走。

当时齐鲁大地已经是山雨欲来的感觉。齐顷公母子俩拿郤克他们几个人的身体缺陷取笑，同时得罪了晋、卫、鲁三国，所以三国都在准备打击齐国。而齐、楚早已决定共同遏制晋国，所以就出现了晋、卫、鲁对阵齐、楚的局面。

楚庄王过世的那年春天，晋、卫联军进攻齐国。战争规模虽然不大，但当时可能庄王已经病重，楚国没法出手帮忙。齐国抵挡不住，很快投降，跟晋、卫签订了停战条约，并且让公子强去晋国当人质。晋国这才作罢。

鲁国一直是首鼠两端的国家。他们本来是想尽量拉拢楚国共同对付齐国的，但楚国没答应，所以鲁国就站到了晋国一边。

这样当然就惹恼了楚国，楚国便策划当年冬天去打鲁国。他们想联合齐国一起，所以派人先去齐国通风报信，约一个共同行动的时间。

巫臣表现得很积极，自告奋勇地去出使齐国。共王是个小孩，哪里懂那么多套路，就派他去了。

不料巫臣出使是假，出逃是真。他出发的时候偷偷带上了全家老小一起走。

楚国大夫申叔跪刚好在路上遇到巫臣。只见巫臣驾着辆小车，哼着支小曲儿，一副"人逢喜事精神爽"的样子。申叔跪就说："这家伙好奇怪，既像怕被人追上，又像有《桑中》之喜的样子。这是要带着情妇私奔吗？"《桑中》是著名的淫诗，"《桑中》之喜"就是说巫臣满脸都是要去会情妇的淫荡表情。

巫臣果然去找他的情人了。去齐国要路过郑国，到了郑国，他把出使的事情丢到一边，直奔夏姬的住处。分别已久的情侣终于团圆，互诉衷肠，都是又惊又喜。

郑国显然不能保护他们，巫臣想带着夏姬和全家老小逃到齐国去。正在这时候，传来了齐国在鞌（ān）地被晋、卫、鲁联军打败的消息。他说："我们怎么能去战败的国家呢？"就临时改变主意，逃到了晋国去。

他找到郤克的侄儿郤至请求庇护。晋国对于楚国叛逃来的将领当然很欢迎，何况还是这种一流的权臣。晋景公大喜过望，立即封巫臣为大夫，给予重用。

巫臣从此跟夏姬在晋国幸福地生活着。

夏姬找到了自己的真爱，从此洗心革面，安安心心地做一个贤妻良母，将近五十高龄的她竟还跟巫臣生了一个女儿，一家子其乐融融。

巫臣能够成功逃走，主要是因为楚国新君刚立，国内乱糟糟一团，让他钻了空子。当然他本人反应神速、决策明智也是一个原因。

楚国的子重、子反他们可就火大了，忍了这么多年，眼看要报仇的时候，却让仇家跑了。两人把怒火都发泄到巫臣的家族屈氏身上，对屈氏展开大屠杀，甚至连襄老的儿子都没放过，一起杀了；然后把这几个家族的财产全部吞为己有，把他们的女人都抢了过来。

这事在楚国造成轰动，激起楚国的内部矛盾，间接加速了楚国的衰落。

巫臣听说了自己家族的惨状，咬牙泣血，给子重、子反写了一封信说："我要让你们疲于奔命致死！"

他对楚国恨到极点，立誓要报仇。往后余生，他只剩下唯一的任务，就是消灭楚国……

驱逐东门氏

楚国乱纷纷一团，东边的鲁国也正在乱。

当年东门襄仲强行废嫡立庶，立了鲁宣公为君，从此东门氏跟季氏共同执掌鲁国国政。

后来东门襄仲死后，他儿子公孙归父继承了他的位子，依旧权倾天下。

这时季氏的掌权人是季文子。他是才干非常出色的传奇人物，在他的带领下，号称"三桓"的孟氏、叔孙氏、季氏渐渐抬头，开始威胁到东门氏的地位。

宣公和东门氏看到这情形难免坐立不安。宣公的位子本来就是抢来的，心里不踏实，怕又被别人抢了，就跟公孙归父商量怎么除掉"三桓"；但他们自己的力量显然是不够的，于是决定去晋国借兵。

公元前五九一年，楚庄王过世不久，公孙归父偷偷去晋国商量借兵的事。哪知道他前脚刚走，留在国内的鲁宣公就神秘死亡。

季文子立即翻旧案，在朝堂上声泪俱下地控诉当初东门襄仲杀先君嫡子的事。当年他实力不够，只能曲意逢迎，眼看着东门襄仲作乱，杀嫡子、赶走哀姜、压制"三桓"。他忍了这么多年，现在终于可以吐露心扉了，要求大家清算东门氏的罪行。

虽然也有人质问他，东门襄仲的罪行关他的后人什么事？但现在大局已定，谁也改变不了，大家只能听季文子的安排。

于是他们把东门氏的人全部赶出了鲁国，只留下东门襄仲的一个儿子，叫东门婴齐的，继承了家族之位；但强迫东门婴齐改为"仲氏"，改称仲婴齐。东门氏从此凋零。

公孙归父听说国内发生巨变，借兵当然不成了，但他还是大胆回到鲁国。因为他认为自己还是鲁国的大臣，必须汇报完出使的结果才算完成任务。

可是君王都已经不在了，他向谁汇报呢？他只能在郊外找了个土坛，在旁边向自己的副手"汇报工作"；完了以后，他以麻绳束发，按照朝廷上的站位回到自己的"位子"上，放声大哭。然后他就离开鲁国到齐国去了，从此消失在历史上。

季文子他们扶立宣公的儿子黑肱继位，是为鲁成公。季文子的地位从此无可撼动，鲁国的国政也彻底落入了"三桓"的手中。

鞌之战

鲁国人处理完东门氏的问题以后，就开始全力备战。

这时候两大集团之间已经势同水火。齐、楚、晋三大国都想着先下手为强，鲁国知道齐国一定会来打他们，而一旦鲁国跟齐国的战争爆发，晋、楚两大国一定会卷入，所以备战的事一刻也不能耽搁。

这两年周王室跟戎人又闹崩了。戎人随时威胁着周王室，晋国不得不提防着，准备必要的时候去勤王。

齐顷公跟他母亲一样轻佻，看到这情形，以为晋国忙不过来，可以浑水摸鱼，所以他第一个动手。

公元前五八九年，一开春，齐国就派大军直接杀奔鲁国。

鲁国在战争中俘虏了齐顷公最宠爱的大臣卢蒲，然后不顾齐顷公的苦苦哀求杀了他。齐顷公陷入狂暴状态，拼死攻打鲁国城池。

卫国随后出动，从侧面攻入齐国，但吃了败仗。

鲁、卫两国眼看抵挡不住，于是一起向晋国求助。

六月，晋国约上曹国一起出兵攻打齐国。郤克领军八百乘，士燮、栾书辅佐，韩厥监军，晋国精锐尽出。晋、齐之间的战争终于爆发！

这是晋国新一代领导集团在国际上的初次亮相，其出动的军力超过了当年的城濮之战，可见晋国对这一仗的重视程度。

除了士燮以外，其余几名晋国将领都是参加过邲之战的，而且在那场战争中都有过不错的表现，也对那次惨败刻骨铭心。

所以他们从一开始就避免犯以前的错误。大家团结一心，坚决避免无谓的内部纷争。

大军刚到卫国境内，就发生了一则事故。

当时郤克手下一员将领违反军令，按律当斩。韩厥作为军队的执法者，毫不容情，立即把这人斩首。郤克想为他求情，紧急赶过去，到那边才知道那人已经被处决了。郤克马上转换态度，大赞："韩将军做得好！"并且让人把那人的首级在军队里示众。

这样是为了保持领导层内部的团结。在当时，保持内部团结已经成为晋国领导集团内部的共识，不管有什么分歧，大家都会保持密切合作。所以这一代领导层的效率跟邲之战的时候完全不一样了。

几天以后，晋、卫、鲁、曹四国联军到达莘地，跟齐军对峙。

双方按照规矩先展开骂战。齐顷公表现得很傲慢，郤克也强硬回复他说："你们侵犯我们的兄弟国家，寡君已经下了死命令，能进不能退。你等着瞧吧。"

这跟当年士会对楚国的软弱回复形成鲜明反差，也代表着晋国新一代将领的强势作风。

战争随即开打，但晋军却表现得不太给力，让齐国小胜了一场。

原来晋军主力偷偷转移到了几百里外的鞌地。齐军发现以后，连夜急行军赶到鞌地进行拦截。第二天凌晨，双方军队在鞌地相遇，这里才是晋军选择的主战场。

齐顷公年轻气盛，对手下人说"灭此朝食"，然后带头冲锋。齐国军队连早饭都来不及吃，马也来不及披上铠甲，只凭着一股匹夫之勇，就冲向了晋军阵营。

双方战斗得非常激烈，连郤克都受伤了，鲜血一直流淌到鞋子上。他大叫着让车夫停一停，但同车的两名手下根本不停下来，只是对他说："我们也受伤了，并没叫苦！怎么能为了您的伤坏了君王的大事？"说着快马加鞭，更加凶猛地冲向敌军。

后面的晋军受到鼓舞，纷纷摇旗呐喊，一起往前冲。

晋国长期跟北方的戎狄作战，又有跟楚国多次大规模战争的经验，军队的战斗力足以碾压柔弱的东方国家。而齐国一直跟鲁国、莒国小打小闹地玩，所以根本抵挡不住晋军的冲锋。齐国军队很快开始溃败，连那么嚣张的齐顷公都开始逃命了。

韩厥驾车冲到最前面，紧紧追赶齐顷公的战车。

战争的前一晚，韩厥曾经梦见他父亲对他说："不要站在车子的左右两侧。"所以战斗的时候他一直站在中间，亲自驾马。

齐顷公那辆车的车夫是邴夏，车右是逢丑父，顷公自己拿着弓箭站左边。

邴夏看到韩厥神威凛凛的样子，就对顷公大叫："射中间那人，他是真君子！"

齐顷公却说："知道他是君子还射他，这不合礼仪。"于是便连发两箭，射倒韩厥左右两人。但韩厥依然不停，继续驾车冲过来。

这时晋国的另一个将军丢了战车，一个人跑了过来，要搭韩厥的车。韩厥停下来让他上了车，但知道左右两边都危险，所以连着推了他几下，要他别站左右两边，站自己身后去。那人就站到后边去了。

不料这片刻之间，齐顷公就偷偷地跟逢丑父换了位置和衣服。但是韩厥没注意到。

两架战车又追了一会，来到一片密林中。齐顷公的马挂到了树枝上，挣脱不开，只好三个人一起下来推车。

谁想打仗前一天，逢丑父睡觉的时候被一条蛇爬到身边，打蛇的时候伤了自己的手臂，所以他这时候没力气推车了。他们终于被韩厥赶上。

韩厥牵着马缰走过去，拿出事先准备好的酒杯和玉璧，一手持酒杯，一手托玉璧，恭恭敬敬地跪到"齐顷公"跟前说："寡君亲自颁下命令，下臣无法抗拒，只能依命行事，还望谅解。"

这是要活捉齐顷公了吗？

假冒齐顷公的逢丑父说口渴了，装模作样地命令真齐顷公去附近的泉眼里取水。齐顷公假装答应，拿着个水壶，走了一段路一溜烟跑掉了。

韩厥也没注意这个细节，载着假齐顷公回去复命，献给了郤克。郤克一看就捂着脸说："大兄弟你抓错人了。"

韩厥这才发觉上当，冒死冲杀这么久，最后抓到个假国君过来，也够郁闷的，当场就要杀掉逢丑父。

逢丑父却冷笑着说："我是代替国君受难的人，杀了我，以后谁还会这样为了君主而牺牲自己？"

郤克为了表彰他的忠义就赦免了他。

韩厥虽然被骗抓了假国君，但这场战争能获胜确实有他很大功劳，所以他回国以后还是受到了嘉奖。

韩氏本来是曲沃桓叔的后人，是晋国的老牌公卿之一，根正苗红；可惜后来他们支持晋惠公，站错了队，被晋文公打压，从此衰败。

韩厥的父亲死得早，他从小被赵衰收养。堂堂公室贵胄，竟然沦落为赵氏家臣，也是令人唏嘘。

值得庆幸的是赵衰对人不错，一直把韩厥当赵氏的自家人看待，给了他很多发展机会，也让他跟赵括几兄弟一起，进入了晋国政坛。

韩厥自己也很争气。他最早亮相是在公元前六一五年的河曲之战中，他担任三军司马，亲自斩杀了赵盾的扰乱军纪的车夫，因此受到赵盾表彰。

后来的几次战争中他都担任执法者的角色。他执法公正严明，无人不服，树立了很高的威信。

这次鞌之战，他又立下头功，更加受到赏识，从此仕途平坦，步步高升。

当时谁能想到，一个没落贵族之后，只凭自己一个人的优异表现，就能开创出一支全新的公卿家族——新的韩氏。

从韩厥起，浴火重生的韩氏开始进入晋国权力的顶层，跟其余几家公卿竞争，并成为笑到最后的胜利者之一。

再说回鞌之战来。齐顷公虽然侥幸逃脱，但齐国军队已经溃败，而且他们也见识到了晋国的强大实力，知道不可以跟晋国对抗，和平谈判才是唯一的选择。

晋军追击齐军，直接杀到齐国境内，到达马陉。

齐顷公派人带着大量财宝去跟晋军谈判，并且同意归还侵占的鲁、卫土地。

但郤克不同意，他提出两个条件：其一，把齐顷公的母亲萧同叔子送到晋国当人质，以报当初"登台笑客"之仇；其二，齐国境内的田垄要全部改成东西走向的，方便以后晋国的战车随时开过去。

这是齐顷公绝对不可能答应的条件，答应了他的国君也就不必做了。

所以齐国使者据理力争，说："萧夫人是寡君的母亲，按照诸侯的对等地位来说，也相当于晋君的母亲。晋国怎么能把诸侯的母亲扣为人质呢？这是严重的不孝！会让天下人怎么说？

"至于田垄的朝向，这是当年周天子亲自划定的，为的是便利天下百姓。你一个诸侯怎么能修改天子划定的田地呢？而且是为了方便战车开过来，不顾老百姓耕种的需要，你们如此贪得无厌，怎么当盟主？"

一番话说得郤克无言以对。

鲁、卫两国将领也觉得过分了，一起劝说郤克。郤克没办法，只好答应了齐国使者的条件。齐国归还鲁、卫的土地，双方议和，晋、齐结为盟友，晋国就此撤军。

鞌之战以后，齐国认识到晋国才是第一强国，所以改变态度，抛弃楚国，从此跟晋国走得越来越近了。

而晋国打掉楚国最大的盟友，相当于砍掉了楚国的臂膀，收获非常大，走出了霸权复兴的第一步。

第二年，齐顷公亲自去晋国拜见晋景公，双方言谈甚欢。齐顷公见到韩厥，还开玩笑说："我是逢丑父，只不过换了件衣服。"双方一笑泯恩仇。

这次会面，齐顷公还亲自送了玉圭给晋景公。这是朝见周天子的礼节，据说这是在暗示晋景公称王。晋景公吃了一惊，但没答应。

其实齐顷公母子都没有什么坏心眼，只不过比较孩子气而已。吃了这次败仗，齐顷公也开始成熟起来，从此轻徭薄赋，振孤问疾，善待百姓，尽心尽力地治理国家；对外也结好诸侯，不再发动侵略。所以在他执政的后半段，齐国成为了一个和平、富足的国家。这也是鞌之战带来的一个意想不到的收获吧。

不过还有个问题，楚国呢？齐国被打的这段时间，楚国干吗去了？

新一代的晋国政坛

楚国还在收拾东西准备出门，等齐国都战败了，他们还没收拾完呢。

庄王死后，他的两个弟弟子反和子重就轮流掌握国政，因为共王年纪太小，所以楚国的事都是他们两个说了算。

可惜两人都是草包恶棍型的人物，成事不足败事有余。

鞌之战的时候，共王已经继位两年了，可是楚国内政还是一团糟。子重、子反两兄弟正事没干几样，都在忙着杀巫臣家族的人，连无辜的襄老家族都不放过。

晋、齐、鲁、卫、曹五国打得沸反盈天的，楚国也没反应，眼睁睁看着齐国这个最大盟友两次被晋国打败，最终投入了晋国的怀抱。

当时楚国如果及时出手援助齐国，齐国不会那么容易败，晋国也不会那么容易走出黑暗时代。

结果子重在齐国战败以后才出手，仅仅把鲁、卫两个小国教训了一顿。两个小国当然是"你来打我我就投降呗"。所以楚国很顺利地就"征服"了他们，又例行公事地签了个和平条约，然后在蜀地会盟十一国诸侯，看起来声势倒也十分浩大。

但实际上这次会盟水分很大，包括齐国在内的大多数国家都只派了一个大夫去参加，剩下几个国家也最多只派个卿士。一群大臣在那里讨论国家关系，这就尴尬了，以至于鲁国人都笑他们这次聚会是"匮盟"。

晋国对他们这次会盟很轻蔑："就凭你？"当即让巩朔绑了一群齐国战俘，按照俘虏蛮夷的传统，去洛邑向周王"献俘"。这是公然挑衅刚刚成立的十二国联盟。

周定王也很尴尬,周朝开国五百年来,第一次有一个诸侯抓另一个诸侯的人来献给他。他只好躲着不见,说:"齐国跟我们大家都是亲戚,这样不好吧?"晋国这才作罢。

子重刚刚召集的十二国联盟对这一幕只能视而不见,没人替齐国说一句话。

这样的结果,齐国当然是不满意的,所以再也不谈什么齐楚联盟了。从此在齐国眼里,天下只有晋国一个霸主。

不仅对外不给力,子重、子反相互之间也不合作,各怀鬼胎,互相拆台。作为国家高层的两个最重要的当权派,这样相互争斗,对国家的伤害可想而知。

当然,两人最大的错误还是逼反了巫臣,从此给楚国造成无尽的困扰。

而现在一切仅仅是开始,以后很多年的楚国朝廷都会是这两兄弟的天下。这还远远没完,后面还有子辛、子庚、子南……基本上都是能力不大脾气很大的草包恶棍型人物,就是这群人,一步步地带着楚国走上了衰败的道路。

那么,为什么楚国一定要任用这群烂人来主持国政呢?

说来有点出人意料——这事得赖楚庄王。

是他把若敖氏灭了,包括芍氏之类的家族也都受到重大打击。

从那以后,楚国就没有了强大的公族力量,权力全部集中到君王他们一家人身上。

当年若敖氏何等的人才济济,子玉、子上、子孔等,都是可以独当一面的强人,更别提子文这个圣贤级别的传奇人物。

公族被灭以后,没有了竞争机制,君王家的人都是靠出身混到最高层,当然就没法再保证人才的质量。

而且权力一旦失去制衡,也很容易产生腐败,基本上就是君王家的人说什么就是什么,没人可以反对。这样怎么能保证国家利益呢?

所以"祸兮福所倚,福兮祸所伏",楚庄王消灭若敖氏,消除了国家分裂的隐患,却也使得国家人才匮乏,无法再支撑霸主地位。

反观晋国那边,就正好相反。公族制度有各种严重弊端,但却带来一个巨大的好处，就是充分的竞争。

晋国政坛顶层十来个公族激烈竞争，优胜劣汰，在这种环境里面脱颖而出的都是一等一的强人，基本上文武双全，要什么有什么。像赵盾、郤缺、范武子，这些人物，放到整个国际社会都是顶级的人才。

晋国这种制度有一点点像后来的内阁制：上面是手握最高权柄的君王，下面一群幕僚共同参政议政；权臣之间相互牵制，既合作又竞争。

在面对权力世袭制的楚国的时候，晋国的这种制度表现出了极大的优越性，为晋国打造出一届又一届群星璀璨的领导班底。

像邲之战这段时期，就涌现出许多才德兼备、智勇双全的政坛新秀。除了前面提到的郤克、韩厥、荀首以外，还有士燮、栾书、荀庚、荀罃、巩朔、韩穿等。

士燮是士会（范武子）的儿子，又称为范文子。

公元前五九二年，士会退下来以后，士燮继任范氏宗主，进入六正的行列，担任下军将——起点相当高。

由于士会打下的极好的基础，士燮的仕途完全是一片坦途。他从进入政坛起就一直处在晋国朝廷的最高层，参与了之后二十年晋国的几乎所有重大事件。

士会是家教极严的父亲，所以士燮也继承了父亲的才德，行得端，走得正，让人不由得不佩服。

在新一代的晋国公卿里面，士燮是道德上最无可指摘的一位。

在邲之战中，他也是主要的将领之一，但他却非常低调。据说战争胜利后，班师回朝的时候，他故意走在最后，等别人都回到都城了，他才姗姗来迟。

士会一直在等他回来，见到他的时候就埋怨他："你知道我很担心你，为什么不早点回来？"

士燮回答："城里的人们都在迎接胜利的军队，走在前面的人会很引人注目，这是主帅才有的殊荣。我没有什么功劳，不能抢主帅的风头。"士会听了很赞赏。

这只是他在晋国政坛的初次亮相而已，他就已经表现出了老成持重的风格。这种风格伴随他一生，因此范氏才能在后来六卿家族的惨烈竞争中置身于风暴之外。

除了士燮，荀罃也是冉冉升起的政坛新星。

荀罃又名智罃，是荀首的儿子，荀林父的侄儿。

在邲之战中，他被楚军活捉了。他老爹急了，闯进楚军阵营连杀几人，又俘虏了楚庄王的儿子公子谷臣，创造了一次败中求胜的奇迹。

战后，晋国想用连尹襄老的尸体和公子谷臣换回智罃，但不知道怎么的一直没谈成。

直到鞌之战过后的公元前五八八年，晋楚双方实力基本平衡了，才再一次谈判交换人质的事。这时候智罃已经在楚国住了十年了。

这回谈判终于达成，楚国同意放智罃回国。

楚共王召见智罃，接连问他"你恨我吗？""你感激我吗？"智罃都回答"不"。

共王又问："你怎么报答我？"

智罃回答："我既不受怨，您也不受德，无怨无德，不知所报。"

共王一定要问他的想法。智罃就说："下臣回国以后，如果能有幸得到寡君的谅解，重新让我带兵打仗，在战场上碰到楚国的军队，我一定要竭尽全力为国战斗，绝无二心，以尽臣子之礼。这就是我能报答大王的方式。"

共王很感慨地说："晋国之人如此忠诚，楚国真的无法与他们相争了。"便以重礼招待智罃，然后把他送回了晋国。

后来智罃继承了他父亲的爵位，成为智氏的宗主。他了解楚国内部的情况，又拥有很高的才能，最终升到了正卿的位置。后来晋国的强大有他的很大功劳。

在新一代公卿里面，论家底最单薄的非栾书莫属，但他却又是最早接任大权的。

栾氏是晋国历史最久的公卿之一。当年在骊姬之乱中，他们坚决支持重耳，所以在晋文公登基以后受到重用。

赵衰看重栾枝的才能，向晋文公推荐他，使他进入了六卿的行列。城濮之战中，栾枝是主要将领之一。他提出计策，在战车尾部绑上柴草，拖出漫天尘土,让楚军误以为晋军败逃了,把楚军引诱进了晋军的埋伏圈,对于战争获胜起了很大作用。

但他的儿子栾盾性格木讷,不受赵盾欢迎。他在赵盾当政期间一直被排挤,郁郁而终。

所以栾盾的儿子栾书进入政坛的时候,起点并不高,长期游走在权力的边缘;栾氏当时也是公卿家族里面比较弱的一个。

赵盾过世以后,荀林父当政。为了保持各家势力平衡,荀林父硬是压住了赵家几兄弟,在六卿里面给栾书保留了一个席位。

栾书很快用自己的才能证明荀林父的选择是对的。

邲之战中,栾书只是一个不起眼的下军佐,但他是坚定的主和派,跟士会、郤克他们站在一起,并且他发表了一篇洋洋洒洒的议论,旨在说明晋国现在不能跟楚国正面碰撞。后来的形势发展证明他的判断完全正确,但邲之战的惨败掩盖了他的光芒。战争过后,他仍然是下军佐,仍然不受人关注。

不过他的表现显然给郤克留下了良好印象,为后来两人的亲密合作打下了基础。

当时赵氏内部已经严重分化,性格温和的赵朔亲近郤、栾两家,赵同三兄弟却嚣张跋扈,俨然是朝廷里的一霸。

不曾想年轻的赵朔忽然神秘离世,性格刚硬的郤克对嚣张的赵家三兄弟看不顺眼,赵、郤两家关系明显恶化。

郤克当上首席执政官后,为了压制赵氏,开始重用他比较欣赏的栾书。而栾书也抱紧郤氏的大腿,成为他们最亲密的盟友。栾书的地位迎来飞速提升。

鞌之战中,栾书作为主要领导之一,表现优异。这场战争的胜利,使得他作为郤氏副手的地位更加稳固了。

这时候他收到了一个大"红包"。

公元前五八七年,鞌之战后不久,正在事业巅峰期的郤克就英年早逝,死因可能是鞌之战中受的伤。

当时朝廷里风头最盛的是二荀(中行氏和智氏),一度有压倒郤氏的倾向。郤克临终前很担心荀氏从此坐大,所以他一咬牙,坚持要把正卿的职位交给一直忠于自己的栾书。栾书本来不够格,但正因为他的势力相对单薄,看起来人畜无害,所以收到的反对声反而比较小,这次任命最终通过了。

这个长期不愠不火的年轻人从此一步登天,直接迈上了晋国权力的最顶层。

到这时为止,晋国六卿家族分成了四个大的派别:二荀、范氏、赵氏与韩氏联盟、郤氏与栾氏联盟。

栾书为了维持朝政稳定,竭尽所能地拉拢另外三个派别的代表人物:荀首、士燮、韩厥。四人共组内阁,构成了晋国权力的最高层。

在栾书的主持下,晋国公卿之间的关系恰好达到平衡点。所以这套班底运转得非常平稳,晋国朝堂上一度出现各大家族和谐共赢的局面……

不过凡事都是相对的,有"上智"就必然有"下愚"。除了这些才气逼人的政坛新秀以外,公卿家族也出了一些败类,表演出一场又一场令人哭笑不得的悲喜剧。

就在新一代领导班底携手合作其乐融融的时候,平静了很久的晋国朝廷爆出大新闻:赵氏家族内讧爆发!亲兄弟之间正式开打!

下宫之难

我们再重新捋一下赵家几兄弟的关系。

赵衰跟原配生下嫡长子赵盾,后来又娶了晋文公的女儿赵姬,生下赵同、赵括、赵婴齐。

赵盾为了报答赵姬对他们母子的照顾,把赵氏宗主的位置传给了赵括。

但在人们心目中,显然赵盾这一支才是赵氏的主力。

赵盾的长子是赵朔,赵朔娶了晋景公的姐姐赵庄姬,生下儿子赵武。

赵朔是赵家这一辈人里面才能最出众的,人缘也好,又有正卿父亲和公主老婆的双重加持,仕途一路顺畅,眼看就要成为晋国新一代里的领军人物了。

不料世事无常,正值盛年的赵朔意外猝死,丢下了赵庄姬和赵武这对孤儿寡母。当时赵武还是个小孩,没有政治势力。

从此，赵氏的权柄就把握在了赵同三兄弟手上。但这三兄弟的人品和政治立场都跟赵朔完全相反，基本上就是三个富二代小霸王。他们横行无忌，得罪了不少人，特别是得罪了当权的郤氏、栾氏联盟。

公元前五八七年，晋国政坛上忽然开始流传一则桃色绯闻：赵朔的遗孀赵庄姬跟小叔子赵婴齐有私情！

绯闻是真是假很难说，也没人知道这是谁最早传出来的，但确实够劲爆，一次性打击了晋君跟赵氏两大家族。

赵氏内部炸锅了，赵同、赵括一起找赵婴齐算账，不久以后就把他驱逐到了齐国去。（他本名可能叫赵婴，因为流落到齐国才被后人称为赵婴齐。）

赵婴齐被驱逐之前为自己辩护说："有我在，栾氏不敢发难，赵氏能保全；我走后，赵氏必亡。"

赵同、赵括不听他的，还是把他赶走了。

这一闹，赵家内部人心惶惶，各人都打着自己的小算盘，凭赵同、赵括两个草包，根本无法安抚人心。曾经无比强大的赵氏，内部终于出现了裂痕。

赵庄姬在赵家住不下去，只能带着赵武回到宫里去住。赵氏跟晋君的联系因此被斩断，晋景公对赵氏的态度也转变了。

这之后几年赵庄姬是怎么生活的，无人知晓。

沉寂了三年之后，赵庄姬突然发难，亲自向晋景公控告赵同、赵括谋反。

当时栾氏、郤氏、荀氏个个都不是好惹的，赵家两兄弟凭什么可以谋反？而且在宫里的赵庄姬怎么可能知道这么私密的事？

但这样一个明显不合理的指控，景公竟然马上就信了。同时，栾、郤两家也站出来替赵庄姬作证。一瞬间，所有人的矛头都对准了赵氏。

公元前五八三年夏天，栾、郤两家派出军队攻打赵氏的住宅"下宫"。于是，由赵庄姬和景公牵头，栾、郤两家操刀，一场针对赵氏的大清洗开始了。史称"下宫之难"。

赵同、赵括两家在这场屠杀中被灭族，赵氏受到沉重打击。

晋景公甚至把赵氏的田产都没收了，送给祁氏。从赵衰开始几代人建立的根基被铲除得干干净净。

后来多亏被赵家收养过的韩厥向景公进言："即使桀纣那样的暴君都留下了后人；赵衰、赵盾都是有巨大功勋的国之栋梁，要是连他们都绝后了，岂不是寒了天下人的心？"

景公这才恩准归还赵家的田地，让赵武继承赵家的宗主之位。赵氏的血脉终于在赵武身上得到了延续。

"下宫之难"有很多古怪的地方，是一宗疑点重重的悬案，这宗悬案背后的秘密可能永远无法揭开了。

我们唯一能确定的是，晋景公和栾、郤两家都是这场大屠杀的受益者。

赵氏当初曾经弑君，却没有受到任何惩罚。后来继位的君王要说心里对他们没有戒备，那是不可能的，只不过碍于情势不好表现出来。铲除赵氏可以说去掉了君王的一块心病，当然是君王乐于看到的。

赵家三兄弟对国家没有任何贡献，却手握大权，天天跟栾书等人唱对台戏，这当然也会引起包括晋景公在内的各方势力的不满。以暴力的方式让他们腾出位置给其他人，把晋国朝政拉回正确的道路上来，这应该是各方势力都希望的结局。

对于栾、郤两家来说，除掉了这个主要的政敌，朝廷里从此没人跟自己作对，以后就可以放开手按自己的想法施政了，这当然是一个很理想的结果。

甚至对于赵庄姬来说也算一件好事。她的儿子终于取得了赵氏宗主的位置，从此赵家就是她儿子家，再没人盖得过她们母子的地位。

所以赵氏的覆灭在当时可算得上是一件皆大欢喜的事，有太多的既得利益集团希望这件事发生了。最后大家共同打默契球，挤掉了赵家三兄弟这个所有人的眼中钉。

赵氏被灭以后，晋景公缩小军队编制。赵氏不用说了，荀、韩两家都有人被踢出权力高层，郤氏的名额扩大为三人——郤锜、郤犨、郤至，合称"三郤"。从这以后，"三郤"成了晋国政坛上一个恐怖的组合，横冲直撞，无人能挡，比当年的赵家三兄弟更加让人畏惧。景公和栾书悔之晚矣。

对于赵氏的后人来说，"下宫之难"是家族史上最大的灾难，而且中间还掺杂了许多说不清道不明的黑暗内幕。这些内幕都是他们不希望后人知道的，他们必须要想办法掩盖。

他们开始编造各种故事来掩盖历史的真相。

于是，我们在史书上就看到了这样一个荡气回肠的传奇故事——赵氏孤儿。

赵氏孤儿

当初晋灵公昏庸无道，宠幸奸臣屠岸贾，多次谋划暗杀赵盾。最后灵公被赵穿所杀，屠岸贾也受到沉重打击。

晋景公继位以后，重新起用屠岸贾。这个奸邪小人对于当年的事一直怀恨于心，密谋报仇。

他瞅准一个机会，鼓动大臣们起来反对赵氏："大家评评理，赵穿弑君，赵盾能不知道吗？依我说，他才是幕后黑手。现在他们赵家还在朝廷里呼风唤雨，天理何在？请以弑君之罪诛杀赵氏！"

韩厥等一干大臣站出来反对："当初先君都没有治赵氏的罪，如今你是要违背先君的意思吗？妄自诛杀大臣就是作乱。屠岸贾，莫非你想作乱？"

但这些正直的大臣终究不是屠岸贾的对手，更多的人被屠岸贾蛊惑。群情激奋，都想诛杀赵氏。

韩厥偷偷向赵朔报信，要他逃走。赵朔是忠义之人，不肯背叛国家，坚决要留下来。韩厥也无可奈何，只能称病不出，拒绝跟屠岸贾合作。

不久以后，屠岸贾发难，带领一群不明真相的大臣攻进赵氏的宫室，大肆屠杀，把赵朔在内的赵氏全族屠杀得干干净净。

大屠杀之时，赵朔的妻子赵庄姬已经有了身孕。她是景公的姐姐，躲进了宫里，所以没有被杀。

赵朔有两个手下——公孙杵臼和程婴，都对赵氏忠心耿耿。见到主人家灭门的惨案以后，公孙杵臼问程婴该怎么办，程婴回答说："如果赵庄姬生的是男孩，则好好奉养他，将来还可以复兴赵氏；如果是女孩，则天要绝赵氏，我们只能自杀殉主。"

不久以后，赵庄姬生了一个儿子，起名叫赵武。屠岸贾听说以后，害怕他将来复仇，就派人到宫里捉拿这个孩子。

赵庄姬无处躲藏。危难之际，她把这个婴儿藏到自己的胯下，用裙子盖住，向天祈祷："如果赵氏合当绝祀，这孩子待会就会哭；如果天不绝赵氏，孩子就不会哭。"

结果屠岸贾的手下来搜查的时候，那小孩真的一声不吭。他们到处都搜不到人，只好悻悻地离开了。

但是大家都知道，屠岸贾不会这样死心的，不找到这孩子他不会罢休。

公孙杵臼跟程婴商量，他问程婴："抚养孤儿跟死哪个更难？"

程婴回答："抚养孤儿更难。"

公孙杵臼就说："那就让我来承担容易的任务吧，抚养赵氏孤儿的事就交给你了。"

程婴便和他约定："我把赵氏孤儿带大以后再来地下与你相会。"

两人商量好，给程婴家刚出生的儿子穿上宫里的服装，冒充赵武，让公孙杵臼带着这个婴儿躲进山里；然后程婴去向屠岸贾"告密"，说赵武被藏进山里了。

屠岸贾大喜，重赏程婴，马上派人跟着程婴去山里抓人。

程婴带着他们来到公孙杵臼躲藏的地方。公孙杵臼目眦欲裂，大骂程婴背信弃义出卖主人。程婴恼羞成怒，喝命武士们一拥而上，杀掉公孙杵臼，把他怀里的婴儿当场摔死在地。

屠岸贾一伙以为赵氏孤儿已经被除掉了，得意非常，放松了警惕。程婴终于找到机会偷偷从宫里带出赵武，带到深山里独自抚养。

这样过了十五年，赵武已经长成了勇武的少年，仪表堂堂，文武双全。他听程婴讲述了家族的惨痛过去，一心要替家族报仇。

一次，晋景公生了重病，占卜的巫师说，是因为嬴姓的后人受到迫害的缘故。韩厥知道赵氏遗孤的秘密，就趁机向景公进言说："嬴姓的后人绝祀的不就是赵氏吗？大王灭了赵氏，天下人都很哀恸，所以才有了邪祟入侵，请大王深思。"

景公问："赵氏还有后人吗？"韩厥便说出了藏匿赵氏孤儿的真相。景公这才恍然大悟。

景公跟韩厥合谋，偷偷把赵武带进宫中，然后召集将领们来看望景公的病情。大家都来了以后，景公让赵武蓦然现身，向大家说明了这些年的真相，请大家主持公道。

众人见到这个情形，都只好把责任推到屠岸贾身上，说当年跟随他是不得已的，现在全听景公的安排。

于是在晋景公和韩厥的安排下，程婴和赵武带兵打进屠岸贾的宅邸，灭掉屠岸贾家族，报了赵氏被灭的仇。

随后，景公让赵武继承赵氏的宗祀，把当年夺走的田产和封邑都还给了他。赵氏从此复兴。

又过了几年，赵武行弱冠礼以后，程婴把众人召来，说明当年跟公孙杵臼的约定，如今他的任务已经完成，要去地下陪公孙杵臼了。说完他便自杀身亡，全了自己的忠义之名。

赵氏从此世世代代祭祀程婴与公孙杵臼，香火不绝。

不过，不管程婴还是公孙杵臼，又或者屠岸贾，很可能都是不存在的人。历史早已经被改得面目全非，"赵氏孤儿"的真相只能永远湮没在历史尘埃之中了……

唯一能肯定的就是，赵武继承赵氏宗祀以后，吸取了自己家族过去的教训，开始低调做人，努力维持跟其他公卿家族的平衡关系。这使得赵氏远离了风暴中心，在后来一波又一波的公卿家族大火并中能够独善其身，终于笑到了最后。

而"下宫之难"的大赢家栾氏和郤氏，从此横行无阻，耀武扬威，反而走上了赵氏的老路。只能说"三十年河东，三十年河西"呀。

当然，"下宫之难"只是赵氏一族的灾难，对于晋国的国力基本没有影响。赵氏被其他公卿排挤的这几年，晋国在晋景公的主导下，一直在稳步恢复国力，逐渐吞噬掉了楚国的优势。两大国之间开始进入势均力敌的状态。

但这种平衡状态没有维持太久。几年以后，楚国的大麻烦就来了。

楚国的麻烦

鄢之战过后，晋国重新对外扩张，想从楚国手中夺回霸主之位。中原各个小国在清静了几年以后，再次陷入被两大国夹击的漩涡之中。

漩涡中心仍然是可怜的郑国。

郑国是楚国最大最重要的小弟，所以晋国千方百计打郑国的主意。

鄢之战后不久，郑国跟许国闹矛盾。郑国仗势欺人，连续几次攻打许国，占了许国的土地。

他们两个国家都是楚国手下的小弟，所以他们的矛盾算是楚国集团的内讧。这本来不关别人的事，但栾书偏就要管。他借口替许国打抱不平，派兵攻打郑国。

楚国当然不干：我的小弟们打架，你有什么资格来插手？所以楚国马上派子反去救郑国，跟晋军对峙——多年前的老剧本再次重演。

子反来到郑国前线，许灵公与郑悼公赶忙扯住他要评理，都说是对方先惹事。子反听他们闹了半天还是决定不了，只能让他们去楚国找楚共王分辩。

两人告到共王跟前。由于这两年晋国一直在拉偏架，明里暗里地支持许国，许国明显有倒向晋国的倾向。共王急着要拉拢许国，所以就偏袒许灵公，判郑悼公败诉，并把郑悼公的儿子扣在楚国当人质，命令郑国回去归还许国的土地。

这正是栾书想要的结果。郑悼公回去以后，含冤带恨，觉得共王对他不公平，就去联络晋国，要求归附。

栾书大喜，马上跟郑国签订了和平条约。楚国通过邲之战辛苦抢来的郑国，就这样轻易投入了晋国的怀抱。晋楚争霸的形势明显逆转。

当年冬天，晋景公约了齐、宋、卫、郑等八个国君在虫牢结盟，以庆祝郑国回归晋国集团，顺便公开向楚国示威。这是十几年来晋国第一次召集天下诸侯会盟，楚国的霸权又被抢回来一大块。

楚国当然不答应，楚共王立即出手。郑悼公刚开完九国大会回来，子重的军队就杀过来了。

晋国也不甘示弱。栾书亲自带兵救援，跟子重在绕角对峙。眼看晋楚大战又是一触即发。

但子重显然心虚，没敢真打起来，而是悄悄撤退了。

栾书得理不饶人，再逼进一步，直接打到蔡国门口。前面说过，蔡国是最贴近楚国的中原国家，打蔡国就是在楚国家门口打他家的车夫。楚国不可能再退，于是派出申、息两县的人马去救蔡国。

这点人马等于给晋军送人头。晋国的将领们纷纷请战，要求直接灭掉这支队伍。栾书却听了士燮、韩厥等人的建议，认为楚国接下来派出大军的话，晋国的军力未必顶得住，不如先暂时隐藏实力。所以他放过了申、息两县的军队。

回国的路上，栾书顺便打下了楚国的小弟沈国，活捉了沈国国君，算是可以向国内交代了。

楚国人以为晋国怕了，自信心膨胀，第二年就贸然发起反击，由子重带兵攻打郑国。

晋国组成规模宏大的九国联军参与救援，展现了他们真实的实力。他们在郑国城下大败子重的军队，抓住楚国的著名音乐家郧公钟仪，把他关进晋国监狱，顺便留下了"楚囚"的典故。

栾书再接再厉，又一次攻打蔡国，并终于获得大胜。然后他乘胜追击，直接杀进楚国本土。楚国抵挡不住，眼看要全面溃退了，栾书见好就收，抓了他们一个将领就撤走了。

但楚国本土几十年来第一次被攻破，霸主的威名扫地，对他们的信心打击极大。

郑国也趁火打劫，冲过去把许国打了一顿，大肆抢劫，出了这几年的窝囊气。对此，楚国的反应极其丢人——他们竟然用重金贿赂郑国，求着郑国跟他们和谈。郑国勉强答应，双方私下进行了会盟。

楚国居然求着郑国要和好，这简直是亘古未闻的怪事。

公元前五八三年前后，晋国在栾书、士燮、韩厥这一群天才将领的主持下，对楚国打出了一套组合拳，一步步把楚国逼到墙角，打得楚国差点跪地求饶。随后晋国又三次会盟诸侯，效率之高令人无法想象。其中最大的一次马陵会盟，有十个国家参加，显示了晋国无与伦比的号召力。

晋国的霸业以出人意料的速度复兴了！

这时候离楚庄王过世还不到十年而已。

在新一代晋国将领大放异彩的同时，老霸主楚国正陷在泥潭里苦苦挣扎。

子重为首的楚国权贵阶层充分显露了自己的草包本质。他们除了对内搞大屠杀以外，简直毫无作为，面对晋国咄咄逼人的攻势，连最起码的抵抗方案都拿不出来。

若敖氏被灭的恶果终于无可避免地显露出来了。

而这仅仅是个开始，楚国内部的体制已经让这个国家无法重新振作，只能一步步地滑向深渊。

在这同时，含冤带恨的巫臣也终于发难，向楚国捅出最致命的一刀——彻底终结楚国霸权！

巫臣向晋景公献上一条计策：楚国的东南方有个吴国，处在遥远的蛮荒之地，几百年来一直浑浑噩噩地混日子，但不要小看这个国家，他们有惊人的潜力。我们可以如此这般，跟他们通力合作，必然让楚国人疲于奔命！

晋景公一听——这个主意不错，当即答应了。

吴国：流落蛮荒的帝王世胄

吴国的出身极其高贵。

相传商朝末年，周部落的首领古公亶父（周太王）有三个儿子，分别是：太伯、仲雍和季历。

季历有个儿子叫昌，也就是后来的周文王。他从小就聪明贤能，很得古公亶父的宠爱。

古公亶父想让姬昌继承家族的事业，于是就想传位给季历。但依照传统应该长子太伯继承家业，所以他很为难。

按照周朝史书的记载，周王室祖上个个都是德配天地的贤良之人。太伯也不例外，他不忍心让父亲为难，所以就坚决推掉了家族的继承权，把位子让给季历——所谓"三让天下"——然后假装说去采药，带着弟弟仲雍逃到了江南的蛮荒之地。

当时江南是百越族的地盘。兄弟两人逃到这里以后，按照当地人习俗"断发文身"，融入了当地居民，也彻底使自己失去了家族的继承权。

兄弟二人建立了一个国家，叫"勾吴"。当时大约是公元前一一二三年。

那时候的江南，水草丰茂，沼泽遍布，是一片还未开垦的原始丛林。太伯兄弟把中原地区的先进文化和技术带到了这里，带领手下的民众艰难地开拓这片荒原。勾吴逐渐吸收了周围的越人，一点点地成长起来，成为江南地区最先进的国家。

太伯死后传位给仲雍，后来的吴君都是仲雍的后代。

周武王一统天下以后，派人去江南寻访太伯兄弟的后人，找到了当时勾吴的首领周章，把他封为诸侯，吴国正式立国；又把周章的弟弟虞仲封到夏朝故土，这个国家就是"假途灭虢"的虞国。

在之后的几百年里，吴国跟中原的沟通很少。中原诸侯们杀得天昏地暗的时候，他们还在蛮夷部落中间优哉游哉地过自己的日子，似乎已经忘记了自己天子世胄的高贵身份。

平静的岁月延续了五百多年，一直到公元前五八六年，吴太伯的十九世孙寿梦继位，吴国的命运开始改变。

寿梦即位以后不久就去洛邑朝觐周简王，这是吴国国君有史以来第一次朝见周王。寿梦受到周王的热烈欢迎，赐给了他不少礼物。不过他这次行程最大的收获应该是见到了沿途国家的风土人情，原来北方有一个如此丰富多彩的辽阔世界……这一切对寿梦的内心产生了很大的震撼。

不知道是不是受到中原各国的启发，寿梦回去以后就试着发动了一场战争，讨伐北方的郯国。郯国离鲁国很近，已经靠近中原，这说明吴国开始试探性地向中原进军。

但中原各国都是一副"你谁啊你？"的样子，没人理睬吴国。寿梦一时半会也找不到方向，还在迷茫中。

这时从中原的核心位置传来一个石破天惊的大消息：晋国派巫臣来吴国拉关系了！

作为中原诸侯的领袖，晋国一直是万众瞩目的明星国家。他们竟然会看上我们这群"乡下人"？吴国人有些不敢相信。但事实摆在眼前，巫臣不仅来了，而且带来一份大礼——晋国愿意提供大量的军事援助，并且无偿帮助吴国训练军队。

寿梦简直不敢相信自己的耳朵，开心得几乎跳了起来，吴国十八代祖宗没赶上的天降好事被他碰上了！

他热情地款待巫臣。双方把酒言欢，很快决定推动两国的非睦邻友好合作关系。

晋国随后就派来三十辆战车和一批经验丰富的将领，他们免费给吴国军队当教练，手把手地教他们最先进的战术，把晋、楚两国这么多年的战争经验倾囊相授；末了，还留下其中一半战车送给他们慢慢研究。巫臣还特地把自己的儿子留在吴国当军官，让吴国有不懂的随时问，晋国包教包会。

吃饱喝足，打包走，还开车送到半路，晋国这一系列毫无保留的援助震动了平静的吴国，吴国的军事实力瞬间实现了几个世纪的飞跃！一个无限广阔的新世界向吴人敞开了大门。

——中原，遍地黄金的中原，锦绣繁华的梦幻之地，古老的传说里祖先生活的那个遥远地方，正在向他们招手。他们几乎想也不想就踏上了这段充满诱惑的征程。

五百年田园诗的生活就此终结，吴人在这一刻苏醒过来，他们要亲自加入中原争霸战了！

他们像一个初出茅庐的少年，刚刚学会绝世武功，急不可耐地要找那些不可一世的高手们挑战。

他们初次睁眼看世界，拥有无限旺盛的精力，中原战法和蛮族血统的融合，焕发出无与伦比的杀伤力，神挡杀神、佛挡杀佛！

他们见人就打，不分好歹，不管是楚国还是楚国的小弟们，甚至是中原小国，通杀！

公元前五八四年，晋国带领九国联军应对楚国的时候，吴国发动突袭，连续攻打楚国、巢国、徐国。告急文书雪片般飞到郢都，子重赶忙从郑国前线撤走，回防东部防线。楚国从此开始两线作战。

晋国随后召开马陵之会。子重的军队刚杀到郑国，又传来吴国攻入州来国的消息，子重又赶紧回防……

吴国已经打疯了，战火四处蔓延。一年之内，子重、子反七次奔波于东西两个战场。巫臣发过的毒誓"令尔等疲于奔命至死"终于从噩梦变成了恐怖的现实。

郑国前线的楚军节节败退。晋军先打蔡国，然后直接杀进楚国本土。楚国手下的蛮夷部落们也纷纷被吴国打翻在地，子重、子反实在支撑不住了，最后终于出现了楚国求着郑国签和平协定的一幕。

公元前五八〇年前后，楚国骤然陷入空前的危机，局面眼看要失控了。几百年来威风八面的楚国终于被迫改变对外政策，开始了跟晋国的漫漫和解之路……

第十八章　和平的向往

华元弭兵

楚国已经狼狈不堪，威风扫地，不得不放下身段，跟几十年的敌人——晋国寻求和解。

但晋国也遇到一些麻烦。

公元前五八一年夏天，晋景公意外离世，据说是上厕所的时候掉进粪坑淹死的。老谋深算的一代贤君，竟然摊上个这么窝囊的死法，真是让人哭笑不得。

晋景公是一位被低估的君王，他名气不大，但一生的功绩不小。

首先是他在几大公卿之间达成平衡，终结了赵氏专权的局面，把悬崖边的晋国又拉了回来。

再有，他知人善任，选拔了一批智勇双全、威名赫赫的强人统领朝政。受他重用的人，没有一个是平庸的，更不会有子重、子反那种人渣。这一点确实很难得：就凭人才这一项，晋国一下甩掉楚国十条街。

还有，他经过连续几轮战争，彻底打掉了赤狄这个心头大患，为晋国也为华夏文明踢掉了一块绊脚石。这是他对整个华夏的贡献。

当然，他最大的功绩是顶住了楚庄王这个天才人物一轮又一轮的猛扑。除了邲之战晋国意外翻船以外，其他时候基本没让楚国占到便宜，就这样硬生生把楚国的扩张范围挡在中原南部，使得楚庄王只拥有不完全的霸权。

另外，他任用巫臣这个决定也是相当明智，特别是接受巫臣的建议，扶助吴国去给楚国背后捅刀子。这一招直接决定了晋楚争霸的结局，四两拨千斤，实在太妙。

晋景公之后，晋厉公继位。但他的才能比起他父亲差了不少，晋国持续十几年的复兴历程在他手上渐渐暗淡下来。

刚刚即位的他，对于国内暗流汹涌的局势显然心怀忐忑，郤氏、栾氏、荀氏、范氏几大家族联合执政，表面上一片和谐，暗地里钩心斗角。晋厉公需要花很多的心思在他们之间维持平衡，避免再出现一家独大压倒其余家族的情况。

而公卿家族们在联合绞杀了赵氏以后，也学会了低调为人，先自保，再说其他的，以免走上赵氏的老路。

楚共王那边更不用说了。他执政这几年基本上是在梦游，任凭子重、子反那一群酒囊饭袋成天捣糨糊而已。

所以现在出现了这样一种状况：晋、楚两国都缺少雄心勃勃的霸主型的君王，这一代人好像都不喜欢对外扩张，两国的扩张脚步几乎同时停止了下来。

国际上，当时晋国跟楚国已经断断续续打了五十年的战争，而春秋乱世已经持续了两百年。不管是晋、楚两大国，还是夹在中间一直受气的郑、宋等国家，都已经精疲力竭，大家都希望能有一个喘息的机会。

几十年打下来，晋楚两国还是回到平分秋色的局面，谁也没多占到一点便宜。那么这几十年大家在打什么呢？还有比这更无聊的事吗？

能不能终结这种毫无意义的战争？所有人都在思考这个问题。

最早是晋国人释放出善意。

前几年郑国在战争中俘虏了楚国的音乐家郧公钟仪，一直关在晋国。有一次晋景公去探监，见到这个"楚囚"，戴着南方人的帽子，衣冠整洁，气度不凡。景公就问这是谁，下人回答是楚国的乐师。

景公若有所思，叫人把他放出来，亲自召见他，问起他的情况。钟仪从容不迫，对答如流。

景公问他能奏乐吗。他回答:"这是先父的官职,岂能忘却?"

景公要他演奏一曲。他轻抚琴弦,弹奏了一首楚国的乐曲,凄婉悠扬,诉尽了思乡之情。

景公又问楚共王是个什么样的人。钟仪回答:"小人无知,不敢妄言。"

景公再三追问。钟仪只是说:"当初他为太子的时候,由师保侍奉他,每天早上向公子婴齐(子重)讨教,晚上向公子侧(子反)讨教。"

范文子(士燮)听说了钟仪的事,就对晋景公说:"此人是真君子呀。言必称先人的官职,是为不忘本;演奏家乡的乐曲,是为不忘旧;称君王为太子,是为无私;直呼两位公子的名字,是为尊君。不忘本,仁也;不忘旧,信也;无私,忠也;尊君,敏也。如此德行高尚之人,请大王放他回楚国,以成就晋楚之好。"

这是春秋,是一个讲究"仁义礼智信"的时代。经过范文子这一通评论,晋景公也觉得钟仪是"忠义"之人,就让他回楚国去,顺便让他带去晋国人对于和平的向往。

当然也可能这一大篇话都是借口,晋国本身就是想放钟仪回楚国去搭一座和平的桥梁。

这时楚国那边也正在考虑同晋国和谈的事,一收到钟仪回国的消息,马上就派公子辰到晋国表示感谢;晋国又派籴(dí)伐回访。双方开始外交接触。

到这一步,双方和好的意图已经明显显露出来了,现在就还缺一个人——最好是跟双方都有良好关系的人,来打破僵局。

当年楚庄王围困宋国九个月,终于迫使宋国投降,并且把华元送到了楚国去当人质。

华元是个神奇的人物,似乎每个跟他相处过的人都会很喜欢他。他在楚国当人质期间跟子重频繁接触(另一种说法是当初华元没有去楚国当人质,而是让围龟代替自己去的),双方渐渐成了莫逆之交。另外,他跟晋国的一把手栾书私交也特别好。

这些年的晋楚纷争中,宋国是受害最深的国家之一。特别是楚庄王围宋的那一次,让宋人切身尝到了"离乱人不及太平犬"的惨痛滋味,他们确实很害怕那种地狱般的经历再来一次,他们太想要和平了。华元当然也懂得这一点,现在他手上有这么珍贵的人脉资源,为什么不替自己的国家和人民做一些力所能及的事呢?

他一直在密切关注国际形势的走向,这两年,晋楚两国明显有了破冰的倾向。他认为时机已经成熟,于是便试探性地跟子重和栾书双方联络,看看有没有可能促成两者的一次和谈。

结果令人惊喜。华元出来一穿针引线,双方立即表现出极大的兴趣。

这时候晋国虽然已经是厉公的时代,但继承了景公的对外政策,仍然在向着跟楚国和谈的方向走。

事情推进得极其顺利。华元来回奔走几次以后,跟晋楚双方都谈妥了,双方决定立即举行会谈。

公元前五七九年夏天,晋国由二号人物范文子出面,与楚国公子罢、许偃在宋国的西门会盟。宋国当东道主,晋楚双方握手言和,准备签订和平条约。

之前各诸侯之间虽然也常常签订盟约,但基本都是城下之盟,或者说不平等条约,目的是为了给强者找一个从弱者那里抢劫的理由。

这次的盟约却不一样,这是真正建立在平等基础上的谈判,目的很明确——止战。

因此这次会盟有一个新说法,叫弭(mǐ)兵。

这一次弭兵,双方发表了共同声明,声明说:晋楚双方同意不再展开无意义的厮杀,双方共同维持国际秩序,一起扶危济困,帮扶弱小的国家;若有第三国对晋楚中的一方发动攻击,另一方要立即讨伐他;两国以后要保持密切沟通,有什么分歧都商量解决。

最后说"有渝此盟,明神殛(jí)之"。

这是春秋历史上划时代的一刻,在经过了两百年毫无意义的战争以后,中国人终于自动学会了一项新技能——和平谈判。人们开始理智地思考国家之间该如何相处,该如何以和谈而不是武力的方式达成双方的利益均衡。

尽管一切都还在蹒跚学步阶段,但中国人终于走出了这一步,而且是领先世界的一步,这一幕足以被载入人类史册!

会盟过后,他们又把一干小国国君叫到晋国,当面向这些小国宣读了晋楚达成的协议,要求所有国家以后都得按照这份协议来办,勿谓言之不预。

听说以后要弭兵了,小国们比两个大国更开心。同时侍奉两个大哥虽然要累点,但不用天天打仗了,这是他们多少年来梦寐以求的,所以他们皆大欢喜,都马上接受了这份协议。

公元前五七九年的夏天,艳阳高照,华夏大地迎来了普天同庆的日子。从国君到公卿,从贵族到平民,人人都在庆祝和平的来临。

不过在大家集体狂欢的时候,也有些心里阴暗的人在搞些小动作。就在晋楚西门会盟的时候,北方的白狄突然发难,攻入晋国境内。这倒也无所谓,晋国回头就把他们赶出去了。但随后却发现这次侵略是有人在指使……

《绝秦书》

晋厉公继位以后有两个重大挑战,一个是老对手楚国,另一个是西边野心勃勃的秦桓公。

赤狄被灭以后,晋国西北方向主要的威胁是白狄。

白狄作为蛮族部落,实力不大但战斗力不小,这些年,秦晋两方都在拉拢他们做打手。他们时而帮晋国打秦国,时而帮秦国打晋国,基本上是谁给的钱多就跟谁走。

公元前五八二年这一回,白狄就帮助秦国人打了晋国。

晋厉公跟楚国谈判的同时,也在关注西北大后方,希望跟秦国也好好谈一谈。他约好秦桓公在令狐会面,准备签个和平协议,并且自己先到令狐等着。

令狐是在黄河东部,在晋国的土地上。秦桓公疑神疑鬼的,不大敢去。他到了黄河边就停下来,只是派大夫史颗渡过黄河去跟晋国会盟。

晋厉公无可奈何,只好派"三郤"之一的郤犨到黄河西边去跟秦桓公会盟。

于是出现了非常离奇的一幕:两个国君分别跟对方的大夫签订盟约。这样就算两国结盟了。

晋国朝堂上下对这次所谓的盟约都很不满意，觉得秦国一点诚意都没有。当然这也侧面反映出晋厉公才能有限，办不成大事。

至于秦桓公，他果然不是个胸怀坦荡的人。盟约的墨迹未干，刚回到家里的秦桓公就撕毁了这份协定，暗地里挑唆白狄去攻打晋国。

晋国正在宋国西门跟楚国会盟，白狄那边忽然打过来了。晋国人当然不怕，立即接战，迅速打败了白狄，然后才知道秦国人背地里搞小动作的事。

同一时期，秦桓公也在暗地里跟楚国接触，希望挑起楚国一同去打晋国。楚国刚刚跟晋国弭兵，不愿再生事端，反而把秦国的做法转告给晋国。

春秋时期的人们对于这种两面三刀的做法是非常厌恶的，阴谋曝光以后，天下哗然。怒不可遏的晋厉公随后派出魏相去秦国，宣布跟他们断绝外交关系，并且当众宣读了《绝秦书》，误打误撞地为中国文坛留下一篇千古名篇。

> 昔逮我献公，及穆公相好，戮力同心，申之以盟誓，重之以昏姻。天祸晋国，文公如齐，惠公如秦。无禄，献公即世，穆公不忘旧德，俾我惠公用能奉祀于晋。又不能成大勋，而为韩之师。亦悔于厥心，用集我文公，是穆之成也。
>
> 文公躬擐甲胄，跋履山川，逾越险阻，征东之诸侯，虞、夏、商、周之胤，而朝诸秦，则亦既报旧德矣。郑人怒君之疆场，我文公帅诸侯及秦围郑。秦大夫不询于我寡君，擅及郑盟。诸侯疾之，将致命于秦。文公恐惧，绥静诸侯。秦师克还无害，则是我有大造于西也。
>
> 无禄，文公即世，穆为不吊，蔑死我君，寡我襄公，迭我殽地，奸绝我好，伐我保城，殄灭我费滑，散离我兄弟，挠乱我同盟，倾覆我国家。我襄公未忘君之旧勋，而惧社稷之陨，是以有殽之师。犹愿赦罪于穆公，穆公弗听，而即楚谋我。天诱其衷，成王陨命，穆公是以不克逞志于我。
>
> 穆、襄即世，康、灵即位。康公，我之自出，又欲阙翦我公室，倾覆我社稷，帅我蟊贼，以来荡摇我边疆。我是以有令狐之役。康

犹不悛，入我河曲，伐我涑川，俘我王官，翦我羁马。我是以有河曲之战。东道之不通，则是康公绝我好也。

及君之嗣也，我君景公引领西望曰："庶抚我乎！"君亦不惠称盟，利吾有狄难，入我河县，焚我箕、郜，芟夷我农功，虔刘我边垂。我是以有辅氏之聚。

君亦悔祸之延，而欲徼福于先君献、穆，使伯车来，命我景公曰："吾与女同好弃恶，复修旧德，以追念前勋。"言誓未就，景公即世。我寡君是以有令狐之会。君又不祥，背弃盟誓。白狄及君同州，君之仇雠，而我之昏姻也。君来赐命曰："吾与女伐狄。"寡君不敢顾昏姻，畏君之威，而受命于吏。君有二心于狄，曰："晋将伐女。"狄应且憎，是用告我。楚人恶君之二三其德也，亦来告我曰："秦背令狐之盟，而来求盟于我，昭告昊天上帝、秦三公、楚三王曰：'余虽与晋出入，余唯利是视。'不谷恶其无成德，是用宣之，以惩不壹。"

诸侯备闻此言，斯是用痛心疾首，昵就寡人。寡人帅以听命，唯好是求。君若惠顾诸侯，矜哀寡人，而赐之盟，则寡人之愿也。其承宁诸侯以退，岂敢徼乱。君若不施大惠，寡人不佞，其不能诸侯退矣。敢尽布之执事，俾执事实图利之！

《绝秦书》是中国人骂人的开山立派之作，给了后人无限的启发。

在信中，晋厉公从秦国的祖宗三代开始骂起，义正词严地数落秦国人的种种罪行——我们晋国人一直多么诚恳地要发展双方的睦邻友好关系，你们秦国人又一直多么无耻地当面一套背后一套，一直在想尽办法跟我们唱对台戏。

最后说到这次你们背叛令狐盟约的事，连白狄和楚国人都看不下去了，觉得你们太不要脸了；诸侯们全都坚决要求我们打击你们，拉都拉不住。我们这回也没办法了，看刀！

公元前五七八年，宣读完《绝秦书》以后，晋厉公带领齐、宋、郑、卫等八国诸侯，再加上周简王派的军队，十支军队共同讨伐秦国；楚国也在一旁拍手叫好。秦国彻底陷入孤立无援的境地。这是晋国外交战的重大胜利。

这是春秋时期规模最大的战役之一。晋国精锐尽出，九国联军来势汹汹，秦国根本没有能力抵挡如此大规模的攻势。联军一路挺进秦国腹地，直打到泾阳附近。双方在麻隧展开决战，最后秦军崩溃，惨败而逃。九国联军渡过泾河，一直追击到侯丽才撤走，这时候离秦国的首都雍邑已经很近了。

秦国遭遇到几百年来最惨烈的一场外敌入侵。若不是晋国手下留情，连雍邑都可以给他端了。而这都是他们咎由自取，国际上没人同情他们，毕竟这个时代大家都向往和平，谁先挑起事端都会激起公愤。

教训完背信弃义的秦国人以后，晋厉公腾出手来，再次跟楚国讨论两国该如何相处。

两国虽然已经弭兵，信誓旦旦地宣布不再发起战争了，但人心难测，各人还是有各人的小算盘。

就在晋国狠揍秦国的时候，楚共王却有点按捺不住蠢蠢欲动的心情，想要找点事。

短命的弭兵

楚国从来就是个蛮不讲理的国家，这次纯粹是被逼到没办法了，才坐下来跟你讲道理。

弭兵以后，楚国瞬间感到压力轻了许多，终于能稍微喘一口气了；缓过气来以后，楚国就开始动起小心思，看能不能找个空隙再试探一下晋国的态度。

从国际上来说，晋楚之间的战争虽然已经停息，但各诸侯国这么多年积累下来的仇恨一点都没消除。像郑国和许国之间，世代仇杀已经成了惯例，尽管被晋楚两个老大强行压住，他们心里却根本不服气。

公元前五七七年，弭兵之会刚过了两年，郑国就按捺不住了，跟许国从口舌之争渐渐升级，越闹越大，最后又变成了两国间的全面战争。郑国打进了许国都城的外城，迫使许国割地求饶。

楚国容不得郑国这样闹事，第二年就发兵去干涉。

楚共王的另一个叔叔子囊本来还犹豫，说："我们不是才跟晋国签了停战协定吗？这么快就翻脸？"

子反一脸不屑地说："有利于我们的就开打，管他什么盟约？"

申叔时他们虽然很看不惯子反这样不讲信义的做法，但大权在他手上，别人没办法。

楚国就被子反这样的恶棍裹挟着，仅仅两年的时间就撕毁了盟约。

子反带兵一路北上，迅速击溃郑国，又顺藤摸瓜，再打击卫国。楚国这只猛虎，再次闯入中原的核心地带。

但子反忽略了一点，当初弭兵之前，晋国就比他们更占优势，现在又解决掉了秦国这个刺头，已经没有后顾之忧了，可以把全部精力放到南方来，他凭什么可以去挑战晋国？就算要挑战，也该在秦国被打掉之前呀！

晋国这边，栾书当即就想出兵干涉。韩厥却建议他再等等，他认为子反如此嚣张的一个人，一定会失去民心，等楚国民心动摇了再出手不迟。

韩厥的判断一向很靠谱，栾书听了他的，暂时没动手，但开始为下一次晋楚战争做准备。他召集齐、宋、郑、卫这几个中原主力国家在钟离会盟，并且当着各国的面，把吴国也拉了进来。这是吴国第一次参与中原诸侯会盟。

吴国高调加入晋国的同盟集团，这是向楚国强硬施压的信号，接下来就看楚国怎么应对了。

但子反他们不知是没看懂，还是根本不怕，丝毫没有退缩的迹象；他们反而更进一步，主动割了一块地给郑国，又把许国人迁到楚国的土地上，让郑国占了许国的土地。

通过这样大幅的退让，楚国让郑国再一次倒向自己，双方签了合约。然后郑国当打手，公然对中原同盟里的宋国开打，大败宋国。

晋国也派卫国当打手，攻入郑国，一片混战。

至此，中原各国再度回到之前的混乱局面，所谓的"弭兵"早已被大家抛到九霄云外去了。

这时终于到了晋楚两个大佬摊牌的时候。

按照惯例，双方仍然不直接交手，而是拿郑国这个万年受气包当引线。

公元前五七五年夏天，晋国放话出来，说：我们又要打郑国了。然后由晋厉公亲自领军，栾书、范文子、韩厥、荀偃、郤氏兄弟等倾巢出动，浩浩荡荡地杀奔郑国。同时还派出使者去联络齐、鲁、卫等国，请求协助。

这个阵容是冲着谁去的，当然大家都清楚，所以楚国也马上行动起来。楚共王领军，手下是子反、子重、子革，同样杀奔郑国，跟晋军当面对峙。

晋军出动之前，范文子曾经高调反对出兵，还洋洋洒洒扯了一大堆理由，其中有几句很奇怪的话："若无外患，必有内忧，所以建议先把楚国这个外患留着。"

但晋厉公可能没听懂他话里的含义，没有理会。

六月二十九日，双方军队在鄢陵碰面。当天是月底，也就是所谓的"晦日"，按照传统说法，这天打仗不吉利，双方都应该按兵不动。

不成想楚国抓住晋军放松警惕的机会，当天早晨趁着晨雾迷漫的时候突然把军队开过来，就在晋军营地前面布好阵势，直接叫阵。

晋国军营前面有一大片泥泞，又被楚军逼近到眼前，车马就没法出营去布阵了。排不好阵势，一打起来自己肯定先乱，这怎么成？

栾书召集大家商量，他的意见是："楚军自己其实也准备不充分，我们只要加高营垒，严防死守，他们找不到机会，过几天就只好自己撤退了。等他们撤退的时候，我们再追击，必获全胜。"

这个做法虽然保守，但属于会用兵的打法，很稳当。

郤至却支持立即出战，他说："楚军有六大不利因素。子反跟子重二将不合；军士衰老；郑国虽然列好了阵势但阵势散漫；蛮族部落甚至连阵势都没列好；无月光之夜布阵不吉利；楚、郑、蛮三支军马杂到一起，乱糟糟一团。我看他们三家的军马都各怀鬼胎，没有斗志，明显犯了兵家大忌，我们不必怕他们。"

范文子的儿子范宣子［士匄（gài）］也上来发表意见："他们堵住营门不就是想阻挡我们出营列阵吗？我们可以把军营里做饭的井灶全部填平，疏散行道，就在军营里布好阵势，到时候推倒栅栏直接开打。"

讨论的结果，最后决定采纳范宣子的建议，就在军营里列阵，准备迎战楚军！

这时，楚共王正在不远处的巢车上观察晋军营地里的动静，他身边跟着晋国叛逃过去的伯州犁。

去年的时候，晋国大臣伯宗向晋厉公建议防备"三郤"作乱；厉公不听他的，反而听了"三郤"的话把伯宗杀了。伯宗的儿子伯州犁就逃到了楚国，被楚共王任命为太宰。

伯州犁熟悉晋国军队内部的情况，所以这次战争楚共王一直把他带在身边，有事就询问他。

两人一直在巢车上观望，从晋国军官们开会，到会议结束发兵号令，再到填平井灶，全都看得清清楚楚，伯州犁都详细解释给楚共王听。

晋国这边，晋厉公也在观察楚军的局势，身边跟的是斗越椒的儿子苗贲皇。苗贲皇也把楚军的情况详细说给他听，并且说："楚军的精锐都在中军，这是王族组成的军队，我们先避开他，先攻击郑国和蛮族组成的左右两军；左右两军溃败以后，我们再集中力量进攻中军。"厉公接受了他的建议。

当天清晨，晋军在军营里列好阵势，发一声喊，全军出动，向着营门外的楚军方阵冲了过去。

"君子之战"

当时双方都没料到，这会是一场意外频出的战争。

首先，这场战争其实双方都不太想打。弭兵虽然失败了，但厌战的情绪已经潜移默化地渗入了人心，人们也都渐渐地明白，这样打来打去的战争毫无意义。所以刚一开打就疲态尽显，战争的过程中，大家都在拼着走神，结果故事比战事更丰富多彩。

晋军的队伍刚一开出军营就出了意外，晋厉公的车子陷入门口的泥泞里面，怎么都开不出去。一群人赶紧下来推车，忙了半天才给他推出去了。

然后双方军队陷入混战，晋军跟楚军杂在一起，一片混乱。晋国的郤至连续三次遇到楚共王的战车，他不仅没冲上去砍杀，反而每次都跳下车来，脱掉头盔，快步走到旁边让开道路。

楚共王对他留下了深刻印象，对左右的人说："那个穿赤黄色皮衣的人是君子呀，这么讲礼节。"说着递给手下人一张弓："你们去看看他是不是受伤了。"

下人拿着弓走到郤至面前，先慰问他的伤情，再把弓送给他。

郤至又一次摘掉头盔，恭恭敬敬地还礼说："外臣郤至，听从寡君之命，披甲上战场，在此拜受大王的命令。谨向大王报告，外臣没有受伤，感谢大王的恩赐。甲胄在身，不能行礼，望使者海涵。"说着接过使者的弓，再三拜谢而别。

楚共王一行继续冲杀，不料遇到了大麻烦。他们迎面撞上了晋国的魏锜带领的队伍，魏锜一箭射过来，正中共王的眼睛。共王大叫一声倒在车上。

楚国兵马都慌了，开启了逃命模式，郑国兵马和蛮兵更是跑得飞快。这时候战争才刚刚开打没多久，没想到就开始逃跑大赛了。

晋国兵士在后面猛追，说："别急呀，我们刚热身，怎么就跑了？"

楚共王头脑还清楚，叫人拿来两支箭，递给身边的养由基，命令："两箭之内射死那人，不得有误。"

养由基是天下第一神射手，能在百步之外射穿一片树叶。据说当年斗越椒叛乱，与养由基约定互射三箭，斗越椒三箭都没能射中养由基，轮到养由基的时候，一箭射死斗越椒，从此得到外号"养一箭"。

这次战争前一天，楚军在军营里操练，养由基和潘党比赛箭法。他们把一件铠甲折叠起来，养由基一箭射过去，连穿七层铠甲。两人乐呵呵地拿着这件铠甲去向共王炫耀，不想却被共王骂了个狗血淋头："这是雕虫小技，懂吗？尔等不钻研兵法，尽学这些屠龙之技，明天上了战场死都不知道怎么死。"说完就把养由基的箭全部没收了，下令：明天一天不许射箭！

到这时，楚共王吃了大亏，才又想起养由基来了，所以重新发给他两支箭。

那养由基毫不迟疑，弯弓搭箭，觑准魏锜就是一箭，正中咽喉。魏锜当场毙命。

养由基托着剩下的一支箭，恭恭敬敬地递还给楚共王："臣下复命。"共王接过箭，含笑示意。周围人人叹服，个个心惊。从此养由基更是名满天下，无人能敌。

晋军还在拼命追赶，刚刚活捉了楚国的公子伐，又把楚共王的车队赶到了山崖边上。危急时刻，楚国大力士叔山冉拿着一只箭袋对养由基说："虽然大王禁止你今天射箭，但为了国家，你还是得抗命一次。"

养由基点点头，接过箭袋，嗖嗖连声，恍如流星赶月，例无虚发。晋军那边无数人应声而倒。

叔山冉大吼一声冲过去，拎起地下的尸体，接二连三地向晋国战车抛过去。随着喀喇喇一片摧枯拉朽之势，片刻之间，十余辆晋国战车被砸破，横七竖八倒了一地。

晋国人看到这个势头，再也不敢追了，只好带着公子伐回去请功。楚共王一行终于逃脱。

另外一边，石首驾车，唐苟保护着郑成公正在狂奔，韩厥在后面紧紧追赶。成公等人慌不择路，眼看逃不了了。

几年前韩厥一路追赶齐顷公，最后差点活捉了他，这次难道他又要活捉一位国君？

但韩厥是聪明人，他也知道现在国际形势跟几年前不一样了，所以对车夫说："我们不可以再羞辱别的国君。"说着便让车子停下来，放走了郑成公。

郤至同时也在追赶郑成公，他也对下人说："伤害国君是要受罚的。"也停了下来。

郑成公那边终于缓过气来，这才想起自己的车上明明白白的插着国君的旗帜，怪不得一直被人追。他赶忙把旗帜收起来，又让唐苟断后，让石首继续驾车，这才逃脱了。

晋国的放水还在继续。栾书的儿子栾针远远望见楚国将领子重的旗帜，想起自己跟子重有些交情，就对厉公说："当年子重问臣下晋国人的英勇表现在什么地方，臣回答'好整以暇'（就是说既严整又从容）。现在两国交兵，请大王派使者去向子重敬酒，以表现我们的'整'与'暇'。"厉公答应了，于是派出使者带着酒坛和酒器去子重那边。

使者到子重面前，递上酒器，恭恭敬敬地说："栾针要保护寡君，不得空闲，特地让在下来向将军敬献美酒。"

子重接过酒杯，拱手道谢说："栾针是想展示晋国人的好整以暇呀，也是个聪明人。"说毕一饮而尽，送走使者，然后继续开战。

这是最有"春秋特色"的一场战争，可以称为"君子之战"。双方对于胜败并不太放在心上，反倒很在意自己的风度。尤其是晋国，作为强势的一方，处处坚持"有礼、有节"，得饶人处且饶人，甚至到了有点迂腐的程度。

我输了怎么样？我有君子风度，你有吗？

打仗打出了书生辩论的气氛，这在人类历史上也是罕见的一幕吧？

究其原因，除了周礼的余晖照耀，以及当时的人们普遍讲究"仁义礼智信"以外，更重要的在于：人们确实厌战了。

两百多年来，各路诸侯之间的战争从来没停过，所有人都深受其害。尤其是晋楚两个大国，更是一直处在风暴中心，他们祖祖辈辈都在战场上杀敌，每一代人都在战场上长大，然后又在战场上死去。妻离子散，家破人亡，他们已经见得太多太多……到现在，他们确实累了，打不动了。

弭兵虽然失败，但是弭兵的观念已经在每个人心里生根发芽，潜移默化地改变着每一个国家。到了这一步，就算君王们要继续催着国民去替他们打毫无意义的战争，也会发现再也催不动了，甚至连君王自己都已经受不了这样无休止的战争，自己都想休战了。

春秋历史终于来到了一个所有人都疲惫不堪的时代，战争的烈度渐渐降低，和平的曙光逐渐显现。黑夜虽然漫长，但终有黎明到来的时刻，也许希望就在不远处等着我们呢？

再回到战场上，晋、楚、郑三方优哉游哉地打了一天，从太阳升起到星星露头，也没打出个结果。楚国跟郑国一直在逃命，晋国一直在放水，到最后大家一起说"好饿。算了，收工吃饭吧"。

收工以后，双方都在忙着休整，晋国这边却动了个心眼。他们估摸着楚国人没有斗志了，所以在军营里高调宣布："赶紧修补好战车，整理好兵器，厉兵秣马，准备明天的战争！"同时故意放松看守，让楚国俘虏偷跑回去。

楚国俘虏们回去以后在军营里传扬：晋国人正在积极备战，明天还要大战一场。大家听了都心惊肉跳，有很多胆小的人就趁着夜色偷偷逃走了。

楚共王很担心士气的问题，找子反来商议。没想到子反喝了手下献来的酒，醉得跟死猪一样，下人怎么都把他摇不醒，只好报告给共王。

楚共王一听，心想：算了，我们从上到下都已经颓废成这个样子，这仗还怎么打？于是下令全军连夜撤退，逃到瑕地去暂驻。

第二天，晋军占领楚军的营地，热烈庆祝战争胜利，然后连着吃了三天楚军的粮食，酒足饭饱以后才大摇大摆地回国去了。

晋厉公随后派郤至去洛邑向周王报捷，献上缴获的战利品，向国际社会高调宣布了晋国的胜利。

这是一场虎头蛇尾的战争，还没怎么打就已经结束了，甚至连齐、鲁等国的援军都还没来得及开过来，晋国就已经获胜回国。

这场战争中双方一直在比谁更不颓废，结果楚国主动放弃，晋国勉强获胜，但这种捡来的胜利并没有多大价值。战争过后，晋楚双方的势力跟战前差不多，谁都没能更进一步。

到了瑕地以后，楚国开始反思这次失败的教训。子反作为发动战争的始作俑者，以及楚国败退的主要责任人，当然是脱不了干系的。

当年子玉被逼自杀以后，楚国人吸取了教训，开始尽力回护自己的将帅，避免再出现自毁长城的悲剧。所以楚共王让人去安抚子反说："当初子玉是自己带兵打仗，失败了自杀还说得过去；现在是我带着你们打仗，失败的责任我来担，不能怪到你头上。"子反叩头谢恩，心里暂时安定了一点。

但子重跟子反一直有矛盾，就私底下教训他说："当年子玉怎么做你是知道的，现在你也打败仗了，你说该怎么办呢？"

子反羞愧得无地自容，回答他说："就算没有子玉的事在前，现在您要责备我，我也不敢不听！"随后便自杀身亡。楚共王听说以后赶紧派人来制止，但已经太迟了，没能救到子反。

子重除掉了一个竞争对手，地位更加稳固。作为头号权臣的他，此后继续带着楚国在下坡路上狂奔，一去不回头。

楚国在这次战争以后，国势更加糜烂，再也没有能力跟晋国一较长短，彻底退出了霸主地位的争夺。

但晋国那边也是矛盾重重。当初范文子言之凿凿地说："若无外患，必有内忧。"晋厉公没听进去。很快他就要后悔了。

灭"三郤"

鄢陵之战过后，晋厉公觉得自己竟然亲自打败了强大的楚国，这可是老祖宗晋文公才有过的伟大功勋呀。现在自己也有了这样的成就，看来自己的才能跟老祖宗比起来也差不远了。

他的自信心极度膨胀，开始在国内耀武扬威，有些以前不敢干的事，现在也放开手来干了。

其中就包括削弱公卿的权力。

赵氏被灭以后，晋国公卿家族保持了短时间的实力均衡，但这种不稳定的平衡根本不可能长期维持下去。

当时郤氏的领袖是郤克的儿子郤锜。灭了赵氏以后，朝廷里空出来许多位子，他趁机把自己的堂弟郤至拉进了六卿的行列（当时军队高层已经扩容了，实际上不止六卿，具体的数目变过很多次，这里为了表述方便，还是统称为六卿）；几年以后，他们两人又合力把自家的叔父郤犨也拉进了领导层。这样，在军队最高层的八个职位里面，他们郤氏霸占了三个席位，称为权倾天下也不过分。

而且"三郤"确实也很有才能，跟他们先辈郤缺一样，做事滴水不漏，让人挑不出一点错，所以三人全都政绩斐然。更可怕的是，他们吸取了赵氏灭亡的教训，坚决维持内部团结，一致对外。三人分工明确，郤锜性格强势，掌管军队；郤至智计百出，在朝堂上出谋划策；郤犨有辩才，担任驻外使臣，负责外交。

三人联手，配合得天衣无缝，迅速垄断了晋国的朝政大权，简直不给别人留活路。

在"三郤"的挤压之下，其他公卿家族都惶惶不安。其中最憋屈的就是名义上的一把手栾书。

当初栾书跟郤锜联合做伪证，阴掉了赵氏。但过了几年栾书才发现，赵氏被灭获益最大的是郤氏，栾氏根本没得到多少利益。他费了那么多功夫，结果是替别人抬轿，心里自然很不舒服。

后来的鄢陵之战中，栾书本来计划先坚守不出，等齐鲁这几支盟军来了再出击。郤至却洋洋洒洒地抛出一大篇理论，成功说得晋厉公抢先开打，并且还打赢了。这就显得栾书这个统帅保守而迂腐，他的脸面往哪儿搁？

再后来，鄢陵之战过后，性格温和的范文子逝世了。后面的人们依次替补，郤锜升任中军佐，成为晋国朝廷的二号人物，在栾书后面紧紧追赶；再加上另外"二郤"的助攻，栾书顿时感受到极大的压力，他发觉自己的位子快要坐不稳了。

但栾书也不是什么吃斋念佛的人物，在晋国政坛混了几十年的他，早就练得刀枪不入了，他不可能坐以待毙。他是手握大权的一号人物，有的是手段，行伍出身的他做事雷厉风行，想干就干，立即出手。

你们郤氏的人不是从来不犯错吗？没事，我可以给你们造出错来。

他首先阴了郤至一把。

鄢陵之战，晋军活捉了楚国的公子伐，把他关在晋国的监狱里。栾书暗中找到他，许诺放他回去，但要他向晋厉公告发郤至，就说："这场战争是郤至暗地里把我们君王召来的，他想趁着晋国的同盟军还没到的机会发动战争，让晋国被打败，晋君被杀，然后好夺权。"

晋厉公听了公子伐的口供，极为震惊，赶忙找栾书来商议。栾书趁机说："我觉得有这个可能，你看，打仗的时候他几次放走楚共王，甚至接受楚国使者的礼物，一点都不担心中楚国人的奸计，我早就在怀疑他了。"

那么郤至做掉晋厉公以后想让谁当国君呢？公子伐说："他在悄悄地跟孙周联系，想把孙周接回来即位。"

孙周是晋襄公的重孙，晋厉公的堂侄。当初晋灵公继位以后，他最小的弟弟桓叔捷为了避免被迫害，就搬到了周王那里去住，到孙周这里已经是第三代了。

作为几十年不来往的远房亲戚，按理说孙周跟晋国君位应该是八竿子打不着的关系，但这样反而更容易让人相信，毕竟谁会编这么离谱的谎言呢？

说谎的一个技巧就是，故意留一些显而易见的漏洞，这样才更能迷惑人。

晋厉公被这个惊天大阴谋震撼得无以复加，赶紧问栾书该怎么办。

栾书说："别急，我们先考验一下他。我们派他去洛邑向周王献捷，在随从里面安插几个眼线，看看他会不会找机会跟孙周联络。"

厉公觉得这个方法很不错，当即就派郤至去洛邑。

但他万万想不到，真正在跟孙周联络的正是栾书自己。郤至前脚刚走，栾书这边就派人暗中送信给孙周，夸奖郤至是国之栋梁，要他主动约见郤至，拉一下关系。不明就里的孙周马上答应了。

现在坑已经挖好，就等郤至往里跳了。

向周王献捷对大臣而言是很难得的机会，这种时候大臣往往都能受到周王的褒奖，很容易就能成为国际上的政治明星。所以郤至接到任务以后也很开心，一路乐呵呵地去了洛邑，在周简王面前大肆夸耀自己的功绩。

很快郤至就收到了孙周的邀请。孙周是晋厉公的亲戚，他既然来请，当然没有理由不去。郤至很爽快地就去赴约了。

宴席上，宾主把酒言欢，随便聊了聊当前的国际局势，也没什么见不得人的。但这一切都被晋厉公的眼线看在眼里，一五一十地报告给了国内的厉公。

这下不由得晋厉公不信了。

密谋杀害君王，迎立新君，这是任何君王绝对不可能忍受的事情。何况晋厉公对于晋国公卿权力过大的情况早就看不惯了，从鄢陵回来以后，他就在策划削夺公卿们的权力。现在有了郤氏这样一个现成的靶子，那就先拿他们开刀吧。

郤氏枝繁叶茂，要除掉他们可不容易，需要先扶植一批绝对可靠的人。什么样的人绝对可靠？当然就是郤氏的仇家们。

郤氏最大的仇家是胥氏。

当年郤芮站错了队，站到晋惠公那边。文公登基以后，他甚至还想放火烧死文公，后来事情败露。因此在文公一朝，他们家族受到严厉打压，他儿子郤缺也被贬为平民，到乡下种地为生。

直到后来胥臣在郊外见到农田里的郤缺，见他言谈举止极有风度，跟文公说了，才又重新把他提拔上来。这是郤氏复兴的起点，因此胥氏对于他们家族是有大恩的。

不料郤缺掌权以后恩将仇报。不知道什么原因，他对于胥氏的领军人物胥克严重看不顺眼，一直打压他，最后甚至说他精神有问题，罢了他的官。

这下可好，胥氏不仅丢了权力，而且满世界都知道他们家族有精神病。这对于胥氏家族是严重的伤害，他们跟郤氏的仇也因此结下了。

这些年，胥家的人一直默默无闻，但他们心里对郤氏的仇恨一点也没有减少，他们只是在等待一个复仇的机会。

所以晋厉公飞速地提拔胥克的儿子胥童，使得他以火箭般的速度蹿升，一跃而成为晋国朝廷里炙手可热的新兴势力。

另外还有个长鱼矫，也跟郤氏有仇。他曾经跟郤犨争夺田产，郤犨把他抓起来，和他的父亲、妻子一起绑在车辕上示众。

还有夷阳五，郤锜也夺过他们家的田产。

所以晋厉公一口气把这些人全都提拔起来，分给他们军权，让他们做好灭郤氏的准备。

当时已经山雨欲来，厉公即将对郤氏挥舞屠刀。最早嗅到这种危险气息的是他身边的亲信们，他们狗眼看人低，所以对郤氏的态度也变了。

有一天厉公带着满朝文武去打猎。他先打完了，带着妃子们去饮酒作乐，留下一群大臣在后面继续玩。

大臣们纷纷展示才艺。郤至也猎杀了一头野猪，想拿去献给厉公，不料刚走到厉公的门外，就被宦官孟张把野猪抢了过去。一个小小的奴才竟敢抢大臣的礼物，郤至怒不可遏，一箭射过去，当场杀了这个狗奴才。

里面的厉公听说了这件事，暴跳如雷，发誓要立即动手除掉郤氏。

郤氏家族也知道危险正在临近。郤锜召集大家商量，建议不如拼个鱼死网破，直接造反。

郤至却反对，他说："人生天地间，要有信、智、勇三种品德。信不叛君，智不害民，勇不作乱。如果我们反叛，则同时犯了叛君、害民、作乱三种罪行，这样的罪行，我不能犯。我们的一切都是君王给的，还是听天由命吧。"

这是春秋，是一个讲究"君子风度"的时代，这位楚共王眼中的"君子"，就为了心中的信念放弃了家族逃生的机会。

当年十二月，胥童和夷羊五一切准备就绪，集合了甲士八百人准备攻打郤氏。

长鱼矫却说："且慢！就凭这点虾兵蟹将你们就想灭郤氏？不如听我安排，

咱们玩阴的。"

他让晋厉公找来另一个大臣清沸魋（tuí），两人商量好，共同演一出戏。

当时郤犨和郤至都是负责狱讼的官员，在讲武堂接收诉状。长鱼矫和清沸魋等到"三郤"都在那里议事的时候，装作打架的人，把衣服扯得稀烂，用鸡血抹到脸上，各自藏着武器，边打边走来到讲武堂，

两人说要"三郤"替他们断案。"三郤"不知是计，就放他们进去了。两人趁"三郤"听他们申诉的时候，突然发难，抽出长戈将三人当场刺死，然后把尸体带回去向晋厉公复命。

"三郤"的尸体被放到朝堂上示众。他们死状极其惨烈，文武百官人人侧目。

胥童这边的甲兵早已经准备就绪。他一听说长鱼矫那边得手，立即出动，对郤氏家族展开大屠杀，赶尽杀绝，一个不留。这个拥有百年历史的历尽沧桑的大家族就这样消失在了历史尘埃里。

胥童和长鱼矫还不罢休。他们又趁大家在朝堂上围观的机会，带领甲士包围了文武百官，不由分说，直接把栾书和中行偃抓起来，然后向晋厉公申请把他们也杀了，说："这两人不除，以后还会有后患。"

厉公吓得够呛，这是要一天之内把晋国六卿一网打尽吗？这样下去局势会不会彻底失控？以后谁还压得住胥童？他心里没底，只好掩面流泪说："一天之内已经摆了三位卿士的尸体到朝堂上，我实在不忍心再增加了。"命令他们把栾书和中行偃放回去。

胥童他们没办法，只好释放了栾书他们两个。厉公派人向两人道歉，说只是抓错人了，希望两位爱卿不要在意。两人千恩万谢地拜别，退了下去。

晋厉公随后封胥童为卿，让他顶替郤氏的职位。胥童蛰伏三十年，终于替家族报了仇，真是志得意满，美好的前程已经在他面前铺开，坐上正卿之位看来只是时间问题了。

只有长鱼矫鬼精灵，推掉了厉公的封赏，然后偷偷逃到狄人那里去躲起来，深藏身与名。

事实证明胥童他们原来的做法是对的，他们没有抓错人。栾书确实是个很阴险的货色，灭"三郤"只是他的第一步，他的最终目标其实就是晋

厉公。

厉公要削公卿的权力,得罪最深的不是"三郤",恰恰是一直不形于色的栾书;真正希望做掉厉公的,也不是"三郤",而是告黑状的栾书。

厉公是个志大才疏的人,削弱公卿这个大方向虽然没错,但需要执行者有极其高明的政治手腕,否则只要走得稍微偏一点,就会踩爆地雷,炸死自己——当初晋灵公要夺赵盾的权力就是这样。

现在晋厉公自以为文韬武略堪比霸主晋文公,所以要自己亲手来拆掉这颗地雷。但在栾书面前,他还嫩得很呢。

栾书的手段比他想象的凌厉得多,根本不给他机会。

一个月之后,晋厉公去匠丽氏家里游玩。栾书和中行偃突然发难,带兵包围了匠丽氏的宅院,当场杀掉胥童,然后把厉公监禁起来。这时六卿没人能动得了栾书一根毫毛,整个朝廷都是他说了算。厉公目瞪口呆,这才发现失去了权力制衡的栾书有多可怕。

栾书和中行偃暂时还不敢杀厉公,他们想拉更多人下水,共同担"弑君"的罪名。

他们找到范文子的儿子范宣子,劝他加入造反的行列。范宣子畏畏缩缩的,不肯表态。他们又找到韩厥。韩厥一口回绝:"我受过赵氏的恩惠,当初他们灭赵氏,来请我发兵相助,我顶住压力坚决没答应。现在你们要弑君,还想我帮你们?没门!"

两人只好商量怎么下得了台:唯一的办法就是赶紧扶立一个听话的新君,只要新君不治我们的罪,就没人能把我们怎么样。要不就找那个傻傻的孙周算了,那小子才十三岁,屁都不懂,在晋国又无亲无故的,他上台最好控制。

于是两人商量好,派人去洛邑把孙周接回来,扶立他为新君。

但当时他们怎么也想不到,接回来的是一位不世出的奇才。春秋时代最后一位霸主登台了!

第十九章　天纵奇才晋悼公

意外来临的机会

孙周虽然是晋国公族的后人，但他们一家子离开晋国已经四十多年了，跟晋国政坛的关系已经很遥远。年少时的他，根本不会想到有再回晋国的一天，更不可能有当国君的打算，只是安安静静地当一个隐居的贵族罢了。

他从小跟着周王手下的单襄公学习。他聪明好学，才识过人，得到单襄公很高的评价。

他也在密切关注着国际局势和晋国国内的政治生态。那时候他的理想，可能是在周王手下当一个得力的谋士吧。

如果不是公元前五七四年晋国那一连串的政治动乱，孙周可能会成为周王手下又一个著名卿士，在洛邑的宫殿里为周王出谋划策，以便让周王室在杀机重重的国际环境中艰难生存下去。

但一切都被那一连串动乱改变了。

晋厉公被监禁以后，荀䓨、士鲂（fáng）到洛邑拜会孙周，请求他回到晋国当国君。对于这样一件天上掉下来的喜事，孙周并没有表现出什么开心的样子，而是疑虑重重。

这一回去实在是太凶险了。先不说能不能成功登基，就算真的成功登上了君位，按照以往的经验看，这样的君王必然是弱势的，一定会受到权臣们的挟制，最后能得善终都不错了，哪里能期望有什么政绩。

而且他在晋国没有任何根基，基本上举目无亲，他单独一个人有什么本钱去管理那些枝繁叶茂的百年大家族？何况，那些大家族本来就是看到他势单力孤才选的他吧？

那些大家族既然可以选择血缘关系很远的他，当然也可以选别人；他们会不会一不高兴就把他踢掉，再换成别的公子？

前方实在充满着太多未知的危险。

所以这对于他来说确实是个很艰难的选择。

但年少气盛的他，经过短暂的思想斗争以后，还是决定迎难而上，去会一会晋国那群杀人不眨眼的政坛大佬们——输了大不了就是死嘛，有什么好怕？人生在世终归是要死的，何不冒险干一番事业？

他接过了那些大佬们抛来的橄榄枝抑或是毒箭，踏上了回国的路程。

既然下一任国君是孙周，那就不怕他替晋厉公报仇，毕竟两人基本没有交情。所以，听到孙周答应回国的消息以后，晋国那边，栾书立即命令手下把厉公杀了，然后用一辆破车载着厉公的尸体，随便葬到了东门外，准备开始迎接新时代。

孙周到达晋国以后，大臣们全部匍匐在地，恭顺地迎接这位新主人。他们心里却都在冷笑："不就是个会吟诗作赋的少年公子嘛！回头我们亲自教他社会的黑暗。"

孙周命大家快快请起，不必拘礼，然后淡淡地说："孤王本来没有期待会来当国君，现在能来纯粹是天意。不过按我的想法，国君就是要发号施令的，诸位既然把我请来坐了这个位置，我就是你们的主人，以后就得听我的命令。诸位现在反悔还来得及，你们说呢？"

人们心里都有些惊讶：这是一个十三岁的少年说出来的话？这个新主人看起来不好对付呀。尤其是栾书，已经在暗暗地后悔；但现在反悔当然来不及了，只能接受眼前的事实。

百官齐声回答："下臣们齐心拥戴公子，岂敢不听命？"

孙周就在当地与晋国官员们盟誓，正式接受了他们的拥戴，然后才进入绛城。

公元前五七三年二月，孙周登基为晋君，是为晋悼公。

天纵奇才

举行完祭拜太庙等仪式后，晋悼公开始行使君王的职责，有条不紊地发号施令。

他首先追查之前作乱的那些奸臣们，把乱国的责任全部归到夷羊五、清沸魋这些小喽啰身上，把这伙小丑贬斥出朝廷；然后对大家宣布，厉公朝末期的奸佞们已经被清理干净了，新时代正式开始！

随后对晋国朝廷进行大换血，一口气提拔了一堆新人——魏相、士鲂、魏颉、赵武为卿士，荀家、荀会、栾黡（yǎn）、韩无忌为公族大夫。这里面包括了魏、赵、韩、范、栾、智、中行七个大家族的新一代领军人物。六卿家族的年轻一代闪亮登场，开始逐步从老一辈手上接过权力。

职位安排上，悼公非常注意公卿家族的势力平衡。之前栾氏太嚣张了，他现在就着重提拔韩、赵、魏几个弱一些的家族。

他对韩厥非常看重，给了他很多发展机会，甚至在不久以后就把他提拔为正卿。韩厥这人人品端正，做事又特别靠谱，是个能干实事的人。他在悼公手下得到重用，不仅为晋国带来诸多好处，也使得韩氏的地位稳步提升。

悼公还把已经成年的赵武拉进幕僚的行列。从此以后，赵氏在赵武手上得到复兴，成为制衡其他家族的一支力量。

另外，他特别在意提拔魏氏的人。之前鄢陵之战，魏锜射中了楚共王的眼睛，直接造成了楚国的败逃，但魏锜在这场战争中不幸牺牲，所以提拔魏氏有奖励烈士家属的意思，同时又分了其他几个老牌公卿的权势。魏氏从魏犨起就一直被打压，一直不愠不火地处在二线的位置。从悼公起，他们渐渐开始坐大，成为后来的大家族之一。

韩、赵、魏三家都是受到过沉重打击、经历过惨痛的低谷才复兴的家族，他们吸取了之前的教训，做事低调沉稳，多干实事，少搞帮派斗争。所以他们当政以后，晋国六卿之间的关系比以前单纯了很多，大部分时间以良性竞争为主。

至于阴险的栾书，悼公对他的态度就比较暧昧。一方面，他是扶立自己登基的头号功臣；另一方面，他有弑君的罪行，得不到大家的拥护，悼公也防着他。最后可能双方达成了某种协议，栾书自动退出政坛，把位子交给韩厥；作为交换条件，悼公提拔他的儿子栾黡入三军，并且赦免了他们家族的弑君罪行。

另一个弑君的罪魁中行偃也没有受到惩罚，但他长期被压制，一直得不到擢升，直到十三年之后才坐上了正卿的位置。

应该说在对待弑君二人组的态度上，悼公采取的是低调务实的策略：既不得罪人，又尽量避免被人说闲话。

除开这几家以外，悼公还提拔了很多六卿以外的有才干的人，不动声色地分了六卿的权力。

为了制衡六卿，悼公还引入了公族势力。之前在献公时代，晋国的公族们被杀了个精光，后来晋国一直缺少公族势力，这是六卿能够横行霸道的一个主要原因。所以悼公重新开始培育祁氏、羊舌氏为首的公族势力，把他们都迁到绛城，鼓励他们立军功，准备逐渐把他们培养成为六卿之外的一股新兴政治势力。

悼公的特点就是"精明"，既不好哄，又不好骗。他凡事都有自己的想法，任免官员全凭自己的判断，而且他的判断极其精准。他提拔的人，基本上后来都被证明相当合格，没有一个是平庸的。

还有，他把平衡术玩得相当溜。每次调整三军的人事，他都会把几大家族的人交错安插在一起，让他们互相牵制。他似乎对这些家族们私底下的关系了如指掌，总是安插得恰到好处，每个家族都发现自己被竞争对手包围了，翻不起大风浪。

他特别爱起用新人，尽量让人脉关系差一些的新人踩在老油条上面，这些新人又都是老油条们的后代，谁也没有理由反对他们。而且每次他都迫使老油条们表态主动"让贤"，这样表面上一团和谐，又让他们有苦说不出。所以在他执政期间，没有出现栾书那种只手遮天的强势人物。

这一系列熟练手法令晋国朝臣们叹服不已。老牌公卿们还没来得及反应过来，就已经被悼公收拾得服服帖帖的，没人再敢有非分之想。大家都埋头于自己的事务之中，晋国就这样迅速地走出了厉公末期的混乱局面，走向了全面的兴盛。

当然，晋悼公绝不仅仅是一个善于玩弄权术的阴谋家，他的治国才能表现在方方面面。

刚刚登基的时候，他就发布新政，大规模地改革晋国的制度，从经济、军事到社会、法制，全方位的改革。这些改革给晋国社会带来全新的风气，使得晋国很快出现了全面振兴的迹象，在经济和社会方面远远超越了其他国家，以至于其他国家一窝蜂地抄袭这些政策。

另外，他特别在意照顾社会中下层的民众，尽力保护农民、穷人、孤寡老人、弱势群体的利益，他的政策给百姓带来了真真切切的实惠，是真正的"仁政"。其中包含的惩治贪腐、减税减负、减轻刑罚、藏富于民这些政策，非常的超前，即使在今天看来都有很大的借鉴意义。

甚至对于其他国家，他也展示了自己的仁义。他缩减了诸侯们对晋国进贡的数量，对于负担太重的诸侯给予"减负"；小国诸侯来朝觐，他亲自到郊外迎接。这些温和的举动都在国际上赢得了许多好感，小国们都诚心归附到晋国的旗帜下来。

而且他非常勤政。从登基以后，他一刻也没有休息过，要么在为国政操劳，要么就在诸侯中间纵横捭阖。他八年之内九合诸侯，这个频率远远超过之前列代君王。如此勤恳的君王，加上一群卖力的下属，晋国政府的效率当然就很高了。

晋悼公就是这样一个接近于完美的帝王——有权谋、有胆略、有才干、有仁德，面面俱到，作为一个君王所需要的一切素质他都具备。

至于一个十三岁的、没有任何政治经验的少年，是怎么拥有如此全面的治国才干的？谁教他的这些？这是一个谜，可能永远无法揭开了。

我们看到的事实是：这个少年似乎从一开始就拥有了五十年以上的从政经验，而且很突兀地就出现在了晋国历史上，仿佛是上天赐给晋国的一份礼物，让他给两百年的纷乱局面画一个休止符。

现在是时候了，晋国的内政得到整肃以后，悼公已经做好准备，对国际上那些"邪魔外道"的全面打击即将开始！

最后一轮中原争夺战

鄢陵之战过后，楚国的实力已经明显弱于晋国，但他们一时半会还存在侥幸心理，还在试图再把局势扳回来。

晋国内乱的这一年，子重他们以为机会来了。他们纠集了郑国一起去侵略宋国，占领宋国的彭城，然后把宋国叛逃过来的鱼石等五个将领安置到那里，作为楔入中原的一枚钉子，正好卡在晋、吴相通的道路上。

楚军随后撤走，看看晋国跟宋国会怎么反应。

宋国的争斗本质上是戴族跟桓族在争权。华元是戴族的领袖，而鱼石他们五个大夫是桓族的首领，他们五人内斗失败才逃到楚国。结果楚国现在又把他们送回来了，让宋国人继续斗。

华元果然带领宋军去打彭城。楚国给彭城很多援助，让他们始终保持在打又打不下来、不打又不甘心的状态。华元白消耗了很多兵力，焦头烂额，无计可施。当年冬天，眼看有一点进展了，结果子重带兵再一次援助彭城。华元只好向晋国求救。

晋悼公没有太多犹豫，亲自带兵援宋。

楚国反而有点措手不及。他们没想到这个小孩儿这么有胆略，刚上台就敢发动大战，本来想欺负晋国新君刚立国内不稳，先占个有利地势的，结果失算了。楚国其实还根本没做好跟晋国对决的准备，子重在靡角跟晋军短暂对峙以后就撤退了。

晋悼公出动的同时，也派人向齐、鲁、卫等八个盟国请求出兵协助。这也成为他惯用的手法，后来历次战争都会召集盟友们协助。

第二年年初，九国兵马集齐，开始攻打彭城。子重远远地看着却不敢来救。小小的彭城根本抵挡不住，很快竖起白旗，开门让九国联军进城。

悼公把彭城还给了宋国，然后把鱼石等五大夫迁到晋国的瓠丘去居住，免得再跟华元闹。

这次战争晋国出手果断，尽显大佬风范。从此以后宋国完全拜倒在晋国脚下，连续几十年都是晋国的铁杆盟友。

下一个就轮到郑国了。晋军没有回国，略微休整以后，直接从彭城开去打郑国。晋国休息的这段时间顺便威胁了一把齐国,因为齐国竟敢不派人来参加彭城之战。齐灵公收到晋国的警告,当即怂了,只好议和,把太子光送到晋国去作人质。

当年五月,晋军侵入郑国,势如破竹,一路打到新郑城外。

郑国军民死守新郑。晋悼公也不跟他们死磕,只在城外掳掠一把就走,开到鄫城跟各路诸侯会合;随后分出一部分兵力,由韩厥带领,向南直接杀奔楚国本土。

晋军打到楚国的焦、夷两邑,耀武扬威一番,然后迅速退出,向东攻打陈国。

这是十年来楚国本土第二次被晋国侵略,不过伤害不严重,因为晋悼公的策略是快进快出,以骚扰为主。

从这时候起,晋楚之间的战争就进入了新阶段,不再有大规模的战略决战,而是一系列短兵相接的游击战。这是晋悼公爱用的模式,以最小的代价达到目的,同时也为了响应国际社会普遍的反战情绪。

不过这时候的郑国很难对付。

当年楚共王为了救郑国,发起鄢陵之战,结果被射瞎了一只眼睛。郑成公一直记着这个恩情,所以不管晋国怎么威逼利诱,他都坚持不背叛楚国。

郑成公在世的时候,郑国一直咬紧牙关硬挺,他临终的时候留下遗训,要求继承人依然忠于楚国,所以继任的郑僖公还是挺直腰杆死扛;加上郑国出了个著名的贤臣子罕,上下同心,晋国一时半会居然把他们拿不下来。

晋悼公也觉得郑国挺伤脑筋,召集诸侯们商议。这时候鲁国的孟献子出了个主意:在虎牢筑城逼迫郑国。

虎牢本来是郑国城邑,最近才被晋国侵占。这里离新郑只有数十里,在这里修筑军事堡垒,相当于把刀架到郑国脖子上,不由得他们不慌。

郑僖公本来还想继续跟晋军拖下去,拖到他们自动撤退为止;一看他们都在虎牢筑城准备长期驻扎下来了,顿时绝望,只好投降,跟晋国签订了盟约。

收服郑国是晋国对外的重大胜利。晋悼公随后在鸡泽会盟天下诸侯,庆祝郑国投入自己手下。

这时候陈国那边也传来好消息。楚国的令尹子辛是个贪得无厌的小人,上台以后肆意勒索手下的小国们。陈成公被逼得受不了,主动派人到鸡泽大会上要求归附。这是天上掉下来的意外之喜,晋悼公当即表示欢迎陈国投靠,从此把陈国也纳入了自己的盟国行列。

这时候楚国已经丢失了所有重要的盟友。虽然楚国实力不济,但楚共王也不得不出手了。他派何忌带领大军攻打陈国,想迫使他们再投靠回来。

所以鸡泽大会以后,晋悼公马上派兵去援助陈国,顺便进攻许国。

但不管是楚共王还是晋悼公,都低估了争夺陈国的难度。陈国在楚国旁边,远离晋国,跟晋国中间还隔着一个摇摆不定的郑国,再加上陈国传统上又一直是楚国的铁杆盟友,所以晋国援助他们非常吃力。

所以现在的情况就是:楚国占据地理优势,而且拼了老命要保住陈国;晋国实力比较强,又有天下诸侯的帮助。双方在陈国正好达到势力均衡,你来我往,谁也赢不了谁。这下就麻烦了。

在随后的几年中,楚国一直在拼命攻打陈国;陈国心不在焉地抵抗,等着晋国来救。晋国不得不一遍又一遍地召集天下诸侯帮助防守陈国,同时还要对付随时来找碴的齐灵公,还有西边摩拳擦掌准备捞一把的秦国。这种压力,以晋悼公的超强才能,加上六卿家族的豪华班底,都渐渐感到扛不住了。

拉锯战一直持续了四年之久,直到公元前五六六年,晋悼公在郼(wéi)地会盟诸侯,准备再次救援陈国。这时陈国正被楚国围攻,陈哀公偷跑出去参加了会盟。

陈国人早已经迫切地想要结束这一连串无休止的战争了。庆虎、庆寅想要投降楚国,就趁着陈哀公不在国内的机会,骗陈哀公的弟弟公子黄去楚国军营,同时私底下联络楚国的主帅子囊,让他扣留公子黄,子囊照着做了。

庆虎、庆寅立即派人火急火燎地去郼地报告陈哀公:"公子黄被楚国人抓了。现在国内人心惶惶,你再不回来只怕国内要生乱。"陈哀公一听,这事必须紧急回去处理,于是背弃了晋国的盟会,偷偷跑回陈国去。到陈国以后,众人一起胁迫他,没办法,他只好跟楚国签订了盟约。

至此,四年的围陈之战结束,晋楚双方都付出巨大代价以后,陈国还是回到了楚国怀抱——兜兜转转一圈,大家都白忙了。

这是晋悼公执政生涯中最大的失算之一,但不影响全局,晋楚相争的主战场还是在郑国。

英雄的传说

鸡泽会盟之后，郑国虽然表面上已经归附晋国，但内部却出现严重分歧：郑僖公站在晋国这边，公子骈（fēi）为首的一群大臣却想投靠楚国，双方各不相让。

公元前五六六年的邢地会盟，郑僖公本来也要去参加的。他都已经出发了，公子骈一看拦不住他，就抢先下黑手，买通僖公的厨师，在僖公食物里下毒；僖公中毒以后紧急返回郑国，结果还没到郑国就死了。邢地会盟因此就缺了郑陈两国。

公子骈随后扶立郑简公登基，并对外宣称郑僖公死于疟疾，想把这宗弑君案遮盖过去。但这种话能骗得到谁呢？国际社会基本上都知道真相，不好明说而已。

郑国的公子们心里都不服，暗地里谋划推翻公子骈。不料公子骈又一次抢在前面，发动政变，一口气杀了为首的四个公子；剩下的公子们都逃出了郑国。郑国的亲晋派受到沉重打击。

这以后几年，郑国果然又回到了以前的状态，重新在晋楚中间摇摆，晋国来打就投降晋国，楚国来打就投降楚国。甚至出现了这样的情景：晋国或者楚国跟郑国签订了盟约，然后撤走兵马；刚一出郑国就听说郑国又投到敌人那边去了，只好又回头去打。

结果晋楚双方都一直在郑国的土地上空耗国力。

这是晋文公以来历任晋君一直头疼的问题，悼公也为郑国这种情况伤脑筋。最后是荀䓨献上了关键性的一个计策——

荀䓨说："解决郑国问题的关键还是在于楚国，所以我们用这种方法拖垮楚国：我们把诸侯联军分成三份，每次只出动其中的一支军队去打郑国，另外的在家休息；下次再换另外一支。三支军队轮流出动。"这种方法称为"三驾疲楚"。

"三驾疲楚"的关键在于：郑国离晋国近，离楚国则远很多；晋军可以采取侵扰战术，快速来去，只要见到楚军就退走，见不到楚军就大肆掳掠。而楚军每次来一趟消耗都很大，来了还不敢追击晋军。因为虎牢关就在不远处，诸侯联军正在那边虎视眈眈地等着。

这种"敌进我退，敌退我扰"的骚扰战术是后世很多战法的鼻祖。

这种战术开始实行以后，郑国的噩梦就来了。诸侯联军每天每时每刻都可能突然出现在他们城外；而楚国为了救郑国，三天两头来回奔波，疲于奔命，他们仅剩的国力就这样被一点点地磨损掉。日积月累，双方的实力对比终于发生了不可逆转的变化。

晋国同时用两个大招消耗楚国的实力，除了"三驾疲楚"以外，还有一个是"联吴制楚"。

这些年，晋国一直在跟吴国保持密切合作，尽量把吴国拉到中原同盟里来。但吴国跟中原之间路途遥远，他们想参加晋国主持的会盟，却有心无力，常常来不了。

所以晋悼公也花了很大力气去打通吴国跟中原的通道，其中最有名的是偪阳之战。

偪阳是吴国和宋国中间的一个小国，相当于一座城邦。他们一直以来都保持中立，不跟任何人结盟。

但偪阳恰好卡在吴国通往中原的道路上，地理位置非常重要。晋国想把他们控制到手里，就借口他们亲附楚国，于是纠集起十三国兵力共同去打他们。

为什么打这么小的一个国家竟然需要十三国兵力呢？因为晋悼公是个算得很精的人，让一堆仆从国跟着参战，可以让他们分摊战争费用，把经济压力转移到他们头上。这是他的惯用伎俩，正是因为用了这招，所以在整个悼公时代晋国可以不停地对外发动战争，同时国内经济还欣欣向荣。

公元前五六三年四月，十三国兵马在柤地集会，然后以雷霆万钧之势扑向偪阳城，预计会迅速碾碎他们。

不料这个小小的城郭居然硬得很。偪阳长期保持中立，一切都靠自己，所以特别注意军事防御，通过一代又一代人的持续加固，他们把自己的城池建得固若金汤。十三国联军一时半会竟打不下，只好开始了长期的围城战。

这场战争并不算重大，但鲁国在其中的表现却相当亮眼，涌现出许多名动天下的英雄人物。其中最著名的是：秦堇（jīn）父、叔梁纥（hé）、狄虒（sī）弥。

有一次秦堇父从后方拉着一车物资到阵地上。城上的守军看到了，就打开城门，出来抢劫。秦堇父他们一群人看到这个漏洞，便一拥而入，冲入城内疯狂砍杀。

没想到这是偪阳人的计谋，他们等敌人冲进来一半以后突然把城门放下，想来个关门打狗。

先冲进去的人赶紧往回撤，却来不及了。眼看着闸门即将落地，危急时刻，力大无比的叔梁纥咆哮着猛冲上去，硬生生用肩膀把闸口扛住，使得城里的人们很惊险地撤了出来。偪阳的守军们都被这一幕惊得目瞪口呆，到手的猎物就这样逃走了。

叔梁纥是"至圣先师"孔子的父亲，所以孔子也是高大威猛的壮汉。

还有一次，攻城正激烈的时候，城楼上的守军放了一条布下来。秦堇父马上抓着布往上爬，刚要到顶的时候，守军把布割断了，秦堇父重重地摔到城墙下。还好当时的城墙是有坡度的，所以秦堇父基本上是沿着城墙滚下去的，虽然摔得眼冒金星，还不至于毙命。

他起来拍拍身上的土，见上面又放下来一条布，他又顺着攀援上去，又被摔一次。这样连续三次以后，城上的守军被他的勇气折服，终于不再引逗他了。后来联军统帅让秦堇父拿着三条断掉的布，在军营里四处夸耀，以表彰他的英勇。

还有狄虒弥，他是天下闻名的大力士。有一次他拆掉一个车轮，在上面蒙上一件铠甲当作盾牌，手执着这只硕大无比的超级盾牌冲进敌军阵营，横冲直撞，无人能挡……

这是春秋，是勇士和传奇英雄的时代，是人人有血性、家家有义士的时代。这些气吞万里如虎的勇士们，以他们无与伦比的神勇表现，为这个时代涂上了最亮丽的一抹色彩！

偪阳城在坚持了二十九天以后，终于扛不住多国联军的重击，城破国亡。偪阳国君被贬为庶人，全体贵族阶层被迁到晋国的霍城居住。

但这场战争中双方的英勇表现却足以永远载入史册。

晋悼公打下偪阳以后把这个地方送给了宋国。中原小国们这些年跟着他南征北战，付出了巨大的牺牲，所以需要安抚。而宋国是受损比较重的国家，所以先照顾他们。

吴国到中原的通道从此也打通了。此后吴国跟晋国的联系更加紧密，两国可以通过更加无间的配合来绞杀楚国。

而另一边，在连续两年的"疲楚"之战后，郑楚两国已经被消磨得焦头烂额，终于迎来了郑国争夺战的大结局。

晋国的顶峰

公元前五六二年七月，中原十二国诸侯在亳地会盟，共同对天起誓，向"司慎司盟，名山名川，群神群祀，先王先公，七姓十二国之祖"保证，各国将共同遵守国际条约，共同维护国际秩序，共同辅助周王室。当然，还有一句没有明说的话：在晋国领导下，打击共同的敌人。

九月，诸侯联军再一次围困郑国，直接驻扎到新郑的东门，刀枪林立，铠甲鲜明，乌压压的铁甲覆满郑国的大地。郑国人也记不清，这已经是一百多年以来，新郑的东门第几次见到敌人的刀锋了。

诸侯联军也不打，只是静静地望着城内，等郑简公给一个答复：降还是不降？

这时候秦楚联军正在攻打宋国。郑国一直等不到楚国来援助，郑简公派人向楚共王发出最后一条求救信息，说：如果你们再不来，我为了保住江山社稷只能投降中原联盟了。

楚共王倒是想救他，但楚国真的已经没有力气了，只能沉默。

郑国人彻底绝望了，升起白旗。九月二十六日，郑国开门迎接赵武入城受降；十月九日，子展出城代表郑简公跟晋悼公盟誓；十二月一日，晋悼公在萧鱼召开诸侯大会，庆祝郑国归附。郑国终于彻底拜倒在晋悼公脚下。

萧鱼会上，晋悼公宣布释放郑国战俘，正式解除对郑国的围困，并且禁止军士劫掠郑国。鲁襄公马上拍马屁说："我们懂了。小国犯了错，大国要负责教育他们；等小国改邪归正了，大国就会宽恕他们。"

鲁国这些年一直贼头贼脑的，"政治敏感性"非常高。晋悼公登基以后，他们第一个去朝贺，顺便拉关系，然后就一直鞍前马后地追随悼公。这些年，他们看到悼公四处征伐，斩获良多，所以马屁也拍得一次比一次响。

这实际上代表了中原小国们普遍的态度。在晋国这位超级大佬跟前，当然越听话好处越多。

就连齐国这个准一流大国也都不敢造次。早些时候齐灵公还三心二意的，想看看能不能找个空挑战一下晋悼公；但后来他发现根本没机会，也就服服帖帖地听晋国的话了。

郑简公随后向晋悼公献上郑国的贡品，包括兵甲、武器、战车、乐器、女乐等，应有尽有。悼公照单全收。

萧鱼之会是一座里程碑。在这次会上，中原所有重要国家都拜了晋国这个老大，晋国在中原拥有了无可争议的霸主地位。因此，这次会盟算是晋悼公称霸的正式仪式。

这次会盟也有个不和谐声音：正当列国诸侯们在郑国土地上觥筹交错的时候，秦国突袭晋国本土。晋军认为小虾小蟹翻不起大浪，没在意；结果他们在栎地被秦军打败，算是丢了一点面子。

不过秦国会为他们的冒进付出代价的，过两年晋国就会给他打回去。

现在晋悼公的注意力并不在秦国那边，他有下一步计划。

他是一个心机特别深的人。从登上国君宝座那一刻起，他就有自己的一套严密的计划，从调整晋国的六卿次序开始，步步为营，稳扎稳打，一直到现在，完成了对天下各国的最彻底的控制：晋国六卿都已经被他牢牢地攥在手里；北方的戎狄跟晋国开启了长期的友好关系；齐、鲁、郑、宋全体归服，中原已经是晋国的中原；秦楚两国被逼到遥远的角落里做困兽之斗。——天下已经没有人可以制衡他了。

这个二十多岁的年轻人，用十年时间就登上了天下霸主的位置。但这并不是终点，而仅仅是一个起点，他的下一步计划即将展开——

代周而立，君临天下！

他早就在为这一步做准备了。他从小生活在洛邑，对于迟暮之年的周王室那些虚头巴脑的哄人招数看得清清楚楚，周王室在他眼里没有任何威仪可言。

从他登基起，他就在有意地打压周王室的权威：他从不朝觐周王，更不会屁颠屁颠地去向周王求什么封赏。他一直拿着鸡毛当令箭，以拱卫周室的名义号令群雄。他频繁地召集诸侯会盟，带领他们东征西讨，目的就是要他们习惯自己这个新主人，而不是遥远的洛邑宫殿里那个混饭吃的周王。

现在他的目的已经渐渐地达成了，诸侯们都奉他为天下之主。

于是他更进一步，在公元前五六五年的邢丘之盟上，晋悼公发布新规定：从此以后诸侯们都要像朝贡周王室那样朝贡晋国，定时定量献上贡赋。这是迈向跟周王平起平坐的第一步。

诸侯们都没有反对，默默地接受了。

偪阳之战过后，宋平公感谢晋悼公对他们国家的照顾，设宴款待悼公。宴会上，宋平公忽然命堂上的歌舞都撤下。大家肃立待命，准备演奏《桑林》。

在座众人全体震动。《桑林》是当年殷天子专用的音乐，宋国是商朝后裔，用这样的音乐招待晋悼公，这是在暗示奉他为天子！

荀䓨当即替晋悼公推辞，表示不敢当。中行偃、范宣子却狡猾地说："鲁国国君都可以用《禘乐》招待嘉宾，鲁奉周礼，宋奉殷礼，宋国当然也可以用《桑林》招待客人。"

这是明明白白的瞎说。按照规定，《禘乐》是祭祀仪式上用的，根本不能用来招待宾客。

不过宋平公很满意他们的说法，传下命令，《桑林》正式开演。

当宏大的表演队伍举着华丽的旌帜进场的时候，晋悼公还是犹豫了。他考虑再三，退到幕后，避开了这场演出。

但这很可能只是故作姿态。他的目的已经达到，他就是要诸侯们屁颠屁颠地来"求"他称王，然后他再义正词严地推辞掉。这是固定的套路而已。

到了不久的将来，他会很"勉为其难"地接受诸侯们的拥戴，戴上那顶尊贵的王冠。从那以后，天下再不会有什么周天子，而只会有他——晋天子！

晋国即将统一天下！

第二十章　平凡时代

乱世纷扰

可能上天并不希望中国在这个时候统一，就在晋悼公一步步地迈向自己的宏大目标的时候，一场疾病突然将他击倒，他从此再也没能恢复过来。那时候他才二十八岁。

公元前五五八年冬天，正处在政治生涯上升阶段的晋悼公意外离世。历史的车轮急剧转向。

国际社会轰然震动，所有人都在观望晋国的局势。悼公的继任者是年少的晋平公。他也是合格的君王，但显然他不具备自己父亲那样惊世骇俗的才干和气魄。

晋国的霸权还可以保持，但无法更进一步。风起云涌的英雄时代结束了，所有那些剑与火的故事都变成了旧时代的记忆，尘封在祖先斑驳的木匣子里。

人们迎来了一个平凡的时代。

尘世纷扰，众生蒙昧，这是一个星光暗淡的时代。没有霸主，没有豪杰，所有人都资质平平，在一轮又一轮自作聪明的虚与委蛇里消耗着乏味的人生。

这个时代的主角是这些人——

楚康王：楚共王之子，励精图治的中兴之主；在对吴国的战争中取得了比较出色的战绩，打破了晋吴联手遏制楚国的局面，暂时终止了楚国国力的下滑趋势。

吴王诸樊：吴王寿梦之子；继承父亲的事业，继续向楚国的方向扩张，却被楚康王打败，吴国西扩之路遭遇重大挫折。

齐灵公：一个轻浮的小人，背信弃义，发动各种力量来挑战晋国的霸权，但随后就被打得很惨。

秦景公：秦桓公之子；一个被遗忘的国度里的被遗忘的国君，偶尔招惹一下晋国刷刷存在感。

晋平公：才能平平的君王；早期靠着父亲留下的豪华班底继续指挥中原群雄，后来昏庸无能，引发了晋国大量的内部矛盾。

平阴之战

晋悼公的中原同盟，最不稳的就是东方国家。其中的邾、莒两国在悼公末期就开始挑战盟约，多次发兵侵略鲁国。当时悼公已经病了，没有讨伐他们。

晋平公即位以后，第一件事就是收拾这两个刺头。在溴（xiù）梁之会上，平公把邾、莒两个国君抓起来，送回晋国去面壁思过。

齐国的大夫高厚也在会上。他一看势头不好，盟会也不参加了，赶忙逃回齐国。

齐国也是最早叛盟的国家之一。齐灵公是个轻佻的小人，晋悼公在世的时候他就时常跃跃欲试地想搞点事情，但看到悼公领袖群伦的赫赫声威，他终究没敢乱动。

现在晋悼公不在了，"山中无老虎，猴子称霸王"，他也想尝尝霸主的滋味，所以马上撕毁跟晋国的盟约，发兵攻打鲁国。在随后的三年里，齐国五次侵略鲁国。鲁国疲于应对，只好向晋国求救。齐灵公同时还攻打卫、曹等中原小国，又跟楚国暗通款曲，明目张胆地背叛了中原同盟。

楚国那边也正在找机会。楚康王刚刚继位，这个年轻小伙励精图治，想把国家从共王末期的泥潭里面拉出来。比起他爹，他的作风要坚决果断得多。他继位以后马上打退吴国的挑衅，给了吴人当头一棒。晋吴联盟第一次受到挑战。

晋国人也知道楚国是中原联盟的最大威胁。公元前五五七年，刚刚登基的晋平公第一件事就是派中行偃、栾黡带着一部分军队去打楚国，跟楚军在湛阪相遇。

这时候晋悼公时代的余晖还在，晋军势不可挡，瞬间击溃楚军；然后晋军一路追击，再一次打入楚国本土，直打到方城山之外。楚国的核心地带百年以来第一次被人侵略，代表楚国的力量衰落到了极点。好在晋国本身侵略意愿也不强，见好就收，留下楚康王慢慢收拾残局，带领楚国逐渐修复战争创伤。

接下来轮到齐灵公那个小丑了。公元前五五五年，晋平公行使霸主职权，组成十二国联军讨伐齐国；齐灵公带兵迎战，双方在平阴对峙。

齐灵公一开始没当回事，咋咋呼呼地下令挖一条一里长的堑壕，让众人加强防御，以为这样就可以高枕无忧了。

国际联军一面在正面战场假装攻城，一直跟齐军耗着，一面偷偷派出两路兵马到鲁国和莒国，从他们那边翻过沂蒙山，直奔齐国首都临淄。

平阴这边对峙了一段时间以后，范宣子忽然派人告诉齐国大夫析归父："我私下通知你一个好消息，我们的大军已经快到临淄了！"

析归父赶紧去报告齐灵公。灵公一听犹如晴天霹雳，惊慌失措，赶忙带人去山上查看敌人的情况。

国际联军早就布置妥当。他们把山坳里所有能站人的地方全部开辟出来，把战车平均分布到这些地方；车上左边站着真人，右边摆着假人，队伍前面高举旗帜；战车后面拖着树枝，一跑起来，漫山遍野都是尘土。

齐灵公被吓坏了，说联军势力这么大，我们怎么拼得过，还是赶紧回去救临淄吧。于是当天夜里就带着齐军偷偷撤退了。

其实绕道去攻打临淄的军队规模很小，不过做个样子罢了，根本不指望真能打得下来。齐灵公纯粹是被吓倒了。他坚持防守才是正确的；这样一撤退，顿时引发连锁反应，齐军的信心瞬间崩溃。

国际联军一发觉齐军撤退，立即追击。齐军慌不择路地逃窜，兵败如山倒。国际联军如同潮水一般涌入齐国，一路攻城略地，横扫齐国本土。齐国本土第一次遭遇全面入侵！

当年十二月，联军打到临淄城下，疯狂烧杀抢掠，然后焚烧四面城门，从各个方向杀进临淄城内，势不可挡！

这时临淄外城已经被烧光，齐国仅剩的兵马都困在内城，做困兽之斗。齐灵公感觉快要亡国了，手忙脚乱地准备车马，想逃到邮棠去。齐国太子牙和大夫郭荣死命拉住他说："社稷之主一旦逃走国家就彻底完了。现在敌人四处奔驰，这是在抢掠物资，说明他们就快要撤走了。大王千万不要惊慌。"

齐灵公不肯听，坚持要逃；最后是太子牙拔剑砍断了马缰才把他拦下来。

太子他们的说法是对的，国际联军确实没想常驻齐国，因为他们还是很忌惮楚国的威胁。这时楚国那边已经行动起来，对郑国动手了，郑国已经派人来告急。

楚康王看到中原联军在忙着打齐国，果断行动。他派兵跟郑国的子孔里应外合，准备消灭郑国的亲晋派；但是楚国军队遇上大雨，推进得并不顺利。

晋国高层也算准了楚国短期内拿不下郑国，所以并不惊慌，联军继续在齐国土地上左冲右突。最后诸侯们一起在祝柯开会庆祝，把齐灵公的跟屁虫邾悼公抓了起来（前两年抓到晋国去的是邾宣公），又强迫邾国割地给鲁国，作为对这几年侵略鲁国的赔偿。

最近几十年，鲁国一直当晋国手下的一号马屁精，现在终于有了回报。鲁襄公感激不已，在鲁国的蒲圃招待晋国的将领们，给予他们丰厚的赏赐。宾主把酒言欢，各国将领们狂饮一通，最后才载着满满的战利品各自回国，只留给齐国人一片破碎的山河。

这是春秋时期齐国被打得最惨的一次，齐灵公终于为自己的轻佻无知付出惨重的代价。他是个昏庸无能的变态君王，有这样的下场也是应该的。

变态君王齐灵公

齐灵公家族做人做事都很奇葩。他母亲声孟子淫乱之名传遍天下。

鲁国大将叔孙得臣的儿子叫叔孙侨如,他在鲁国的时候就跟鲁成公的母亲有私情,因此被政治对手季孙行父赶到了齐国去;哪知到齐国以后他又跟声孟子搞在一起。

叔孙侨如的女儿嫁给了齐灵公,所以他跟声孟子是儿女亲家。两亲家一见钟情,郎情妾意,没事就黏在一起,也不管别人的看法。

声孟子处处优待这个情人,给予他很高的官位。但齐国人显然接受不了这种不伦之恋,都在背后戳他们的脊梁骨。叔孙侨如最后实在无法忍受千夫所指的生活,只好私自逃到卫国去了。

声孟子耐不住寂寞,很快又勾搭上大夫庆克。庆克是齐桓公之后,论辈分是声孟子的叔父。他为了跟声孟子私通,常常扮成女人,乘坐辇车混进宫里。时间久了大家都知道了宫里有男人出入的丑事。

朝廷里的大臣鲍牵和国佐商量这件事。国佐是上卿,管理文武百官,他就去把庆克找来狠狠训斥了一顿。庆克从此老老实实地待在家里,再也不敢去宫里厮混了。

声孟子知道了这件事后,怀恨在心。正好齐灵公出国去参加诸侯会盟,高无咎、鲍牵在国内主持内政,声孟子就在齐灵公回来的时候派人对他说:"高无咎、鲍牵在策划谋反,想赶走你,迎立公子角继位;国佐也是他们一伙的。"

齐灵公不辨是非,当即暴跳如雷,砍掉了鲍牵的双腿。高无咎逃到了莒国,他儿子在齐国国内发动叛乱,据守卢地对抗政府。

齐灵公随后派庆克领兵去围攻卢地。不料螳螂捕蝉黄雀在后,国佐这时正在参与诸侯联军围攻郑国的战争,他听说齐国发生内乱,马上带兵返回,赶到卢地;直接打败政府军,杀死庆克,然后加入叛军的队伍,一起对抗齐国政府。

齐灵公没办法,只好服软,跟国佐讲和。双方谈好了条件,国佐才回到朝廷里继续当他的上卿。

但这是齐灵公的缓兵之计,他随后就派刺客杀死国佐父子,赶走了国氏的人,又立庆克的两个儿子为官。——真是一条路走到黑。

一直到二十年以后,齐灵公病死了,高鲍两个家族趁机发起政变,杀死声孟子,齐国这一连串闹剧才终于落下了帷幕。

齐灵公不仅在声孟子这件事上表现得昏庸残暴,他自己在生活作风上也是臭名远播。

他有个特别的癖好,喜欢看女人扮成男人。

他经常让自己的后宫佳丽们女扮男装供自己娱乐。没想到这种风气很快流传到外面,齐国的妇女们都开始模仿,一时之间,大街小巷全是穿男装的女人。

齐灵公自己都看不下去了,下令严禁这种行为。他派了许多人去街上查看,只要有女扮男装的就拦下来,当场扯断她们的衣带,撕碎她们的衣服。

禁令实行以后,齐国街上到处是衣裳被扯碎的妇人。哪想到这样还是没效果,大家依然我行我素,不肯改过来。

著名的大臣晏婴(晏子)去拜见齐灵公,对他说:"大王自己在宫里带头这样玩,却禁止外面的人,这就好比挂羊头卖狗肉,怎么能让大家信服呢?依我说,大王只要自己不带这个头,老百姓就会自动改过来。"

齐灵公听了他的,下令宫内停止女扮男装的游戏。过了没多久,齐国街上的人们纷纷恢复正常,没人这样穿了。

齐灵公的昏庸是全方位的,在立储这种头等大事上他也犯傻。

灵公的原配夫人是鲁国来的颜姬。颜姬没有生儿子,她的陪嫁婢女生下公子光,被立为太子。后来灵公又宠信宋国来的仲姬、戎姬姐妹俩,仲姬生了公子牙,交给戎姬抚养。齐灵公经不起这姐妹俩的枕边风,就想废掉公子光,立公子牙。

这时候公子光已经成年了,有自己的政治势力,废他的话一定会引起他们这股势力的激烈反抗。这种局面在历史上已经发生过很多次了,已经被证明是一定会出乱子的做法。

但齐灵公不管,谁劝都不听,坚持废长立幼。他把公子光贬到位于边陲地区的即墨,立公子牙为太子。

大臣们普遍同情公子光。公元前五五四年，平阴之战刚结束不久，齐灵公病重，朝中权臣崔杼（zhù）趁机偷偷地把公子光接回来。公子光把大臣们召集到朝堂上，声称自己才是合法的太子，并且当众砍死戎姬，把尸体摆在那边让大家参观。

病床上的齐灵公听说这件事，气得吐血数升，不久以后就暴毙身亡了。公子光登基，是为齐庄公。齐庄公随后杀了公子牙和支持公子牙的高厚等人，崔杼登上了朝廷里一把手的位子。

齐灵公昏庸了一辈子，几乎没有干一件正经事，把齐国搞得乌烟瘴气，甚至差点亡国。难怪孔子评价说："灵公污，晏子事之以整齐。"一个"污"字准确地概括了他的一生。

齐庄公登基以后也没干多少好事，不过他很幸运地等到了一次搞乱晋国的机会。

公元前五五一年，齐庄公登基三年之后，国际社会又传来一则大新闻——晋国六卿之间再次爆发内讧。

这次的主角是栾书的孙子栾盈。

栾范两家的矛盾

"三郤"被灭以后，晋国剩下的大家族还有：韩、赵、魏、范、栾、智、中行。在晋悼公时代，这七家之间至少表面上还是和谐的，还能齐心协力地为国出力。

不过到了悼公末年的时候，六卿之间的矛盾渐渐浮出水面，最主要的就是范栾两家的矛盾。

这两家的关系说来话长，其实他们还是亲戚。当时栾氏的宗主是栾黡，范氏的宗主是范宣子。范宣子把自己的女儿叔祁（qí）嫁给栾黡，生下了栾盈。

栾黡纯粹是靠着他父亲的权势上位的。他本人是个咋咋呼呼的浑球，没什么本事，只有一身臭脾气。他进入政坛以后，凭着自己的这身臭脾气，把所有能得罪的人全部得罪了一遍。

而且大家其实心里都记得栾书的弑君罪行,嘴上不好说而已。所以在人们看来,栾氏家族是有原罪的,大家对于他们喜欢不起来。

但晋悼公却一直纵容栾黡,或许他认为这种把恶字写在脸上的人才最好管理;又或者有这种傻大个在前面当靶子,大家都朝着他开火,背后的君王反而可以腾出手来做很多事。

总之,在悼公的手下,栾黡一直耀武扬威却一直被原谅。

但在悼公末年的"迁延之役"中,栾氏跟范氏却真正结下了深仇大恨。

公元前五六二年,秦国趁着中原联盟围攻郑国,晋国内部空虚的机会,在栎地打败晋军。

公元前五五九年夏天,晋悼公召集十三国诸侯去找秦国报仇。悼公在国内等待,让中行偃带领诸侯们去征战。

但这时候晋悼公的控制力似乎已经下降了。这一次行军,各国诸侯们都不太齐心,到了泾河以后就有点闹别扭;联军勉强渡河以后,又被秦国在上游下毒,毒倒一大片人。一时间大家都没了斗志,都有了撤军的念头。

军队到达棫林以后,中行偃鼓励大家拿出斗志来,准备继续进军,这时候栾黡的臭脾气却发作了。在头一年的军队高层调整中,中行偃坐上火箭,直接被提拔到正卿的位置,而在下军将的位置坐了十几年的栾黡仍然原地不动。对此事他一直憋着一股气,这次正好发作出来。

他跟中行偃唱对台戏:"你发布的什么命令啊?没听过。老子不奉陪了,告辞!"说着竟然带领自己的下军往回撤走了。

下军一走,其他人更没了斗志,附属于下军的新三军随后也跟着撤走了。中行偃刚刚当上正卿,辖制不住众人。看着大家一个个地往回跑,他实在没办法,只好下了全军撤退的命令。十三国联军都跟在栾黡后面撤出了秦国。

这场复仇之战因此半途而废。秦国人很开心地把这次战争称为"迁延之役",嘲笑晋国人自己打了退堂鼓。

但事情到这里并没有结束。栾黡的弟弟栾针跟他哥的态度刚好相反,他觉得国家养兵千日用兵一时,我们就用这么窝囊的方式报效国家吗?于是跟范宣子的儿子范鞅商量好,两个毛头小伙带着兵马一起往前冲,跟秦军大战一场。他们这点人当然打不过秦国大军,大败亏输。栾针勇敢战死,范鞅自已逃了回来。

这下栾黡就不干了。范宣子是这次战争的副统帅，他找到岳父范宣子闹："你怎么管理军队的？你儿子忽悠我弟弟一起去送死，结果他倒好好地回来了，就把我弟弟给害死在那边，你们这是故意的吗？得给我一个说法。"

栾黡本来就是暴脾气，这一闹起来，噼里啪啦，顿时响炸天。范宣子焦头烂额，只好让范鞅先逃到秦国去，避一避风头，等栾黡气消了再说。

不料秦景公鸡贼得很，马上又把范鞅给送了回来，顺便还托人转告晋悼公："这小伙不错啊，以后大有前途，您一定要好好重用他。"

栾黡气得三尸神暴跳，恨不得把范鞅给撕成八块。栾范两家就这样从亲戚变成了大仇家。

栾氏的覆灭

转眼过了六年，已经是晋平公的时代。这时候栾黡已经死了好几年了，他儿子栾盈当上了栾氏的宗主。

栾盈跟他爹完全不一样，对人和蔼可亲，一心一意地埋头为国家做事，很快成为晋国的政坛新星，前途一片光明。

但他却有个很不让人省心的老妈。他妈栾祁（本叫叔祁，嫁到栾氏以后才被称为栾祁）守不住寡，偷偷地跟家里的仆人州宾私通。老寡妇久旱逢甘霖，对情人爱不释手、百依百顺，甚至把家里的财产都转移给了他。

这种事在那个年代可是非常大的丑闻。栾盈知道了以后，又羞又气，下令严把门户，禁绝闲杂人等出入。

栾祁从此没法跟情人来往了，为此甚至恨上了自己的儿子。她就去找父亲范宣子商量。

范宣子正担心栾盈的势头压倒范氏，现在听到女儿的哭诉，旧恨又添新仇。父女二人就商量好，由栾祁出面诬告栾盈意图谋反，范鞅从旁作证，范宣子很"震惊"地把这个消息报告给了晋平公。

栾氏的主家婆亲自控诉栾氏，谁能反驳？晋平公立即相信了她的话，然后由范宣子操刀，针对栾氏及其同党的大清洗开始了。

范宣子先派栾盈去著地筑城。等栾盈一离开京城，范宣子马上召集兵马全城抓人，该关就关，该杀就杀。栾盈的人缘特别好，所以这一抓就牵连出来十几个家族，都是朝廷里的重臣。晋国朝堂上一时间哭喊声震天，无数人从此家破人亡，作为晋国中坚力量的士大夫阶层遭到沉重打击。

这是晋平公时代的一个重大转折点。悼公时代积攒下来的强大国力受到严重削弱，六卿之间亲密合作的和谐氛围也荡然无存，晋国走下霸主的神坛，从此泯然众矣。

这次动乱跟"下宫之乱"一样疑点重重，很多疑问永远也无法解开了。我们只知道，范氏是这场政治动乱最大的受益者，不管怎么算，这场血案都只能赖到他们头上。

处于风暴中心的栾祁竟然诬告自己的儿子，这虽然意外，但仔细思考也想得通。毕竟她是范氏的人，当初范氏把她嫁给栾氏说不定动机就不单纯，甚至有人怀疑她曾经谋杀亲夫——栾黡就是被她给害死的，这种可能性也不是完全没有。

栾盈在外地听说了绛城发生的变故，如同五雷轰顶，赶忙逃到楚国去避难。晋国随后连续几次召开诸侯大会，要求诸侯们不得收留栾盈。楚国当然不理他们。

栾盈手下的将士们也纷纷逃走，著名的勇士州绰和邢蒯都逃到了齐国。他们不久前还在平阴之战中跟齐国作战，齐庄公不计前嫌，把他们都收到自己手下，编入"勇爵"的队伍——这是一个由超级猛士组成的小团队。

在楚国的栾盈听说这个情况，也从楚国逃到齐国去投靠齐庄公。齐国人被晋国压制了这么多年，终于等到了一个报复晋国的机会，当然不会放过。庄公当即把晋国的警告抛到一边，以高规格接待栾盈，把他留在齐国居住，相当于公开打了晋平公的脸。

当时大家以为齐庄公只是想恶心一下晋国，出口气就算了，哪知道庄公的计划远远不止于此。

第二年，晋平公要把公主嫁给吴王诸樊。齐庄公表现得很热情，派出宗室之女给晋国公主当媵妾，让析归父把她送去晋国。析归父去的时候，偷偷把栾盈他们一群人载在车里，一起带进了晋国。

这才是齐庄公的恶毒计划。他要栾盈他们在晋国国内闹起来，自己再发兵从外部攻打晋国，里应外合，给晋国来一次狠狠的教训。

栾盈的采邑在曲沃，他们进入晋国以后就偷偷潜入曲沃，找到当地的大夫胥午，劝他加入造反的队伍。胥午不同意，但表示可以帮助他们，就把栾盈等人藏在自己家里。

胥午请栾盈以前的手下将领们参加宴席。在宴席上，酒至半酣，胥午装作若有所思地说："唉，要是栾怀子在这里的话多好！"

大家听了都伤心流泪，纷纷感叹当初栾盈对自己的恩情。

胥午又试探说："要是栾怀子现在突然回来了，你们会继续忠于他吗？"

众人全都坚决表示，一定会继续跟从少主人，绝无二心。

胥午一拍手掌，栾盈从幕后走出来。人们个个都不敢相信自己的眼睛，又惊又喜，赶紧下拜。

栾盈说："你们刚才的话我都听到了，谢谢大家现在还对我忠心不二。既然这样，今后就听我的安排。"

栾盈在曲沃召集旧部，整顿兵马，密谋反叛。当年四月，他带领自己的人马杀回绛城。

但栾氏多年以前到处得罪人的恶果这时候显露出来了。

赵氏被栾书屠杀过，跟栾氏有大仇，肯定是他们的敌人；韩赵一家，韩氏当然也不亲近栾氏；"迁延之役"，栾黡跟中行氏结下仇；智氏跟中行氏本来就是一家，现在智盈年纪还小，更是处处听中行氏的。

只有魏绛一直在下军，是栾盈的上级，现在魏绛的儿子魏舒还算比较同情栾盈。

所以栾盈的盟友只剩下魏氏一家。这次栾盈能够顺利进入绛城，也是魏舒有意放水的结果。

栾盈入绛城的时候，范宣子正和平公的宠臣乐王鲋在一起。他听到栾盈来的消息吓了一跳，但乐王鲋却劝他别慌，给他出主意：马上进宫，控制平公，同时争取其他几个卿族的支持。

范宣子进宫的路上怕被栾盈的线人注意到，需要伪装一下。正好杞孝公死了，晋国太后（晋悼公的夫人，杞孝公的姐姐）那段时间正在宫里办丧事，范宣子就穿着丧服，扮成吊唁的命妇，混在一群女人中间进入了宫里。

范宣子向晋平公说明情况，取得了平公的支持，然后带着平公去别的宫殿里面躲避。同时发令，绛城进入全面戒备状态。

另外一边，范鞅亲自赶到魏舒家。魏舒的车马都已经准备好了，兵丁们排好阵势，整装待发，准备跟栾盈里应外合杀进宫里。

范鞅假装不明就里，大喊："栾盈杀回来了，现在大臣们都在宫里议事，请魏献子跟我一起入宫面见君王。"说着他一下跳上魏舒的马车，坐到魏舒身边，一手抚剑，一手执马缰，下令："入宫！"就这样把魏舒劫持到了宫里。

范宣子当面向魏舒行礼，许诺以后把曲沃送给他；魏舒只好答应配合。栾盈唯一的盟友就这样被控制住了。

这时候栾盈的兵马已经出动，在绛城内发起猛攻；他们一路横扫，很快打到宫室附近。宫内侍卫拼死抵抗，双方战斗很激烈。

栾氏的先锋叫督戎，勇猛无比，无人能挡。宫里有个叫斐豹的奴隶，他站出来对范宣子说："只要烧掉我的丹书，我就替你去挡住督戎。"

当时奴隶们的名字都会被用红字刻在一支竹简上，称为"丹书"，烧掉丹书就意味着废除他的奴隶身份。范宣子当场指太阳为誓，保证一定给斐豹自由。

斐豹于是就一个人冲出宫去，故意把督戎引来；他跳过一堵墙，埋伏在墙后杀死了督戎。

外面喊杀声震天，栾氏的军队已经翻进宫门了，宫里的人都躲到一座高台后面。范宣子对范鞅下了死命令："务必守住国君的宫殿，否则你就死在这里！"

范鞅急红了眼，带着手下军士跟敌人拼了。双方你来我往，展开激烈的争夺战，血溅宫廷。

范鞅的战车遇到了栾氏的将领栾乐，两人是老相识。栾乐不由分说一箭就射过来，范鞅对他大吼："你要敢射中我，我到了天上都要控告你。"这招果然有效，栾乐立即分心，一箭射偏；他再要射，车子却撞到树上翻倒了。栾乐滚到地上，被围上来的敌人砍成了肉泥。

打了一会以后，栾氏损兵折将越来越严重，另一名大将栾鲂也受了重伤。他们没有后援的部队，伤亡人数多了以后就撑不住了；而且其他几个家族的援军也已经赶到宫里来支援，晋平公这边顿时声势大壮。栾盈一看势头不好，只好下令撤军，全体撤退到曲沃去据城防守。

他们之所以还留在晋国，是在等齐庄公那边的消息，因为齐国说好的要发兵呼应他们。

没想到齐庄公这人特别不靠谱，一直在拖延，拖到了秋天才发兵。齐军首先攻打卫国，占领了朝歌，然后兵分两路，分别从晋隘道和太行山口侵入晋国。

这时候晋国军队全体都在围攻曲沃，齐军进入晋国以后左冲右突，如入无人之境，一直杀到绛城附近的少水。他们还是怕晋军抽出兵力来包抄自己后路，所以在少水用晋军的尸骨筑了一座京观，以表示对于平阴之战的报复，然后就赶忙撤出了晋国。撤退的路上晋军果然追了上来，杀得齐军大败而逃。

这次战争齐军根本没碰到晋军的主力，只能算象征性的获胜而已，但对于晋国这个老霸主的羞辱还是够了。

齐庄公一撤走，可就苦了曲沃的栾氏。他们在晋国全国军队的围攻下苦苦支撑了半年，不仅没等到援军，反而听到了齐国人被赶跑的消息。曲沃城的信心瞬间崩溃，就这样被政府军打下了。

政府军攻破曲沃以后，对罪魁祸首栾氏展开大屠杀——又一个百年大家族灰飞烟灭，消失在了历史的长河里。只有栾鲂逃到宋国，勉强为栾氏保留了一丝血脉。

当初他们把赵氏和郤氏杀得只剩一个孤儿，现在自己也被杀得只剩一个人；他们家的人弑君，最后又全家被君王屠杀；他们支持赵庄姬诬告赵氏，最后也被自家媳妇诬告……种种巧合，只能说天道好轮回吧。

至于乘人之危挑起别人国家内乱的齐庄公，他的报应也马上就来了。

天网恢恢，连环仇杀案

齐庄公发兵攻打晋国之前曾经跟崔杼商量，崔杼非常积极地撺掇他发动战争。庄公怎么也不会想到崔杼在背后酝酿的险恶用心。

齐庄公是靠崔杼扶立上台的，因此两人的关系一度很亲密，随时都有来往。庄公也就见到了崔杼的妻子棠姜。

棠姜是东郭氏的女儿，本名东郭姜，后来嫁给棠公才被称为棠姜；棠公死后她改嫁给了崔杼。

她是个妖艳而放浪的女人。庄公跟她见的次数多了以后，一来二去的两人就勾搭上了，从此庄公三天两头地就往崔家跑。两人根本不避嫌，闹得尽人皆知。庄公甚至还拿着崔杼的帽子赏赐给别人，就差直接告诉崔杼"我给你戴绿帽子"了。

崔杼当然咽不下这口气，起了杀心。正好庄公想趁着栾氏的内乱去打晋国，崔杼灵机一动，就大肆撺掇他去，想让他跟晋国结下仇，然后再把他杀了去向晋国请功。

所以齐庄公在跟栾盈里应外合坑晋国的时候，崔杼也在准备跟晋国里应外合坑庄公。

可惜崔杼一直没找到下手的机会，也一直没能跟晋国联络上，所以这个计划也就只好半途而废了。

他只好继续等机会。两年以后，他终于感到时机成熟了，决定再次下手。

当时莒国国君到齐国访问，庄公亲自接待他，崔杼装病不去。庄公还以为他是真病了，第二天就亲自去崔府看望他——当然主要目的还是看望棠姜。

崔杼早就布置好了，只等着齐庄公来上钩。他知道庄公手下有个叫贾举的宦官，曾经犯了错被庄公打过一顿，一直怀恨在心；所以他就悄悄联系上贾举，两个人商量好，准备一起干掉庄公。

这天，庄公来到崔府，跟往常一样，又跟棠姜眉来眼去的。棠姜假装顺从，把他带进后院的卧室，然后跟崔杼一起从旁边的小门溜出去，把庄公一个人锁在了里面。

崔杼把府里的门全部关上，叫贾举在前面把风，拦住庄公的随从们。庄公在里面等了半天没见到棠姜出来，都还没察觉到不对劲，还拍着柱子唱歌，想把棠姜引来。

哪知道随着一声大喊"捉贼呀"，四周猛然窜出来一大群披甲武士，冲进屋里不由分说就要抓人。

庄公吓坏了，慌忙逃窜到一个高台上，说："我是你们的国君，你们也敢抓？"武士们回答："我们只是奉主人的命令捉拿淫贼，其他一概不知。"说着就冲上去。

庄公只好翻墙逃走，不想被追兵一箭射下来。众人围过来当场把他砍死在墙角下。

崔杼随后带领士兵打开大门冲出去，先杀了等在外面的庄公手下们，然后在临淄城内展开大屠杀。所有亲庄公的大臣除了著名的贤臣晏子外，都被杀了个干干净净。

齐国还有个手握大权的人物，叫庆封，他也是这次弑君案的幕后策划者之一；他爹就是大名鼎鼎的奸夫庆克。所以他们家族搞乱国家是有传统的。

弑君以后，崔杼跟庆封一起把庄公的弟弟杵臼扶上君位，是为齐景公。然后崔杼和庆封分别担任右相和左相，共同把持朝政。

因为两人曾经共同犯罪，所以崔杼非常信任庆封，把他当成铁哥们，梦想着就这样跟他和谐共处下去。但他肯定没听说过一句话：恶人自有恶人磨。庆封的心肠比他更坏。

弑君案两年以后，崔杼家里闹起了矛盾。

崔杼的原配给他生了两个儿子——崔成和崔强，棠姜又生了崔明。崔杼虽然宠爱棠姜生的儿子，但崔成是嫡长子，按规定要继承家业，一时半会也没有理由废掉他。

棠姜有个弟弟叫东郭偃，她跟前夫有个儿子叫棠无咎，这两人都在崔杼手下担任家臣。他们跟棠姜串通好，都在想着怎么挤走崔成、崔强两兄弟。

公元前五四六年的一天，崔成因为得了某种慢性病，被东郭偃他们废除了继承人的资格，改立崔明为继承人。崔成就向父亲申请把老家崔邑送给他养老，崔杼同意了。但东郭偃和棠无咎不同意，他们说："崔邑是我们崔氏的宗邑，只有宗主才能占有。"他们口里的"宗主"当然就是崔明。

崔成和崔强看到父亲也嗫嗫嚅嚅地不肯表态，只好去向庆封这个和蔼的"叔叔"求助，说："叔叔您看，我们爹老糊涂了，连自己的儿子都不顾，只会听东郭偃的谗言。"

庆封说："你们先下去，我考虑一下。"然后去后面找到卢蒲嫳（piè）商量。

卢蒲嫳是什么人？他的哥哥卢蒲癸（guǐ）是庄公手下的宠臣。前两年崔杼弑君的时候卢蒲癸逃到了晋国，卢蒲嫳还留在国内，蓄谋替庄公报仇。

他心机很深，知道要替庄公报仇凭自己一个人肯定做不到，只能先打入敌人内部，从内部搞破坏。所以他就投靠到庆封手下，凭借过人的才干取得了庆封的信任，然后找机会挑拨庆封跟崔杼的关系。

卢蒲嫳听庆封说到崔家的事，心里窃喜，对庆封说："崔氏家里出乱子，您操什么心？崔氏越乱，对您越有好处，您仔细想想！"

庆封也是个贪得无厌的小人，想到崔氏衰落了自己才能单独掌权，也希望崔家乱起来。于是他就去对崔成两兄弟拍着胸脯保证："放心，有我在，你们尽管找他们闹，打不过有我来帮忙。"

有庆封这个大佬撑腰，崔成两兄弟的胆气顿时壮了起来。不久以后他们就主动发难，在崔氏的朝会上发起突袭，杀了东郭偃和棠无咎。双方的人展开大战，崔氏内乱爆发！

崔杼被突如其来的变故震惊了，一个人逃出来。外面的仆人们早都各自逃命去了，连一个驾车的人都找不到。他只好找个养马的下人来驾车，匆匆忙忙地逃到庆封家去避难。

崔杼向庆封求救。庆封又是一脸正气地拍着胸脯保证："有我在，不用怕，谁在迫害您老？我去替您打他们！"说完就派卢蒲嫳带兵去攻打崔成两兄弟。崔氏的院墙很坚固，里面的人顽强防守，一时半会还打不下来。庆封又在临淄城内发起总动员，动用所有的力量一起攻打崔氏，最后终于攻破了崔氏的堡垒。

卢蒲嫳杀了崔成、崔强兄弟，并不停手，接着就对崔氏全族展开大屠杀，一举消灭了这个大家族，抢走了他们所有的财产。棠姜也在家里绝望自尽。

卢蒲嫳大胜而回，找到崔杼说："叛乱已经被消灭了，现在送您老回家。"让人驾车把崔杼载回家去。

崔家已经是一片废墟，只留下遍地死尸。崔杼悲痛欲绝，终于知道自己中了庆封的套路。他一辈子算计别人，到老了却被人算计，原来上天果然有报应。他只好在绝望中上吊了。

庆封从此成为无可争议的一号权臣，牢牢把持了齐国朝政。

可他绝对想不到，这一连串的报应还没有结束，很快就轮到他身上了。

卢蒲嫳为庄公复仇的计划还没有完成，他的下一个目标是庆封。

崔氏被灭以后，庆封对卢蒲嫳更加宠信，两家来往也更加密切。他又恰好看到卢蒲嫳的妻子年轻貌美，也学起了齐庄公，给卢蒲嫳戴起了绿帽子。卢蒲嫳正好借这个机会曲意逢迎，每天把庆封哄得美滋滋的。

最后，庆封干脆把庆氏内部的事务交给自己的儿子庆舍，自己带着老婆搬到卢蒲嫳家里去住，日夜寻欢作乐。

庆封长期不出门，最后文武百官们甚至都挤到卢蒲嫳家里来向庆封汇报工作。卢蒲嫳家的会客厅俨然成了齐国朝廷。

卢蒲嫳看到时机差不多了，就向庆封推荐自己的哥哥卢蒲癸，说他是条好汉。庆封听了他的，把卢蒲癸从晋国召回来。卢蒲癸生得高大威猛，很适合当侍卫，庆封就把他留下来保护自己的儿子庆舍。庆舍也很喜欢卢蒲癸，还把自己的女儿嫁给他。

卢蒲嫳随后又推荐王何。王何也是齐庄公的宠臣之一，现在逃亡在莒国。庆封也把他召回来当庆舍的贴身保镖，让他跟卢蒲癸一前一后地跟在庆舍身边。

到这时，庄公手下的三个死党都潜伏到了庆封父子身边，磨刀霍霍地对准了他们，他们却毫无察觉。

卢蒲嫳同时也在处心积虑地挑拨庆封跟朝廷里的高栾两家的关系。当时齐国有规定，朝廷里办公的卿大夫，由官方供应午餐，每人每次有两只鸡。卢蒲嫳一伙人跟厨房里的人串通好，私自把鸡换成鸭子；上菜的人觉得这样还不够，干脆把鸭肉也偷了，只拿汤汁去上给卿大夫们。从此朝廷官员们就只能吃这种清汤寡水的"工作餐"了。

栾氏的子雅、高氏的子尾两人火冒三丈，去找庆封投诉。庆封问卢蒲嫳怎么回事。卢蒲嫳轻蔑地说："理他们做什么，他们在我眼里就是一群禽兽而已，我可以随便睡在他们的皮毛上。"庆封就没理他们。

卢蒲嫳替庆封把人都得罪光了，却又偷偷地跟这些满肚子怨气的官员们联络，跟他们商量好里应外合攻打庆氏。

公元前五四五年秋天，齐景公和庆舍带领朝廷百官在太庙里举行秋祭。王何与卢蒲癸拿着兵器在庆舍身边作护卫，庆氏的甲士环绕太庙，防备很严密。

祭祀完以后，大家一起去"鱼里"喝酒看戏。人们发现庆氏的马很容易受惊，庆舍就下令让甲士们把铠甲都脱下来，把马拴到树上，一起进来看戏。

卢蒲嫳一伙早已经跟栾、高、陈、鲍四家联系好了；四家的人马等庆氏的士兵们一进去，马上偷偷围上来，偷了他们的铠甲穿在身上，然后在外面发出信号。里面的王何与卢蒲癸听到信号，一起行动，当场把庆舍砍翻在地。

现场大乱，齐景公赶忙逃回宫里，庆氏的士兵跟四个家族和卢蒲嫳的人打成一团。卢蒲嫳他们是早就准备好的，庆氏的士兵哪里打得过，被杀得七零八落，四散而逃。

几大家族的人发一声喊，一起冲进庆氏家里，把庆氏家里的人杀了个精光，终于替齐庄公报了仇。

当时庆封正在莱地打猎。他听说城里发生变故，赶忙带兵杀回临淄，一路杀进城内，攻打齐景公的宫室，但一直打不下来。

庆封无可奈何，只好退走，带着庆氏剩下的人逃到鲁国；齐国又派出使者去诘问鲁襄公，襄公不敢留他，庆封只好又逃到了吴国。吴王余祭还挺赏识他，把他封在朱方，让他作为封疆大吏镇守边疆，又赐给他大量财物。庆封在吴国重新过上了位高权重的生活。

但命运还是没有放过他。七年过后，公元前五三八年，楚灵王带领诸侯联军讨伐吴国，打下了朱方。灵王是个杀人不眨眼的大魔王，把庆封家族一勺烩，全部杀光了。庆氏家族从此灭门。

卢蒲嫳后来也被报复了。子雅、子尾一直记得他说的"睡在他们的皮毛上"的话，把他放逐到齐国北部边疆，到了公元前五三九年又把他驱逐到了燕国。

至此，从齐灵公被气死到庆封被灭门，前后绵延十六年的连环仇杀案终于画上了一个句号。其中所有心术不正的人都遭到了报复，天网恢恢，没有漏掉任何一个恶人。

兄弟让位

庆封逃到吴国是不得已的举动。吴国显然不是一个适合避难的地方，这些年他们非常不安宁，跟楚国的战争一直没间断过，而且败多胜少。

当年寿梦主动向楚国发起挑战，一度打得楚国焦头烂额，被迫跟晋国弭兵。但弭兵过后楚国就很快缓过气来，加大了对吴国的压力；而且他们也渐渐适应了吴国的战法，吴楚之间的实力对比开始发生改变，楚国在两国交锋中渐渐占据上风。

寿梦一生梦想参与中原的争霸大战，还私自僭越称王。天下从此有了周王、楚王和吴王。但他终生被楚国挡在东南角，连中原的边都没沾到，只能把逐鹿中原的梦想留给儿子们去实现了。

他有四个儿子：诸樊、余祭、夷昧、季札。其中小儿子季札最有才能，也最得宠爱。寿梦本来想把王位传给他，他却坚决推辞。

吴国还是半个"蛮夷"，保留了上古时代的一些淳朴风俗，比如兄终弟及。所以寿梦就把四个儿子召集到一起，大家谈好，先把王位传给诸樊，然后诸樊再传给弟弟余祭，四兄弟挨个传下去，最后传到季札手中。四个儿子都答应了。

公元前五六一年九月，诸樊继位为吴王。

他继位的第二年，楚国也发生了权力更替，楚康王登基。诸樊觉得机会来了，在楚国国丧期间发起突袭。

这是明摆着欺负楚国新君刚立。楚康王毫不含糊，立即应战，派神射手养由基在庸浦打败吴军。

这是两位新君的第一次正面交手,楚康王给了诸樊当头一棒。

在后来的交锋中,楚康王处处压吴王一头。尤其是在公元前五四八年争夺舒鸠国的战争中,他更是让吴国人尝尽了苦头。

舒鸠国是群舒九国之一,处在吴国和楚国中间的位置。楚穆王和楚庄王时期,楚国曾花费很大力气进攻群舒,消灭了其中的舒蓼等国,剩下的几个小国也都成了楚国的跟班小弟。

吴国崛起以后,群舒开始在吴楚中间左摇右摆,类似于郑国在晋楚中间摇摆的情况。吴国也尽力拉拢他们一起对抗楚国。

楚共王时期又消灭了舒庸国。到楚康王时期,群舒只剩下一个舒鸠国了。

公元前五四九年,舒鸠国背叛楚国,投靠吴国。所以第二年楚康王就发兵去讨伐他们。

吴王诸樊亲自带兵来救援,双方对峙七天七夜。不想楚军先派出少量兵力引诱吴军;吴国人登山眺望,看到楚军后面没有大部队,就放心大胆地追上去,结果被引进埋伏圈,被合围上来的楚军主力杀得大败而逃。楚军顺势包围并消灭了舒鸠国,把他们设置为楚国的一个县。

这场战争使得吴国的战略缓冲地带被楚国占领,对吴楚之间的战略形势造成了很大影响。吴王诸樊急了,当年年底就发兵去攻打楚国手下的巢国,想扳回一城。

这一次他又中计了。巢国人大开城门放吴军入城,让人躲在城墙下的角落里放冷箭,一箭射死了诸樊。吴军又一次大败。

吴国这几次败仗都是因为缺少军事人才,将领们不了解兵法,只靠蛮力往前冲。可想而知,如果不解决人才匮乏的问题,吴国在跟楚国的对决中就永远占不到上风。

诸樊在跟楚康王的竞争中全面失败,说明当初他父亲想传位给小儿子确实是有些道理的。

诸樊死后,按照当初的约定,王位传给了余祭。

余祭最著名的事迹是收留齐国逃来的庆封。但这显然是个思路清奇的决定,把在别国弑君的、被众人联合攻击的罪臣收留下来,还给他高官厚禄,这跟捡别人的破抹布做自家窗帘一个道理。结果他被人鄙视不说,还招来楚国的打击。仅这一件事就可以看出余祭是个很不靠谱的君王。

果然，他在位仅仅四年就被一个越国俘虏杀死了，没有为国家做任何有用的事。

随后轮到夷昧继位。夷昧最初也不肯登基，想把王位让给季札。季札坚决推辞，夷昧只好勉强即位。他当政十几年，无功无过，吴国基本太平无事。他临终的时候又一次要把王位传给季札，季札还是坚决推辞。

为什么人人都如此看重季札呢？因为季札确实有才能，当时他就已经名满天下，是整个春秋时期著名的贤者。

季札的封地在延陵，又被称为延陵季子。他负责当时吴国的外交事务，出使过徐、鲁、郑、卫、晋等很多国家。

他身上有一种神奇的主角光环，跟之前的晋文公类似，不管他到哪个国家，都会迅速赢得那里的人们的欢迎；不管是齐国的晏子，还是郑国的子产，或者晋国的韩、赵、魏三家的宗主，都跟他成了私交甚笃的好友。

他在鲁国评论周朝的音乐，发表了一番很精准的见解，被传为美谈。

他在齐国建议晏子赶紧交出权力，使得晏子躲过了后来栾高之乱的大屠杀。

在郑国，他跟子产讨论国政，准确地预言郑国将有祸患，以后子产会掌握郑国大权。

在卫国，他的一番言论让孙文子赶紧停止寻欢作乐。

在晋国，他很明确地说：将来晋国会属于韩、赵、魏三家。

最著名的还是他坟前挂剑的故事。

据说他出使晋国的时候经过徐国，徐国国君设宴招待他，两人谈得很投机。席上，徐君很羡慕地看着他佩戴的宝剑；季札知道他喜欢自己的这把剑，但自己要佩着它去出使晋国，不能送人，所以就什么都没说。

等他出使完成，回来经过徐国的时候，却听到了徐君已经过世的消息。季札很伤心，带着随从去徐君的坟上祭奠，临走的时候把那把佩剑解下来挂到树上，说这是送给徐君的礼物。

下人很不解地问："人都已经死了，难道还要把剑送给他吗？"

季札回答："我的心里早已经承诺要送给他了，即使他死了，也不能违背我的承诺。"

在讲究"信义"的春秋时代,季札这样的人完美地符合人们心中对"义士"的想象,成为国际明星也就可以理解了。

但季札又是个极度清高的人,绝不肯让仕宦经济之学污染自己贤者的美名,所以尽管他的三个哥哥一而再再而三地让位给他,他都坚决不肯接受。特别是在夷昧死后,按照约定确实该让季札继位了,他还是不同意;最后他实在被大家烦得受不了,只好逃到乡下去种田。

吴国人无可奈何,只好让夷昧的儿子僚继位,是为吴王僚。

季札固执地坚持自己的立场,留得贤名千古传。这样却让吴国一直缺少有才干的领导者,在几十年的时间里始终无法翻过楚国这座大山。直到后来楚国人自己给他们牵线搭桥,才改变了一切。

第二次弭兵

再说楚国那边,楚康王虽然多次打败吴国,稳定了东南方的局势,但仅仅是稳定而已,这个炸弹始终在那。他无法消灭晋吴的任何一方,所以楚国始终不能从两线作战中脱身。

为了摆脱这种窘境,楚国只能再次捡起"弭兵"这块老招牌。

至于晋国那边,从栾盈之乱以后一直就没缓过气来,六卿之间同仇敌忾的气氛早就不存在了;晋平公也缩回了他的宫廷里,沉溺在声色犬马之中,根本没有任何人想再向外扩张。晋国整个国家开始了全面的战略收缩。

执政的赵武也坚持和平外交政策,他先后在公元前五四八年和公元前五四七年跟齐国、秦国签订了和平协议。晋国对整个国际社会挂起了免战牌。

至于中原小国们,原本就是晋国这个老大哥在带着他们四处征战,现在老大哥都不想动了,他们当然更没了斗志;而且这些年交给晋国的税赋非常沉重,各国早就怨声载道,都在抱怨晋国剥削他们。中原联盟离心离德,实际上已经瓦解。

这个时代确实没人想再提"争霸"这种老掉牙的概念了。

最先察觉到这个趋势的还是宋国人。宋国恰好又出了一个合适的中间人——他们的执政官向戌。向戌一直在协调国际关系，他跟晋国的正卿赵武、楚国的令尹子木私交都非常好。这一点跟当年的华元类似。

所以向戌奔走在各国之间，先后询问了赵武和子木的态度，又问了齐秦等国的态度。大家的态度都很一致：争霸有什么意思？打来打去有什么意思？活着难道不好吗？人生如此短暂，何不及时行乐？

没有霸主，没有豪杰，没有气吞山河的豪情与君临天下的梦想，平凡的年代里，芸芸众生只求平安、平静地活着。

休战是人心所向，不可阻挡。

所以向戌很快就跟各方都谈妥了。大家约定，当年夏天，各国再次到宋国去举行弭兵仪式。

公元前五四六年七月，晋国由赵武（赵文子）、叔向［羊舌肸（xī）］、荀盈（智悼子）出面，楚国由子木（屈建）和子晢（公子黑肱）主导，天下各国的国君和卿大夫们会聚于宋国商丘蒙门之外，共同商量弭兵事宜。

这次弭兵得到所有国家一致支持。大家的积极性都很高，共有十四国与会，除了秦国以外，所有中等以上的国家都参与了，代表了国际社会普遍的民意。

为了表示和平的诚意，大家同意，各国带来的军队都只用篱笆隔开，不挖壕沟；晋楚两国军队驻扎在两端，远远隔开。

但晋楚两国世代为敌，没有那么容易就转变过来。会上，子木下令楚国士兵都在外衣下面穿上铠甲；晋国人看到了，也惴惴不安的，怕楚国人翻脸不认人。

到了歃血的时候，两国又为谁先谁后争得不可开交。晋国人坚持说，我们是天下盟主，肯定应该第一个歃血；楚国人坚决不让。最后还是晋国退一步，让楚国人先歃血，但在盟书上把晋国写在第一位。春秋时代最重要的和平仪式就这样在吵吵闹闹中艰难完成。

第二次弭兵之会前后持续了大约半个月，晋楚双方边吵边谈，宋国在中间打圆场，其他国家负责围观和拉架。终于在六月中旬达成了协议。

协议的基本内容就是晋楚两国平分霸权，不再争夺霸主之位；除了齐秦两个大国以外，其他所有国家共同尊奉晋楚两个霸主，贡赋也平均交给两个霸主。

这是一次真正"双赢"的会议，所有参与者都得到了自己想要的结果。各国民众的厌战情绪汇聚在一起，形成一股排山倒海的合力，倒逼统治者放弃了战争。

会后，晋楚双方都派出使者去对方的国家面见君王，正式确认盟约的有效性；两国之间开始通好，百年恩怨一朝化解。晋楚争霸从此成为历史，中原大地迎来了一段长期的和平。

但从另一个角度看，弭兵其实是双方不得已的结果，背后隐含了这样一个冷酷的事实——晋楚双方的国力都在急剧衰退，统治者已经无力挽回，一个更加颓丧的时代正在到来。

第二十一章　狂风骤起

楚王好细腰

第二次弭兵是楚康王一生最大的成就。他当政十几年，虽然没有称霸天下的壮举，但阻止了楚国国力的下滑趋势，压制了吴国的扩张，还硬从晋国手上抢来半个霸主的名号。作为君王，他还是很值得称道的。

可惜天不假年，正当康王稳住了北方的局势，转头要全力打击吴国的时候，正当盛年的他却意外离世。他的儿子公子员继位，史称楚郏（jiá）敖。

楚郏敖年轻，根基浅，登基以后只好依赖他的几个叔叔帮忙巩固政权。

康王总共有五兄弟，分别是：公子昭（也就是楚康王自己）、公子围、公子比（子干）、公子黑肱（子晳）、公子弃疾。

跟吴国诸兄弟让位的情况相反，楚康王这四个弟弟都是心狠手辣的货色。他们在康王当政的时代趁机培养了自己的势力，康王过世以后，他们暗地里便都存有篡夺王位的心思。

为什么会这样？还要从他们的父亲楚共王的时候说起。

当初他们五兄弟都是庶出，地位都差不多。父亲楚共王对于传位给哪个儿子很伤脑筋。

共王想了很久都决定不下来，最后想出一个办法。他让祭师捧着一块玉璧，走遍楚国的名山大川，向神灵祈祷；然后等祭师回到郢都后，命人把这块玉璧藏到祖庙里的地板下面。

然后共王让五个儿子依次进去拜祭祖先，自己在一旁偷偷观察，看谁会跪到玉璧的位置上。

老大公子昭跪拜的位置在玉璧旁边，老二公子围手肘压到了玉璧上面，老三和老四都离玉璧很远，老幺公子弃疾当时还很小，由奶妈抱着进去，两次都正好拜在玉璧的位置上。

所以共王就认为老天想让公子弃疾继承王位。

可是人算不如天算，共王过世的时候公子弃疾年纪太小，他只好先传位给公子昭。

据说，从那以后，楚国朝野一直在流传玉璧的传说。公子围和公子弃疾也暗暗地觉得自己是有天命之人，应该登上王位。

楚郏敖上台以后明显感到这几个叔叔很不好对付。他压制不住他们，不得不把二叔公子围任命为令尹，掌管军队，另外两个叔叔子干和子皙也任命为高官。

不管他是主动的还是被迫的，军权一旦交出去就再也收不回来了，楚郏敖从此完全沦为被动状态。

公子围根本不跟他多废话。第二年，公子围在出使郑国的路上，忽然听说国内的楚郏敖生病了，他毫不犹豫，马上赶回国内，声称要探望侄儿，径直闯入王宫。

在宫里，公子围屏退左右，用发冠上的带子把楚郏敖当场勒死，又杀了楚郏敖的两个儿子，然后对外发布楚郏敖暴病身亡的消息。

这时候公子员当国君才三年，被杀以后连谥号都没有。按照楚国的传统，没有谥号的君王都只能称为"敖"，他又葬在郏地，所以才有了"楚郏敖"这样一个怪异的称号。

子干和子皙一看势头不好，赶紧逃到国外去躲避；留在国内的伯州犁也被杀死。楚国国内再也没有能跟公子围叫板的势力了。

公元前五四一年，公子围自立为王，是为楚灵王。

按理说靠弑君篡位上台的人，往往都是比较有才干的，但楚灵王却例外。他上台以后，凭借自己坚持不懈地努力，很快把"暴君"的名声撒播到了整个国际社会，成功坐上了春秋三百年第一号暴君的宝座。

还在他活着的时候，国际社会就流传着他的种种残暴的传说，最著名的是"楚王好细腰"的故事。

传说楚灵王特别喜欢看到男人身材纤细的样子。

朝廷里的官员们为了迎合他，人人节食，家家减肥。他们每天只吃一顿饭，上朝之前先屏住呼吸，把衣带勒紧，等穿好朝服以后才扶着墙慢慢地站起来。等到上朝的时候，一排排男人摆着小蛮腰鱼贯而入，真是蔚为壮观。

当然没人愿意一直这样虐待自己，但是没办法啊，大王喜欢这样，大家都拼命地迎合他，你不跟风，就会被排挤。这样过了几年以后，朝廷里人人都是面黄肌瘦的样子。

这件事最初可能只是灵王要官员们保持身材，不要大腹便便的一副贪官的模样。谁想到越传越走样，才有了上面那种夸张的描写。

后来又渐渐传成了灵王喜欢细腰的美女，后宫佳丽们都争相减肥，个个体态轻盈，婀娜多姿。最后甚至被好事者编成歌谣："楚王好细腰，宫中多饿死。"所以后人又把他的"章华宫"叫作"细腰宫"。

章华宫是楚灵王时期倾尽全国之力建成的豪华宫殿，宫里的主体建筑是一座高达十丈的楼台，称为章华台。传说上台的时候要休息三次才能到达顶端，因此又叫"三休台"。

这座奢华的建筑成了昏君追求享乐的象征，引发世人无尽的想象。无数文人墨客争相吟诵，为我们贡献了许多的经典篇章。

所以楚灵王对于中国文化倒是有不小的"贡献"。

除了在国内穷奢极欲搜刮民脂民膏以外，灵王的残暴更多是表现在对外政策上。

他是个黑旋风李逵似的糙汉子，把梁山好汉的做派带到了国际上，一言不合就动武，抢起斧头就砍人。小国诸侯们全都被他这种狂暴作风吓得胆战心惊，生怕一不小心就惹翻了这个混世魔王。

但他又有一种粗人特有的"道德观"，只要听到有不合理的事马上拍桌子瞪眼睛："谁他妈在捣乱，给老子站出来！"他觉得自己是天下霸主，不管谁犯了事，他都需要站出来管一管，这一切在他眼里都是"替天行道"。

他的"成名作"是千里捉拿庆封。

当初庆封带着弑君之罪逃到吴国，被吴王收留。楚灵王听了以后就不开心了，心说：朗朗乾坤，竟然容得此等宵小猖狂，还有天理吗？还有王法吗？为了消灭这货，他专门发动诸侯联军去攻打吴国，把庆封活捉到楚国游街示众。

灵王对人们说："大家都不要学庆封，这家伙是乱臣贼子，我今天就杀他给你们看看。"

庆封冷笑着说："大家也不要学楚共王的儿子公子围，他杀了自己的侄儿，篡了位，还强迫大家支持他。"

灵王恼羞成怒，下令马上处死庆封。这一幕却在楚国成为笑谈。

接下来他瞄准的是陈蔡两国。

陈哀公的太子叫师，还有个宠妾生的儿子叫留。哀公让自己的弟弟司徒招照顾公子留，可能是让他当了公子留的老师。

司徒招既然站在了公子留这边，当然就希望以后公子留能继承君位，好让自己掌握大权。

公元前五三四年，哀公生病，司徒招擅自做主，杀了太子师，把公子留扶为太子。哀公听了这事，几乎精神崩溃，想要除掉司徒招。司徒招索性就先下手，派兵包围哀公，逼他自缢身亡，把公子留扶上了君位，然后去向楚灵王报告情况。

楚灵王一听：这还了得？看来我"替天行道"的机会又来了。他便当场便杀了那个陈国使者，然后派公子弃疾去攻打陈国。楚国很快获胜。灵王把公子留赶到了郑国去，然后一不做二不休，干脆就灭掉陈国；把公子弃疾封为"陈公"，让公子弃疾管理原来陈国的领土和百姓。

灭陈以后，楚灵王又想起蔡国的旧账还没算清楚，索性一起算。

当时蔡国当政的是蔡灵侯，他也是弑父上位的。想当年，他的父亲蔡景侯是个禽兽不如的老淫棍，学以前卫宣公的做法，霸占自己的儿媳。还是太子的蔡灵侯实在不能忍，杀了自己的父亲，自立为君。

公元前五三一年，楚灵王假装邀请蔡灵侯赴宴，把他诱骗到楚国的申地，并在宴席上埋伏带甲勇士。灵王用酒把蔡灵侯灌醉以后，勇士们一拥而上，把蔡灵侯以及手下随从们七十多人全部杀了。

楚灵王随后派出公子弃疾围攻蔡国,在当年年底灭掉蔡国,吞并了他们的土地。然后灵王把公子弃疾封为"蔡公",让他去管理蔡国人。

所以公子弃疾同时成了"陈公"和"蔡公",掌管两国的土地和人口。

陈蔡两国都有弑父的罪行,讨伐他们本来是大快人心的事情;但楚灵王凭着自己的梁山好汉作风,硬把行侠仗义变成了仗势欺人。

现在早已不是跑马圈地的时代,第二次弭兵都已经过去十多年了,和平共处的理念已经深入人心,这种平白无故吞并别的国家的做法,在国际上引起了很恶劣的反响。何况陈蔡都是老资格的中原诸侯,是中原联盟的主要成员之一。两个老哥们活生生地被人灭了,诸侯们怎么能接受呢?

从此以后,"暴君"的标签就被深深地印在了楚灵王身上,怎么洗也洗不脱了……

暴君的结局

楚灵王上台不到十年,已经把国内国外所有能得罪的人全部得罪了一遍。所有人都怨声载道,都在盼着他赶紧倒台。但他自己一点都没觉察到,还沉浸在"天下霸主"的自我幻想中,扬扬自得。

好在他的竞争对手跟他一样烂泥扶不上墙。这些年晋国那边也是烂透了,晋平公跟楚灵王一样好色昏庸。他听说楚灵王建了章台宫,不甘示弱,马上建了一座虒祁宫跟他比拼——同样穷奢极侈,同样耗尽民脂民膏。

这还不算什么,晋平公最大的错误是提拔韩起当正卿。韩起是个私心极重的人,他丝毫不关心国家利益,只是想尽办法壮大自己的家族。在他手下,韩氏迅速膨胀,公室的力量逐步被削弱,开始露出了六卿压倒国君的苗头。

公元前五三〇年前后,晋楚两个百年对手已经从"争霸"进入了"比烂"的时代,争先恐后地比拼谁更昏庸残暴、谁会先撑不住。这真是天下百姓的悲哀。

结果还是楚国先崩溃。

暴君的精力总是无比旺盛的。刚刚消灭了蔡国以后，楚灵王又嫌太寂寞，又准备要搞事了。

公元前五三〇年十一月，灵王发起大军进攻徐国。前方的军队包围了徐国的城池，他自己带兵驻扎到乾溪，作为后援。这样一驻扎就是几个月。

当时已经是隆冬，大雪纷飞，军士们在雪地里冻得直哆嗦。灵王却丝毫不考虑他们的感受，没有任何要撤退的意思。

他自己穿着华贵的羽衣，戴着皮帽，脚蹬豹皮靴，站在中军帐里观看外面的雪景，赞不绝口。士兵们看见这情形，都憋了一肚子的怨气。

一直到第二年春天，军士们受冻挨饿一整个冬天，早已经忍耐到极限了，眼看兵变一触即发。

后方朝廷里的人们立即发现这是不可错过的机会，其中有许多人早都对楚灵王心怀不满，正好趁机发难。

当初楚康王的时候，令尹子南手下有个大臣叫观起。他俸禄不高，但家里豪富，马车都有数十辆，露富露得太明显。这种情况引起了康王的注意。康王开始"反腐"行动，让人调查子南他们一伙贪污腐败的情况，最后查到了一堆违法乱纪行为。康王大怒，当场把子南杀死在朝堂上，又把观起车裂以后拿尸体去示众。这是康王时期著名的大案之一。

观起死后，他儿子观从流亡到了蔡国，在蔡国贵族朝吴手下当差。后来蔡国被灭，公子弃疾去管理蔡国遗民，他们也就成了公子弃疾手下的大臣。

观从这些年一直在找机会替自己的家族报仇。他见到楚国即将发生变乱，就挑拨朝吴说："先生请抓住机会，如果现在不恢复蔡国，以后就再也没机会了。"

怎么才能恢复蔡国？只能挑动公子弃疾造反，把他扶上楚王的位子，再求他让蔡国复国。

但公子弃疾自己的力量恐怕还不够，还得找他两个哥哥来帮忙。

于是观从他们两人商量好，伪造公子弃疾的手书，送到晋国和郑国，召子干、子皙两人到蔡地来密谋举事。（这里的"蔡地"指的原来蔡国的土地，现在由公子弃疾统治。）

子干、子皙都是灵王的弟弟。他们本来就在觊觎王位，所以两人一收到书信，没怎么怀疑，就来到了蔡国。

朝吴和观从先到郊外迎接子干、子皙，向他们说明了书信是伪造的，求他们跟自己一起去劝说公子弃疾造反。两人软磨硬泡，使出各种招数才劝得子干他们同意了。

这伙人一起进入城里去找公子弃疾。这时候公子弃疾还蒙在鼓里，正在家里吃饭，忽然看到他们一群人进来了，吓得大惊失色，说："你们怎么回国了？"当场就要逃走。

观从他们拉住公子弃疾，向他说明了造反的计划。事已至此，公子弃疾就算要不答应也脱不了干系。于是他只好同意。

然后，由公子弃疾带领，子干、子皙、观从一起去号召蔡国人和陈国人起来造反。两国民众都积极响应，再加上楚国在地方上的驻军、蒍（wěi）氏等的家族军队，很快集结起一支庞大的部队。他们直接杀到楚国，杀奔郢都。

以上是史书上的记载。按照这段记载，说一切都是观从在煽风点火，公子弃疾他们三兄弟都是被骗来入伙的，显然不合理。

按照后来的事实来看，这次政变的真正发起者应该是公子弃疾三兄弟。他们利用灵王长期离开权力中心的机会，以"复国"为诱饵，鼓动陈蔡两国民众跟自己一起去推翻灵王。

由于当时楚军主力都在国外，郢都空虚，公子弃疾的队伍一路势如破竹，迅速攻破郢都。他们杀了灵王的几个儿子，直接断了灵王的后路。

三兄弟商量好，由老三子干登基为楚王，子皙和公子弃疾辅佐他；然后传令到乾溪那边，招降灵王手下的军队，号称："先回来的官复原职，后回来的割鼻。"

灵王这几年已经把国内外所有人都得罪光了，这次行军又把大家折磨得够呛；现在一听说有了新的楚王，谁还想跟着他？所以大家都赶着开小差，纷纷跑回郢都去投靠新王，拉都拉不住。乾溪的军队瞬间溃散。

灵王这时候才发觉自己竟然如此不受人欢迎，但已经晚了。他众叛亲离，到最后几万大军跑得只剩他一个人。他自己孤魂野鬼似的在楚国乡间流浪，连吃的都找不到，快要饿死了。

楚国人人都恨灵王，连乡下百姓都不肯收留他。他游荡了很多天，终于遇到以前宫里的一个侍从，灵王求这人赏口饭吃。这人只是冷冷地说："现在是新王的天下。新王下令，谁要敢收留您老，诛灭三族！"

灵王又请求枕在他腿上睡觉；没想到灵王睡着以后，那人把腿抽出来，用一块石头代替，然后偷偷跑掉了。灵王醒来以后，饿得连站起来的力气都没有了。

还好当地有一个叫申亥的人，他父亲以前是楚国的地方官员，犯了几次错，都被灵王赦免了。所以申亥想报恩，就找到灵王，把他带到自己家里住着，好酒好饭地养着，还让两个女儿给他侍寝。

灵王又累又困，哭了一夜，最后死在了申亥家里。申亥杀掉两个女儿替他殉葬，然后安葬了灵王。

楚灵王当政不过十二年，知名度却高得很：他以血淋淋的实践向人们展示了一个没有任何头脑的粗人掌握了大权会有什么后果。不过从另外一个角度看，他也给后人留下了无数的笑料和传说，例如"细腰宫""晏子使楚""淮南为橘，淮北为枳"等，也算是对中国文化做出了不少"贡献"呢。

再说郢都那边，子干虽然已经自立为楚初王，但三兄弟都各怀鬼胎。

子干和子皙都是流亡多年刚刚回国的，支持者很少；而公子弃疾这些年一直掌握大权，又有陈蔡两地的民众支持，势力比他们大得多。子干和子皙根本没法压住他。所以两人一直惴惴不安的，不知道该怎么办。

当时郢都的人们并不了解乾溪那边的详细情况，人人都疑神疑鬼的，生怕哪天楚灵王又带着乾溪的军队杀回来了，城里一时间谣言蜂起。甚至在半夜都常常有人大叫："灵王回来啦！"吓得全城百姓不得安宁。

公子弃疾就利用人心不稳的机会，故意散布各种谣言，制造混乱，使得子干的位子一直稳定不下来。

五月的一天晚上，公子弃疾让长江上的船夫们在江边奔走相告："灵王已经打回来了，马上进入郢都。"然后派斗成然到宫里告诉子干和子皙："灵王的军队马上杀入城里。公子弃疾已经叛变，即将跟他一起入城，两位只怕大难临头了。"

子干和子皙吓得不知所措。观从劝他们跟公子弃疾火拼，他们却没那个胆量，只好自杀身亡。

公子弃疾随后入城，登上王位，号为楚平王。这时，一连串震惊世人的军事政变才终于拉上了帷幕。

平王把子干随便葬到訾地。子干成了又一个没有谥号的国君，史称楚訾敖。

平王也很想赶紧找到灵王来平息大家的恐惧，但派出去的人到处搜寻都找不到灵王的下落，只在乡下捡到灵王丢掉的衣冠。最后只好在当地随便找了一具无名尸首，穿上灵王的衣冠，找了个地方高调举行葬礼，然后对老百姓宣称灵王已经下葬了。郢都城内的人心才渐渐安定下来。

之后几年，楚国官方一直在偷偷寻找灵王的下落；直到三年以后，申亥出来自首，才真正找到了灵王的尸首，然后将灵王以王礼下葬。平王这才真正心安了。

平王是靠着陈蔡两地的民众支持才成功发动叛乱的。他登基以后也信守诺言，恢复了陈蔡两国，把陈哀公和蔡灵侯的后人找来继承君位，又归还了郑国被侵占的土地。一时间他广受赞誉。

对于国内的人，他也普施恩惠。他放松刑罚，修明政务；为了让民众休养生息，他连续几年不发动战争。灵王时期被搅乱的国政重新回到了正常轨道上，国内外的人心渐渐归附，平王的位子也就坐稳了。

另一方面，关于他们五兄弟找玉璧的传说可能就是这时候放出来的。五兄弟只有公子弃疾拜到了正确的位置上，所以他才是天命所归；现在王位落到他手上完全是顺应天意。老百姓也就更加信赖他了。

对于观从，平王也释放出善意。之前观从曾经劝子干他们杀掉平王，但平王没有记他的仇，反而把他召来重用，朝廷里的官职任凭他挑。聪明绝顶的观从挑了个巫师类的官职，从此远离了政治漩涡；而且有"神明"保佑，平王以后想反悔找他的麻烦都不行了。

通过这一系列的措施，平王迅速笼络了人心，看起来楚国再次拥有了一位贤明的君主。

但平王的心肠实际上比他几个哥哥更坏，他只是比较聪明，会伪装而已。

他的伪装短时间内可以骗到人，时间久了，难免就露出马脚，暴露出面具后面狰狞的面孔。

荒淫的楚平王

楚灵王是被国内政变推翻的。有这样一个活生生的例子，所以楚平王从一开始就特别注意防备那些手握大权的重臣。

平王上台以后，首先诛杀斗成然。

之前推翻子干的过程中，斗成然立了头功，从而被任命为令尹。他是斗氏的领袖，斗氏本来就是权势很大的家族，这下更加有了飞速上升的苗头。

平王不给他们机会，上任的第二年就动手。

平王借口斗成然跟养氏的人勾结，就杀了斗成然，给他定的罪名是"贪得无厌"；平王又诛灭了养氏全族。虽然斗成然的儿子被立为斗氏的族长，勉强把家族维持下去，但斗氏经过这次打击也就一蹶不振了。

随后轮到朝吴。

平王登基以后，朝吴还留在蔡国，于是平王就派费无极去对他说："您这把年纪了，还当个这么小的官，真够窝囊啊，怎么不另想办法呢？"又对朝吴的上级官员说："大王最信任朝吴，所以才让他来镇守蔡国。你们几位的才能比不上他，地位却比他高，我看你们是坐不长久的。"

这样连续挑拨几下，朝吴在蔡国朝廷里再也待不下去，只好逃到郑国去了。蔡国也从此失去了造反的能力。

从这时起，平王就表现出了他疑心重、爱耍小聪明、爱玩权力斗争的一面，只要他认为对自己有威胁的人，就会毫不留情地下手除掉。

这种做派，如果把握得好，对维持国家稳定是有益的，但要是做得过分了，则很容易失控，引发严重的政治迫害。

在平王上台几年以后，这把火终于烧到了太子身上。

事情还得从平王登基的第二年说起，当时太子建刚满十五岁，到了婚娶的年龄。

按照史书上的说法，后来的一切祸患都是由一个叫费无极的奸臣引起的。

太子建有两个老师，太傅是伍奢，少傅是费无极。没想到就为了这一点点权力都引发了无数的明争暗斗，最后费无极斗不过伍奢，伍奢赢得了太子的信任。

失宠的费无极开始想办法挽救自己的地位，他索性直接抛开太子，去巴结楚平王本人。

正好平王派费无极去秦国替太子建娶妻。秦女叫孟嬴，是秦哀公的妹妹，姿容绝艳。费无极一见到她就动起了歪脑筋。他把孟嬴接到楚国以后，偷偷告诉平王，孟嬴如何如何美貌。平王把孟嬴召来一看，见她果然压倒六宫粉黛，当即起了淫心。费无极趁机撺掇平王自己把孟嬴娶进宫。

这是一记狠招，既能赢得平王的好感，又彻底离间了他们父子关系。

平王欲火难耐，竟然真的采纳了他的意见，偷偷把孟嬴纳为自己的姬妾；然后用孟嬴的婢女冒充孟嬴去嫁给太子建。

等到孟嬴和太子建发现真相以后，一切都晚了。两人只能无可奈何地接受了平王强加给他们的婚姻。

平王是个疑心极重的人。他干出这种丧尽天良的事情以后，首先想到的是如何防止太子建报复，所以他找个借口把太子建安排到偏远的城父去戍边，目的是把太子建调离权力中心。

但即使这样平王还是不放心。他自己发动政变篡了亲哥哥的位，所以在他眼里越是亲近的人越不能信。

费无极察觉到这一点，所以又挑拨平王说："太子建这几年一直心怀不满，他在边疆地区，手握重兵，外结诸侯，万一日后作乱，谁能挟制？"

平王很配合地马上"相信"了费无极；于是把伍奢从太子身边召回郢都，要他招供太子谋反的事。伍奢坚决否认。但平王根本不理会，下令把他打入大狱，听候发落。

然后平王又召来城父的官员司马奋扬，密令他诛杀太子建。司马奋扬假装答应，却让人先赶到城父去向太子建报信；等司马奋扬到达的时候，太子建已经逃到宋国去了。

司马奋扬让城父的人把自己捆了送到郢都。平王怒不可遏地质问他："命令从我的嘴里出来，直接到你的耳朵里，你说是谁告诉太子的？"

司马奋扬回答:"是我泄漏的风声。大王有两条命令,之前,命我去辅佐太子,大王亲口说'事建如事君';现在又命令我去杀太子。下臣不才,无法同时执行这两条命令,只好坚持前面一条。所以我只知保太子,不知如何害太子。"

平王无言以对,只好把他放回了城父,认为回头杀掉伍奢就够了。

但费无极还不肯干休,继续进谗言:"伍奢有两个儿子,伍尚和伍员(yún)。他们目前在棠邑当官,都很有才干。如果不除掉他们,日后必定为患。"

平王问伍奢,伍奢说:"我了解他们两个。伍尚宅心仁厚,听说我有事一定会来;伍员性情刚戾,一定不会来的。"

平王不信,命令伍尚和伍员立即来郢都:"来了就释放你们父亲。不来的话,哼哼……"

伍尚两兄弟接到命令,都知道这次去郢都凶多吉少。伍员认为去了白送死没有意义,伍尚却说:"我回去,你出逃。听说父亲可以免罪我们都不去,这就是不孝;父亲被杀却不能报仇,这就是无谋。你比我有才华,我负责尽孝,你负责以后替我和父亲报仇。"说完便跟着使者去了郢都。

外边还有人等着伍员。伍员拿着弓箭出去,弯弓搭箭,对准那些人说:"你们还在等我?"那群人吓得赶紧落荒而逃。

伍员回到家里,简单收拾了一下,踏上了生死未卜的逃亡路。

从此以后,楚国没了年少轻狂的官二代伍员,天下有了威名赫赫的战神伍子胥。

伍子胥的逃亡路

郢都这边,楚平王和费无极看到当真只有伍尚来了,失望之极。他们只好先把这父子两人杀掉,同时命人捉拿叛臣伍子胥。

太子建在宋国,所以伍子胥也逃到宋国去追随他。

但他们的运气不好,正好赶上宋国内乱。宋元公跟华氏互相扣押对方的人,国内闹得沸反盈天。太子建等人只好又逃到郑国去。

郑定公热情地接待了他们，又派太子建去出使晋国。这时候太子建却做了一件非常离谱的事情。

晋顷公接待太子建的时候，悄悄对他说："既然你如此受郑国人信任，希望你回去跟晋国里应外合灭掉郑国，以后我把郑国封给你作为报答。"

太子建居然答应了这个请求。他回到郑国以后开始谋划作乱，结果却被一个手下人告发了。暴怒的郑定公当即杀了太子建和跟他一起作乱的人们，只有伍子胥带着太子建的儿子公子胜逃了出来。

不过这段记载明显很不合理，可信度不高。我们唯一能确定的就是：太子建到郑国以后不久就被杀掉了。这有可能是因为郑定公受到了楚国的压力，也有可能存在别的原因。

伍子胥失去了自己可以辅佐的主人，也失去了太子建的人脉关系，中原各国都对他关闭了大门。现在他已经彻底孤立，只能自己寻求出路了。

他唯一能去的地方只剩下吴国。吴国是楚国的死对头，只有他们会接收楚国的叛臣。

但是要去吴国必须经过楚国。伍子胥无可奈何，只得重新潜入楚国，然后向吴国的方向奔逃。

他带着年幼的公子胜徒步逃跑。这一路极其凶险，楚平王已经布下天罗地网在抓他们，他们只能昼伏夜出，深一脚浅一脚地走在荒僻的乡间道路上。

这是历史上最著名的逃亡之一，民间传说和戏曲对此描写得活灵活现——

传说路上最险的是过昭关。昭关是吴楚两国交界的地方，过了这道关卡就安全了。

但楚国政府早就派人在昭关严密把守，画影图形，专门等着他们送上门来。怎么才能过得去呢？

伍子胥投靠到扁鹊的弟子东皋公家里，等了好多天，怎么都想不到过昭关的办法。到第七天夜里，他几乎绝望了，翻来覆去，一夜之间满头青丝都变成了白发。第二天东皋公看到他的样子，却哈哈笑着说，你现在可以过昭关了。

东皋公有个好友皇甫讷,长相跟伍子胥差不多;他把皇甫讷找来,商量好了一个办法。

这天早上,皇甫讷穿上伍子胥的衣服,先去昭关;到了关前,他马上被守关的士兵抓住盘问。皇甫讷坚持说他们抓错人了,双方纠缠不清。头发胡子全白的伍子胥就趁这个机会混出了昭关。

伍子胥带着公子胜继续向前。他们怕后边的追兵再赶上来,一路飞奔,不一会来到一条江边。江上风高浪阔,一眼望不到头。正在苦于无法渡江的时候,只见芦苇丛中缓缓驶出一条小船,船上是一名年老的艄公。

伍子胥急忙呼救。只听老艄公高声唱道:"日月昭昭乎浸已驰,与子期乎芦之漪。"伍子胥便去芦苇丛中等着。

过了一会,艄公果然把船开过来了,又唱道:"日已夕兮,予心忧悲;月已驰兮,何不渡为?事浸急兮,当奈何?"伍子胥攀上渡船,艄公也没多问,就载他们过了河。

到了对岸,终于暂时安全了,伍子胥松了一口气,解下自己的佩剑,转身递给老艄公说:"渔丈人,多谢您渡我过河。这柄七星剑是先王所赐,价值百金,权作酬劳。"

老艄公却淡淡地说:"楚王下令,有捉拿到你的,赏赐钱粮五万石,封上大夫。我要是贪图钱财,何必渡你过河?"

原来他早都认出了伍子胥,故意不说破而已。

随后他又找来一份米饭给他们吃。伍子胥他们吃饱了饭,与老艄公约定:"富贵莫相忘。以后如果再见,我称你为'渔丈人',你称我为'芦中人'。"然后告别,带着公子胜进入了吴国地界。

由于路途劳顿过度,伍子胥很快就病倒了。他们身上没有盘缠,只能沿街乞讨。不久以后他们来到溧(lì)阳。

有一天,他路过濑水边,见到一名女子在浣纱,旁边放着一个食盒,里面还有饭,便请求这个女子赏赐一餐。女子见他气度不凡,就同意了。

伍子胥饱餐一顿,然后向女子告辞:"姑娘把这些餐盒收好,别让人发现了。如果有人问起,千万别说出我的行踪。"

这女子说:"妾身三十未嫁,陪着老母亲,从未与男子接触。如今送饭于你，本来已属失节，你还不放心，你先走吧。"

伍子胥刚走出两步，听到后面有声音，一回头，才发现那名女子已经抱着一块石头投水自尽了。

他极度懊悔，当即咬破手指，在石头上题字曰："尔浣纱，我行乞；我腹饱，尔身溺。十年之后，千金报德！"然后用土把这块石头盖上，记住了埋石的地方，再次踏上了征程。

又走了几百里，终于来到吴国的首都梅里。伍子胥无处投靠，只能披发跣足，扮成乞丐，在闹市吹箫乞讨。

吴国有个公子光，是吴王诸樊的儿子，吴王僚的堂兄。有一天公子光从街上过，看到伍子胥相貌奇伟，不同于普通人，命人一查探，才知道他是楚国逃来的大臣；当即召他进府，收到自己手下当差。

士为知己者死

当初诸樊他们四兄弟有约在先，诸樊先即位，然后把王位依次传给三个弟弟。到了夷昧过世以后，季札却无论如何都不肯继位，甚至逃到乡下去躲避，所以人们只好拥立夷昧的儿子僚登基。

但按照兄终弟及的顺序，接下来不是应该把王位传给诸樊的儿子吗？怎么会给了夷昧的儿子？所以公子光觉得自己被坑了，一直有夺权的想法。他暗地里招贤纳士，默默地为将来做准备。

另一方面，吴国这么多年来一直缺少将才，特别是缺少了解楚国的军事和政治制度的人才。伍子胥恰好就是他们最需要的那种人，公子光当然毫不犹豫地就把他收到了麾下。

所以抛开民间传说里面那些夸张的情节，伍子胥到吴国以后应该是立即受到了重用，"闹市吹箫"之类的不过是后世文人的附会罢了。

公子光招揽到伍子胥以后，又把他推荐给吴王僚。吴王僚也很赏识他，常常让他帮忙出谋划策。

当时吴国跟楚国仍然不断地爆发战争，公子光作为大将，多次带兵去攻打楚国，战功卓著。

公元前五一九年，公子光再次带兵讨伐楚国，大败楚军，把太子建的母亲接到了吴国。

这时他们的意图已经很明显，就是要利用楚平王杀太子的"罪名"，以替太子讨公道的名义去打击楚国。这样伍子胥和公子胜当然就是非常珍贵的两张王牌。

伍子胥心里很清楚这个情况。他也正好要利用吴国实现自己报仇的目的，所以他很积极地配合吴王僚的伐楚计划，简直太积极了一点。

公元前五一八年，两国又因为一件小事大打出手。

当时楚国边境的钟离和吴国的卑梁挨在一起，两个地方的人都养蚕。有一次，两边的女子为了争桑叶吵起来；随后双方的家人都来帮忙，互相攻杀；然后演变成两个村落的械斗。最后两边的官府也来争斗，楚国那边直接派人灭了吴国的城邑，惊动了吴楚两国政府。

真是旧恨添新仇。吴王僚震怒，派公子光又一次攻打楚国。公子光很快打下了钟离、居巢两地，胜利班师。

伍子胥却对吴王僚说："这次班师太早了，其实我们还可以获得更大的胜利。请派公子光再去攻打楚国。"

公子光听到以后很不高兴，对吴王僚说："别信那个伍子胥，他哪里安的好心？他自己想利用我们报仇，天天撺掇我们去替他打仗。"吴王僚听了以后就渐渐地疏远了伍子胥。

伍子胥却马上明白了公子光的心思：他想干掉吴王僚，怕自己在旁边碍手碍脚的。如果自己继续傍着吴王僚，公子光一着急，还会出更狠的手段。

既然吴国的这趟水很深，自己惹不起，索性就采取两不得罪的做法。伍子胥便推荐了一个叫专诸的勇士给公子光，自己带着公子胜去吴国乡下种田去了。

他在等待吴国宫廷斗争的结果，谁赢就投靠谁。

专诸是堂邑乡间的一个猛士。据说伍子胥刚到吴国的时候，看到街上有人打架。那人高大威猛，声如洪钟，发起火来，有"万人之气"。这个大汉就是专诸。

正当大家都以为一场大战即将上演的时候，人群外面却传来一个女子的呼叫声，专诸听到以后，顿时偃旗息鼓，乖乖地跟着她回家去了。伍子胥听旁边的人说，这是专诸的老婆，专门来叫他回去的。专诸这人虽然威猛，却"惧内"，服老婆管。

伍子胥很奇怪，找到专诸问："你这样的人怎么会怕老婆呢？"

专诸回答："能屈于一个女人之下者，必能伸于万人之上。"

伍子胥对他的说法很赞赏，当即表示愿意与他结交。两人便成了很好的朋友。

当然，这是伍子胥放长线钓大鱼的做法。他收买专诸这样的人，不是为了给自己用，而是为了献给公子光那样的统治者，专诸正是公子光他们需要的人。

专诸被引荐给公子光以后，果然马上受到重用。公子光十分欣赏他，给了他丰厚的赏赐；专诸也表示愿效犬马之劳，以报答公子光的知遇之恩。

这真是一个"士为知己者死"的美好故事。

但这样的故事背后却是一种冷酷的现实——公子光和专诸之间本质上是一种交易，是在花钱"买命"！

那时候社会最底层的百姓，他们一辈子辛苦劳碌，却依然食不果腹、衣不遮体，还有繁重的徭役、兵役、税赋和各级官府的层层盘剥，以及随时会到来的天灾人祸……这样的生活，说穿了，就是几十年的苦役，从生下来就服役，只有到死才能解脱。

他们本质上就是"贱民"，或者说，国家豢养的奴隶。

更可怕的是，他们是永远没有翻身机会的。这种贱民身份会遗传下去，他们的子子孙孙都会一直过着这种生不如死的痛苦生活。

这时候，如果有一个衣冠楚楚的"上等人"来到他面前，说："我让你的家族摆脱贱民身份，代价是你要替我去死！"他会怎么回答呢？一定会毫不犹豫地答应下来。

既然活着毫无乐趣，何不用自己的性命为妻儿老小、为自己的后代和整个家族换来一份锦绣前程？

这就是"士为知己者死"的真实含义。

其实哪来的"知己"？你一个没挨过一顿饿的王孙公子，你"知"我什么了？我需要你"知"吗？——无非就是利益交换而已。

公子光他们这些统治者们，对于这种以钱换命的交易是非常欢迎的，他们把这种交易叫作"养士"。专诸这些人就是"士"，是统治者们竭力宣扬的一种英雄。统治者们需要这样的"英雄"，替他们做很多摆不上台面的事情。

伍子胥很清楚这一点。他看到专诸那样勇猛，又那样爱自己的家庭，马上明白这是一个顶级的刺客——因为专诸为了自己的家庭可以牺牲一切。所以伍子胥才费尽心机结交他，然后把他推荐给公子光。

公子光招纳到专诸以后，大喜过望。他要的人已经备齐了，现在开始策划行刺吴王僚的行动。

他让专诸去学厨艺。专诸三个月学会了太湖烤鱼的做法，然后以厨师的身份被安插到公子光家的厨房里，等待机会。

当时吴国跟楚国的战争还在继续。

公元前五一六年，楚平王去世，他跟孟嬴生的儿子公子轸继位，是为楚昭王。这时候昭王才七岁，主少国疑，楚国进入了一段虚弱的时期。

吴国马上趁这个机会进攻楚国。吴王僚派自己的两个弟弟公子掩余和公子烛庸带兵，包围了楚国的六邑、潜邑两地，同时派季札到晋国寻求协助。

楚国随后反击，派军队抄了吴军的后路，把他们堵在楚国国内。

这时候吴国的大军都在外面，国内空虚。留在国内的公子光马上看到了机会，当然，也不排除吴国军队被楚军拦截就是他运作的结果。

有一天，公子光找借口请吴王僚去他家赴宴。吴王僚答应了，第二天就去了公子光家里。

公子光已经在暗房埋伏好甲士。但吴王僚防范也很严，从他的王宫到公子光的府邸，道路两旁全部站满了士兵；甚至一直到公子光家的台阶上，再往里到宴席上，到处都有侍卫。吴王僚自己也穿着厚厚的铠甲，可谓全副武装。

公子光表现得跟平常一样，有说有笑地陪吴王僚饮酒取乐。酒至半酣，公子光假装脚上的旧伤复发了，到后面去包扎，趁机进入地下室躲避。

据说公子光曾得到著名铸剑师欧冶子的三把名剑，其中有一把鱼肠剑，剑身短小，可以藏在鱼腹中。

他让专诸预先做好一道炙鱼，把鱼肠剑藏在这条鱼体内，然后端到堂上进献给吴王僚。

专诸端着这条鱼，经过吴王僚的手下严密的搜身，确保身上没带武器；然后在卫兵监视下脱掉原来的衣服，换上指定的干净衣服；两旁有带甲护卫用刀剑逼住他，他一路膝行向前，终于来到了吴王僚面前。

他把碟子高举过头，稳稳地放到桌上，随即手腕一翻，闪电般从鱼腹中抽出鱼肠剑，径直刺向吴王僚。剑势如虹，寒光耀目。

两旁的卫兵立即发动，两柄利刃同时刺进专诸胸口。但专诸演练这一剑已经有数年之久了，这样就想挡住他？鱼肠剑去势丝毫不减，瞬间刺穿数层铠甲。只听见一声惨呼，吴王僚的胸口已经被穿透，一道血箭激射而出，吴王僚与专诸同时重重地倒在了地上。

大堂上轰然雷动，吴王僚的士兵们全体冲上来，瞬间把专诸剁成肉泥。与此同时，四周的暗门也纷纷打开，公子光的甲士们蜂拥而入，跟吴王僚的手下们厮杀在一起。

消息传出来，所有人都疯了。石阶上、丹墀下、花园里，一直到大街上，双方的军士们狂吼着疯狂厮打。一时间刀光闪耀，全城大乱。

公子光为这一刻已经准备很久了，城里到处是他布下的暗哨。那些人一听说这边得手，立即全体出动，在梅里城中发起暴动，潮水般冲向各个府邸，把支持吴王僚的军马杀了个片甲不留，迅速控制了国家机构。

公元前五一五年四月，公子光成功发动军事政变，推翻了吴王僚，登基成为新一任吴王，号为阖闾（hé lǘ）。吴国的全盛时期就此到来了！

第二十二章　不可思议的吴国

孙武演兵

阖闾登基以后，遍赏功臣，召回伍子胥，把专诸的儿子专毅封为上卿。之前楚国伯氏受到迫害，他们的后人伯嚭（pǐ）逃到吴国，现在也受到阖闾的重用。

尽管新时代已经来临，不可逆转，但表面功夫还是要做一下的——正在晋国访问的季札听说国内发生变乱，急忙赶回吴国。阖闾拉住他，哭诉自己如何不得已被迫杀了吴王僚，言辞恳切地要把王位让给这位贤良的叔叔。季札当然不接受，到吴王僚墓前哭了一场就离开了。

阖闾处心积虑地夺到王位，但他的野心却远远不止于此。事实证明，他是真正胸怀天下的一代雄主，他不仅有野心，更有眼光、有胆略、有气吞万里如虎的恢宏志向。

他命伍子胥建造新首都。伍子胥"相土尝水，象天法地"，走遍了吴国的国土，终于在太湖东北岸找到一块风水宝地，然后在这里修筑了大小两座新城，称为"阖闾大城"与"阖闾小城"。其中"阖闾大城"又名姑苏城，中国历史上一座重要的文化名城就此诞生！

阖闾让伍子胥兴修水利工程，在太湖和姑苏之间挖掘了一条历史上最古老的运河——胥江，从此吴国水师可以直达楚国。胥江成为偷袭楚国的一条捷径，和平时期又可以用于漕运，还能防治水患，极大地促进了经济发展。另外伍子胥还挖掘了胥浦，从姑苏通到海上。

伍子胥是文韬武略天下无双的盖世奇才。他一旦登台拜相，便如虬龙入海，瞬间爆发，灿烂的光华照亮了整个时代，成为春秋后期无可争议的超级巨星。他与阖闾君臣二人同心协力，相得益彰，以惊人的速度把吴国推向了历史的最高峰……

经过几年的励精图治，吴国上下脱胎换骨，政通人和，民富国强，初步拥有了挺进中原的实力。但要跟楚国竞争，吴国还需要加强军队的战斗力。

吴国这么多年来都吃亏在缺少有才干的军事首脑，也缺乏先进的战争理念。伍子胥看清了这一点，所以向阖闾举荐了齐国贵族孙武，让他来教吴人战争技术。

伍子胥的眼光非常刁，当时的人们都想不到，他推荐的是千古第一的军事理论家、战争艺术的开山祖师、中国的兵圣！

孙武本是陈国国君的后人。当初陈厉公之后本来应该轮到他儿子公子完继位，但后来厉公被自己的侄儿篡夺了君位，公子完沦落为大夫。陈宣公的时候，公子完跟当时的太子关系很好，受到宣公的猜忌；他被迫逃到齐国，被齐桓公任命为工正，并且改称为田氏。这就是齐国田氏的来历。

当时齐桓公哪里知道，他的国家最终会亡在这个不起眼的家族手上。此是后话。

田完的五世孙田书因为讨伐莒国的功劳，被齐景公赐为孙氏，改名孙书。孙书生孙冯，孙冯生孙武。

后来孙武为了躲避齐国内乱而逃到吴国，在吴国乡下隐居，潜心钻研兵法，写出了《孙子兵法》十三篇。伍子胥向阖闾推荐他以后，他就带着这十三篇兵法去面见吴王。

阖闾看了他写的这些军事理论，再跟他谈了会儿，赞叹不已，当即决定任命他为吴军的统帅。

据说阖闾要孙武当面展示他带兵的能力，为了考验他，特意问："任何人你都能训练得好吗？"孙武一口答应下来："没问题。只要是人，都能训练成钢铁雄师。"阖闾就从自己后宫里面找了一群千娇百媚的妃子来，让孙武教她们行军列阵。

参训的佳丽共一百八十名，分为两队，各由阖闾的一位宠姬来担任队长。

孙武让她们每人拿着一只戟，在演武场上排好阵形，然后告诉她们："知道自己的前胸和后背还有左右手的方位吗？我说'向前'，你们就往自己胸口的方向走；我说'向后'，你们就朝后背的方向走；我说左右，你们就朝左右手的方向走。听明白了吗？"

众多美娇娥七嘴八舌地回答："臣妾知道了。"

孙武让人在旁边立上斧钺等刑具，再三向她们申明了军中条款，然后命军士擂鼓，让美娇娥们按照自己的命令前后左右行走。

这群莺莺燕燕哪里见过这等场面，以为是在闹着玩，号令一响，全都笑得花枝乱颤的，东南西北都分不清了，哪里还能按命令行走？这个说"姐姐踩了我衣服了"，那个喊"哎呀我的簪子呢"……演武场上一时间群芳斗艳，乱成了一团。

孙武板着脸说："纪律不明，号令不清，这是将领的失误。重来！"于是把军中的规定又说了一遍，再让军士擂鼓，继续指挥众佳丽。

佳丽们还是听不进去，笑得更厉害了；尤其是两名队长，简直直不起腰。

孙武冷冷地说："如果号令没有说清楚，那是将领的错误；现在已经反复说明了，还是不能执行，那就是下边的士兵的错误了。"说完，脸一沉，喝令左右："将两名队长押下去，军法处置！"

下边的卫兵应了一声，径直走到队列里抓人。他们揪住两名队长，当即绑了，押到一边就要斩首。

台上观摩的阖闾一看这情形就慌了，赶忙派人下去求情："寡人离了这两位爱姬，饭也吃不下，觉也睡不好。还请将军看在寡人面上，念她们是初犯，饶了她们。"

孙武让人回复："臣已经受命为将，将在军，君命有所不受。"喝令："斩！"刹那间人头落地。

孙武让士兵端着两颗血淋淋的人头在队列中挨个展示。众佳丽个个面无人色，不敢发一语。

然后孙武再让第二名的佳丽上来替补为队长，再发命令，让她们再按命令行走。这一回，众佳丽军容整肃，行走起来没有丝毫差错，俨然已经是一支训练有素的军队了。

孙武再去向吴王复命，阖闾只好悻悻地嘉奖了他。于是吴国朝野上下都知道了他的威名，再也没人怀疑孙武领兵的能力了。

至此，吴国已经拥有了天下顶级的将、相，军事实力跃升为天下第一，兵锋所至，从此无人能挡。

"疲楚"之战

当初阖闾发动军事政变夺了王位，正在楚国征战的公子掩余和公子烛庸听到消息，就带领残兵败将分别逃到了徐国和钟吾国。

阖闾即位三年以后，向徐国和钟吾国发出通缉令，要他们引渡两个叛臣。但两国支支吾吾地拖延时间。两个公子趁机又逃到楚国，楚昭王高调迎接，并把舒地封给他们，让他们在那边居住。

阖闾大怒，派伍子胥、伯嚭领兵攻打徐国和钟吾国。吴军一路所向披靡，很快灭掉这两个国家，活捉了钟吾国的国君。徐国国君自断其发，出城跪迎吴王。吴王阖闾赦免了他，放他回去，派人监视着；后来徐国国君也逃到了楚国，被安置到城父。

前几年吴国已经消灭了巢国和钟离国，加上现在的徐国和钟吾国，楚国在淮河中下游的势力已经被清除得差不多了。吴国一步步地向西推进，逐渐威胁到了楚国的核心地带，双方的战略形势正在发生不可逆转的改变。

徐国被灭亡之前，其实楚国曾准备派兵去救援他们，但他们崩溃得太快，没有赶上。这时候的吴国已经脱胎换骨，不是谁想打就能打的，楚国在接战之前也得掂量掂量。

阖闾得意地对伍子胥说："当年你建议攻打楚国，说时机已经成熟，我其实赞同你的观点，但我怕吴王僚派我去前线。如果派别人去，我又怕他们得了伐楚之功，所以才阻拦你。现在一切都在我掌控之下，我们可以去打楚国了。"

伍子胥建议，先不要发起决战，先学当年晋悼公"三驾疲楚"的战法——用三支军队轮流袭扰楚国，使他们疲于奔命，等消耗尽了他们的实力再发起总决战。

"三驾疲楚"需要在自己的实力强于对方的时候才管用，现在吴国已经有了这个条件，所以阖闾当即接受伍子胥的建议，开始了"疲楚"之战。

可怜的楚国，从晋悼公的阴影下解脱出来五十年之后，又迎来了一个更加难缠的对手。他们又是被三支军队轮番轰炸。从此以后，楚国军队面对吴军无休止的骚扰，焦头烂额，再也没有一天清闲的日子。

不久以后，阖闾再度派伍子胥和伯嚭去攻打楚国，打下了舒邑，杀了公子掩余和公子烛庸。这两人都是吴王僚的弟弟，杀掉他们算除掉了一个隐患。

阖闾信心满满，问伍子胥他们："我们现在可以攻入郢都了吗？"孙武劝阻说："士兵出征已久，疲惫不堪，建议先回去休息，以后再攻打郢都。"阖闾听了他的建议就班师了。

孙武考虑得很长远，现在要发动大战确实还早了一点。吴国背后还有一个越国，两国是世仇。一旦吴国要跟楚国展开大规模战争，越国肯定会在背后捅刀子，所以得先搞定越国再说。

从楚国战场回来以后不久，吴国就发起了对越国的战争。

越国：古老的大禹后人

越国身处化外之地，比吴国更偏远，经济文化更加落后，一直被看作蛮夷之邦。但其实他们的身世非常高贵，他们是华夏大地上最古老的国家之一。严格说来，中原各国都得尊他们一声老大哥。

在周朝建立前九百年的时候，夏朝的君王是少康，他有个庶子叫无余，被分封到会稽，国号"禹越"。

会稽是夏朝的先祖大禹的陵墓所在地，无余的后人从此世代在这里守护禹王陵。他们文身断发，跟周围的百越族融合到一起，共同开垦这片蛮荒之地。这就是越国的来历。

因此越国是正宗的大禹后人，是极为正统的华夏世胄。

此后一千多年里，越人跟中原都没有多少交集，一直在蛮荒地带默默无闻地生活着，直到春秋末期。这时候越国的君王是允常，他也学起吴国，自立为王，号称越王。

有可能是因为吴国强盛以后带动了江南跟中原的交流，越国也从中受益，从千年的沉睡中苏醒过来了。在越王允常的时代，越国学中原国家四处争霸的行为，开始对外扩张，开疆拓土。越国国力渐渐强盛起来。

吴越两国同步强盛，自然就起了冲突。小小的东南一隅，容不下两个大国，不管哪一方要扩张，都只能向对方要领土。

吴国因为受中原文化浸染更深，又有晋国这个大佬帮扶着，所以国力远远超过越国。几十年的时间里，吴国一直压着越国打。

当初吴王余祭（阖闾的二叔）就曾经侵犯越国，抓获了大量越国俘虏。他们可不像中原诸侯那么文明，他们抓到俘虏要么直接打残，断手断脚，要么就发配作奴隶。最后余祭也受到报复，被一个越国奴隶刺死在了船上。

在那些年里，吴国一直把越国当作家奴，肆意践踏，甚至在各种细节上都刻意强调自己跟越国的宗主关系。

姑苏城的西北门叫"阊门"，又名"破楚门"，这是针对楚国的。而南门叫"蛇门"，门框上雕着一条蛇，头朝城内的方向，表示越国臣服于吴国——因为吴人认为越国在巳地，属蛇。

更加火上浇油的是：楚国这些年一直受晋吴两头夹击，所以也以彼之道还施彼身，联络越国夹击吴国。早在公元前五三七年，楚灵王就曾经联合越国发起对吴国的围剿。

但这些战争规模都不大。真正大规模的冲突，还是从阖闾时代开始的。

公元前五一〇年，阖闾为了准备对楚国的大决战，先清扫大后方，所以对越国发起大规模打击。

兵圣孙武亲自领军，越人哪里是对手？吴军一路横扫，打到檇（zui）李，最后抢劫了丰厚的战利品，满载而归。

对于越人来说，这是毫无理由的突然袭击。他们这么多年来战战兢兢地伺候吴国，贡品税赋一样不少，怎么莫名其妙地就被打了？他们极其愤怒，严厉斥责吴国。然而他们的国力就那样，能把吴国怎么样呢？

阖闾自以为这样就把越人打怕了，后方从此可以高枕无忧，所以正式开始准备对楚国的决战。但他没有想到，他给越人留下的，除了恐惧，更多的是仇恨。

吴越之间的长期战争就此拉开帷幕。

吴国的战争准备

清理完后方的敌人以后，阖闾倾尽全力准备对楚国的战争。

再说楚国那边。他们这些年都在忙着搞内斗，对于渐渐逼近的危险完全没有察觉。

自从楚昭王上台以后，令尹的职位一直由子常担任。他比楚国之前那些草包官二代更加恶劣，不仅才干平平，人品更是低贱。

公元前五一五年，楚国爆发"郤宛之难"。这次动乱的起因，史书上说是因为费无极的挑拨离间。

当时的左尹是伯州犁（晋国大臣伯宗的儿子，伯宗被杀以后他逃到楚国，后来被楚灵王所杀）的儿子郤宛，为人正直。他因跟费无极和右领鄢将师政见不合，两人就合伙黑他。

费无极找到子常说："郤宛要请您去他家赴宴。"又对郤宛说："令尹要来你家里喝酒。"

郤宛说："我家穷，没有好东西招待令尹，怎么办？"

费无极说："令尹喜欢兵器盔甲，你拿一些出来放外面，令尹来肯定喜欢，就趁机送给他。"

郤宛就听信费无极的，在举办宴席的那天，拿了五套兵器和皮甲放到门外。

费无极转身就告诉子常："不得了！郤宛可能要对您动手，兵器都准备好了！"

子常派人去郤宛家门口一查探，见果然摆着兵器皮甲，顿时大怒，就找来鄢将师商量。鄢将师拍着胸脯保证："我去替您收拾他。"于是带着兵马闯到郤宛家里，大开杀戒，灭了郤氏满门，一把火烧了他们府邸。

子常他们随后展开大清洗，把亲近郤氏的势力全部清除掉。包括阳匄（上一任令尹）和晋陈的家族，全都被消灭了个干净，只有伯氏的后人伯嚭幸免于难，逃到了吴国。

这次政治迫害对楚国朝政的伤害非常大，朝廷上下普遍有意见。子常也感觉做得过火了，所以不久以后又"幡然悔悟"，"发觉"自己被费无极他们骗了，又杀了费无极和鄢将师，灭了他们两个家族。

至此，楚国朝廷上再也没有人能威胁到子常的地位了。但他这样不顾国家利益，随意屠杀朝廷里的政治精英，对国家的伤害是无法弥补的。

另一边，吴国君臣同心，政治清明，正在磨刀霍霍地准备对楚国动手。

公元前五〇八年，吴国为了试探楚国的国力，引诱他们主动开战。

当时靠近吴国的地方，楚国手下有两个小弟——桐国和舒鸠国，他们都是已经被楚国征服的国家，处于半独立状态。

这一年，桐国背叛了楚国，楚昭王正想着收拾他们，舒鸠国的使者却找上门来，请求昭王出兵去打吴国。昭王正记着前年吴国攻打楚国的事，本来就想报仇，当即就答应了。于是他让令尹子常带兵去攻打吴国。

但舒鸠国其实是跟吴国串通好的，是吴国让他们主动去勾引楚国开战。

舒鸠国带着子常的军队，开到吴、楚、桐三方交界的豫章，却发现吴人早都备好了船只，正磨刀霍霍地说要去攻打桐国。"这是怎么回事？吴人要替我们收拾桐国吗？"子常一下没反应过来，只好停下来观察情况。

这下他就上当了，中了吴国的调虎离山之计。楚国大军在豫章跟吴军大眼瞪小眼的时候，吴国真正的主力却已经开到了北方的巢邑（原来的巢国，被楚国吞并以后成为巢邑），巢邑那边根本没有防备，瞬间被吴国打下来，守城的公子繁也被吴国活捉了过去。

豫章这边还在对峙，吴国突然发难，把开向桐国的军队调转船头冲向楚军。楚军被杀得丢盔卸甲，大败而逃。

这是楚国历史上最后一次主动进攻吴国，但却上了大当，同时在两个战场上被吴国打败。

通过这次小试牛刀，孙武他们基本摸清了楚国的底细，认定进攻楚国的时机已经成熟了！

这时候蔡国那边又送来一份大礼。

三年前，蔡昭侯和唐成公去朝觐楚昭王。蔡昭侯带了两块玉佩和两件皮裘，他把其中的一佩一裘献给昭王，自己穿另一件皮裘，戴另一块玉佩。参加宴会的时候，两个国君的服饰交相辉映。

子常看到了，心想：你有送给楚王的就没送给我的？摆明了瞧不上我。于是就勒索蔡昭侯，要他把身上的一佩一裘献给自己。蔡昭侯不同意，子常就到昭王那边进谗言，最终把蔡昭侯扣留在楚国三年之久。

唐成公有两匹良马，献了一匹给楚昭王。子常也想要另一匹，唐成公不同意，于是也被扣留在楚国三年。

蔡国那边还一头雾水，不知道国君是为什么被扣留下来的。唐国人可能是听到了内幕消息，知道了真实的原因，就派人到楚国替换唐成公的马夫。这人到了楚国以后，灌醉了原来的马夫，把马偷去献给子常，子常这才下令把唐成公放回去了。

蔡国人这才恍然大悟，赶忙派人去楚国找蔡昭侯商量，建议他把玉佩和皮裘送给子常。蔡昭侯可能还不太想答应，子常就当众恶狠狠地对蔡国使者说："你们主子被扣在这边，就是因为你们这些下人太抠门，不肯送礼。如果明天礼物还送不上来，我就要他死！"

蔡国使者赶紧找到蔡昭侯，千说万说，让他把玉佩和皮裘进献给子常。这样他才得到赦免，被释放了出来。

蔡昭侯屈辱之极，在回国的路上，拿起一块玉璧丢入汉水中，对天发誓说："有生之年绝不再渡汉水往南（去朝觐楚国），有大河为证！"

回国以后，他立即到晋国面见晋定公和范献子（也叫范鞅，曾经因为他引发了栾氏跟范氏的矛盾，最终导致栾氏被灭族），控诉楚国欺凌小国，请求晋国伸张正义，并且把儿子送到晋国去作人质，跟他们签订盟约，从此彻底背叛了楚国。

蔡国是楚国资格最老的小弟，他们的背叛，使楚国失去了一个重要的帮手，地缘政治大大恶化。

公元前五〇六年春天，蔡国发起号召，由晋国主持，中原十八国在召陵会盟，共同声讨楚国的罪行。

这是春秋历史上最大规模的会盟，连楚国的几个死忠小弟——蔡、陈、顿、胡四国都来参加了。

本来这是晋国彻底击败楚国的绝佳机会，然而此时的晋国，已经堕落到跟楚国一样腐败。在会盟期间，六卿家族的中行寅也学子常，私下向蔡昭侯索贿；蔡昭侯也拒绝了。中行寅就向执政的范献子进谗言说："我们自己都有一堆问题，去打楚国也没什么把握，不如算了。"范献子权衡利弊，认为不值得为蔡国得罪中行氏，便放弃了攻打楚国的计划。

这次会盟期间还出了一则插曲。

郑国有一支羽旄，是拴在旌旗上的装饰品，制作得非常精巧。范献子听说了，就找他们借来赏赐给下人，让下人把这个羽旄装到旗帜上进入会场。

范献子这样做本来没太多想法，各国看到以后却都不高兴了，心说：人家的好东西借给你，你拿来给下人做装饰品，这是公然把郑国当成下人吗？在你眼里我们这些国家都是下等国家吗？

晋国由此失掉了诸侯们的尊重。

再说蔡国的事。蔡昭侯在晋国这边碰了钉子，心里极度失望。堂堂的诸侯盟主竟然也跟楚国一样勒索小国，天下还有公道可言吗？所以召陵之会过后他就开始后悔投靠晋国了。

这时候晋国那边又发来命令，让蔡国去打沈国，因为沈国公然不参加召陵会盟。蔡国只好照着做，去把沈国灭了。

沈国是楚国的小弟之一，打沈国可能是晋国要蔡国交投名状。从此以后蔡国就公开得罪了楚国，再也回不去了。

楚昭王听说沈国被灭，勃然大怒，立即发兵包围蔡国。

按理说，蔡国是因为遵守晋国的命令才招来的祸患，晋国没有理由不救他们。但这时候晋国这个老大哥却很不给力，居然没有任何来救援的意思。蔡昭侯走投无路，只好把目光转向东南一隅，那个生机勃勃的，一直想来中原争霸的吴国。

蔡昭侯把自己的另一个儿子送到吴国当人质，从此背叛晋国，认了吴国这个新老大。

这个可怜的中原小国，就这样硬被晋楚两国的腐败官僚逼走，投入到吴国的怀抱中。

对于吴王阖闾来说，蔡国的投靠是天上掉下来的意外之喜。蔡国在楚国北面，正好跟吴国夹击楚国，而且蔡国一旦卷入战争，中原各兄弟国也不会坐视不管，都会被拖下水站到吴国这边来。所以他立即跟蔡国结盟，商量一起攻打楚国的事。

吴国因此在跟楚国的冲突中拥有了国际支持，对楚国开战的所有条件都具备了，春秋后期最大规模的战争即将开打！

灭楚！灭楚！

公元前五〇六年冬天，吴、蔡、唐三国联军杀向楚国，拉开了吴楚总决战的帷幕。

几十年来，吴楚之间大规模的战争已经有十多次，吴国步步紧逼，逐渐占据上风，现在是时候做一个了结了。吴王阖闾对这次决战极为重视，调起全国兵马三万人，阖闾亲自领军，孙武为军师，伍子胥、伯嚭辅助，阖闾的弟弟夫概为先锋，以举国之力扑向楚国。

他们的目标就是一个——灭楚！

当然，这次行动一开始是保密的，这其实是一场闪电战。

吴国没有先打楚国，而是溯淮河而上，去救援被楚军围困的蔡国。进入蔡国境内以后，吴、蔡、唐三国军队汇合，乘船沿淮河往西，杀向蔡国首都新蔡。

刚刚走了一段，孙武突然下令：放弃救蔡。全体军队弃舟登岸，折而向南，从陆上急行军，直奔楚国本土。

原来救蔡国只是幌子，吴军真正的目的是从蔡国境内绕过大别山，目标是楚国本身。

这几年吴国一直不停地派出小股军队骚扰楚国，战场主要在大别山以东，从来不会跨过大别山。这一次，吴军假装救援蔡国，却拐了一个大弯，从楚国意想不到的方位攻入楚国。

楚国高层完全被骗了。他们根本没摸透吴军的意图，注意力都放在蔡国那边，没有加强本土防卫；他们更没想到吴国会放弃自己擅长的水师，而从陆地上进攻。楚国沿着淮河布置的防御阵线全部报废。

楚国国内虽然兵力众多，远远超过吴国的兵力，这时候却分散在各处，还没有动员起来。等他们发现吴军进入境内的时候，已经晚了。

吴军迅速推进，接连攻克大隧、直辕、冥厄三座关隘，一举攻入楚国心脏地带，很快就推进到了汉水东岸——对岸就是郢都！

楚国猛然发现敌人已经兵临城下。昭王赶忙派出令尹子常、左司马沈尹戌、大夫史皇，带领首都附近的军队紧急开到汉水西岸拦截吴军。两国军队隔着汉水对峙。

沈尹戌认为楚国兵力还分散在各处，容易被各个击破，很难阻挡吴军强渡汉水，因此向子常提出一个方案：子常继续在汉水西侧拦截吴军；他自己北上到达方城，带领当地守军绕到吴军的背后，捣毁他们留在淮河上的战船，切断吴军的退路，然后从吴军背后杀过来，跟子常两面夹击吴军。

这一招很高明，准确击中了吴军的软肋，子常同意了。可是在沈尹戌走后，子常手下的武城黑和史皇却劝他：如果等沈尹戌回来夹击吴军，沈尹戌会立头功，功劳在您之上；不如您先在汉水发起进攻，抢立头功。

子常本来就是心术不正的人，听到他们这样说马上点头称是，于是在沈尹戌的军队还没有回来的时候就抢先对吴军发起了进攻。

这正是吴军最希望看到的情况，他们千里奔袭深入敌境，最怕的是敌人坚守不出；现在楚军主动出击，正是求之不得的好事。当然也有可能吴国方面用了某些方法引诱敌人出击，子常上了他们的当。

吴军看到楚军杀到汉水东岸以后，主动后撤，收缩战线。子常以为他们心虚，所以一路追下去，于是又一次上当。

吴军劳师远征，战线拉得太长，本来处于不利境地。但这样一连后撤几百里，局面就颠倒过来，成了楚军劳师远征，吴军据险坚守，楚军反而战线太长了。

吴军一直退到大别山和小别山之间才停下来，这里是他们早就选好的战场，对地理形势已经分析得很清楚。他们费尽心机把楚军主力引诱到这里来，就是要在这里打歼灭战。

这时候吴国已经连续进行了六年的"疲楚"战争，楚国军队早已被拖得筋疲力尽。这时他们又遇上了史上最强军师阵容，一经交战，马上发现吴军如同神兵天将，锐不可当。几天之内，吴军三战三捷，打得楚军找不着北。

子常这时才发觉上了吴人的圈套，想撤回去。关键时刻，史皇阻拦他说："平时你急着争权，国难当头的时候你就逃跑，还能跑哪去？不如死战到底，大王说不定还能免掉你引发战争的罪过。"这话是对的，他们要现在撤退，会输得更惨。

子常无法可想，只好硬着头皮上。两军在柏举列阵，准备决战。

夫概对阖闾说："子常不仁不义，楚国没有几个人愿意替他卖命。我们应该主动出击，定能一举击溃楚军。"阖闾不同意。

夫概回营以后对手下们说："我们做的事情只要是正确的，哪怕君王反对也应该去做。如果我们为国死战，必定能打败楚国。"于是带着手下五千军马私自出击，冲向楚军阵营。

这样反而收到了"出其不意，攻其不备"的效果。楚军完全没料到吴军这么快就打过来了，措手不及，一触即溃。阖闾看到这个情形，也马上调集大军赶到前线增援。楚军兵败如山倒，一路溃退。史皇被杀，子常也只好逃到郑国去了。

吴军追击楚军到清发河。又是夫概提出，先放他们渡河，等渡到一半再进攻。于是吴军在楚军渡河到一半的时候发起冲锋。楚军自相践踏，又大败。

楚军逃到雍澨（shì），埋锅造饭。夫概等他们饭快好的时候发起袭击，又打败楚军。这时饭刚刚做好，吴军吃饱了以后继续追击。

楚军就这样一路败一路逃，溃不成军，迅速被赶回郢都的方向。

这时候沈尹戌听说子常的部队被打败了，紧急从方城赶回来，从侧面冲击夫概的部队。夫概猝不及防，眼看就支持不住了，多亏孙武的大军来到，反包围了沈尹戌。

沈尹戌在吴军主力包围之下，左冲右突，奋力冲杀，却怎么都冲不出去，最后只得自杀身亡，让部下把自己的首级带回郢都交给楚昭王。

至此，柏举战役十天之后，楚军主力的领导层已经全体被灭。楚国士兵群龙无首，被吴军追赶得四散奔逃，崩溃之势无法挽回，只剩一些残兵败卒奔回郢都报信。

郢都城里的人听说了前线的情况，如五雷轰顶，全城大乱，人们纷纷拖家带口地逃命。楚昭王不顾大臣们的反对，带着全家老小逃出郢都，往睢水的方向逃去了。

昭王逃走的消息造成了楚国军民信心的彻底崩溃，整个国家都放弃了抵抗。吴军在汉江平原上一路横扫，如入无人之境。

昭王逃走的第二天，阖闾带领吴军进入郢都，直入楚王宫，正式宣告楚国被灭，天下震恐。

楚国立国五百年来，首都第一次被人攻破；春秋开始三百年来，第一次有大国被灭，而且是头号超级大国！

这是春秋历史上最耀眼的一刻！阖闾带领下的吴国创造了一个不可思议的奇迹：他们用三万兵马，一个月时间，打败了第一大国的二十万兵马。谁能想到，从齐桓公到晋悼公，中原联盟一百多年来做不成的事，让他们做成了！这一瞬间，整个周朝的天下都匍匐在他们脚下。这个时代属于他们，属于阖闾、孙武、伍子胥这一代励精图治的吴国人！

仇恨的力量

伍子胥复仇的时刻终于来了。

他是一个性格极其刚硬的人，从父兄被冤杀起，他的人生目标就只剩下一个：报仇。他历尽艰难，终于在吴国扎稳脚跟，又用尽所有的才智，把吴国推上历史的巅峰。所有这一切，背后的推动力量都是深深的仇恨。

这么多年，他无时无刻不在想着杀入郢都，手刃仇敌。当他在吴国听说楚平王病故的时刻，情绪崩溃大哭，别人问他："平王不是你的杀父仇人吗？为什么你要为他而哭？"他回答："我不是为他而哭，我哭的是不能亲手杀死他。"

平王虽然死了，但他的国家还在，伍子胥只能把所有的仇恨转移到自己曾经的祖国身上。现在这个罪恶的国度终于被他狠狠地踩在了脚下，他终于有机会肆意发泄自己的仇恨了。

吴军攻入郢都以后，全城烧杀抢掠。他们焚毁楚国国库，捣毁楚国宗庙，又进入楚王宫，按照尊卑顺序挨个"临幸"楚国统治者的妻子女儿们，从昭王的王后开始，到子常等人的妻妾，都不能幸免，甚至还企图奸污昭王的母亲……这是伍子胥的复仇，也是吴国人在报复两国几十年来结下的深仇大恨。

昭王侥幸逃脱，伍子胥没能找他报仇，愤恨不已。他向阖闾申请去掘平王的坟墓，终于在郢都郊外找到平王墓，掘出平王的尸首，亲手打了三百鞭，打得骨肉烂烂。伍子胥一脚踏在平王身上，伸手挖出平王的眼睛，大骂："你不是听信谗言杀害我父兄吗？现在怎样？"

这是迟来的正义，平王一辈子耍小聪明，随意杀害大臣，现在终于得到报应，永远把自己的名字跟"鞭尸"挂在了一起。

伍子胥的冤仇到这时才算报了个干净彻底。

他不忘仇恨，但他同样是一个记恩的人。

传说在吴国打败楚国以后，伍子胥又带兵逼近郑国，声讨他们当年杀害太子建的罪行。郑定公眼见大难临头，慌忙在国内贴出告示："有能退吴兵的，寡人与他共享天下。"

不久以后，一个渔夫来求见，说有退兵之策，他不需要任何兵马，只要拿着一支船桨到吴军阵营前唱首歌就行。

伍子胥杀过来那天，渔夫一手持着船桨，走到吴国大军之前，一手敲击船桨唱道："芦中人！芦中人！腰间宝剑七星文。不记渡江时，麦饭鲍鱼羹？"

伍子胥心里一道闪电划过，烟波浩渺，芦花深处，一叶扁舟缓缓从记忆中驶来。找到这名渔夫一询问，原来他就是当年的"渔丈人"的儿子。听了他的求肯，伍子胥当即下令撤军。郑国得救了！

又传说，从楚国退走的时候，伍子胥特地来到当年遇见浣纱女的河边。他派人到周围的村庄里寻访，可是这么多年过去了，物是人非，哪里找得到那个浣纱女的家人？他只好按照自己曾经的承诺，拿出千金，投入浣纱女投河的地方，以此报答她的一饭之恩。

"自古感恩并积恨,千年万载不生尘。"古人说得果然没错。

但复仇带来的不仅是快意,也有新的仇恨。当伍子胥在楚国大地上野蛮发泄着自己的仇恨的时候,楚国百姓却在烈火中饱受煎熬。

楚昭王的朝廷,腐败无能,带给人民无尽的痛苦,但吴国人打过来以后,楚国百姓发现这些人比那些贪官污吏更加可怕,他们要消灭的是自己的民族。楚国人的民族意识瞬间被唤醒了,他们开始行动起来,全体参与到救亡图存的行动中来。

郢都城破之时,楚国人把一群大象的尾巴点着,驱赶着冲向吴国军队;吴军被冲散,因此昭王才得以逃脱。昭王逃走以后,子期跟在他身边保护。昭王的哥哥子西留在郢都附近,打着昭王的旗号,四处收集楚国的残兵败卒,组织抵抗力量,为以后复国做准备。

楚昭王一行人逃到云梦泽,筋疲力尽,只好席地而睡。不想半夜有强盗来袭击,差点砍到昭王。危急时刻,昭王的手下扑到他身上,替他挨了一刀。昭王等人只好爬起来又一次逃命。

他们逃到郧地,平王当初作的孽再度发作。郧公斗辛的父亲斗成然以前是被平王杀害的,斗辛的弟弟斗怀一见到昭王,顿时红了眼,偷偷向斗辛建议杀掉昭王替父报仇:"平王当初杀了我们的父亲,现在我们杀掉他儿子不是应该的吗?"

关键时刻,多亏斗辛以国家利益为重,放下个人恩怨,阻止了他弟弟报仇的行为。昭王又捡回来一条命。

但他们也不敢继续留在郧地了,于是在斗辛的护送下逃到随国。随国是最忠于楚国的小国之一,慷慨地收留了他们。

阖闾那边还在四处通缉楚昭王。他们听说昭王逃到了随国,便派军队直接杀进随国,向随国要人。

吴国的使臣说:"周朝的子孙被封在汉水流域的,都已经被楚国吞并了。现在是上天降罪于楚,你们要是忠于周朝,就应该把昭王交出来。"

昭王的哥哥子期长得跟昭王差不多,他本来要求大家把他假冒为昭王献给吴国,随国不同意。他们以占卜不吉利为借口回绝了吴国的要求,对吴国使者说:"我们是楚国旁边的小国,楚国并没有吞并我们,而且还世代跟我们结盟。现在我们怎么能因为楚国有难就抛弃他们？而且你们正在楚国的土地上凌虐民众，如果你们对楚国民众温和一些，我们倒考虑交出昭王。"

吴国使者被说得无言以对，只好退出了随国。

这时候，楚国的土地上，已经处处有烽火，家家有刀兵。无数民众前赴后继地赶来随国保护国君，留在国内的人们也自发组织起来加入保家卫国的队伍，一场人民战争正在轰轰烈烈地进行着。孤军深入的吴军正被仇恨包围，面临着越来越大的维稳压力。

其中，一个最闪亮的民族英雄出现了。

楚国人觉醒

申包胥，一个普通的楚国大夫。他本来是伍子胥的朋友，伍子胥逃离楚国的时候曾跟他见面，伍子胥说："我要灭亡楚国。"申包胥说："子能覆之，我能兴之。"

后来吴军攻入郢都，伍子胥掘墓鞭尸。申包胥正逃亡在山里避难，听说以后，就派人对伍子胥说："你这样报仇不是太过火了吗？古人云'人众者胜天，天定亦能破人'，你本来是平王的臣子，现在连死了的平王都不放过，如此违背天道，你虽然强大，也不要以为自己会永远保持不败。"

伍子胥只是回复他："我就是要倒行逆施。"

申包胥对伍子胥彻底绝望了，为了阻止吴人的暴行，他只身一人到秦国去请求援军。

秦哀公是楚昭王的舅舅，但在利益面前，亲戚关系算什么呢？他不想蹚这浑水，一口拒绝了申包胥的请求。

申包胥不肯离开，站在秦国朝廷里号啕大哭，七天七夜不停（古人爱随便说一个数字，七只是表示"多"的意思），终于感动了秦哀公。

哀公说："楚国有臣若是，不应当亡国。"于是为申包胥写下《无衣》，激发了秦人的同仇敌忾之情。秦人的正义感被唤醒，他们终于行动起来了！

岂曰无衣？与子同袍。王于兴师，修我戈矛，与子同仇！

> 岂曰无衣？与子同泽。王于兴师，修我矛戟，与子偕作！
> 岂曰无衣？与子同裳。王于兴师，修我甲兵，与子偕行！

秦哀公派出子蒲、子虎带着五百乘战车去救援楚国。

这是秦国第一次与吴国交战，双方互相都不熟悉。子蒲先让楚国残部跟吴军交战，自己在后方观察吴军的战法，然后才让秦军出战。夫概率领的吴军被杀得措手不及，当即败下阵来。

五百乘战车相当于三万七千多人，仅秦军的数量就已经超过了吴军。楚国战场的力量对比顿时逆转。楚国的子期、子西也同步发起反击。之前楚国兵力分散在各处城邑，没有集结起来，才让吴军钻了空子，现在一旦集结起来，数量便远远超过吴军。秦楚两大国合力，再加上楚国民众的积极支持，汇合成一股排山倒海的巨大力量，天下无人能挡！

反观吴军那边，自从攻下郢都以后他们就忙着四处劫掠，军队作风早已被腐蚀得千疮百孔；又因为长期远离本土，士卒疲敝，补给也跟不上，纵然拥有天下第一的战力也无济于事了。

这时候越国又在吴国背后插上一刀，他们趁着吴军主力长期在外的机会攻入吴国境内。虽说按他们的实力还伤不了吴国，但这对吴军心理上的威胁是很大的，直接导致了前线吴军的军心涣散，吴国高层也都开始三心二意的。

多方压力之下，吴国领导层内部矛盾终于爆发。

阖闾的弟弟夫概在这次伐楚战争中立下头功，进入郢都以后就开始飘飘然的。他到处欺男霸女，败坏军纪，甚至为了争夺一座楚国大臣的府邸，跟阖闾的儿子吵了起来。

如此混账的统帅，其军队自然没有战斗力，因此在沂地被秦楚联军杀得大败而逃。夫概本身已经对阖闾不满，又怕兵败受罚；现在见到吴国国内空虚有机可乘，竟做了一个非常冒险的决定——直接逃回吴国，准备在国内自立为王。

还好阖闾发现得早，立即点起军马去追赶夫概。夫概大败，逃到了楚国人那边。

但这样一来，阖闾再也没心思继续留在楚国了，只好带领吴军全体撤出了楚国国土。

于是，在占领郢都十个月之后，吴军被迫撤离，楚国终于得以复国！

不过从另一个角度看，吴军在这样危机重重的情况下还能全身而退，没吃什么大亏，说明孙武、伍子胥的军事才能确实相当惊人。

楚昭王随后大赏功臣。子期、子西、斗辛这些危急时刻力挽狂澜的英雄都受到了褒奖。至于企图行刺昭王的斗怀，昭王说："大德灭小怨。"于是原谅了他的罪行，同样赏赐了他。

还有蓝尹亹。当初昭王逃亡的时候，他不管昭王，只顾用船把自己的老婆孩子先载过河去。现在昭王想治他的罪，子西劝谏说："子常就是因为记着旧怨才失败的，大王为什么要学他？"昭王因此也原谅了蓝尹亹，让他官复原职。

还有最重要的英雄申包胥。他坚决推掉任何赏赐，带着全家老小躲进山里隐居去了，只在史书上留下"哭秦庭"的壮举，名垂千古。

经过这次惨烈的灭国之祸，楚国统治者痛定思痛，从此摈弃原来的腐败作风；君臣一心，勤修国政，使国家逐渐走上了正道。

不过这次灾难对楚国的打击也是实实在在的，楚国从此跌下超级大国的神坛，永远退出了中原霸权的争夺战。为了避开吴国的威胁，楚国甚至放弃了郢都，迁都到鄀城——可见他们对于吴国的畏惧之深。

吴国虽然被迫退出楚国，但不能否认，他们确实是这场战争的最大赢家。经此一役，天下各国都对吴国的超强战力印象深刻，吴国成为所有人公认的超级强国，站到了国际舞台的中央。

但吴国的跟班小弟蔡国和唐国就惨了。吴军一撤走以后，两个小弟失去了大哥的保护，只能任由秦楚两个大佬欺负。

两个大国直接灭掉唐国，又威胁蔡国。从此以后，蔡国一直在灭国的恐惧中战战兢兢地生活着。

直到十二年后的公元前四九三年，蔡昭侯偷偷把吴国军队引入国内，然后由吴军威逼蔡国文武百官，强行把蔡国迁都到靠近吴国的地方，永久接受吴国保护，蔡国这才勉强安顿下来。

但蔡国人对蔡昭侯搞这种鬼鬼祟祟的名堂很愤怒,两年以后就派刺客杀死了他。

蔡昭侯和唐成公最终都没能得善终。这是夹在大国中间的小国无法逃避的命运,无可奈何。

除此之外,柏举之战还引发了另外一件事。这件事在当时没什么人关注,却对中国文化产生了重大影响,让后人感到无限的遗憾。

王子朝之乱

天下各国纷纷攘攘的时候,小小的周王室也没消停,每一代的王子们都为了权力争得你死我活。整个春秋时代,周王室内部总共发生了五次大规模动乱,其中时间最久、破坏力最大的是第五次——王子朝之乱。

王子朝是周景王的庶长子。按照"有嫡立嫡,无嫡立长"的传统,周景王立了嫡长子王子寿为太子。

不料王子寿年纪轻轻就病死了,景王只好立另一个嫡子王子猛为太子。(这里存疑。有另一种说法认为王子猛没有被立为太子,身份并不合法。另外,在王子朝给诸侯们的申明里面说到,王子猛也是庶子,而且年纪比王子朝小,所以继位的顺序应该在王子朝之后。)

但景王后来又反悔了。他很喜欢王子朝,想改立王子朝为太子。

君王的家事就是国事。麻烦的地方在于,朝中各派势力分别有自己支持的王子,所以立谁为继承人,背后是各派势力的斗争。其中,势力最强的单、刘两家都支持王子猛,而召、毛、伊、南宫四个家族支持王子朝。

当时单、刘两家权焰熏天,一度有架空周王的架势,所以景王支持王子朝也不排除有打击这两个家族的考虑。

王子朝的师父是宾孟,景王私下跟他沟通过,说了自己的想法。两人策划在打猎的时候暗杀单穆公和刘献公,再把王子朝名正言顺地扶上太子位。

公元前五二〇年四月,就在景王他们准备动手的时候,戏剧性的一幕出现了。景王突然心脏病发作身亡;三天之后刘献公也暴病身亡。刘献公没有儿子,单穆公扶助一直亲近自己的刘盆(fén)继承了刘氏的爵位,是为刘文公。单穆公随后又拿宾孟开刀，派人杀死了宾孟。

于是在短短几天之内，几个主要当事人只剩下单穆公了，一切都只能他说了算。王子朝的势力说他父亲生前是支持他们的，可是有什么证据呢？只能眼睁睁地看着单穆公把王子猛扶上王位，是为周悼王。

单穆公积极运作，把周王室的王子们都召集到他家里，要他们集体宣誓支持悼王，意图强行把局面定下来。

但王子朝那边可是半个朝廷的势力啊，也不是好惹的。他们觉得自己纯粹是被黑了。他们也很清楚，等局势稳定以后单穆公肯定要挨个收拾他们，所以事到如今已经没有退路了，只能发起政变，暴力夺权！

当年六月，在安葬了景王以后，尹文公、甘平公、召庄公三家派出家丁，南宫极为帅，灵王、景王的后人们纷纷助阵，向单、刘两家的势力开战。

周王室因此大乱。两派势力互相攻打，天翻地覆。

单、刘两家的军队本来更强，但单穆公刺杀顾命大臣的做法太霸道，不得人心，所以他们反而打不过王子朝的杂牌军，很快败下阵来。王子朝他们成功控制了王宫，劫持了悼王，派人追杀单穆公。

这时候晋国强势干预，派智文子带着晋军支援单、刘两家。两家又打回洛邑，赶跑了王子朝，重新扶立悼王登上王位。

从双方的战况来看，周王室内部大多数人可能是支持王子朝的，但晋国要干预，他们也没办法。说到底，周王室内部的事务不是他们自己说了算，而是晋国这种强势诸侯说了算。

但过了不到一个月，悼王又离奇死亡，也有说法是被王子朝一方所杀。单、刘两家扶立他的弟弟王子匄继位，是为周敬王。

晋国帮人只帮一半，不久以后就撤出了洛邑。这时候王子朝还在外面虎视眈眈的，他们也没管。

所以晋军撤走以后，王子朝马上又杀回洛邑，把敬王赶了出去，然后王子朝干脆就自立为王。这时候，敬王住在洛邑东边郊外，被称为东王，王子朝被称为西王。周王朝再次出现"二王并立"的奇特景观。甚至连首都都分成了两个，东边新修的被称为"成周"，西边的老城被称为"王城"，总称为"洛邑"。

此后双方一直在洛邑打来打去的，也没人管他们。就这样一直乱了三年，敬王渐渐支持不住了，眼看王子朝又将获胜。晋国看不下去了，召集天下诸侯在黄父开会商议这件事。这次会议彻底明确了一点：王子朝是叛乱分子，周王室的正统继承人是周敬王。

公元前五一六年，王子朝手下的召庄公和南宫极相继病死。敬王趁机在城内散布谣言，说这两人是被雷劈死的，因为王子朝触怒了上天。谣言的效果立竿见影，洛邑城内顿时人心惶惶。敬王便趁这个时机再次向晋国求助。

晋国派出智文子、赵简子带兵杀入洛邑，直接打掉了王子朝集团，重新把敬王迎回王城。洛邑的叛乱基本平息。

但事情并没有这样结束。周王室的疆土跟晋楚两国都接壤，王子朝兵败的时候带着自己的支持者们、周王室的专家学者等人逃到了楚国。楚国一向跟晋国作对，就收留了他们这群人。

争吵还在继续。王子朝发表了一篇洋洋洒洒的檄文给诸侯们，竭力为自己辩解，说单、刘两家违背先王的命令，废长立幼。但晋国不支持他，说这些又有什么用呢？

他们爱怎么吵是他们的事，老百姓并不关心这堆烂事，反正周王也只是个摆设，谁当还不是一样。但有一件事却非常严重——王子朝逃出洛邑的时候带走了周王朝图书馆里的官方典籍，可能还有大量青铜礼器、珍贵文物等。

按照古书上的说法，夏朝灭亡的时候，他们的史官带着图书典籍投靠了商朝；商朝灭亡的时候，他们的史官又带着图书典籍投靠了周朝。所以周朝国家图书馆里面应该保存着夏、商、周三代的文献资料，包括官方档案、诰命文件、地理图志、奏章报表等重要文献。

王子朝带着这些文献逃到楚国以后，这些无价之宝的下落就此成谜，没人再看到过它们，楚国史料里面也没有记录。

甚至王子朝具体逃到了哪里都是谜案。据说他刚逃到召南的时候就传来了楚平王过世的消息，所以他只好滞留在半路，后来就一直没去郢都。

这样又过了十年，吴王阖闾大规模入侵楚国，郢都被攻破，楚国大地上一片混乱。敬王趁这个机会派人刺杀了王子朝，随后王子朝的支持者们又在洛邑发起叛乱——又是晋国出手，帮忙平定了叛乱。一直到公元前五〇三年，晋国护送敬王回到洛邑，历时十九年之久的王子朝之乱才彻底平定。

这时候周王室才有机会去收拾残局。但那些无比珍贵的图书典籍却在战火中永久失踪了，周王室怎么都找不到它们，后世的人们也没有任何发现。

于是从西周往上的华夏文明史变成了一片空白，几千年的记忆被清除了，有完整文字记录的中华历史只能从春秋开始算起。这是无可弥补的巨大遗憾。

传说，周王室的"图书馆长"李聃（dān）看到统治者们无休止的征战和大量文献被毁的一幕，对那个社会失望至极，心灰意冷，于是骑着一头青牛，独自一人离开洛邑，向着函谷关的方向去了。由此造就了中国文化史上最经典的场面之一……

第二十三章　圣人传说

出关化胡

李耳，又名李聃，被后人称为老子。

他是周王室国家图书馆的管理人员，学问之渊博可以说是天下第一。他在当时就已经拥有非常高的名望了。

但跟后来的诸子百家不一样，他并没有高调招收徒弟，也没有去各国君主那里推销他的学说。实际上，他本人根本就没有创立什么学派。

我们今天能知道老子的学说，还得多亏一个叫"尹喜"的普通士兵。

在周王室发生动乱，国家图书馆被毁了以后，老子心灰意冷，独自骑着青牛走到函谷关。守关的小吏尹喜见到他就说："您是要去隐居了？请为我们留下一本著作吧。"

于是老子当即写了一本五千字的书给他，随后向西走出函谷关，从此不知所踪。

这本书就是彪炳千秋的巨著《道德经》——

> 道可道，非常道；名可名，非常名。
> 无名，天地之始；有名，万物之母。
> ……

老子轻描淡写地留下的这些文字，却可以让后世之人用无限的精力去研究、去发掘其中的无上奥妙，而且永无止境。这样的智慧，已经超出了人类的范畴，所以后人尊他为神仙也确实有一定道理。

《道德经》的内容极其深奥，真正是"玄之又玄"，妙不可言，不可能在有限的篇幅中说得清楚。如果往最简单说的话，可以把它看作一本哲学著作，讲的是老子对于我们这个世界的理解。

老子眼里的世界，所有一切的驱动力都来自"道"；至于这个"道"是什么？不可说，不能说，也说不清楚，只能自己去领悟。

"道"无所不在，永远默默地推动着我们这个世界的运行，而我们这些愚蠢的芸芸众生，只能被它裹挟着，身不由己地过着浑浑噩噩的日子。

我们无法改变这一切，事实上，我们无法改变任何事，我们甚至不应该尝试去改变任何事，我们的一切行为都是错的。我们唯一能做的，就是静静地看着这个世界的运行，也就是"清静无为"。

就像小河中的一片秋叶，静静地淌着，任凭水流把自己载着，漂到哪里是哪里，随遇而安。

为了达到这样一种"无为"的境界，我们需要摒弃自己的一切物质需求和精神需求，头脑空空的，什么也不想，什么都不争，无欲无求。

我们只需要每天吃饱了饭，晒着太阳，鼓腹而歌，没心没肺地活着。这样对自己、对社会都是最好的状态。

而从统治者的角度来说，就要尽量让老百姓达到这样一种状态。只有天下百姓都变得无欲无求了，社会才能和谐共荣。

而且统治者自己也要无为而治，不要发动战争，不要争权夺利，放手让国家自然运行。

进一步说，甚至根本就不该存在统治者，不该存在国家机器。最好的状态就是只剩下几个小村落，寥寥的几户人家，大家都静静地过着自己的田园生活，"鸡犬之声相闻，民至老死不相往来"。

这可以看作老子对那个烽火连天的战乱时代给出的解决方案。

春秋三百年，剑与火席卷了华夏大地，几乎没有一天不发生战争和杀戮。统治者们疯狂地追求权势，为了争权夺利，他们驱赶着各国人民互相攻杀，他们彼此之间也是大打出手，用尽阴谋诡计，弑君、屠民、灭国……丑态百出。无尽的灾难吞噬了数不清的生命，毁掉了不计其数的家庭。

这是一个人人自危的时代，每个人都在痛苦和恐惧中苦苦挣扎。

我们为什么会如此痛苦？每个人都在思考。

老子认为所有这一切的源头都是因为人们有欲望，有追求；人们为了实现自己的欲望，就会用尽各种手段去害人，特别是统治者，更是如此。

所以唯一的解决办法就是让所有人都失去欲望，让人们抛弃国家和各种组织，回到与世无争的上古社会。

这就是他给世人的回答。

他把这份答案交给了尹喜，让他代为转告世人，希望世人可以迷途知返。

但问题在于，他并没有告诉人们怎么才能实现这个方案。

让统治者放弃争斗并且善待人民？这怎么可能？

让社会倒退到原始状态，大家都结绳记事？更不可行！

所以老子的学说尽管蕴含了无限智慧，但却基本没法应用到现实中来。历朝历代的统治者尽管都很尊崇老子，但也确实没办法拿他这一套学说去治理国家。

而且他的学说实在太过于深奥了，基本上没有人能完全理解，特别是老百姓中文盲占大多数时，你去给他们解释"道可道，非常道"？你让他们去思考世界的本质？他们只能按照自己能理解的方式去使用《道德经》。

到最后，老子留给后人的最大遗产反而是各种天马行空的神话传说。"一气化三清"的太上老君，已经深深地刻在了中国人的记忆里，成为中国文化的重要组成部分，也算是丰富了中国人的精神世界吧。

真正要创立改造世界的伟大学说，还得靠另一位伟人——至圣先师孔夫子。

圣人降世

孔子是春秋初期宋国大夫孔父嘉的后人。孔父嘉在宋国的内乱中被太宰华督所杀，他们家族也因此衰落。后来为了躲避政敌的迫害，他们只好逃到鲁国。

孔父嘉的后人叔梁纥是鲁国著名的勇士，在偪阳之战中他一人扛起一道城门，解救了诸侯联军，立下不世奇功。

叔梁纥六十六岁的时候，膝下有九个女儿，却只有一个残疾的儿子；于是他纳了颜徵在为妾，并在公元前五五一年（晋国栾盈被迫害那一年）生下孔子。

由于叔梁纥的遗传，孔子也生得高大威猛，据说他成年以后身高九尺六寸，在当时算得上巨人了。

孔子三岁的时候，叔梁纥病逝，他的正妻施氏把孔子母子赶出了家门。颜氏只好带着孔子搬到曲阜，过着清贫的生活。孔子的童年就这样在贫苦中度过。

好在那时候社会地位是会遗传的，孔子生在贵族家庭，天生就是贵族，政坛的大门一开始就向他敞开着。

儒家倡导"修身、齐家、治国、平天下"，而孔子本人是最早身体力行地实践这个目标的。

从年少的时候起，孔子就立志要从政，通过推行自己的政策改造社会。当时的鲁国是"三桓"中的季氏掌权，孔子在季氏手下做了几年小官，从二十岁那年管仓库开始，到后来管理牧场，又担任司空，主管建筑工程。但他始终没有受到重用。

这一时期，孔子一直在孜孜不倦地求学，特别是学习周礼。他的学问很快远近闻名。他也开始办学，招收徒弟，渐渐地拥有了自己的学派。

但季氏的统治者并不觉得孔子对自己有什么用处，在他们眼里，孔子只是一个埋头钻研古书的专家学者而已。

这一时期最重要的事件是孔子与老子的会面。公元前五二〇年前后，孔子为了增进自己的学问，带着南宫敬叔专程赶到洛邑去向老子请教周礼。

但老子却说："您问的这些人和事，都已经化作云烟了（问这些有什么用）。我对你的建议是，你要修身养性，隐藏自己的锋芒，内有盛德而外表若愚（不要去追求什么，只要自己的修为够，一切自然达成）。"

老子给出的显然不是孔子想要的答案，他也给不了孔子想要的答案，老子的那些"无欲无求"的理论绝对不是孔子所追求的东西,但他渊博的学问,无上的智慧,还是带给孔子很多启发。

过后孔子对人说:"鸟,我知道它能飞,可以用箭去射;鱼,我知道它能游,可以用丝线去钓;至于龙,它能乘风云而上九天,我就没办法了。老子就是龙啊。"

在老子的"虚怀若谷"面前,孔子的一切才学都像打在棉花上,无处用力;但孔子对老子的评价也极其高明,似褒又似贬,令人回味无穷。

公元前五二二年,齐景公与晏子到鲁国访问。"三十而立"的孔子受到召见,他跟景公讨论治国之策。孔子的博学多才给景公留下了深刻印象。

这次会见也让孔子看到了改变命运的机会,难道终于有统治者懂得欣赏他了吗?

当时鲁国国内已经山雨欲来,鲁昭公跟"三桓"斗得很凶。公元前五一七年,季平子跟昭公因为斗鸡爆发大规模冲突,"三桓"的势力联合攻打昭公。昭公战败,被迫逃到齐国。这一事件史称"斗鸡之变"。

统治者如此不靠谱,简直是"君不君,臣不臣"。这样的一种环境,孔子自然没法推行他的"仁政"。无可奈何之下,他只能放弃在鲁国发展自己的事业,而把目光投向了国外。

他来到齐国,受到齐景公的器重。景公向他请教治理国家的办法,孔子的回答是:"君君,臣臣,父父,子子。"也就是要定好上下尊卑的关系。

景公对孔子的回答非常满意,准备长期留他在齐国帮忙参与国政,甚至还想把尼溪的土地封给他,也就是让他永久性的在齐国做官,但被晏子拦了下来。晏子的眼光很毒,他显然看出了孔子不适合从政,孔子的那些理论对当时的齐国也没什么用处。

晏子向齐景公详细分析了孔子这种"儒生"对国家的危害。景公的态度因此转变,开始冷遇孔子。

也是在这段时期,留下了"子在齐闻《韶》,三月不知肉味"的典故。

孔子并不是心机很深的人,政治这种肮脏的勾当他玩不转。齐国那些老牌公卿看到他得到国君赏识,甚至有可能会把他的治国理念在齐国推行开来,这些人就不干了,背地里谋划刺杀孔子。

孔子听到消息以后去找齐景公。景公并没有替他说话，只是淡淡地说："我老了，没法任用你了。"孔子知道自己在齐国已经没法立足了，只能回到了鲁国。

这是他的政治生涯遭遇的第一个重大挫折。

这以后的很多年，孔子都在鲁国的家里钻研学术，他编撰和整理了《诗》《书》《礼》《易》《乐》《春秋》，为后世留下了国宝级的经典巨著；他广收门徒，按照"有教无类"的标准为社会培养了许多人才；他的思想也进一步成熟，通过讲经论道，把自己的学说广泛地传播开去。他成为了那个时代最耀眼的明星级学者。

然而他的观念仍然是"学而优则仕"。有一身的才学，如果不能从政，不能把自己的施政理念应用到现实中去，那么对他而言仍然是失败的。

直到公元前五〇四年，孔子的大仇家阳虎给他送来了一份大礼。

鲁国执政官

阳虎又叫阳货，是季氏的家臣，跟孔子的仇怨由来已久。

那还是孔子十七岁的时候，他母亲刚死，他还在服孝期间。有一天，阳虎上门来吊唁，随后神秘兮兮地问他："今天季氏正在宴请国内的青年才俊们，你听说没有？"

孔子以为是在邀请他，很高兴地说："没听说呀，要请我的话我肯定去。"

结果阳虎说："呵呵，请谁也不会请你。"

这就是后世儒家一直念叨的阳虎辱孔子事件。阳虎恶意满满地羞辱孔子，从此跟孔子结下了仇。

不过阳虎的政治才能其实远远超过孔子。

当时"三桓"家族架空了鲁国国君，成了鲁国事实上的统治者。但阳虎更狠，他直接架空了"三桓"。

他在季氏手下混了几十年，通过各种或明或暗的手段做掉了所有竞争对手，成为季氏手下的第一号人物。

公元前五〇五年，季平子逝世，他儿子季桓子继位。季桓子还是个小孩子，阳虎便开始对这个新主人下手。

他带兵攻打季氏的另一个家臣仲梁怀，并且囚禁了季桓子，逼迫季桓子把季氏的权力交给自己。季桓子不同意，阳虎当即杀了他的堂兄弟；季桓子只好服软。阳虎就这样顺利夺到了季氏的大权。

刚好这时孟氏和叔孙氏的掌权人也都很年轻，做不了主，于是"三桓"的权力就都被阳虎窃取过去了。

鲁国国政也就因此从"三桓"再往下掉，落到了阳虎手上。

阳虎窃取了国政，老牌贵族们当然不会支持他，他只好扶立新人来增强自己的势力，于是德高望重的孔子就进入了他的视线。

他又去找孔子，但孔子本着"道不同不相为谋"的原则，不肯见；他就派人送给孔子一头乳猪，心想你总得来拜谢我吧？

孔子也有意思，专门挑阳虎不在家的那天去拜谢他，不料在半路上碰到阳虎。

阳虎就对孔子说："有才华却不去为国出力，这样算'仁'吗？"

孔子说："不算。"

阳虎再问："喜欢参政却总是失去时机，这样算'智'吗？"

孔子说："不算。"

于是阳虎说："时光易逝，岁月不待人。"

孔子终于说不过他了，回答道："好吧，我听你的，出来做官吧。"

公元前五〇四年前后，孔子第二次登上鲁国政坛，被任命为小司空；几年后又升任大司寇，掌管鲁国的司法和刑狱。在五十知天命的年纪，圣人终于有了一次难得的机会，可以实践自己改造社会的伟大构想了。

刚刚获得任命的孔子非常兴奋，兴高采烈地对子路说："如果他们任用我，我会在东方再建立一个周朝！"

孔子掌握权柄以后，铁面无私，公正严明。他上任不过七天就诛杀了"乱政者"少正卯，并且把少正卯曝尸三日，以儆效尤。

据说，孔子当政三个月以后，鲁国政治清明、社会稳定，连卖猪肉的商人都不敢弄虚作假了；男女在街上行走都保持距离，路不拾遗，夜不闭户，国外到鲁国来的商旅不必贿赂官员都能得到很好的照顾。

抛开史书上美化的成分，孔子在鲁国的政绩应该还是不错的。

至于阳虎，后来他跟"三桓"爆发了正面冲突，他那一派战败。他被赶出了晋国，从此成为孔子眼中的"乱臣贼子"，一直被孔子严厉挞伐。

孔子出仕这几年是他的人生巅峰。他也极为珍惜这段时光，尽力实践着自己的政治理想。这段时期最著名的事件是夹谷之会。

前几年十八国召陵之盟，诸侯们都看到了晋国的腐败和不思进取，从此对晋国离心离德。齐景公看到这个机会，认为齐国可以从晋国手上接过霸主的衣钵，所以开始蠢蠢欲动，这几年都在忙着准备"称霸"的事。他的首要目标是压服鲁国，迫使鲁国当自己的小弟。

公元前五〇〇年，齐国召集鲁国在夹谷会盟。

按照规定，双方各自要安排一位傧相，负责组织会议。齐国那边安排的是大名鼎鼎的晏子，鲁国安排的是孔子。

傧相应该由本国的顶级权臣来担任。按照孔子的地位，本来不够格，但季桓子出人意料地把他安排到这个位置上，说明在着重培养他。这对孔子而言是极好地表现自己的机会。

齐国人听说鲁国派出的是孔子，认为他是个文弱书生，肯定好欺负，就想玩一些花样。齐国之前已经消灭了莱国，俘虏了很多莱夷，于是让莱夷带着兵刃一起去参加盟会，准备趁机劫持鲁定公，逼鲁国就范。至于为什么不用齐国自己的士兵劫持鲁定公，是因为齐国士兵带着兵刃太惹眼了，鲁国会有防备。

会盟之前，孔子已经预料到这次一定危险重重，所以特地嘱咐鲁定公带上足够的兵马，并让左右司马（掌管刑律的官员）同行，以防万一。

会盟那天，双方表面上都客客气气的。按照约好的流程，齐景公和鲁定公双双登上高台，互相见礼，寒暄客套一番，然后互相敬酒，交换礼物。

这时台下突然闯过来一群衣衫褴褛的莱夷，大吵大闹，鼓噪着要冲上台去。齐国人假装控制不住局势，眼看这群莱夷就要冲到鲁定公跟前了。

这时，台下的孔子大踏步奔上高台，亲自指挥鲁国士兵保护鲁定公，并且大声呵斥齐国人："裔不谋夏，夷不乱华。我们华夏国君聚会，岂能让夷狄来扰乱！这应该不是齐君安排的吧？"

齐景公没想到孔子会拿莱夷的身份说事。引入夷狄来扰乱华夏，这是中原各诸侯国绝对不能容忍的罪行。他不敢冒天下之大不韪，只好悻悻地命令齐国卫士赶紧把这些蛮夷赶走。会盟这才继续进行了下去。

齐国人还不死心，过了一会又出个幺蛾子。在会盟的表演环节，他们让一群侏儒小丑登台，乱七八糟地唱一些流行歌曲。根据野史，他们甚至还唱了《敝笱》——这首歌讲的是文姜跟齐襄公兄妹乱伦的事。文姜是鲁定公的祖先，这是公然羞辱鲁国。

孔子站上台阶中央，怒喝道："匹夫戏弄诸侯者，按律当诛！请右司马执法！"

鲁国司马当即带人冲上高台，抓住为首的几个优人，将他们拖下去当场斩首。齐国人看到这情形，都说不出话来。孔子的说法没错，按照"周礼"，这些人确实该斩首，齐国人总不能公开对抗周礼吧？

孔子就这样成功维护了鲁国的国家尊严。

夹谷会盟过后，齐国按照约定退还了前几年侵占的鲁国土地。鲁国因此获得了很大收益，孔子的政绩也受到鲁国人的一致赞赏。

但要成为一个成功的政治家，仅仅有政绩是远远不够的。要在政坛混，做人比做事更加重要，不犯错比立功劳更加重要。孔子随后就踩了一个大雷，直接断送了自己的政治生涯。

隳三都

阳虎被赶走以后，"三桓"再度执政。而且他们没有对手，完全把持了鲁国国政。鲁定公知道，不除"三桓"，鲁国国君的位置肯定会被抢走，所以他把除"三桓"当作当前最急迫的任务。

孔子对这一切当然很清楚。一直讲究"君君，臣臣"的他，对这种以下犯上谋朝篡位的事情深恶痛绝。

按照周礼的规定，士大夫的城邑，城墙高度不能超过十八尺，超过以后就是僭越。这是为了削弱他们的防卫能力，防止他们造反。

当时"三桓"权焰熏天，他们三个家族的城墙高度全部超过了规定。

("三桓"的城邑是：季氏的费邑、孟氏的郕邑、叔孙氏的郈邑。)

孔子跟鲁定公就以此为借口，要推掉他们的城墙超过标准的部分，以此来削弱他们的军事实力，也打压他们的气焰。这次事件史称"隳（huī）三都"。

出人意料的是，"三桓"的首领——季桓子这些人——一开始是支持隳三都的。

因为他们自己也面临被手下的家臣们夺权的危险，这些家臣们经常倚仗这些城邑发动叛乱。季桓子他们认为，这时候打压"三桓"，受打击最大的其实是这些桀骜不驯的家臣们，所以他们自己反而挺乐意。

隳三都行动就这样轰轰烈烈地展开了。

孔子先捣毁了叔孙氏的郈邑的城墙，然后准备捣毁费邑，但他低估了那些家臣们的凶狠程度。费邑的首领公山不狃（niǔ）和叔孙辄（这两人曾跟阳虎一起反叛"三桓"，连季桓子都怕他们）准备拼个鱼死网破，直接派兵杀入曲阜捉拿鲁定公。吓得鲁定公躲到季氏家里，这才逃过一劫。

关键时刻，孔子在曲阜镇定自若地指挥军队抵抗叛军，经过一番激烈的战斗，打退了叛军。公山不狃和叔孙辄逃到齐国去了。

政府军随后再度挺近费邑，捣毁了费邑的城垣。这是"三都"的第二座。

接下来轮到郕邑。郕邑的首领敛处父据险而守，对抗政府军。鲁定公亲自带兵包围郕邑，但打了很久都没打下来。

这时候齐景公派军队杀到了齐鲁边界上，放话出来：只要郕邑被捣毁，齐国军队立马打进鲁国。

而季桓子他们的态度也变了。他们支持隳三都是为了打击家臣势力，现在目的已经达到了，再整下去就要整到"三桓"自己了，所以他们也开始明确反对隳三都。

内忧外患之下，鲁定公和孔子只好放弃了捣毁郕邑的计划。隳三都因此功败垂成。

鲁国失去了最后一次打压"三桓"的机会，孔子的政治生涯也遭遇到不可挽回的失败。

隳三都过早暴露了孔子打压"三桓"的坚定决心，他因此成为"三桓"

的眼中钉，没有可能继续留在鲁国政坛上了。

不久以后，齐国送了一大批女乐给鲁国，这显然没安好心。季桓子果然沉迷在女色中不能自拔，从此荒废朝政，当然他也就更加不再需要孔子这样的人。

鲁国国政不仅被"三桓"窃走，甚至连"三桓"都腐败堕落了。这样的国家还有什么希望？孔子心灰意冷。

又过了没多久，鲁国举行郊祭，按规定要给每个大夫派送祭肉，却没有送给孔子，这相当于给孔子的解聘文书。孔子看到这情形，只能默默地离开了。

"道不行，乘桴浮于海。"

既然这个国家不给我们施政的机会，那就离开这里吧。远方那些国家，或许有可以理解我们的明君存在？

公元前四九七年，孔子离开了他一直深爱着的鲁国，带领颜回、子路这些弟子们，踏上了周游列国的旅程。

周游列国

他们首先来到鲁国旁边的卫国。

卫灵公一开始很仰慕孔子，按照孔子在鲁国的收入给他俸禄，但并没有任用他。孔子在卫国住了十个月，发觉灵公派人在暗暗地监视他，只好离开了卫国。

他们在去陈国的路上，路过匡城的时候，又一次被老冤家阳虎给坑了。

当时，他们一到匡城，就被愤怒的当地人给包围起来，喊打喊杀的，说要报仇。孔子他们很奇怪，一打听才知道，原来是因为几年前阳虎带兵经过这边，阳虎的军队纪律很差，在当地横行无忌，所以当地人都特别恨阳虎。偏偏孔子跟阳虎长得很像，当地人也搞不清那么多，只说："上次欺压我们的那个家伙又来了！"冲上来就要群殴。

这次被困非常危险，但孔子从头到尾都很乐观。他对弟子们说："周文王死后，周朝的文化不就是被我们这些人继承了吗？如果上天想要消灭周朝的文化，我们根本就不会有机会继承到它；如果上天还想让这些文化传承下去，那么周围这些人能把我们怎么样呢？"

这番话基本上跟后人说的"天生我材必有用"一个意思，这是孔子的乐观豁达之处。

他们拼命向当地人解释。这时颜回从卫国赶来，说卫灵公请大家回去，这才让当地人确认了他们不是阳虎一党。他们被围困了五天以后终于脱困，回到卫国。

不过孔子也确认阳虎是他命里的克星了，一辈子都特别恨阳虎。

这次到卫国发生了著名的"南子见孔子"事件。

南子是卫灵公夫人，是个妖艳的女人，名声很不好。国际上一直在流传她的各种绯闻。

这样一个女人偏偏也对孔子很仰慕。她听说孔子来了，就派人去邀请孔子见面。

孔子在人家国家，当然不能拒绝邀请，便去见了南子。

南子盛装打扮，在一座布置得很豪华的帐篷中接见孔子，两人隔着帘子互相跪拜行礼。据说南子身上的佩饰撞击的叮当声远近可闻，令人浮想联翩。

两人大概拉了一下家常，互相客套几句，孔子就回去了。

孔子身正不怕影子斜，但子路可不干了。子路是个直性子，觉得老师你大老远地跑来外国，不去跟那些士大夫们谈论治国安邦之策，却专程去见一个妖艳少妇，莫非老师你也有自己的小九九？

孔子急得跳脚，诅咒发誓地说："予所否者，天厌之！天厌之！"子路他们才相信了他的"清白"。

这是孔子唯一一次跟"女色"挂钩的事件，因此被后人所津津乐道。

卫灵公夫妇其实对孔子都不错，但他们跟孔子终究不是一路人。

孔子在卫国待了没多久，卫灵公出行，跟南子同乘一辆车，让孔子坐后面的车跟着，浩浩荡荡地开出宫门。孔子就说："吾未见好德如好色者也。"卫灵公近女色而远贤才，在孔子看来显然不是有德之君，失望的孔子只好再一次离开了卫国。

他继续寻找可以实现自己理想的地方。

但天下之大，却没有一片安宁祥和的土地。大国们都在忙着明争暗斗，小国在大国的夹缝间艰难求生，哪个国家可以接受他们的治国理念呢？

他们到宋国，宋国司马桓魋想要杀害孔子，他们只好赶紧逃走。

到郑国，孔子跟弟子们走散了。弟子们到处找他，子贡听到当地人说："东门外有个老头站在那边，长得倒有点类似上古的圣贤，不过神色好像丧家之犬。"

弟子们赶紧去东门，果然找到了孔子，跟他说起当地人的话。孔子笑着说："外表像谁倒是小事，不过说我像丧家之犬，描述得很准确啊。"

他们到陈国时，晋国跟楚国在争夺陈国的所有权，双方轮流来打陈国；后来他们两国消停了，吴国又来打陈国，连续攻占了陈国的很多土地。孔子他们在陈国住了三年，见到一直战乱不断，只好离开了。

在回卫国的路上，他们到达蒲邑，又被卫国的叛军拦截。多亏孔子的弟子公良孺带着自己的私人部队拼死战斗，打败了敌人，他们才得以脱险。

叛军对孔子说："你们保证以后不去卫国，我们才放你们走。"孔子就当场对天发誓，跟他们做了保证。

结果刚离开蒲邑，孔子就带着弟子们直奔卫国。

子贡问孔子："我们不是跟他们订了盟约吗？"

孔子回答："被人胁迫订下的盟约，神明是不认可的（所以可以违背）。"

这是孔子的变通之道，他并不是一个冥顽不灵的书呆子。

所有的国君里面，只有卫灵公对孔子态度最好，所以孔子一生多次去卫国。但卫灵公年纪已经大了，对振兴国家没有兴趣，对于孔子，他仅仅保持尊敬，却不肯任用。孔子叹息说："有人任用我的话，几个月就可以见成效，三年就可以大治。"但卫国终究没有给他机会。

他们又离开卫国，想去晋国找赵简子。走到黄河边的时候，却听到赵简子杀窦鸣犊和舜华的消息。这两人都是晋国的贤臣，赵简子当初本来是靠着他们才爬上来的，如今却翻脸不认人。

孔子听到这消息非常失望，对着黄河叹息道："美哉水，洋洋乎！丘之不济此，命也夫！"他知道，赵简子这种人是不可能善待贤者的，中原第一大国并没有让他施展抱负的土壤。他只能感慨时运不济,默默地返回了东方。

后来孔子他们又去蔡国,在那边住了三年。

吴国攻打陈国,楚国派兵去救,军队驻扎在陈国附近。这时候楚昭王正在励精图治,准备把国家从吴国的破坏中恢复过来,听说孔子正住在陈蔡两国之间,就派人去聘用他。

孔子终于等到了赏识他的人,而且是天下第一大国的君王!他立即表示愿意接受楚国的聘用,就要启程去楚国。

陈蔡两国的大臣们偷偷商量:"孔子才德兼备,但他待在我们两个国家好几年了,都没被我们任用,现在楚国却要任用他,要是他在楚国干出一番事业,岂不是证明我们这些人一直在打压人才?"

于是这些人组织起一群闲杂人员,包围了孔子他们,阻止他们去楚国。

这是孔子一生最大的危难。他们被围困在一座小村落中,七天没有粮食,有些人为了节省体力,甚至白天晚上都躺着,最后很多弟子都饿倒了。颜回、子路、子贡只能到处去找吃的,偶尔找到一点粮食,都赶紧拿去孝敬孔子。

这次出了"颜回偷食"事件。

有一天,颜回找到了一点粮食,赶忙拿到灶上去煮饭。饭快要煮熟的时候,孔子无意中看到颜回偷偷从锅里抓了一些来吃。

孔子装作没看见,等颜回把饭端上来的时候,孔子故意说:"我刚刚梦见了先人,正好这个饭很干净,我们先拿来祭祀了祖先再吃吧。"

按照规定,有人吃过的饭是不能用于祭祀的。颜回赶紧阻止:"这饭不能祭祀!我刚刚看到有灰尘落到里面,把弄脏的那些饭抓了出来,扔了又可惜,我就自己吃掉了。"

孔子这才知道自己误会颜回了,于是感叹:"所信者目也,而目犹不可信;所恃者心也,而心犹不足恃。弟子记之,知人固不易矣。"哪怕亲眼所见都不一定能相信,所以要"知人"真的很不容易啊。

被围困的这些天,不管多么艰难,孔子都一直保持乐观态度,跟大家有说有笑的,又是讲学,又是弹琴唱歌。

子路不高兴,问孔子:"君子也有困窘的时候吗?"孔子回答:"君子固穷，小人穷斯滥矣。"君子即使在困厄的环境中，也能安贫乐道。

后来多亏子贡突围出去，找到楚国军队，楚国派兵过来，才把他们救了出来。

楚昭王亲自出来迎接孔子，想任用他辅佐自己，并要封给他七百里的封邑。

昭王的哥哥子西却不乐意，私下劝谏楚昭王："大王想想，当初周文王仅仅拥有百里的封邑，最终却夺得了商朝的天下。现在孔丘施行三皇五帝的治国方略，手下又有子贡、颜回、子路、宰予这些超一流人才辅佐，您要是给他七百里的封地，以后楚国还限制得住他吗？"

这番话正好击中要害，昭王当即撤回了封赏孔子的命令。

尽管如此，楚昭王还是想任用孔子。但孔子确实没有时运，就在即将入主楚国政坛的时候，当年秋天，昭王病逝。

孔子失去了一生最重要的，也是最后一次改造天下的机会。

年迈的他站在楚国的荒原上，举目四顾，天地虽大，却没有一片可以让他施展抱负的土壤。这时一个叫接舆的狂人从远处走过，高声唱道："凤兮凤兮，何德之衰！往者不可谏兮，来者犹可追也！已而已而，今之从政者殆而！"

孔子走过去想跟他谈谈，那人却早已飘然远去，消失在了苍茫的地平线上。

"发愤忘食，乐以忘忧，不知老之将至"，奋斗了一生的孔子终于也累了，虽有腾云之志，怎奈垂垂老矣。

这时候遥远的祖国在向他招手，鲁国的季康子准备迎孔子回国了。

万世师表

孔子离去后的鲁国，继续陷落在权力争夺的泥潭中不能自拔，国事日益衰颓。

晚年的季桓子终于也后悔了，他感叹道："当初这个国家本来已经有了振兴的机会，只因我没有任用孔子，才错过了这些机会。"

他嘱咐自己的儿子季康子：执政以后一定要把孔子召回来。不久以后季桓子便溘然离世。

季康子继位以后本来想召回孔子，但下人劝告他："当初先君任用孔子，却没能善始善终，留下了国际笑话。现在我们任用孔子如果还是不能善终，那就又一次让人看笑话了。

"我们不如召孔子的弟子冉求回来，冉求一定会想办法让他老师回来执政。到时候是他们求着我们，就算出问题，也不是我们的笑话。"

季康子接受了他的建议，派人征召冉求回国。

孔子他们听说这个消息都很兴奋。他们本来就有回国的打算，现在让冉求回去试一试水挺好的，当即欣然同意。

送别冉求的时候，子贡私下跟他说："老师早就想回国了，你回去如果受到重用，一定要让人把老师召回去。"

冉求回国以后立即受到季氏的重用。几年以后，有一次他带兵抵抗齐国侵略，大败齐军，季康子问他："你的军事才能是天生的呢还是学来的？"冉求回答："是从老师孔子那里学来的。"季康子便让人去卫国接孔子回国。

当时卫国人也在笼络孔子。孔子说："鸟可以择树，树却不可以择鸟。"便推掉了他们的请求。正好鲁国派来的使者带着礼物来迎接他，他便告别卫国人，踏上了回国的旅程。

公元前四八四年，周游列国十四年之后，孔子终于带着弟子们又回到了祖国。

这时他的妻子亓官氏已经去世，不久以后他的儿子孔鲤也先他而去。孔子一生为自己的理想奔波劳碌，几乎没有享受过天伦之乐。

他已经是一个将近七十岁的老人了。虽然他名满天下，受到所有人的尊敬，包括鲁哀公和季康子都对他礼遇有加，却仍然没人想采用他的治国方略。

年迈的他只能在家中钻研学术，继续整理《诗》《书》《礼》《易》《乐》《春秋》。

孔子的时代，礼崩乐坏，西周的文化已经遗失了很多，《诗》《书》都已经残缺不全，孔子着手恢复它们。

他根据夏、商、周三代的礼仪，把上古以来的文献整理编订成《尚书》《礼记》。

西周流传下来的《诗》有三千多篇，孔子删去重复冗余的，保留符合礼仪教化的篇目，整理成三百零五篇的《诗经》。

他整理周朝的礼乐资料，编纂出《乐经》，初步恢复了周朝的礼乐制度。

他钻研《周易》，反复研读，直至"韦编三绝"，对《周易》做了很多注解。

他用《诗》《书》《礼》《乐》作教材教育弟子，教他们礼、乐、射、御、数、术这六艺。他收了三千门徒，出众的有七十二人，其中许多人都成了那个时代的杰出人士。

他根据鲁国的官方史料，编纂而成的《春秋》，成为那个时代最权威的史学巨著。

传说公元前四八一年的春天，叔孙氏去西方打猎，捕获一头异兽，大家都不认识。孔子来看了说："这是麒麟呀。"

麒麟应当在天下大治的盛世出现，现在"河不出图，洛不出书"，怎么会有麒麟呢？孔子觉得这是不祥之兆，叹息道："吾道穷矣！"从此搁笔，不再著书，一生的事业就此完结。

就在"绝笔于获麟"那一年，颜回过世了。

颜回是孔子最看重的弟子，孔子一心想让他继承自己的事业，不想他却比自己先走。以后还能让谁来继续推广自己的学说呢？他极为伤心，大哭说："噫！天丧予！天丧予！"

第二年，卫国蒯聩弑君篡位，子路在动乱中被蒯聩所杀，据说被剁成了肉泥。这是对孔子的又一次重大打击。

"吾道不行矣，吾何以自见于后世哉？"孔子知道自己的学说不可能得到各国君王们重视了，他毕生孜孜不倦的努力，没有换来任何自己想要的成果。至于后人，他们能理解自己的学说吗？他不知道，也没有机会去探究了。

公元前四七九年四月，子贡来看望孔子。孔子拄着拐杖站在门口，问子贡为什么来得这么迟，孔子哀伤地唱着："太山坏乎！梁柱摧乎！哲人萎乎！"又告诉子贡，他昨晚梦见自己坐在两根楹柱之间受人祭奠。

按照夏朝的传统，人死之后会停在东阶，而周朝人是在西阶，商朝人是在两根楹柱之间。孔子是殷商后裔，因此知道自己不久于人世了。

公元前四七九年四月十一日，孔子带着满腹的遗憾离开了这个世界，终年七十三岁。其弟子们哀恸不已，纷纷祭奠；子贡为孔子守墓六年，是别人守墓时间的两倍。

虽然天下人都对孔子怀着无比的崇敬，但却没有一个国家肯施行他的治国方略，终其一生，他始终郁郁不得志。

但这不是孔子的错，是那个时代错了，那个时代配不上他那些震古烁今的伟大学说。

孔子的学说的核心是"仁"，他倡导"仁、义、礼"，希望统治者们能施行"仁政"，一切以国家利益为重，善待百姓，不再为个人私欲置民众于水火。

他也希望社会上的每一个人讲究仁义，人人谦恭守礼，风度翩翩，每一样举动都合乎礼节。

他制定出一整套详尽的规则来让大家遵守，包括了周礼所要求的那些烦琐的礼仪，认为这样才能使国家恢复到礼乐盛行的治世。

他对人们提出全方位的道德要求，包括侍君以忠、待人以诚、对父母家人的孝悌等。

甚至连日常的衣食住行，他都给出了自己的建议，例如"食不厌精，脍不厌细""鱼馁而肉败，不食""席不正，不坐"等。

他倡导的是一种人人皆为君子的和谐社会，一下把人们的道德标准拔到了不可思议的高度，远远超越了那个时代。

这样的道德标准，可以让人类社会全体受益，千年万载永不过时。

但在那个兵荒马乱的年代，这一切显然是不现实的。

那个年代人人自危，从君王到贱民，每个人都在巨大的生存压力下苦苦支持，生活朝不保夕，意外可能随时降临。这样的一种环境之下，人们唯一关心的是怎样生存下去。

为了生存，就要被迫做许多心狠手辣的事情，你讲究"仁义"，就会被别人消灭。所以人们互相戕害，阴谋诡计层出不穷。这是在那个黑暗的世界里所有人无可奈何的选择。

"仓廪实而知礼节，衣食足而知荣辱"。连基本的生存都不能保证的情况下，怎么让人去讲究"仁义礼智信，温良恭俭让"？

所以孔子的学说在那个时代受到冷落是必然的。人们尊敬他，却无法按照他说的去做。

一直到四百年后的西汉，天下大治，人们才第一次有机会重新审视这些伟大的学说，发现其中震烁天下的光芒。

从那以后，孔子也逐渐被推上神坛，成了无可争议的圣人。

"万世师表""天之木铎""天纵之圣""至圣先师"……各种无比辉煌的冠冕戴到了他头上。这是他当初怎么也想象不到的情景吧？

当然，儒家也不是完美无缺的，它也有很多缺点。

例如，这个学说很坚决地提倡长幼尊卑的关系。而这实际上是把人划成了三六九等，你在哪个等级，你就得永远待在那里，否则就是以下犯上，是僭越，是图谋不轨。老百姓说的"官大一级压死人"就是这个意思。而且你的子子孙孙都是这个等级，永世不得翻身。

又比如，儒家所有的理论都是在尽量维护社会稳定。这本身没错，在物质得到保证的情况下，这样的理论的确可以使国家保持长久的强盛。但如果你把这套学说毫无保留地推行下去，你就会得到一个超级稳定而无法变革的社会。社会的每一分子都在规定好的轨道上运行，不得逾越，新思想和新理念都会在这种环境里被扼杀，那么我们怎么进步呢？

这就会把整个民族带入死胡同，沉浸在"天朝上国"的梦幻里不能自拔。

但这其实不是儒家的错，就好比有人拼命吃糖而导致发胖，错的是这个人而不是糖本身。

儒家学说本身是我们的文化里最闪耀的明珠，孔夫子也是我们所有人共同的老师，值得被永远膜拜。

第二十四章　中原争霸最终章

吴越恩仇记

当初吴国攻入郢都的时候，越王允常趁机在后方偷袭，进攻吴国本土。这件事成为吴国被迫撤军的原因之一。阖闾肆无忌惮地欺凌越人，终于遭到了报应。

吴国当然不肯罢休，在又一次打败楚国，迫使楚国迁都以后，他们再次把矛头对准越国，准备报仇。

公元前四九六年，越王允常过世，他的儿子勾践继位。吴国不顾"礼不伐丧"的规定，由阖闾亲自领军攻打越国，发起了第二次槜李之战。

吴军的实力远远超过越军，越军派出敢死队几次冲锋，都没能冲破吴军的阵营。越人被逼急了，使出一个前所未有的撒手锏——他们派一群戴罪的士兵出场，排成三排，走到吴军前面，大呼小叫，然后集体自刎。

吴国士兵被这个场面吓傻了，一时间不知所措。越军趁机发起冲锋，一举冲散了吴国的阵形。

在混战中，吴王阖闾被人斩掉了脚趾头；吴军群龙无首，登时大乱，被越人杀得七零八落，大败而逃。

越国人靠这种惨烈的方式奇迹般地打败了强大的吴军。

阖闾不久以后就死在了败逃的路上。这次意外失败使得巅峰期的吴国遭遇到重大挫折，也让吴越两国结下了死仇，两国从此不可能再共存于世。

阖闾的儿子夫差继位，继续励精图治，大力发展吴国的军事实力，准备报仇。传说他让下人站在王宫的天井里，每次他从那边经过，下人就对他喊道："夫差，忘了越王杀你父亲的大仇了吗？"他则含泪肃立答道："绝不敢忘！"

如此连续两年，夫差终于做好了战争准备，决定再次对越国开战。

但刚继位的勾践同样年轻气盛。他听说吴国将要来攻打的消息，不顾范蠡（lí）等人"兵者乃凶器"的劝告，决定先发制人，抢先对吴国开战。

夫差立即点起全国兵马应战，兵力甚至超过十几年前阖闾攻打楚国的时候。

两个年轻的君王在夫椒山正面碰撞。吴国已经做了两年的准备，兵精粮足，尽管已经没有兵圣孙武的指挥（史书上没有记载孙武的结局，他从柏举之战以后就消失了），仍然打得越军丢盔卸甲，狼狈逃窜。最终，三万越军只剩下五千人勉强逃出。

吴军趁乱掩杀，一路打到会稽。越军被包围在会稽山上，眼看即将全军覆没。

勾践为自己的轻率举动后悔不已，但已经太迟了，这时候越国实际上已经灭国。范蠡劝谏勾践："事到如今，我们只能尽最大努力乞求他们原谅；如果还不行，那只能大王您亲自去吴国为奴了。"

勾践无可奈何，派出文种带上重礼去见夫差，请求投降。

吴越都有蛮夷气息，对战败的一方极其刻薄。文种跪在地上边磕头边前行，战战兢兢地求肯："亡臣勾践派遣陪臣文种跪告执事大人，勾践请求入吴国为奴，妻子做大王侍妾。"

夫差本来想答应，身边的伍子胥劝谏道："现在上天把越国赐给了吴国，请大王务必全歼敌军，不可留祸患。"夫差因此拒绝了越国的投降请求。

文种回去报告了情况，勾践目眦欲裂，咬牙含恨说道："如此一来只能拼个鱼死网破了。孤王这就杀掉妻妾，焚尽宝物，亲自去与吴人决一死战。"

文种坚决阻拦道："万万使不得。臣听说吴国太宰伯嚭生性贪婪，我们可以贿赂他，让他去说服吴王。"

勾践听了他的，派人带着大量财宝去贿赂伯嚭。伯嚭果然见钱眼开，去向夫差进谗言，大肆吹嘘接受越国劝降的种种好处。伍子胥仍然坚决反对。但夫差糊涂油蒙了心，竟然听信伯嚭的话，同意越国的和谈请求，撤走了军队。

吴越两国明明已经是不共戴天的世仇，两国只能存下一个，夫差却自动放弃了永久除掉这个仇家的机会，这是给自己掘了一个大坑。可惜当时只有伍子胥看到了这一点。而伍子胥在夫差眼里已经是一个啰啰唆唆的怪老头，他反复念叨的那些话，对于夫差只有反效果。

只能说，夫差自己作死，谁也拦不住吧。

公元前四九二年夏天，勾践带着妻子和范蠡，从会稽出发，到吴国去当奴隶。

送行的队伍阻塞了道路，从会稽一直延伸到固陵。这是越国历史上最凄惨的一幕，人人悲泣，个个无言。勾践把国事托付给留下的大臣们，与大家把酒告别，在一片愁云惨雾中踏上了那段生死未卜的旅程。

越国还有复国的机会吗？上天会怎样安排？谁也不知道。"尽人事，听天命"，这就是他们唯一的选择。

越王的奴隶生涯

勾践来到吴国，匍匐在夫差脚下，自称"东海贱臣"，愿为吴王做牛做马，肝脑涂地。

夫差把勾践夫妇发配去作养马的奴仆。他们带着范蠡，住在王宫旁边的一间石屋里。

由于是亡国之君，勾践的地位比一般的奴仆更加低贱，做事也更加小心谨慎。有一次夫差登上高台游览，远远地望见勾践夫妇在养马。只见两人都穿着奴隶的衣服，勾践割草，夫人递水、除粪、洒扫，忙累了以后跟范蠡三人坐在马粪旁边休息。虽然在这种情况下，三人仍然彬彬有礼，完全遵守夫妻、君臣的礼节。

看到这一幕，连夫差都有点不忍心了，当时就想赦免他们，但被伍子胥劝住了。

夫差也挺看重范蠡，曾经当着勾践的面劝范蠡归顺吴国。但范蠡坚决推辞，不惜留在勾践身边继续当奴隶。一旁的勾践则伏地痛哭流涕，舍不得范蠡走。夫差由此越发从心底尊敬这对君臣。

在夫差看来，越国君臣的贤良简直超出了他的想象，渐渐地动了恻隐之心。

但作为君王来说，这样的同情心是绝对不应该有的。伍子胥很明白这一点，所以不停地劝谏夫差，希望他杀掉越王君臣，永绝后患。伍子胥性格刚硬，说话比较直，因此多次冲撞夫差。夫差对他的不满也越来越深，逐渐感到无法忍受了。

而伯嚭这种小人则什么事都顺着领导。他看出了夫差对勾践君臣的同情心，所以就故意逢迎，说勾践君臣的好话，又大赞夫差如何贤德，"以圣人之心，哀穷孤之士"。夫差听了以后十分受用。

勾践君臣没日没夜地干苦力活，任劳任怨，没有一句怨言。这样的生活持续了三年，他们终于等到一个机会，放了一个大招。

当时夫差生病了，三个月都没好，范蠡算了一卦，说他的病不久之后就能好，然后给勾践献上一条计策。

勾践去求见夫差，说自己可以通过尝病人的大便了解病情，说完，亲自从粪桶取了夫差的大便来尝了一口，然后跪拜说：大王的病不妨事，不久以后自会痊愈。夫差被他的"忠心"震撼到了，对他彻底失去了戒备之心。

后来到了勾践预测的日子，夫差的病果然痊愈了。他非常感动，发布命令：立即赦免勾践君臣的罪行，释放他们回国，并且封赏百里的土地让他们居住。

勾践君臣为奴三年之后，终于等到了获释的机会。这是他们受尽苦难换来的结果，皇天不负有心人。越国的国运自此逆转！

伍子胥把一切都看在眼里，他自己也是忍辱负重最终翻盘的人，勾践的这些把戏瞒不过他的眼睛。他面见夫差，怒不可遏，强行要求夫差收回成命。但夫差对这个倔强的怪老头早已忍无可忍，他那些唠叨，夫差一句都不想听，只想让他赶快闭嘴。

对于夫差来说，越国已经被彻底打服，就算让他们复国，他们也只是自己的小弟而已，不必担心。他的目光，早已瞄准了北方。他要向北挺进，称霸中原，真正实现祖先们的梦想。

驱逐范氏、中行氏

这种想法其实有一定道理，吴国当时确实迎来了称霸中原的机会。

这时的晋国，内部暗流涌动，六卿之间已经撕破脸，公然开打。国际形势也对晋国严重不利。齐景公联合一众小国，组成反晋同盟，联手遏制晋国。

造成这种局面的原因，还要从当初韩宣子执政说起。

赵氏孤儿赵武死后，韩宣子继任为正卿。但他是个心术不正的小人，只忙着保护自己的家族利益，对国家利益漠不关心。在他执政的二十多年里，韩氏迅速壮大，国家却基本处于空转状态，只能说勉强维持霸业。

韩宣子末期，公元前五一四年，晋国爆发祁杨之难。晋顷公跟六卿家族联手灭掉祁氏和羊舌氏，瓜分了这两个家族的田产。晋国公族势力因此彻底凋零，六卿完全把持了政权。

韩宣子过后，魏献子执政。

这时候六卿家族已经渐渐地分成了两派，韩、赵、魏、智成一派，而范氏跟中行氏结盟。在瓜分祁氏、羊舌氏两家田产的时候魏献子就公然打压范氏、中行氏两家，之后更是明争暗斗不断。

公元前五〇九年，魏献子在打猎回来的路上暴病身亡。范献子夺得了政权，马上就找借口打压魏氏，甚至公然削减魏献子的葬礼规格，强制以大夫的规格安葬了他。

范献子目光短浅，贪得无厌，他执政的短短四年间就把晋国搞得乌烟瘴气。其间最重大的事件是十八国诸侯会盟的召陵之会。这次会议本来是晋国打击楚国的绝佳机会，但中行寅向蔡昭侯索要贿赂不成，怀恨在心，跟范献子合谋抛弃了蔡国，也失掉了天下诸侯的拥护。

齐景公看到了机会，把晋国原来的小弟们拉拢过来，共同挑战晋国的霸权，使晋国的国际地位遭受重大打击。

晋国国内，两大派别之间的矛盾冲突也越来越激烈，终于在范献子过世之后彻底爆发出来。

公元前四九七年，晋国两大势力发生大规模冲突。

那时候执政的是智文子，他的副手是赵简子。这两人曾经亲自带兵干掉王子朝集团，都是一等一的狠人。

当时邯郸的大夫是赵穿的后人赵午——他们家族好像总是晋国动乱的根源——论辈分，他算是赵简子的远房叔叔（另一种说法认为两人平辈）。

三年前，赵简子曾经攻打卫国；卫国只好进贡了五百户人家给晋国，赵简子把他们安置在邯郸。现在赵简子想把这些人迁到自己的晋阳去，用来壮大自己的势力，于是就向赵午提出这个要求。

但邯郸那边的人却觉得卫国是把这些人献给他们的，现在把这些人交给赵简子，肯定会得罪卫国。于是就想出一个损招：他们先发兵去攻打齐国，然后齐国肯定会来报仇；他们就假装说害怕齐国，被迫把这五百家迁到晋阳去避难，这样就不会得罪卫国了。

但不知什么原因，赵简子却没明白邯郸那边的意思，看到他们迟迟不肯迁移五百户人家，以为他们抗命不从。赵简子大怒，当即把赵午叫到晋阳关了起来。

赵午手下人去探望他，又为了不肯解佩剑跟赵简子的人吵了起来。赵简子更加暴跳如雷，派人直接撂给邯郸人一句话："我这边把赵午杀了，你们再立一个族长，随便谁都行。"

随着赵午人头落地，邯郸那边彻底怒了。大家都是赵氏的人，你赵简子竟然嚣张到这种程度，是可忍孰不可忍。于是赵午的家族立即发起叛乱，据守邯郸，跟赵简子对抗。

赵午是中行寅的外甥，而中行寅又是范昭子的女婿。范氏和中行氏听说了邯郸那边的情况，都表示同情，公开派兵支持他们。而韩、魏、智三家则支持赵简子，并且晋定公也站在赵简子这边。双方积累多年的矛盾终于爆发！

赵简子跟邯郸氏的矛盾最终演变成了六卿两大派别的内战，双方都全副武装上阵。最终赵简子一方因为有国君的支持，打败了范氏和中行氏，后者被迫逃到了朝歌。

韩、赵、魏、智的军队立即包围朝歌，震动国际社会。齐、鲁、卫联合起来救朝歌，随后，郑国、周王室和狄人也加入，共同支持范氏、中行氏两家。晋国的内部矛盾终于演变成了国际联军跟晋国的大战。

双方围绕朝歌展开激烈的攻防战，打了六年之久。一直到公元前四九〇年，朝歌终于失守。中行寅和范昭子被迫逃往齐国，范氏和中行氏在晋国国内的势力也遭到彻底的清洗，两大家族就此退出了历史舞台。

现在的晋国只属于韩、赵、魏、智四大家族，晋国再没有人可以对抗他们了。晋定公将为自己的错误决策付出惨重的代价！

卧薪尝胆

再说吴国那边，夫差认为越国已经被降服了，就把目光对准了北方。不远处的齐国这几年正嚣张得很，一度想跟晋国争中原老大的位子。中原两大国的对抗刺激了夫差争霸的欲望，他在跃跃欲试地等待机会。

公元前四九〇年，齐景公病故。由于景公没有嫡子，田氏趁机作乱，派兵打败了景公的托孤重臣，杀掉刚刚登基的齐晏孺子，拥立齐悼公即位。齐国国政从此被田氏所掌控。

夫差看到齐国内乱爆发，国力衰落，果断派兵北上争霸。他先攻打陈国（孔子看到陈国战乱不断，只好离开），然后又打鲁国。鲁国只好臣服，跟吴国签订了盟约，从此沦为吴国的附庸。

吴国的注意力在北方，这就给了越国一个非常难得的机会。

从吴国回来以后，勾践就开始紧锣密鼓地恢复越国的实力，为以后报仇做准备。

他不是打掉牙齿和血吞的人，他也曾是年轻气盛的君王，爱冲动、有闯劲。当初听说夫差要来打他，他立即点起全国军马抢先去打夫差。其实他的暴虐程度远远超越夫差。

只不过那场失败把一切都改变了。这个雄心勃勃的年轻人挨了重重一击，被迫把所有的戾气都收敛起来，装作低眉顺眼的样子，去给那个他恨极了的仇人当奴隶。

他所有的轻狂、所有的傲慢、所有的暴戾都被紧紧地压在心脏的最中央，被压成了一种他自己都不敢去触碰的奇异物质。从那时起，他对包括自己在内的所有人都特别狠。是的，他不需要其他的任何感情，只需要一样——狠。

民间传说，他在宫内给自己准备了一堆厚厚的柴草，每天枕着兵器睡在上面。他喜欢那种冰冷坚硬的感觉，那种让人颤抖的凉意，那种包裹住全身的、无法摆脱的刺痛，都会让他不由自主地兴奋起来。

他的卧室里面还挂了一枚苦胆，抬头就会看见，他每天都忍不住要去舔几口。他喜欢那种苦涩的感觉，那种从舌尖渗入心底的凉凉的苦涩，让他感到莫名的刺激。多么美妙啊！他深深地爱上了这种感觉。

勾践很幸运地拥有范蠡和文种两个忠心耿耿的贤臣。这两人都是不世出的奇才，放眼天下也罕有匹敌。在勾践的带领下，两人合伙发起了一场波澜壮阔的兴国强军运动。

据说，文种向勾践献上七条消灭吴国的计策，勾践只执行了其中三条就灭亡了吴国。这当然有夸张的成分，但也可以看出，勾践君臣把灭吴作为基本国策在执行，可谓殚精竭虑。

对越国来说，他们首要的任务是继续麻痹夫差，为对越国的战争准备争取时间。

所以他们对吴国继续保持卑躬屈膝的姿态，不停地进献各种礼物。

夫差要修宫殿，勾践立即派三千名木工进山伐木，将名贵木材贡给吴国。夫差用这些木材修筑楼台，用了五年才建成，耗费大量财力，民众怨声载道。

听说夫差喜欢穿葛布做的衣服，勾践便命令全国男女进山采葛，女工日夜劳作，织成十万匹葛布献给夫差。

当然，夫差也喜欢美色，所以勾践让人遍访全国山野，在苎（zhù）萝山中找到绝世美女西施和郑旦，教会她们各种礼仪，然后进献给夫差。西施有沉鱼落雁之貌，很快得到夫差的专宠，成为越国最大的间谍。

勾践小心谨慎地侍奉夫差，甚至连新建国都的时候，都故意把城墙在西北方向留一个口子，以表示不敢防范吴国。

夫差被这些精心策划的手段迷惑了，完全忽视了越国国力的增长。

在国内，勾践竭尽全力发展经济，笼络人心。

他与夫人亲自跟百姓一起劳作，没有一天休息。他生活极端简朴，"食不加肉，衣不重彩"，而民众的税赋却很轻。他亲自过问民众的疾苦，有人生病或者家有丧事的，他都会去慰问。通过这种种的努力加作秀，他在国内和国际都树立了"贤君"的名声，越国的民心被完全凝聚起来了。

勾践君臣通过这一系列政策，使越国从战争创伤中渐渐恢复过来，社会生机勃勃，一派繁荣景象。

当夫差在四处征战寻找"霸主"快感的时候，越人却在低头默默地劳作。当初伍子胥预言的"十年生聚，十年教训"的情形正在一步步地变为现实。

但即使这样，要扳倒吴国仍然差很远。越国怕引起吴国的警惕，这几年全力发展经济，军备上并没有太大的投入。

勾践振兴越国七年之后，曾想试着挑战吴国。大臣逢同阻止说："千万不可！我们的军力跟吴国仍然差很远。现在吴国正在争夺中原霸权，跟齐、楚、晋等大国都有矛盾，我们应该先跟这些大国拉拢关系，让他们先跟吴国打起来，这样我们才有机可乘。"

勾践听了他的，便有意结好齐、晋等大国，耐心等待吴国跟他们的冲突爆发。

王图霸业梦一场

公元前四八五年，吴、鲁、邾、郯四国联军攻打齐国，军队驻扎在鄎（xī）地。这是一场小规模战争，可能是为了试探齐国的实力。

结果还没开打，齐国那边就传来大消息——齐悼公被弑，齐国主和派来向联军求和。

夫差一听这消息顿时激动了。按照国际不成文的规定，如果有大臣以下犯上弑君篡位，国际上的霸主可以兴兵讨伐。现在夫差自认为是"霸主"，齐国弑君不就是给他一个讨伐的借口吗？

夫差在军队营门外大哭三天，表示对于齐国这种大逆不道的行为非常愤怒，将会兴兵为齐悼公讨回公道。

第二年，夫差做好了全面战争的准备。正好这时齐国为去年被打的事，正在打鲁国出气，夫差便以救援鲁国为借口，点起全国兵马，浩浩荡荡地杀向齐国。齐国也派出举国兵力应战。

这是春秋时代最大规模的战争之一，双方投入的兵力都超过了十万。双方在艾陵相遇，吴军的超强战力再度发挥作用，齐军惨遭歼灭，全军覆没，所有辎重都被吴军俘获，高国两大家族的首领都沦为吴国的俘虏。

这一仗令中原各国心惊胆寒。吴国在灭楚之后再度显示出天下无敌的军事实力，天下霸主舍我其谁？

但这次胜利也使得夫差的自信心膨胀到无以复加，他开始挺近中原的核心地带，正式开启跟晋国争霸的序幕。小小的越国完全不在他的关注范围内了。

偏偏伍子胥那个"老匹夫"非常不识时务，不管什么时候都念叨着越国才是最大威胁，每次夫差要去打齐国，他都出来阻拦。这不是明确妨碍吴国称霸的计划吗？夫差越想越气。

艾陵之战过后，夫差把伍子胥找来，得意地问他："你不是劝我不要打齐国吗？现在怎么说？"

伍子胥保持一贯的刚硬性格，昂着头说："您现在高兴恐怕还太早。"

这本来还是在劝夫差防范越国，但在夫差听来却蛮不是味儿，不禁勃然大怒，严厉斥责伍子胥。伍子胥气得想自杀，被人拦了下来。

这时候正好越国使者到了，说越国今年饥荒严重，求吴国借一些粮食渡过难关。

越国使者说得楚楚可怜，夫差毫不犹豫地就答应了他们。不过这其实是文种的计策之一，借此来试探吴国对越国有没有防范。

伍子胥又出来阻拦，说越人不安好心，不能借给他们。

夫差暴怒，觉得伍子胥已经泯灭了基本的良知，而且不顾国君"仁义"的形象。这样的人留着有什么用？于是便动了杀心。

伯嚭也一直在夫差面前诋毁伍子胥。他看到这个情景，便向夫差建议，派伍子胥去齐国递交国书。齐国跟吴国已经是死仇，伍子胥去了一定没有好果子吃。

夫差听了他的建议，就派伍子胥去齐国。伍子胥知道自己的家族在吴国肯定不能长久了，于是趁出使的机会，把自己的儿子伍封带到齐国，托付给了鲍氏。伍封成为后来的王孙氏的先祖。

这是明目张胆的通敌卖国行为，伍子胥不可能不知道这样做的后果。但他不是唯唯诺诺的迂腐书生，他是个杀伐决断的人，他忠君，但也要替自己考虑。既然君王不可辅佐，自己就先割断情义吧。

夫差知道这件事以后再也不能原谅他了，赐给伍子胥一柄属镂剑，命其自尽。

公元前四八四年，吴国最后的顶梁柱伍子胥自尽而亡。他临终留下遗言："把我的眼珠挖出来，放到东门之上，我要亲眼看着越人入吴都。"

吴国对越国的最后一道防线自此瓦解。

勾践听说以后大喜过望，命令全国整顿军备，等待机会随时开战。

公元前四八二年，夫差凭借对齐国的胜利，号令群雄，与晋定公还有中原小国的国君们在黄池相会。

这次会盟本质上是晋吴双方希望通过谈判的方式确定霸主之位。

这次会盟是吴国历史的巅峰。夫差挟着打败齐国的余威，又带着大批随从，威风凛凛，对于霸主之位一副志在必得的样子。其实在他看来，这次会盟就是希望"不战而屈人之兵"，通过军事威慑迫使晋国低头；只要晋国服软，晋、齐、楚三强便都臣服在了吴国脚下，他这个"霸主"的名头就坐实了。

所以他带上军队主力，全副武装，顺水路北上到达黄池，只把老弱残兵留在国内。小小的黄池一时间刀枪林立，旌帜蔽天，俨然成了吴国的演武场。

到这时为止，夫差争霸中原的操作基本都是对的，效果也都相当令人满意，他只留下了一个漏洞。

勾践等待了十年的机会终于来到了！他让范蠡带兵到淮河，拦住可能从北方回来的吴军主力；自己带着早已准备好的五千精锐，以闪电般的速度冲入完全没有设防的吴国，随后在泓水消灭了吴国仅剩的一点老弱残兵。

吴国人再也没有任何兵力可以抵抗他们。吴国所有的关卡都形同虚设，所有的大门都是敞开的，姑苏城瞬间便被铺天盖地的越军所淹没，甚至没能发出一声喊叫。天下第一强国的都城便这样沦陷了。

他们直接攻入吴王宫，杀死吴国太子；随后烧杀劫掠，肆意发泄这么多年积累的仇恨。

虽然精心准备了十年，可越国真实的实力还是比吴国差得远，区区五千人都不够吴军塞牙缝。这一次偷袭得手是春秋历史上最大的意外，连勾践自己都觉得出奇的顺利，竟然一招就戳中了吴国的死穴。

黄池那边的会盟还在继续，晋吴两国正在为歃血的时候谁先谁后的问题争得不可开交。听到后方传来的战报，夫差心里如坠冰窟，感到整个世界都沉沦了。

但戏还得继续演下去，要是让与会的诸侯们知道了姑苏陷落的消息，不仅"霸主"之位争不到，晋定公一翻脸，他夫差能不能全身而退都是问题。

所以夫差杀死所有信使，压下了后方源源不断的告急文书，继续装模作样地跟晋国争论；最后"很不情愿"地让晋定公先歃血，自己勉强占了一个老二的位置。

冗长而乏味的黄池会盟终于结束了。夫差甚至来不及假装热情地跟大家告别，便带领军队急匆匆地赶回了吴国。

等待他们的是一片已经陷落的国土，长途奔袭的吴军也无法再打一场规模浩大的攻城战。夫差只好咽下苦水，低声下气地向勾践求和。

勾践知道，以自己的实力真打起来还是会吃亏，所以立即答应了夫差的求和，撤走了军队。

但吴国本土已经残破不堪，经济实力大幅削弱，防御工事也严重受损，军心涣散，对越国的军事优势已经不存在了。

勾践知道灭吴时机还不成熟，继续等待机会。

四年之后，吴国遭遇饥荒，越国再度发难，倾尽全国军力，与吴军在笠泽隔江对峙。

吴国前几年在齐鲁战场上已经消耗了很多精锐之师，去年又刚刚被楚国打过，兵力还没恢复；国际上，齐、楚、晋、越四大国都是他们的死对头。面对气势磅礴的越国大军，他们已经是有心无力。

勾践把军队分为左、中、右三军，让左、右两军偷偷潜伏在笠泽江的上游和下游，趁着夜色朦胧，擂鼓大喊着渡江，把吴军的主力吸引了过去。然后越军的主力在中路渡江，一举攻入吴军大本营，获得大胜。

吴军惨败以后，退守姑苏城，大片国土被越国占领。吴越两国的实力对比已经彻底逆转。

勾践又让军队休息了三年。公元前四七五年，越国第三次发起对吴国的战略总攻。

吴军困守姑苏城。越军围而不攻，连续围城三年，吴国八次派人求和都被勾践拒绝，最后越军甚至在姑苏城郊外筑起新城，摆出长期住下来的架势。姑苏城内的守军终于崩溃。

越军长驱直入，一路横扫。最后，吴国只剩下夫差和一些亲信随从被包围在了山上。

二十年前的一幕重演了，不过双方的位置却倒了过来，现在轮到夫差求勾践了。

吴国使者一路跪行到勾践面前，献上求降书。勾践听了范蠡的劝谏，拒绝了吴国使者的求肯，只让吴国使者回去告诉夫差："孤王可以饶他一命，以后把他安置在甬东，给他百户人家。"

在勾践这种人手下当俘虏会有怎样的命运？实在不敢想象。夫差只能回复道："我老了，不能侍奉你！"随后自缢身亡，立国七百年的吴国就此灭国。

自尽前，夫差嘱托手下人，把他的脸蒙上，因为他在地下没脸去见伍子胥。

但现在后悔有什么用呢？他带领吴国建立了伟大的功业，一度离天下霸主一步之遥；仅仅在对待越国的态度上犯了错，就导致了身死国灭的下场，而这一切的关键都在于没有听信伍子胥的劝告。

这时候齐、楚、晋几大国都被内部问题搞得焦头烂额。国际上没有真正的强国，因此勾践的越国迅速取代了吴国的位置。

消灭吴国后，勾践立即带兵北上，到徐州会盟天下诸侯。会上，他被各诸侯尊为霸主，并且受到周天子册封。励精图治二十年之后，勾践终于把越国带上了顶峰，成为众人景仰的天下第一强国。

但越国终究是新崛起的蛮夷之邦，经济落后，人才匮乏。勾践本人疑心病又特别重，灭吴之后不久就赐死文种，范蠡也已经在这之前逃走（也有可能是被勾践杀的）。越国再也找不出可以维持霸业的人才了。

八年以后，勾践病逝，越国的霸业如同昙花一现，转眼凋零。

从巫臣传授吴国人中原战法起，吴越两个蛮夷之地的小国就被中原大国们推到了历史的前台来。吴越分别接过晋楚两个强国的衣钵，代替他们作战。

最后，经过了一百年大大小小的战争以后，两个曾经的小国又共同归于沉寂，只留下一百年的痛苦和荣耀让后人评说。

不知道他们是否后悔了？当初巫臣带给他们的，到底是先进的科技，还是一剂甜蜜的毒药？如果早知道会有这样的结果，他们是否根本不会接受巫臣的帮助，而继续过着田园诗的生活呢？

吴越争霸大戏落幕的同时，中原核心大国晋国正在上演另一出大戏。这出戏将会彻底扭转国际局势，甚至改变今后几百年华夏的命运。

三家分晋，战国来临

范氏和中行氏被赶走以后，晋国四卿之间似乎又恢复了和谐共处的局面。

公元前四七六年，赵简子病逝，智氏的宗主智伯瑶接任正卿的职位，智氏开始迎来大的发展机遇。

智伯瑶是个比较有责任心的执政官，他掌权以后，一心恢复晋国的国际地位。为此，他不断地对外用兵，先后攻打齐国、郑国，又出各种计策想灭掉卫国。这一连串的行动，使得晋国在国际上有了重新振作的迹象。

但晋国最大的问题还是四卿之间互相掣肘，分散了国力。其实晋国这些年来的正卿们，他们的才能都是相当突出的。特别是赵简子，他完全有霸主风范。但他们都被卿族之间的扯皮所拖累，无法尽情实施自己的战略，这才让晋国越来越沉沦。

随着执政的时间越来越长，智伯瑶越发认识到这个问题的严重性。他想尽办法要解决这个大麻烦，所以需要把其他三家团结起来，共同行动。

当时韩、赵、魏三家的宗主是：韩康子、赵襄子、魏桓子。其中才干最突出的是赵襄子。

赵襄子本名赵无恤，是赵简子的小妾所生。按理他是没资格继承赵氏宗主之位的。

据说他从小就聪慧过人，远远超过其他兄弟们。看相的人看了赵家兄弟以后，就说只有赵无恤才是真正的大将之才。

父亲赵简子想考验他们，就发给每个人一块竹简，上面刻着一些训诫的话，要他们认真背诵，并说三年以后要考。三年之后，赵简子把他们找来考察。结果其他人都背不出竹简上的话，有的甚至连竹简都丢失了；只有赵无恤能把上面的文字原原本本地背出来，因此受到了父亲的嘉奖。

后来赵简子又考验他们，对他们说："我在常山上藏了一处宝藏，你们都去找，看谁先找到。"常山在晋国和代国之间。几个儿子一起去山上转了很久，翻遍了每一个角落，可是大家都没找到所谓的宝藏，只好一起空着手回去。

赵简子问他们找的情况。别人都唯唯诺诺地说不清楚，只有赵无恤灵机一动，说："我找到宝藏了——凭借常山之险，可以灭代国。"赵简子顿时对他刮目相看。

最后，赵简子终于放弃了嫡子伯鲁，而把赵氏宗主之位传给了赵无恤，也就是赵襄子。

后来赵襄子果然用毒计灭了代国，把代国领土全部吞并为赵氏的地盘。赵襄子的姐姐是代王的夫人，代国被灭以后，她用簪子自刺身亡。无情灭代，可见赵襄子之狠毒。

如此诡计多端又心狠手辣的人物，注定是不会屈居人下的。年轻气盛的赵襄子处处跟智伯瑶不对路，各种小摩擦不断。

当初打郑国的时候，两人就曾经吵起来。

当时晋军打到了郑国城下，智伯瑶是统帅，命令赵襄子带着他自己的兵马攻城。赵襄子为了保存实力，当即抗命不从。智伯瑶大怒，骂他："你相貌丑陋又胆小自私，赵氏怎么选了你这种人当宗主？"赵襄子回答："我懂得隐忍，这样对赵氏没什么害处吧？"

这次攻打郑国最终因为将佐不和没能获胜。这种情况正是智伯瑶要竭力避免的，所以对于赵襄子这个刺头，他心里非常厌恶。

后来又一次打郑国，大军驻扎到前线，智伯瑶举办宴会，拉着大家饮酒取乐。智伯瑶醉醺醺地向大家劝酒，众人都不敢不喝；偏偏赵襄子一个人不顺从，不肯喝。智伯瑶无名火起，趁着酒性，抓起杯子就砸到赵襄子脸上，砸得他鲜血直流。赵氏的军士们当即拔刀相向，想宰了智伯瑶。赵襄子拦住他们说："国君之所以任用我，是因为我能忍辱负重。"这件事情才算过去了。

赵襄子跟智伯瑶的矛盾日积月累。双方心里都有气，不肯合作也是正常的。

公元前四五五年，智伯瑶忽然向韩、赵、魏三家提出："现在国家萎靡不振，主要原因是国君的力量日益被削弱。为了重新振兴晋国，我提议，我们每家都交出一百里土地和人口给国家。我自己带头，先捐了。"

智伯瑶这个提议的动机很难说，有可能真是为了晋国的利益，也有可能是为了打击韩、赵、魏三家。但不管怎么说，这个提议肯定是受到晋出公欢迎的。

韩、魏两家各怀鬼胎，都指望别人去应对智氏，自己作旁观者。所以虽然他们很不情愿，但都把土地交出来了。

轮到赵氏的时候，赵襄子一口回绝："让我交土地？没门！"

智伯瑶彻底暴怒，他这些年来所有的政策都被赵襄子抵制，是可忍孰不可忍。于是他亲自挂帅，拉上智、韩、魏三家兵力，共同围攻赵氏。晋国内战再度爆发！

赵襄子见到事态严重，赵氏一家肯定抵不住三家的进攻，只好退到晋阳据守。

晋阳城是当年赵简子替儿子选好的大本营，异常坚固，三家连续围城两年都没能打下来。城内粮食早已吃完，民众"悬釜而炊，易子而食"，但依然坚决支持赵氏，同仇敌忾地抵抗敌人的进攻。

智伯瑶在城外巡视，发现晋阳地势低洼，旁边就是汹涌的汾水，于是想出了掘开河堤，用洪水漫灌晋阳的毒招。

他派出士兵去挖掘沟渠，把河水导向晋阳。当时正值雨季，洪水排山倒海地冲向晋阳城，整座城市瞬间变成泽国，民众都只能到房顶上躲避。城内防御工事彻底崩溃，晋阳终于要被攻破了！

智伯瑶看着滔滔的洪水，得意非常，对身边的韩康子和魏桓子说："你们看，晋阳就快完了。原来洪水也能消灭一个国家啊！哈哈哈！"

不料这句话却提醒了韩康子和魏桓子，他们的安邑和平阳旁边也有大河，不也是很容易被洪水攻克的吗？智伯瑶掌握了这一招，要灭他们是不是也很轻松呢？

韩魏两家本来就是见风转舵的人物，并没有真心跟着智伯瑶，这一下，心里便一直在嘀咕。

晋阳城内，赵氏已经到了生死存亡的关头，无路可退。赵襄子派张孟谈深夜潜出城去，找韩魏两家谈判，希望他们两家回心转意，跟自己共同攻打智氏——虽然希望渺茫，但也只有拼了。

赵氏万万没想到，韩康子和魏桓子一听说他的计划，当即就同意了。三家决定，共同消灭智氏。一次改变历史的背叛就此出现！

韩魏两家的士兵趁着夜色摸上河堤，杀了智氏的士兵，然后连夜挖掘沟渠，把河水引向了智氏军营。

夜色朦胧，随着一声沉闷的巨响，滔天巨浪以雷霆万钧之势冲向智氏大军，睡梦中的智氏士兵们顿时被冲得七零八落。

喊杀声震耳欲聋，韩魏两家的军队驾着小船从四面八方杀了出来，城内赵氏的军队也出来接应。三家合力，铺天盖地地杀向智氏。

智氏完全没想到盟友会如此迅速地倒戈，被杀得措手不及。士兵们被洪水冲走一大半，剩下的被三家的军队联手追砍，他们就算有再大的能耐也无力回天了。

智氏的军队全军覆没。这是一场恐怖的大屠杀，惨烈无比。晋国最大的家族——智氏就此被灭族，智伯瑶的头骨甚至被做成酒器，智氏的土地也被三家瓜分。

而赵氏则浴火重生，从此与韩魏共同主宰了晋国的命运。

绛城的晋出公听说了这场惊天变乱，狂怒不已。他终于发现了一个可怖的事实——公卿家族之间的每一次兼并，都在把晋国推向深渊。晋国之前的历代国君虽然可能发现了这个事实，但他们不敢说也没有机会说出来。而现在，这个过程已经无法逆转了！

绝望中的晋出公发起最后一击。他向齐鲁两国借兵，去讨伐韩、赵、魏。羽翼已丰的韩、赵、魏三家，直接派兵应战。出公大败，被赶出晋国，最终死在了齐国。

三家拥立晋哀公做傀儡君王。从此以后，晋国名存实亡，韩、赵、魏开始了长达半个世纪的"三家分晋"之程。

飘扬着诗书礼乐的、文质彬彬的春秋时代就这样结束了。各国诸侯在心惊胆战中迎来了下一个时代——一个前所未有的，充斥着血腥与杀戮的，被刀剑和战火包围的战国时代！

——请看第二部《战国：七雄博弈》